Stephan Lamby

ERNSTFALL

Stephan Lamby

ERNSTFALL

Regieren in Zeiten des Krieges

Report
aus dem Inneren der Macht

C.H. Beck

© Verlag C. H. Beck oHG, München 2023
www.chbeck.de
Umschlaggestaltung: Rothfos & Gabler, Hamburg
Umschlagabbildung: Bundeskanzler Olaf Scholz vor der wöchentlichen Sitzung
des Bundeskabinetts am 29. März 2023 im Kanzleramt in Berlin.
© Tobias SCHWARZ/AFP via Getty Images
Satz: Gesetzt aus der Apollo und der Avenir
bei Fotosatz Amann, Memmingen
Druck und Bindung: CPI – Ebner&Spiegel, Ulm
Gedruckt auf säurefreiem, alterungsbeständigem Papier
Printed in Germany
ISBN 978 3 406 80776 3

klimaneutral produziert
www.beck.de/nachhaltig

INHALT

1

PROLOG

Da unten funkeln ein paar Lichter. Es ist nicht auszumachen, ob es sich um ein Ölfeld handelt oder um eine Militäranlage. Vielleicht ist es auch nur ein Dorf, in dem sich die Menschen gerade für die Nacht fertig machen. Einzelheiten sind nicht zu erkennen, wir fliegen zu hoch, mehr als 12 000 Meter.

Wie denken wohl die Menschen auf der Arabischen Halbinsel über uns, wenn sie den Kopf nach oben richten? Was vermuten sie, wer oder was sich hinter dem hellen, sich bewegenden Punkt am sternenklaren Himmel verbirgt? Halten sie uns für ein Flugzeug oder für einen Satelliten, vielleicht sogar für einen Spionagesatelliten?

Die Lichter in der Wüste werden kleiner, irgendwann verschwinden sie.

Zwei Tage lang ist Olaf Scholz durch drei Golfstaaten gehetzt, rastlos von einem Ort zum anderen. Er war in prachtvollen Palästen, hat die Hände mächtiger Regenten geschüttelt und fast nichts von den Ländern gesehen. Für mehr fehlte die Zeit.

Jetzt ist er auf dem Rückweg nach Berlin und sitzt in dem geräumigen Besprechungsraum des Regierungsfliegers «Konrad Adenauer». Die Anspannung fällt allmählich von ihm ab, es gibt hier oben keine Anschlusstermine, keine Mitarbeiterin schaut mahnend auf die Uhr, keine Videoschalte, kein Anruf von Emmanuel Macron, Joe Biden oder Saskia Esken.

Scholz ist todmüde, drei Tage zuvor war er noch in New York, acht Zeitzonen weiter westlich. Vor der Generalversammlung der Vereinten Nationen hielt er eine Rede gegen den russischen Angriffskrieg. Gegen den neuen Imperialismus. Gegen Diktaturen. Mit ungewohntem

Pathos sprach er in den Saal, er stehe in der Pflicht, «die Menschenrechte überall und zu jeder Zeit zu achten und zu verteidigen». Dabei hielt er die UN-Charta in die Höhe.

Er will sich nicht schlafen legen, sondern erst noch eine Weile sprechen. Zu viel hat sich ereignet. Während wir durch die Golfregion reisten, ließ der russische Präsident in vier von seinen Soldaten besetzten Regionen der Ukraine Scheinabstimmungen durchführen, um diese Gebiete Russland einzuverleiben. Ein ungeheurer Vorgang. Dann drohte er mit dem Einsatz von Atomwaffen. Zur Verteidigung der territorialen Integrität Russlands würde er «von allen uns zur Verfügung stehenden Waffensystemen Gebrauch machen.» Geht es klarer?

Das ist nichts, was ein Bundeskanzler leicht als Finte abtun kann. Ob Putin blufft, will ich von ihm wissen. Er weiß es nicht, er kann es nicht wissen. Aber er muss die Drohung ernst nehmen.

Der Krieg führt Olaf Scholz in geografische und gedankliche Regionen, in die er sich sonst vermutlich nicht begeben würde. Alles steht Kopf. Gerade war er zu Besuch bei Mohammed bin Salman. Nach allem, was man weiß, gab der saudische Kronprinz vor vier Jahren persönlich die Ermordung eines Gegners in Auftrag. Der Journalist Jamal Khashoggi hatte wiederholt seine Regierung kritisiert, worauf er von einem Killerkommando getötet und zersägt worden war.

Olaf Scholz kennt diese Geschichte. Dennoch reist er zu dem brutalen Herrscher, voller Respekt und diplomatischer Hochachtung. Trotz seiner engagierten Ansprache in New York, die Menschenrechte überall zu achten. Der Konflikt mit dem Despoten in Russland treibt den Kanzler in die Arme anderer Despoten.

Dass die Herrscher vom Golf den politischen Handelsreisenden aus Berlin spüren lassen, dass sie ihn nur für einen unter Druck geratenen Bittsteller halten, macht die Sache nicht leichter. Ganz falsch liegen sie mit ihrer Einschätzung nicht: Deutschland steckt in der Klemme. In diese Lage hat sich das Land seit vielen Jahren hineinmanövriert. Die Begegnung zwischen Scholz und bin Salman ist in mehrfacher Hinsicht verstörend. Mehr dazu später.

Putins Krieg ist nicht nur ein Angriff auf die Ukraine und die Friedensordnung Europas. Der Krieg ist auch ein Angriff auf die Selbstsicherheit, mit der wir Deutsche uns seit langem unser Leben eingerichtet haben. Das ist in vielen Gesprächen zu spüren, nicht nur im Berliner Regierungsviertel, sondern überall im Land.

Ich spüre diese Verunsicherung genauso. Bei mir hat sie eine besondere Ausprägung. Daher möchte ich an den Anfang dieses Buches eine kurze biografische Notiz stellen.

Von Kindesbeinen an bin ich mit Politik in Berührung gekommen, ich bin in Bonn, der alten Hauptstadt, aufgewachsen. Inmitten von Ministerien und Behörden, umgeben von Debatten. Politik gab es gleich vor der Haustür. Mehr bundesrepublikanische Prägung ist kaum möglich.

In diesem Zentrum westdeutscher Macht, im Herzen des rheinischen Kapitalismus, waren die Gewissheiten nur scheinbar festgefügt. Die Glaubensgrundsätze der Parteien, von Regierung und Parlament wurden in den 1970er und 1980er Jahren lautstark in Frage gestellt. Die Hofgartenwiese war oft Schauplatz von Massendemonstrationen. Man ging gegen Atomkraft auf die Straße, gegen die Stationierung amerikanischer Mittelstreckenraketen, gegen die eigene Regierung sowieso.

Auf einer dieser Demonstrationen war auch ein junger Mann namens Olaf Scholz. Er protestierte gegen die Nato und vertrat die Ansicht, «dass Aufrüstung und Kriegsgefahr notwendige Begleiterscheinungen des Imperialismus sind und dass deshalb eine dauerhafte Friedenssicherung nur möglich ist, wenn das kapitalistische Gesellschaftssystem vom Sozialismus abgelöst wird». Das war auch die offizielle Position der Jungsozialisten, deren stellvertretender Vorsitzender Scholz damals war.

In meiner Heimatstadt prallten zwei gegensätzliche Politikentwürfe aufeinander. Nach langen, hochemotionalen Diskussionen in Familie, Schule und Freundeskreis festigten sich Standpunkte: für oder gegen Nachrüstung, für oder gegen Wehrdienst, für oder gegen Atomkraft.

In diesem Spannungsfeld sortierten sich die Menschen meiner Generation ein. Das weltanschauliche Fundament, auch meines, hat sich seitdem kaum verändert.

Der russische Krieg ist der größtmögliche Schock. Er katapultiert unser Denken weit in die Vergangenheit zurück. Dummerweise ist noch nicht klar, ob wir in die Zeit des Kalten Krieges oder noch weiter in die Zeit des Ersten Weltkrieges geschleudert werden. Sicher ist, dass das Freund-Feind-Denken, von dem wir glaubten, es längst überwunden zu haben, zurück ist. Auch die Bereitschaft, militärische Gewalt als Mittel der Politik zu akzeptieren, ist wieder da, und sei es als Gegen-Gewalt. Das ganze Land macht im Schnelldurchgang einen Selbsterfahrungskurs durch.

Am sichtbarsten und folgenschwersten wird die weltanschauliche Verankerung der Regierungsmitglieder in Berlin erschüttert. Ein Beispiel: Als Olaf Scholz nach dem russischen Überfall seine Zeitenwende-Rede hielt, gab es in seinem Kabinett nur einen einzigen Mann, der in seiner Jugend den Wehrdienst geleistet hat; ein zweiter Minister holte ihn Jahre später nach. Die anderen, darunter der Kanzler und sein Vizekanzler, haben verweigert oder wurden vom Wehrdienst befreit. Auch der Parteichef und der Fraktionschef der SPD haben sich der Bundeswehr entzogen.

Ich kenne ihre Situation, wohl auch ihre Beweggründe. Mit 19 Jahren war ich zunächst Bundeswehrsoldat, ein Kanonier, nach ein paar Wochen habe ich ebenfalls verweigert. «Aus Gewissensgründen». Seitdem hat mich dieses Gewissen in Ruhe gelassen, aber wegen des russischen Angriffskrieges meldet es sich auf höchst unbequeme Art wieder.

Noch ärger muss es den Regierungsmitgliedern gehen. Sie haben sich für den größten verteidigungspolitischen Kursschwenk seit Gründung der Bundeswehr entschieden, sie rüsten massiv auf und liefern viele todbringende Waffen in ein Kriegsgebiet.

Dieses Kabinett ist mit guten Absichten gestartet. Die 17 Männer und Frauen haben ihr politisches Leben lang darauf hingearbeitet, an die Macht zu kommen und Entscheidungen gemäß ihren Überzeugungen zu treffen. Ihnen blieben jedoch nur ein paar Wochen. Dann mussten sie innerhalb kürzester Zeit umdenken. Und zwar gewaltig.

Ist ihnen das Umdenken zu verübeln? Sind sie ihrer großen Aufgabe gewachsen? Wohin lenken sie das Land? Mehren sie den «Nutzen des deutschen Volkes» und wenden «Schaden von ihm» ab, wie es ihr Amtseid verlangt? Nutzen sie das Potential, das in einer Dreierkoalition steckt, oder blockieren sie sich gegenseitig? Ergreifen sie die wenigen Chancen, die auch dieser Großkrise innewohnen?

Das sind Fragen, denen ich nachgehe. Man kann sie nur beantworten, wenn man sich die Bedingungen im Inneren wie im Äußeren ansieht, unter denen die Bundesregierung agiert.

Dieses Buch handelt von einer kleinen Gruppe deutscher Politikerinnen und Politiker unter maximalem Druck. Einer Regierung, die immer tiefer in diesen Krieg hineingezogen wurde. Es handelt außerdem von der Verschiebung globaler Einflusssphären, die weit über die Ukraine hinausweisen.

Ein wenig handelt dieses Buch auch von uns selbst. Die Rollen sind ungleich verteilt. Während die einen in ihrer Regierungszentrale entscheiden, welche Waffen sie liefern, welches klimaschädliche Kraftwerk weiterlaufen soll und vor welchem autokratischen Herrscher sie sich krumm machen, müssen wir anderen entscheiden, ob wir kälter duschen, auf den nächsten Urlaubsflug verzichten und Flüchtlinge aufnehmen.

Und wir müssen eine Haltung zu Themen einnehmen, um die wir bislang einen Bogen gemacht haben. Deutschland war intellektuell nicht vorbereitet auf diesen Krieg. Jetzt hat das Land Probleme, auf die geopolitischen Veränderungen zu reagieren und seine Energieversorgung umzustellen. Die Folgen dieses Politikwechsels werden wir noch viel stärker als bislang zu spüren bekommen.

Der russische Überfall offenbart auch einige Lebenslügen der deutschen Politik der letzten Jahre. Auch um sie wird es gehen. Angela Merkel war über die zerstörerischen Absichten Wladimir Putins gegen die Europäische Union im Bilde. Das hat sie selbst berichtet. Olaf Scholz, fast vier Jahre lang ihr Vize, hat sich ähnlich geäußert. Dennoch haben Merkel, Scholz und andere Regierungsmitglieder Deutschland in eine hochriskante Abhängigkeit von Russland gelotst. Dass der russische Präsident Gaslieferungen einmal als Waffe gegen seine besten Kunden einsetzen könnte, darauf wurde seit langem hingewiesen. Die Warnungen wurden in den Berliner Wind geschlagen.

Putin konnte die milliardenschweren Überweisungen aus Deutschland dazu nutzen, die russische Armee hochzurüsten. Er hat sie auch dazu genutzt, sich selbst und seine Freunde zu bereichern und seine Macht zu festigen. Das alles haben deutsche Regierungen sicher nicht gewollt. Aber sie haben es zugelassen.

Und noch schlimmer: Angela Merkel war während ihrer gesamten Amtszeit die Beschleunigung des Klimawandels bewusst. In einem Gespräch mit der ZEIT sagte sie Ende 2022: «Mit jedem Bericht des internationalen Weltklimarates IPCC wurde es alarmierender, so dass sich die Frage stellt, ob wir überhaupt noch die Zeit haben, angemessen zu reagieren.»

Was für ein unglaublicher Satz! Man muss wissen, dass der Weltklimarat die Zusammenfassung der Analysen von Tausenden Wissenschaftlern seit 30 Jahren veröffentlicht, also auch während der gesamten Amtszeit von Angela Merkel. Seine Warnungen wurden Jahr für Jahr eindringlicher.

Die Naturwissenschaftlerin Angela Merkel, der nachgesagt wird, stets vom Ende her zu denken, hat die dramatischen Veränderungen offenkundig nicht von ihrem Ende her gedacht, sondern sie überwiegend als Zuschauerin verfolgt. Man kann nicht nur in einen Krieg, sondern auch in eine Klimakatastrophe schlafwandeln.

Es wäre zu einfach, die Schuld für die Versäumnisse allein der Dauerkanzlerin aufzuladen. Die Fehleinschätzungen und Fehlentscheidungen in der Energie- und Klimapolitik offenbaren ein Staatsversagen, an dem viele ihren Anteil haben: Politik, Wirtschaft, auch wir Journalistinnen und Journalisten.

Sich die Konstruktionsfehler unserer Wohlstandsgesellschaft einzugestehen, ist schmerzhaft. Diese Fehler zu korrigieren, ist noch schmerzhafter. Die Korrekturen erfolgen unter ungeheurem Zeitdruck. Handwerkliche Fehler sind kaum vermeidbar, Beschwerden von Opposition und der Presse die Folge. Auch darum wird es in diesem Buch gehen.

In den letzten zwei Jahren habe ich an einer ARD-Dokumentation über die Bundesregierung gearbeitet. So hatte ich, wie nur wenige Außenstehende, Zugang zu den wichtigsten Entscheidungsträgern. Ich bin mit ihnen kreuz und quer durch die Welt gereist, nach Washington, in die Sahelzone, nach Äthiopien, nach Moldau, an den Arabischen Golf, nach Paris, Vilnius und Genf, in die Mega-Cities im fernen Asien, auch nach Leuna und Nünchritz. Die meisten Interviews und Hintergrundgespräche fanden in Berlin statt, natürlich.

So konnte ich die Akteure der Koalition während der größten internationalen Krise nach dem Zweiten Weltkrieg aus der Nähe beobachten. Ich sprach mit radikalen Klimaaktivisten ebenso wie mit Gegnern von Windkraftanlagen. Auch sie setzen die Regierung unter Druck. Ich konnte erleben, wie die Personen in der Machtzentrale richtige, wegweisende Entscheidungen trafen, aber auch, wie ihnen schwerwiegende Fehler unterliefen. Ich sah, wie sich die Regierungsmitglieder während des Krieges veränderten, wie sie alte Überzeugungen über Bord warfen und sich umso fester und verzweifelter an neue Überzeugungen klammerten.

Knapp zwei Jahre lang habe ich beobachtet, gestaunt – und geschrieben.

2

DER PLAN

Prinzip Hoffnung

Auf die Bilder kommt es an. Zunächst auf das Bild, das man an diesem 7. Dezember 2021 nicht sehen soll: neun Männer und acht Frauen in einem Hinterzimmer, Sekt trinkend. Durch einen Türspalt kann man erkennen, wie sie sich gegenseitig zuprosten. Es sieht nicht gut aus, unpassend, wenn sie feiern, während draußen im Land die Seuche wieder tobt und die Notaufnahmen der Krankenhäuser mit dem Schlimmsten rechnen. Fotografen sind hier unerwünscht.

Dann die Bilder, die man sehen soll. Kcamerateams bauen sich auf vorgeschriebenen Positionen auf, sogar an der Decke hat jemand eine Kamera installiert, um die Unterschriften auf dem Vertrag aufnehmen zu können. Diese Bilder sind sehr erwünscht und werden live gesendet.

Dann gibt es die Bilder, die kein Mensch kontrollieren kann. Zum Beispiel der Gesichtsausdruck von Karl Lauterbach. Erst am Tag zuvor hat er erfahren, dass er Gesundheitsminister werden soll. Natürlich kursierte sein Name. Mit der Nennung wurden gleich Einwände laut, Lauterbach sei ein Solist, unfähig zur Teamarbeit. Andererseits stieg der Druck der Öffentlichkeit auf Olaf Scholz, wegen der nicht endenden Pandemie den fernsehbekannten Fachmann zum Chef des wichtigen Ressorts zu machen. So hat Karl Lauterbach sein Amt auch Anne Will und Markus Lanz zu verdanken.

Als ich ihn treffe, wirkt er überhaupt nicht, als wenn er gerade auf der obersten Sprosse seiner Karriereleiter angekommen wäre. Kein Stolz liegt in seiner Stimme. Er fürchtet sich vor neuen Mutationen: «Ich war selbst überrascht, dass ich die Freude nicht so intensiv empfunden habe, wie ich erhofft hatte. Ich will ehrlich zugeben: Es muss etwas gelingen.»

In den nächsten Monaten wird Karl Lauterbach nicht viel gelingen. Er wird als Minister in schwere Turbulenzen geraten. Nach wenigen Monaten werden die ersten Kritiker wegen der verbockten Impfpflicht-Initiative seinen Rücktritt fordern. Er klingt heute Morgen, als ob ihn eine dumpfe Vorahnung plagt, was auf ihn zukommt.

So wie Lauterbach geht es vielen in der neuen Regierungsmannschaft: Corona drückt mächtig auf die Stimmung. Die Kriegsgefahr ist höchstens ein Nebenthema.

Bei Annalena Baerbock liegen die Dinge etwas anders. Auch sie läuft heute mit angezogener Handbremse durch den Saal. Noch vor wenigen Wochen hatte sie den Ehrgeiz, selbst als Bundeskanzlerin das Kabinett vorzustellen. Nach einem verkorksten Wahlkampf musste sie ihrem Parteifreundrivalen Robert Habeck die Vizekanzlerschaft überlassen. Baerbock rettete sich als Ministerin ins Außenministerium, früher einmal ein prestigeträchtiges Amt.

Wir sprechen über einen Satz in dem Vertrag, den auch sie gerade unterschrieben hat und der ihr wichtig ist: «Unsere Außen-, Sicherheits- und Entwicklungspolitik werden wir wertebasiert und europäischer aufstellen.» Wertebasiert, dieses Wort wird uns noch länger beschäftigen. Was hat man sich darunter vorzustellen? Baerbock antwortet, Menschenrechte seien «auch ein Bestandteil einer erfolgreichen Industrienation». Klingt gut. Und sehr allgemein.

Der Begriff ist bedeutsam, er drängt die Verantwortlichen, Position zu beziehen. Aber er wird in den nächsten Monaten bis zur Unkenntlichkeit gedehnt werden. Und das liegt vor allem an dem gewaltigen Sturm, der am fernen Horizont über Osteuropa aufzieht. Noch ist unklar, ob er weiterzieht. Oder ob sich ein Unwetter von biblischer Stärke über dem Kontinent entlädt.

Das ist auch der Grund, warum die neue Außenministerin heute ebenfalls sorgenvoll wirkt. Die Hinweise auf russische Truppenbewegungen an der ukrainischen Grenze sind beängstigend. US-Geheimdienste melden, dass Moskau zu den bereits stationierten 50 000 Soldaten 50 weitere Bataillone mit jeweils 1000 Soldaten geordert habe. Eine riesige Streitmacht formiert sich.

Gerade erst hat die Washington Post berichtet, dass Wladimir

Putin seine Truppen dort auf 175 000 Mann aufstocken will, außerdem wolle er Panzer und Artillerie schicken.

Den Aufmarsch versteht die Regierung in Kiew völlig richtig als Vorbereitung einer Invasion. Verteidigungsminister Resnikow hat vor drei Tagen sogar eine Prognose gewagt: «Der wahrscheinlichste Zeitpunkt zur Eskalationsbereitschaft ist Ende Januar.» Das wäre in sieben Wochen. Viel Zeit zur Einarbeitung wird Annalena Baerbock nicht haben.

Was will Wladimir Putin? Will er bei Verhandlungen die Ukraine erpressen, auch die Nato? Ist das alles nur ein gerissenes Spiel, oder plant er tatsächlich einen Angriff? Baerbock beschleicht eine Ahnung, was ihr bevorsteht: «Der Truppenaufzug von russischer Seite an der ukrainischen Grenze ist eine Situation, die so einen Regierungsstart für uns nicht einfach macht», erzählt sie. «Weil wir als Bundesrepublik Deutschland, aber gerade auch als Europäer, eine große Verantwortung gegenüber der Sicherheit der Ukraine haben.»

Eine Verantwortung für die Sicherheit der Ukraine – schon sehr bald wird sich zeigen, wie ernst die neue Regierung das meint. Und die ganze Welt wird auch auf Berlin schauen.

Sieben Monate vorher, im Mai 2021, war Robert Habeck in Kiew. Seine Chancen standen gut, wenige Monate später ein wichtiges Mitglied der neuen Bundesregierung zu werden, also wollte er sich vorbereiten, etwas lernen über den Konflikt in Osteuropa, der seit Jahren schwelt. Er traf sich auch mit dem ukrainischen Präsidenten, damals noch ein von anderen Regierungen belächelter Schauspielerpräsident.

Habeck tat zwei bemerkenswerte Dinge: In einem von prorussischen Separatisten zerstörten Dorf ließ er sich mit schusssicherer Weste und Stahlhelm fotografieren. Für viele seiner grünen Parteifreunde war das ein Kulturbruch. Als sich die Grünen vor über 40 Jahren gründeten, wurzelten sie tief in der Friedensbewegung. Ein Stahlhelm passt nicht in das Bild von der Sonnenblumen-Partei.

Anschließend gab Habeck dem DEUTSCHLANDFUNK ein Telefoninterview. Er wies zwar auf die pazifistische Tradition seiner Grünen hin, dann aber überraschte er mit dem Satz: «Waffen zur Verteidigung, zur Selbstverteidigung, Defensivwaffen kann man meiner Ansicht nach der Ukraine schwer verwehren.»

Es hagelte Kritik von allen Seiten, von der SPD, der Union, auch von den Linken. Damals waren es nur noch wenige Monate bis zur Bundestagswahl, Habecks Position war unpopulär.

Eine Auswahl der Reaktionen:

«Die Forderung, der Ukraine sogenannte Abwehrwaffen zu liefern, ist leichtfertig und unterstreicht erneut, wie wenig regierungsfähig und unaufrichtig die Grünen derzeit auftreten.» (SPD-Fraktionschef Rolf Mützenich)

«Eine Aufrüstung der Ukraine würde Russland als Vorwand für eigene Truppen auf der Krim, in der Ostukraine sowie an der russisch-ukrainischen Grenze benutzen.» (CDU-Außenpolitiker Jürgen Hardt)

Auch innerhalb seiner eigenen Partei wurde Habeck zurechtgewiesen: «Waffenexporte in die Ukraine würden unserem Grundsatz widersprechen, dass wir keine Waffen in Kriegsgebiete exportieren.» (Jürgen Trittin)

Die auf ihn einprasselnde Kritik verunsicherte Habeck. Er ließ das Thema erst einmal fallen. Die Grünen hatten im Wahlkampfsommer andere Probleme.

Auch über ein halbes Jahr später, bei den Koalitionsverhandlungen, hielten die Ampelpartner eisern an dem Grundsatz fest: Keine Waffen in Kriegsgebiete! Die Ukraine durfte keine Waffen aus Deutschland erwarten, auch nicht Defensivwaffen. Im Koalitionsvertrag stand: «Die deutsch-russischen Beziehungen sind tief und vielfältig. Russland ist zudem ein wichtiger internationaler Akteur. Wir wissen um die Bedeutung von substantiellen und stabilen Beziehungen und streben diese weiterhin an.» Da marschierten Putins Truppen an der Grenze zur Ukraine auf.

Dass sich Russland längst zu einem militärisch hochgerüsteten Aggressor entwickelt hat, wissen die Außenpolitikexperten natürlich. Spätestens seit dem Tschetschenienkrieg in den Nullerjahren, seit dem Georgienkrieg 2008 und seit der Annexion der Krim 2014 ist das für jeden kundigen Beobachter offensichtlich. Aber die neue Regierung will nicht der Logik der Aufrüstung und des Krieges folgen, sondern setzt auf Abrüstung und Frieden. Sie lässt sich von Hoffnungen leiten.

So verläuft dieser Berliner Vormittag zwar nicht so überschwänglich wie das Spektakel von 1998, als Gerhard Schröder, Oskar Lafontaine und Joschka Fischer das Ende der Kohl-Ära begossen. Aber der Vormittag verläuft harmonisch und angemessen ernsthaft.

Nachdem alle Verhandlungsführer der drei Parteien ihre Unterschriften unter den neuen Koalitionsvertrag gesetzt haben, ziehen sie sich erneut in den Nebenraum zurück. Wieder werden Sekt und Orangensaft gereicht. Die nächsten vier Jahre werden bestimmt gut. So steht es auch in ihrem Vertrag: Fortschritt. Und: Freiheit, Gerechtigkeit, Nachhaltigkeit. Lasst uns anstoßen!

Am nächsten Tag werden die Neuen im Deutschen Bundestag vereidigt. Angela Merkel und Gerhard Schröder verfolgen die Zeremonie von der Zuschauertribüne aus. Unten im Plenarsaal dürfen die Abgeordneten ausnahmsweise Selfies machen.

Irgendwann füllt sich das kleine Café im Reichstag, auch zwei frischgebackene Ministerinnen gönnen sich eine Pause. An einem Tisch in der Mitte sitzt Nancy Faeser, umringt von ihrer Familie nimmt sie Glückwünsche entgegen. Drei Tische von ihr entfernt, am Rande, sitzt Christine Lambrecht und beißt einsam in ein Brötchen. Sie sieht sauertöpfisch aus, niemand setzt sich zu ihr. Schon an diesem Tag erzählt man sich, dass Lambrecht über ihr neues Amt als Verteidigungsministerin nicht glücklich sei, eigentlich habe sie Innenministerin werden wollen. Aber das ist nun die Frau nebenan.

Die Deutschen brauchen ebenfalls eine Weile, um sich an die neuen Gesichter und ihre Ämter zu gewöhnen. Einige kennen sie immerhin schon. Im September haben sie nicht nur Veränderung gewählt, sondern auch Stabilität. Ein Paradox, das zu diesem ungewöhnlichen Regierungsbündnis geführt hat: junge, reformeifrige Kabinettsmitglieder unter dem Vorsitz eines vorsichtigen, Merkel-ähnlichen Bundeskanzlers.

Die Bürger und die Regierungsmitglieder erleben den Start ähnlich, einige mit Sorge und weichen Knien, viele aber voller Neugier und sogar Zuversicht.

Ihr Honeymoon wird nicht lange dauern. Alle werden von den kommenden Ereignissen überrascht, ja überwältigt.

Obwohl, muss man wirklich überrascht sein?

Vorbereitungen

Die Geschichte der Jahre, Monate und Wochen vor dem russischen Überfall am 24. Februar 2022 ist voll von Warnhinweisen. Und voll von falsch gedeuteten Zeichen, von falschen Schlussfolgerungen und bestenfalls halbherzigen Entscheidungen.

Blicken wir zunächst noch einmal zurück, auf den Herbst 2021. Angela Merkel ist nur noch geschäftsführend im Amt. Die künftigen Regierungspartner entwerfen Pläne für Klima, Finanzen, Europa, Gesundheit und so weiter. Sie verhandeln in 22 Arbeitsgruppen. Eigentlich ist Olaf Scholz unabkömmlich, aber am Mittwoch, den 17. November, klinkt er sich aus den Verhandlungen aus und eilt in die amerikanische Botschaft.

Eine Kongressdelegation aus Washington will den Mann näher kennenlernen, der noch Finanzminister ist, aber bald Chancellor of Germany sein wird. Es ist verständlich, dass sich Olaf Scholz für die Besuchergruppe Zeit nimmt, immerhin wird sie von Chris Coons angeführt. Der demokratische Senator aus Delaware ist ein enger Freund von Joe Biden, unter Insidern in Washington gilt er als Schattenaußenminister.

Der Kontakt zu Coons wird für Scholz viele Monate später in einer kniffligen Angelegenheit noch einmal von Bedeutung sein.

Heute geht es den Amerikanern um mehr als einen Höflichkeitsbesuch. Sie sind besorgt und interessieren sich vor allem für die Arbeitsgruppe 20, in der die künftige deutsche Außen- und Sicherheitspolitik verabredet wird. Im Wahlprogramm der Grünen konnten sie lesen, dass die Partei das Nato-Ziel, zwei Prozent des Bruttoinlandsprodukts für Verteidigung auszugeben, ablehnt und «die Nato strategisch neu ausrichten» will. Außerdem haben die Amerikaner gehört, dass etwa ein Viertel der SPD-Bundestagsabgeordneten Jungsozialisten sind, die der Nato und den USA traditionell kritisch gegenüberstehen. Und da ist noch die Geschichte mit Gerhard Schröder, dem letzten sozialdemokratischen Kanzler, und Joschka Fischer, dem letzten grünen Außenminister. Beide haben sich im Jahr 2003 erfolgreich dagegengestemmt, die USA bei ihrem Irakkreuzzug zu unterstützen (Fischer: «I am not convinced»).

Dass die Senatoren beunruhigt sind, hat auch einen sehr aktuellen Grund. Chris Coons kommt in Begleitung von Militärexperten, die dem Kanzler in spe ihre Erkenntnisse über den Aufmarsch russischer Truppen mitteilen. Olaf Scholz erfährt die Anzahl der Panzer, auch ihre strategische Ausrichtung. Einer, der dabei war, erinnert sich, dass die Amerikaner gut Bescheid wussten, was da kommen würde.

Die große Frage, die die amerikanischen Politiker umtreibt, lautet also: Kann sich Washington im Ernstfall auf den Nato-Partner Deutschland verlassen?

Die Amerikaner wollen noch über ein anderes unangenehmes Thema sprechen, über die Achillesferse der deutschen Wirtschaft. Sie weisen Scholz erneut auf die gefährliche Abhängigkeit von russischen Gasimporten hin. Das Thema beschäftigt amerikanische Senatoren schon seit Jahren. Aber jetzt, in Verbindung mit dem Briefing der Militärs, ergibt sich eine neue beunruhigende Lage.

Scholz ist beeindruckt und bittet seine Mitarbeiter, in Erfahrung zu bringen, aus welchen anderen Ländern Gas besorgt werden kann. Aber er weiß auch, dass sich die Energie aus Russland nicht schnell ersetzen lässt. Dann kümmert er sich wieder um die Koalitionsverhandlungen. Das Problem mit dem Gas wird von anderen Themen verdrängt.

Schon ein paar Tage zuvor erreichte Fachleute ein beunruhigender Hinweis. Als die vom russischen Gazprom-Konzern in Deutschland betriebenen Speicher überprüft wurden, stellte sich heraus, dass sie nur zu 22 Prozent gefüllt waren. Und das kurz vor dem Winter!

Einen Monat später, am 8. Dezember, wird noch weniger gemessen: gerade mal 18 Prozent. Noch immer schrillten in Berlin keine Alarmglocken, was auch am Machtwechsel liegen mag. Die Mitglieder der neuen Bundesregierung haben anderes im Sinn, als sich um Gasliefermengen zu kümmern. An dem Tag, an dem der Tiefststand der Gasspeicher gemeldet wird, überreicht ihnen der Bundespräsident ihre Ernennungsurkunden. Wieder eine Feier. Wer achtet da schon auf Speicherstände?

Wem fällt auf, dass jemand weit weg in Moskau einen Plan verfolgt?

An diesem 8. Dezember geht im Kanzleramt eine Nachricht aus Moskau ein. Wladimir Putin gratuliert Olaf Scholz zum neuen Amt: «Ich hoffe auf gute Zusammenarbeit.»

Mitte Januar bin ich mit einem Vertrauten von Olaf Scholz verabredet. Wir sprechen über die Pläne der neuen Regierung, über neue Windkraftanlagen, neue Wohnungen, Digitalisierung, all die wichtigen Vorhaben für die nächsten Monate. Als sich das Gespräch dem Ende nähert, sagt der Regierungsbeamte zum Abschied: «Vielleicht kommt ja auch alles ganz anders und wir reden demnächst über …», er stockt, ist für einen kurzen Moment unsicher, ob er das Wort aussprechen soll und tut es dann doch: «Krieg».

Kurz darauf, am 20. Januar, erhält der Bundestagsabgeordnete Roderich Kiesewetter Nachrichten, die ihn erschrecken: In Russland werden 100 000 Blutkonserven an Feldlazarette im Rahmen einer als Übung deklarierten Truppenmassierung an der russisch-ukrainischen Grenze verteilt. Außerdem sind mobile Krematorien auf dem Weg dorthin, Lastwagen mit Verbrennungseinrichtungen. Kiesewetter hat eine lange Laufbahn in der Bundeswehr hinter sich, er kennt sich mit militärischer Planung und Strategie aus, seit 13 Jahren sitzt er für die CDU im Bundestag. Er weiß, was die Meldungen bedeuten: Moskau bereitet sich auf ein großes Blutvergießen vor.

In deutschen Geheimdienstkreisen kursieren noch weitere besorgniserregende Meldungen. Vor wenigen Wochen ließ die russische Militärführung eine Übung im Ostseeraum durchführen. Putins Streitkräfte spielten Nuklearangriffe durch, ein Zielland in dem Szenario war Deutschland.

In der Simulation klinkten Bomber Marschflugkörper aus. Die Auswertung der Flugbewegungen und Funksprüche ergab, dass die Raketen auf drei Ziele programmiert waren: auf das europäische Hauptquartier der US-Streitkräfte in Ramstein, auf den Fliegerhorst Büchel an der Mosel, wo die US-Luftwaffe Atomwaffen lagert, sowie auf das Berliner Regierungsviertel. Später heißt es, die Nuklearraketen seien auch auf den Hamburger Hafen gerichtet worden.

Es bleibt offen, ob die russischen Militärs verärgert oder erfreut darüber waren, dass die Ziele ihrer Nuklearübung in Berlin bekannt wurden. Womöglich legten sie es sogar darauf an, dass Olaf Scholz davon erfuhr, um ihn einzuschüchtern. Das Kanzleramt nahm die Berichte zwar zur Kenntnis, aber nicht besonders ernst. In der Umgebung von Olaf Scholz gehen ohnehin viele davon aus, dass eine Invasion der Ukraine eher unwahrscheinlich ist. Sie mache weder politisch noch militärisch Sinn. Die russische Streitmacht könne unmöglich ein Land mit über 40 Millionen Einwohnern beherrschen.

Bruno Kahl, der Präsident des Bundesnachrichtendienstes, gibt dem Berliner REUTERS-Korrespondenten ein Interview: «Ich glaube, die Entscheidung zum Angriff ist noch nicht gefallen.»

In der Woche, in der die Verteilung von Blutkonserven ans russische Militär bekannt wird, geht beim Bundeskartellamt in Bonn ein Schreiben der Firma Rosneft Oil Company ein. Der Energiekonzern mit Sitz in Moskau meldet Interesse an, sein Engagement bei der PCK Raffinerie GmbH im brandenburgischen Schwedt auszubauen. Die Russen wollen von Shell 37,5 Prozent der Gesellschafteranteile erwerben und auf gut 91 Prozent aufstocken. Dass sie mehr im Sinn haben als ein lohnendes Investment, ist auf den ersten Blick nicht leicht erkennbar.

Das Kartellamt kennt Rosneft gut. Der Konzern ist wesentlich im Besitz des russischen Staates, Geschäftsführer ist Igor Iwanowitsch Setchin, ein enger Vertrauter von Wladimir Putin. Den angestrebten Raffinerie-Deal in Ostdeutschland preist er als Ausdruck der Freundschaft: «Das Unternehmen setzt auf langfristige Beziehungen zu seinen deutschen Partnern.» Wie schön, wie friedlich.

Den Aufsichtsratsvorsitzenden von Rosneft kennen die Kartellwächter noch besser: Altkanzler Gerhard Schröder. Auch ihn kann man getrost einen engen Vertrauten von Wladimir Putin nennen. Für seine Tätigkeit im Dienste von Rosneft soll Schröder einer russischen Zeitung zufolge eine jährliche Vergütung von 600 000 Euro erhalten.

Den Freiberufler Schröder zeichnet aus, dass er nach seinem Ausscheiden aus der Politik weiter wertvolle Kontakte in höchste deutsche Regierungsstellen pflegt. Sein früherer Kanzleramtsminister Frank-Walter Steinmeier war acht Jahre lang Außenminister von Angela Merkel. Auch Schröders Drähte ins Bundeswirtschaftsministerium sind exzellent, besonders als seine Weggefährten Sigmar Gabriel und danach Brigitte Zypries dem Haus vorstanden.

Im Bundeskartellamt wird der Eingang des Schreibens von Rosneft ordnungsgemäß quittiert, der Vorgang bekommt ein Aktenzeichen: B8-26/22. Die Behörde, die formal dem Bundeswirtschaftsministerium zugeordnet ist, leitet ein Fusionskontrollverfahren ein. Was spricht für eine Aufstockung der Firmenanteile an Schwedt, was dagegen? Tagesgeschäft.

Dass sich russische Energiekonzerne in Deutschland breitmachen, daran haben sich die Bundesregierung und ihr untergeordnete Behörden längst gewöhnt. Sie haben es so gewollt. Deutschland profitierte von den Energielieferungen aus Russland, Öl und Gas kamen verlässlich und günstig. Warum sollten die Russen dann nicht auch an heimischen Raffinerien beteiligt sein? Politische Bedenken wurden ausgeblendet.

Bereits im Herbst 2015 verkaufte das deutsche Energieunternehmen Wintershall die größten deutschen Gasspeicher an Gazprom, den anderen mächtigen russischen Energiekonzern. Ein Tauschgeschäft. Im Gegenzug («Asset-Tausch») erwarb Wintershall Anteile an sibirischen Erdgasfeldern. Nur ein Jahr nach der russischen Annexion der Krim.

Die Abhängigkeit der deutschen Energieversorgung von Russland war ohnehin schon groß, mit dem Verkauf der Gasspeicher an einen russischen Staatskonzern würde sich Deutschland noch mehr in die Hände Moskaus begeben. Schon damals war das ein Thema. Aber nicht so sehr für die von Union und SPD geführte Bundesregierung, sondern für die oppositionellen Grünen. Sie wehrten sich laut und deutlich gegen das Geschäft.

Annalena Baerbock, damals einfache Bundestagsabgeordnete, und ihr Fraktionskollege Oliver Krischer stellten im Herbst 2015 im Bundestag eine Kleine Anfrage an die Bundesregierung: «Steht der Asset-Tausch nach Einschätzung der Bundesregierung im Einklang mit dem vereinbarten Ziel der EU zur Schaffung einer Energieunion, die die Versorgungssicherheit der EU und die Diversifizierung der Bezugsquellen von Energieimporten stärken soll, und, wenn ja, wie begründet sie dies?»

Für die Bundesregierung antwortete Rainer Baake. Er ist selber Mitglied der Grünen und war einst Staatssekretär im Bundesumweltministerium von Jürgen Trittin. Ein anerkannter Energiefachmann, der später von SPD-Chef Sigmar Gabriel in das von ihm geführte Wirtschaftsministerium erneut zum Staatssekretär berufen wurde. Der Grüne Baake antwortete im Herbst 2015 also im Namen der Großen Koalition den Grünen Baerbock und Krischer: «Der Asset-Tausch hat keinen Einfluss auf die Ziele der EU. Die Versorgungssicherheit und die Diversifizierung der Bezugsquellen von Erdgas werden durch den mit dem Asset-Tausch bewirkten Eigentumswechsel nicht beeinträchtigt.»

Baerbock und ihr Fraktionskollege waren mit der Antwort der Bundesregierung überhaupt nicht zufrieden. Sie fürchteten sich vor dem Expansionsdrang von Wladimir Putin. Krischer wurde in einem Interview mit dem DEUTSCHLANDFUNK vehement: «Ich gucke mir die Politik Putins an, und er setzt Gas als Waffe ein. Da ist es ja nur die Frage, wer ist gerade der Gegner? Wenn als Gegner irgendwann Westeuropa ausgemacht wird, dann wird er auch diese Infrastruktur einsetzen.»

Die damalige Bundesregierung von Angela Merkel und Sigmar Gabriel und auch das deutsche Kartellamt ließen sich von der Kritik nicht beeindrucken. Gazprom konnte die Gasspeicher übernehmen. Gegenüber dem HANDELSBLATT begründete Wintershall-Chef Mario Mehren den Verkauf mit windelweichen Floskeln: «Wir setzen ein Zeichen für Kontinuität in der Zusammenarbeit. Gerade in politisch schwierigen Zeiten müssen wir Brücken bauen – nicht noch mehr Brücken abreißen.»

«Kontinuität», «Zusammenarbeit», «Brücken bauen» – der Wintershall-Chef redete sich den Deal schön.

Bei Nacht und Nebel

Die Hamburger haben sich an den Anblick von Megayachten gewöhnt. Von der nördlichen Elbseite aus kann man sehen, wie bei Blohm & Voss und in anderen Werften an beeindruckenden Privatschiffen geschweißt wird. Einige werden umhüllt, um sie vor den Blicken Neugieriger zu schützen. Andere Schiffe liegen für jedermann einsehbar in den Docks.

Die «Eclipse» von Roman Abramowitsch lag hier gelegentlich oder die Luxusyacht von Muhammad bin Raschid Al Maktum, dem Herrscher des Emirats Dubai.

Die Megaschiffe regen die Fantasie der Yachtspotter an. Sie vergleichen dann: Anzahl der Stockwerke, Größe des Pools, der U-Boote. Nach ein paar Wochen verschwinden die Pötte wieder und machen Platz für die nächste Yacht.

Seit September 2021 liegt auch die «Graceful» zur Generalüberholung bei Blohm & Voss. Die Geschichte des Schiffes ist erzählenswert. Der 70 Meter lange Rumpf wurde elf Jahre zuvor in der russischen Sewmasch-Werft in Sewerodwinsk am Weißen Meer gebaut, einige 100 Kilometer östlich von Finnland. Auf dem Weg nach Hamburg musste der Rumpf um Norwegen herum geschleppt werden. Vor den Lofoten setzte er auf einen Felsen auf und wurde so stark beschädigt, dass er den Hamburger Hafen als Totalschaden erreichte.

Bei Blohm & Voss möbelte man den Koloss neu auf und verlängerte ihn um 12 Meter. Dann machten sich Spezialisten an die Innenausstattung. Auf Wunsch des Eigners wurde ein Indoor-Pool eingebaut, dessen Boden als Tanzfläche für Partys nach oben verschoben werden kann. Auch über einen Helikopterlandeplatz verfügt die Yacht.

Viel wurde über die Identität des Eigentümers getuschelt, alle Zeichen deuteten in Richtung Wladimir Putin. Ob er sich selbst als Besitzer in den Registern eintrug oder diese Aufgabe Strohmännern überließ, ist unerheblich. Das Ergebnis der Bauarbeiten schien ihm jedenfalls zu gefallen. Im Mai 2021, nach den Massenprotesten in Belarus, bewirtete Putin den in Bedrängnis geratenen belarussischen Diktator Alexander Lukaschenko vor Sotchi auf der «Graceful».

Jetzt, Anfang 2022, liegt das prunkvolle Schiff also in Hamburg. Gleich nebenan wird an der Korvette «Emden» der Deutschen Marine gearbeitet.

In der Nacht vom 6. auf den 7. Februar, von Sonntag auf Montag, gibt es plötzlich Bewegung in der Werft. Die «Graceful» wird flottgemacht. Noch in der Dämmerung, um 7:12 Uhr, verlässt das Schiff den Hamburger Hafen, «fluchtartig», wie Beobachter notieren.

Die Yacht fährt die Elbe abwärts, biegt steuerbord bei Brunsbüttel in die Schleuse, fährt dann durch den Nord-Ostsee-Kanal, passiert Rügen und dampft schließlich Richtung Russland. Im Hafen von Kaliningrad geht die «Graceful» wieder vor Anker. Bis zum Herbst wird sie sich nicht mehr von dort wegbewegen.

Blick in den Abgrund

In diesen Tagen, Anfang Februar, ist kaum noch zu übersehen, dass der Aufmarsch der russischen Truppen an der ukrainischen Grenze keiner bloßen militärischen Übung dient. Doch noch immer ist unklar, welche Absicht hinter dieser beängstigenden Konzentration von Soldaten und Kriegsmaterial steckt. Was will Putin?

In Deutschland fragen sich viele Bürger außerdem: Wo ist Scholz? Die kleine Aufbruchstimmung vom vergangenen Dezember ist verflogen. Längst sitzt dem Kanzler die Presse im Nacken. Zum Thema Ukraine-Krise äußert sich die Außenministerin, zur Corona-Krise der Gesundheitsminister. Wo aber steckt der Kanzler?

Die Zeitungen murren, in den sozialen Medien ergießt sich Spott über den Regierungschef. #WoIstScholz? trendet auf Twitter. Doch der lässt sich nicht irritieren: Verkündet wird dann etwas, wenn es etwas zu verkünden gibt. Olaf Scholz macht sich rar.

Natürlich nimmt er die Unruhe, die Unzufriedenheit in der Hauptstadtpresse und auch das Genörgel der Opposition wahr. Doch er hat sich fest vorgenommen, sich auf keinen Fall durch öffentliche Meinungsmache treiben zu lassen.

Vor einigen Monaten, im Bundestagswahlkampf, hatte er mir einmal seine Überzeugung anvertraut: «Wer die Nerven verliert, weil ihn ein paar politische Wettbewerber angreifen, der hat wahrscheinlich auch nicht die Nerven dafür, Bundeskanzler zu sein. Ich bin ziemlich sicher, dass ich diese Nerven habe.» Mit dieser eisernen Ruhe war Scholz unbeschadet durch den Bundestagswahlkampf gesurft.

Jetzt aber ist der Druck, zu handeln und sich zu erklären, von ganz anderer Natur. Ein drohender Krieg in Europa erfordert nicht nur einen standfesten, sondern auch einen sichtbaren Regierungschef. Die Bevölkerung ist besorgt. Die Social-Media-Beträge unter #WoIstScholz? kann man als Geschrei abtun. Aber sie senden Warnzeichen in die Regierungszentrale.

Folglich beschließen der Kanzler und sein Regierungssprecher

Steffen Hebestreit eine erste Kurskorrektur ihrer bisher so zurückhaltenden Kommunikation. Am Sonntag, den 6. Februar, Stunden bevor die «Graceful» den Hamburger Hafen in Richtung Osten verlässt, bricht Scholz zu einer Reise nach Washington auf.

Auf dem Gelände des Berliner Flughafens «Willy Brandt» gibt es einen Regierungsterminal. Dort, im ersten Stock, hat sich heute ein Fernsehteam aufgebaut, um den Kanzler noch schnell zu interviewen. Tina Hassel hat für ihren «Bericht aus Berlin» sogar ein kleines Studio eingerichtet. Im Hintergrund ist der Kanzler-Airbus zu sehen, ein Machtsymbol. In früheren Jahrhunderten ließen sich Könige mit Rüstung und scharfem Schwert malen. Olaf Scholz ist weder König, noch regiert er mit einem Schwert. Aber mit politischer Kommunikation kennen sich seine Leute aus. Also lässt sich der Bundeskanzler vor der 63 Meter langen A340-300 mit der Aufschrift «Bundesrepublik Deutschland» ablichten.

Amerikanische Präsidenten setzen sich gerne vor ihrer Airforce One in Szene. Aber Olaf Scholz? Sein ungewohnt breitbeiniger Auftritt soll vor allem eines sagen: Ich bin hier!

Vom Terminal zum Regierungsjet sind es gerade mal 30 Meter. Doch an diesem Sonntagnachmittag stürmt und regnet es so heftig, dass sich der Bundeskanzler von seiner gepanzerten Limousine die paar Schritte bis kurz vor die Gangway fahren lässt. Den Kragen des Wintermantels hochgeklappt, eilt er die Treppe hinauf. Wenige Minuten später ist das Flugzeug im Abendhimmel.

Nach etwa zwei Stunden Flug hat die Maschine gerade Großbritannien überflogen. Olaf Scholz kommt aus dem vorderen Bereich der Maschine, wo es Arbeitsräume und auch eine Schlafgelegenheit gibt, nach hinten, dorthin, wo die Journalisten eng zusammensitzen. Er hat seinen dunklen Kanzleranzug und auch die Krawatte ausgezogen und steht nun, mit Jeans und einem etwas schlabbrigen Pullover bekleidet, breit grinsend im Gang.

Was will er uns mit diesem Kleidungswechsel sagen? Dass er seine Juso-Zeiten nicht vergessen hat? Dass er an Helmut Kohl in Strickjacke mit Michail Gorbatschow an einem kaukasischen Wildbach denkt? Will er in Zeiten der militärischen Eskalation einen stilistischen Kontrapunkt zu den ordengeschmückten Uniformen der Generäle setzen?

Die mitreisenden Journalistinnen und Journalisten dürfen gerne Fotos machen und später nach Hause twittern. Erst das Bild vor dem Flugzeug, jetzt das Bild mit dem Pullover – soll daheim niemand mehr behaupten, der Kanzler würde sich verstecken.

Scholz beginnt ein vertrauliches Gespräch, aus dem wie üblich nicht zitiert werden darf. Eine gute Stunde lang spricht er, und er spricht ganz anders als bei seinen öffentlichen Auftritten, anders als bei Interviews und Reden. Scholz ist schlagfertig, er nimmt Kraftausdrücke in den Mund und bemüht sich, seine Zuhörer zu überzeugen, ja zu beeindrucken. So sah und hörte man ihn selten.

Aber die Journalisten lassen sich nicht leicht beeindrucken. Seit Tagen löchern sie ihn: Warum spricht Scholz den Namen Nord Stream 2 nicht aus? Um die Gas-Ostseepipeline zwischen Russland und Deutschland tobt auf beiden Seiten des Atlantiks ein Streit.

Die Pipeline ist in osteuropäischen Ländern äußerst unbeliebt, und in den USA wurden sowohl unter Barack Obama wie unter Donald Trump Sanktionsgesetze gegen den Bau beschlossen. Die Amerikaner sorgten sich nicht nur um die Abhängigkeit Europas. Einige Senatoren machten keinen Hehl daraus, dass sie von nationalen Interessen getrieben waren: Die Deutschen sollten gefälligst Flüssiggas aus den USA kaufen! Trotz dieser Querelen wurde die Pipeline weitergebaut und ist inzwischen nahezu fertiggestellt. Die Betreiber warten auf die offizielle Zertifizierung der Bundesnetzagentur.

Angesichts des Truppenaufmarschs werden die Rufe aus der Opposition und auch aus den Reihen der Grünen immer lauter, Russland mit einem Aus der Pipeline zu drohen. Manche fordern sogar, sofort aus dem gemeinsamen Pipeline-Projekt auszusteigen.

Olaf Scholz hört die Forderungen, sie dringen ja aus allen Richtungen an seine Ohren. Wieder will sich der Kanzler nicht treiben lassen. In den ersten Wochen seiner Regierungszeit versuchte er, sich ein wenig Luft zu verschaffen, indem er so tat, als ginge ihn die Ostsee-Röhre nichts an. Nord Stream 2 sei «ein privatwirtschaftliches Projekt», behauptete er eine Weile lang.

Als er merkte, dass ihm diese Geschichte niemand glaubte, nahm er den Namen Nord Stream 2 gar nicht mehr in den Mund. Doch seine rhetorischen Verrenkungen machten die Zuhörer stutzig. Die im Regierungsflugzeug mitreisenden Journalisten wollen wissen, was hinter die-

ser Sprachakrobatik steckt. Aber Scholz blockt weiter. Auf der gesamten Reise ist er nicht zu klaren Aussagen zu Nord Stream 2 zu bewegen.
Prompt beginnen die Spekulationen: Fährt der deutsche Kanzler
eine Doppelstrategie gegenüber Russland? Will er Putin trotz der allgemeinen Kriegs- und Sanktionsrhetorik die Hand ausstrecken? Ein
Spiel mit verteilten Rollen, die Amerikaner als bad cops, die Deutschen als good cops?

Oder steckt hinter der Formulierung «privatwirtschaftliches Pro-
jekt» und seinen umständlichen Sätzen etwas anderes? Befürchtet der
Jurist Olaf Scholz Schadensersatzforderungen gegen den deutschen
Staat, wenn er die Inbetriebnahme der Pipeline untersagt? Allein der
Bau der Röhre hat über sieben Milliarden Euro gekostet. Ein paar
maulende Journalisten sind mir lieber als ein paar Milliarden Euro
Schadensersatz, mag Scholz denken.

Ein enger Mitarbeiter des Kanzlers weist auf ein anderes Motiv
hin: Als Scholz nach Washington reist, plant er bereits, wenige Tage
später nach Moskau zu fliegen. In dem Gespräch mit Putin will er
Nord Stream 2 als Verhandlungsmasse nutzen. «Strategische Ambigu-
ität» nennen sie das im Kanzleramt. Eine klare Aussage würde seine
Gesprächsposition schwächen. Also mauert der Kanzler. Aber er registriert, dass nicht nur in der Heimat, sondern auch in Washington
über seine Motive gerätselt wird.

Und es gibt noch ein Problem: die hartnäckige Weigerung der Bundesregierung, die Ukraine mit Waffen zu unterstützen. Noch kurz vor
dem Abflug nach Washington hat Olaf Scholz Tina Hassel im Interview unbeirrt angesehen und erklärt: «Die Bundesregierung hat seit
vielen Jahren einen klaren Kurs. Dass wir nicht in Krisengebiete liefern und dass wir auch keine letalen Waffen in die Ukraine liefern. Das
hat schon meine Vorgängerin so gehalten. Und das war richtig. Und
das bleibt auch richtig.»

Da hat Scholz ein wenig geflunkert. Deutsche Waffen wurden an
Länder geliefert, die am Jemen-Krieg beteiligt sind, etwa an Ägypten
und Saudi-Arabien. Und 2015 genehmigte die damalige Bundesregierung die Lieferung von Milan-Raketen und Sturmgewehren an die
kurdischen Peschmerga-Kämpfer, damit diese den terroristischen IS
im Irak bekämpfen konnten.

Dass die Bundesregierung angesichts der Bedrohung der Ukraine nicht wieder eine Ausnahme machen will, stößt bei vielen Politikern und Journalisten auf Unverständnis. Olaf Scholz und vor allem Annalena Baerbock verweisen stets auf die Verantwortung, die Deutschland aus der Geschichte erwachse. Sie erwähnen die vielen Millionen Opfer, die der von Nazideutschland angezettelte Angriffskrieg in Russland, Belarus und der Ukraine gekostet hat. Waffenlieferungen in diese Region? Kommen nicht in Frage.

Wenige Tage zuvor hatte die Regierung beschlossen, 5000 Schutzhelme an die Ukraine zu liefern. Eine Geste. Doch angesichts des gewaltigen russischen Truppenaufmarschs wirkt die Lieferung lächerlich. Kommentatoren in den USA beginnen, über den Nato-Partner Deutschland zu lästern.

Scholz und seine Berater haben das immer lauter werdende Gegrummel gehört, all die Fragen nach der Bündnistreue der Deutschen, und sich vorgenommen, auf der Reise nach Washington diese Zweifel zu zerstreuen. Regierungssprecher Hebestreit hat vor dem Abflug mit der WASHINGTON POST ein telefonisches Interview mit dem Kanzler verabredet und CNN-Starmoderator Jake Tapper ein Live-Gespräch für den nächsten Nachmittag zugesagt. Olaf Scholz fliegt mit einer einfachen Botschaft in die USA: Ihr könnt Euch auf uns verlassen.

Aber reichen ein paar warme Worte? Die Reise wird zum Eiertanz.

Zwei Tage vor Beginn des Besuchs in Washington werden in Peking die Olympischen Winterspiele eröffnet. Weder der Kanzler noch Außenministerin Baerbock noch andere hochrangige Vertreter der Bundesregierung wollen nach China reisen. Ein stiller Protest gegen die Menschenrechtsverletzungen an den überwiegend muslimischen Uiguren. Auch ein Protest gegen den rüden Umgang der chinesischen Führung mit Demonstranten in Hongkong. Wertebasierte Außenpolitik. Dennoch vermeiden Scholz und Baerbock scharfe Worte, China ist als Handelspartner für die deutsche Wirtschaft unverzichtbar.

Wladimir Putin schert sich nicht um die Menschenrechtsverletzungen, er nutzt die Gelegenheit und reist wie selbstverständlich zur Eröffnungsfeier. Er ist Stargast von Xi Jinping und wird mit viel Pomp hofiert. Der Tisch, an dem sie sitzen, ist beinahe so groß wie die Fläche eines Eishockeyspiels. Xi Jinping und Wladimir Putin umschmeicheln sich gegenseitig. Putin spricht von der «jahrhundertelangen Tradition der Freundschaft und des Vertrauens» und nimmt so die politische Liebeserklärung von Xi auf, der immer gerne von der «ewigen Freundschaft» zwischen China und Russland spricht.

Der Russe findet keine kritischen Worte über die Behandlung der Uiguren. Und die chinesische Führung schweigt zur militärischen Hilfe der Russen bei der Niederschlagung der Proteste in Weißrussland und in Kasachstan. Auch zum Aufmarsch an der ukrainischen Grenze hält sich Xi zurück.

Der russische und der chinesische Präsident stecken ihre Interessensgebiete auf der Weltkarte ab: Jeder darf in seiner Einflusssphäre agieren, ohne eine Reaktion des anderen fürchten zu müssen. Putin kann zufrieden sein. Wenn noch ein kleiner Baustein in seinem Ukraine-Plan gefehlt hat – jetzt hat er ihn erhalten. Was immer Du vorhast, signalisiert ihm Xi Jinping, wir halten uns raus.

Die NEW YORK TIMES legt später Details des Besuchs offen. Chinesische Regierungsvertreter sollen ihre russischen Amtskollegen gebeten haben, mit einem Angriff auf die Ukraine bis zum Ende der Olympischen Spiele zu warten. Es liegt nahe, dass Xi Jinping und Wladimir Putin persönlich diesen Plan besiegelt haben.

Längst ist der Wettbewerb zwischen Kapitalismus und Kommunismus vom Konflikt zwischen demokratischen und autoritären Staatsformen abgelöst. Und die Machtverhältnisse verschieben sich spürbar. Verspottete US-Präsident Obama Russland noch im Jahr 2014 als «Regionalmacht», hat das Land in den vergangenen Jahren große Kraftanstrengungen unternommen, um sein Militär aufzurüsten. Die wachsende wirtschaftliche Dominanz Chinas ist erdrückend und wird die Bundesregierung in den kommenden Monaten und Jahren sehr beschäftigen. Deutschland und anderen europäischen Staaten fällt es immer schwerer, sich im Wettbewerb der Wirtschaftsräume zu behaupten.

Es liegt am Zufall der internationalen politischen Kalender, dass das Treffen von Xi und Putin fast zeitgleich mit dem Treffen von Biden und Scholz zusammenfällt, 11 000 Kilometer voneinander getrennt. So werden die beiden Begegnungen miteinander verglichen. Was können Biden und Scholz den Protzbildern aus Peking entgegensetzen? Das übliche Händeschütteln im Oval Office wirkt gegen sie wie ein kraftloses Ritual.

Dazu kommt, dass die politischen Führer der USA und Deutschlands erst seit kurzem im Amt sind, sich mit großen Problemen im Innern ihrer Länder herumplagen und auf internationalem Parkett noch etwas unsicher vortasten. Xi Jinping ist seit knapp einem Jahrzehnt der starke Mann Chinas, Putin ist in unterschiedlichen Rollen seit über 20 Jahren der starke Mann Russlands.

Der Antrittsbesuch des deutschen Kanzlers beim amerikanischen Präsidenten, dem Führer der westlichen Welt, ist für Olaf Scholz, den Arbeitsrechtler aus Hamburg-Altona, der sich bis nach ganz oben hochgerackert hat, ein überaus feierlicher Moment. Als das Regierungsflugzeug um 21 Uhr auf dem Flughafen Washington-Dulles aufsetzt, meldet sich die Chefstewardess über Bordlautsprecher: «Sehr geehrter Herr Bundeskanzler, ich wünsche Ihnen einen erfolgreichen Aufenthalt in Washington.» Ein erfolgreicher Aufenthalt? Für Olaf Scholz mag sich trotz aller Probleme kurz ein Hochgefühl einstellen. Wie selten zuvor kann er jetzt die eigene Bedeutung spüren.

Auf dem Rollfeld warten unzählige tiefschwarze Limousinen und Mini-Vans mit nervös blinkenden Warnleuchten, ebenso laut brummende Polizeimotorräder. Obwohl es sich nur um einen Arbeitsbesuch handelt, haben die Amerikaner die ganz große Show aufgefahren. Das können sie hier gut: Tschingderassabum made in America. Als der Bundeskanzler in die kalte Februarluft tritt, wird er von den vielen Warnlichtern und den Scheinwerfern der Kamerateams geblendet. Scholz blinzelt sein Scholz-Blinzeln und schreitet die Treppe hinab. Er ist angekommen.

Am nächsten Morgen bemüht sich der Kanzler um ein wenig Normalität. Lange kann er wegen der Zeitverschiebung ohnehin nicht schlafen, also joggt er am Ufer des Potomac entlang.

Bevor es sich Biden und Scholz kurz darauf auf den Sofas des Oval Office bequem machen, hat jemand im Kamin dieses so geschichtsträchtigen Raumes ein Feuer entzündet. Noch draußen, am Eingang des West Wings, steigt einem der Geruch in die Nase.

Olaf Scholz hat mir einmal erzählt, wie sehr er Joe Biden schätzt. Er nahm das Wort «Bewunderung» nicht in den Mund, aber er klang so, als wenn er zu Biden aufschaute. Über viele Jahre hat er beobachtet, wie sehr sich der Senator, der Vizepräsident und später der demokratische Präsident für die Belange einfacher Amerikaner stark machte. Jedenfalls erweckte Biden diesen Eindruck. Nie wirkte er abgehoben, erst recht nicht angeberisch wie sein rüder Gegner Donald Trump. In den USA nennen ihn seine Anhänger «Middle Class Joe». Das gefällt Scholz. Und daher fragte ich ihn, ob er sich denn als «Middle Class Olaf» verstünde. Er begriff das Sprachspiel und wollte vor lauter Vorsicht, etwas Falsches zu sagen, nicht darauf einsteigen. Aber er widersprach auch nicht.

Jetzt also sitzen Middle Class Joe und Middle Class Olaf am offenen Kaminfeuer und sprechen über die Gefahren eines neuen europäischen Krieges und darüber, wie sie im Ernstfall reagieren sollen. Sie tauschen sich über die neue Weltordnung aus, deren Umrisse noch sehr unscharf sind. In Moskau sitzt ein Player, den Biden und Scholz nicht richtig durchschauen.

Als beide im East Room zur Pressekonferenz erscheinen, bemühen sie sich, Harmonie und Geschlossenheit auszustrahlen. Dem 79-jährigen Amerikaner sind die Strapazen des Alters und des Amtes anzumerken. Schleppend müht er sich durch sein Eingangsstatement, von einem Zettel liest er die Komplimente für seinen Gast ab. Gelegentlich schließt er die Augen. Wann wird er sie wieder öffnen? Dem Beobachter aus Deutschland kommt noch ein weiterer Spitzname für Biden in den Sinn: «Sleepy Joe». So hänselt Donald Trump seinen Rivalen.

Ein einziges Mal schrecken die Zuhörer auf, als nicht Olaf Scholz, sondern Joe Biden mit der Frage nach Nord Stream 2 konfrontiert wird. Biden braucht diesmal nicht viel Zeit zum Nachdenken: «Wenn Russland einmarschiert, wenn Panzer oder Truppen wieder die Grenze zur Ukraine überqueren, dann wird es kein Nord Stream 2 mehr geben. Wir werden dem ein Ende setzen.» Eine Journalistin will wissen, wie er das denn anstelle wolle. Schließlich handele es sich um ein deutsches Projekt. Darauf Biden: «Ich verspreche Ihnen, wir werden dazu in der Lage sein.»

Viele Monate später wird dieser Satz noch einmal eine Rolle spielen, so als habe Biden an diesem Tag einen geheimen Plan verraten.

Als der Kanzler an der Reihe ist, antwortet er mit antrainierten, vagen Floskeln. Nord Stream 2? Kommt in Scholz' Wortschatz weiter nicht vor. Die amerikanischen Journalisten lernen, dass «Scholzomat» die deutsche Version von «Sleepy Joe» ist.

Direkt nach der Pressekonferenz eilt Scholz ein, zwei Straßenblocks weiter hinüber ins CNN-Studio. Dort wartet Jake Tapper an einem Bistrotisch. Der Gast aus Deutschland soll auf einem Barhocker Platz nehmen.

Bevor sich Scholz in der neuen Umgebung ein wenig orientiert hat, schießt Tapper schon los: «Jemand, der der ukrainischen Regierung nahesteht, hat mir gesagt: Deutschland wird in Osteuropa und Kiew zunehmend als Verbündeter Russlands statt des Westens gesehen. Was sagen Sie dazu?»

Peng, ein Volltreffer. Mit nur einer Frage, in der ein harter Vorwurf versteckt ist, zielt Tapper auf die mangelnde Zuverlässigkeit und Bündnistreue der Deutschen. Ein ganzes Bündel voller Ressentiments und Misstrauen in nur wenigen Worten. Einen derartigen Angriff kann der Kanzler unmöglich auf sich sitzen lassen. Also schießt er ungewohnt undiplomatisch zurück: «That's absolutely nonsense», Blödsinn! So leicht will er Tapper nicht in die Falle gehen.

Im Hotel, in dem wir Journalisten untergebracht sind, begegne ich im Fahrstuhl einer etwa 40-jährigen Amerikanerin. Sie fragt, woher ich komme. «Ah, Germany, okay», nickt sie. Dann will sie wissen, was mich nach Washington führt. Ich antworte, dass wir den deutschen Kanzler bei seinem Besuch im Weißen Haus begleiten. «Oh», erwidert sie, «that's big fun!»

Bei weiteren Gesprächen mit Amerikanern kann man den Eindruck gewinnen, dass sich die USA gerade weniger für die Probleme in Europa interessieren als für den bevorstehenden Super Bowl zwischen den Cincinnati Bengals und den Los Angeles Rams.

Am Abend sitzt Olaf Scholz wieder im Flugzeug und hebt in Richtung Europa ab. Als die Maschine über dem Atlantik ist, werde ich in den vorderen Teil gebeten, dort wo die Aufenthaltsräume des Bundeskanzlers sind.

Wir kommen sofort auf die Kriegsgefahr in der Ukraine zu sprechen. Der Austausch mit Joe Biden hat dem Kanzler offenbar keine Hoffnung auf eine baldige Entspannung in Osteuropa gemacht. So besorgt habe ich Olaf Scholz noch nie erlebt: «Die Truppen, die da aufmarschiert sind, sowohl was die Soldaten als auch was das Material betrifft, sind dazu geeignet, eine Invasion der Ukraine durchzuführen.»

Er macht sich keine Illusionen: «Das muss man ernst nehmen. Selbst wenn wir keine Anhaltspunkte haben, herauszufinden, was denn nun die Motivationen der russischen Führung sind und ob es zu einer Invasion kommen wird oder nicht. Aber gerade deshalb ist es wichtig, dass wir klarmachen: Wenn es so ist, wird es harte Konsequenzen geben.»

Der Kanzler würde sich wohler fühlen, wenn er Putin denn besser verstehen würde. Pokert der Kreml-Herrscher nur, um Zugeständnisse vom Westen zu erpressen, oder plant er wirklich eine Invasion? Olaf Scholz hat sich unendlich viele Gedanken über den russischen Präsidenten gemacht. Er telefoniert mit Angela Merkel, die kennt Putin lange und gut. Er liest sogar Bücher über ihn. «In Putins Kopf» las er bereits vor sechs Jahren. Darin schreibt der französische Autor Michel Eltchaninoff etwa: «Immer deutlicher verkörpert Putin die Vergeltung derer, die den Untergang der UdSSR und ihre Umwandlung in eine Demokratie nicht ertragen haben. Der russische Präsident möchte seine Spuren in der Geschichte hinterlassen.»

Ist Putin auf einem Rachefeldzug, getragen von einem Volk, das dem großrussischen Reich hinterhertrauert?

Olaf Scholz liest auch die Aufsätze und Reden, die Wladimir Putin zur Ukraine verfasst hat. Im Jahr 2013, vor der Annexion der Krim, erklärte er: «Die Ukraine ist ein Teil unserer großen russischen oder russisch-ukrainischen Welt.» Im Juli 2021 dann: «Ich bin zuversichtlich, dass eine wahre Souveränität der Ukraine nur in Partnerschaft mit Russland möglich ist [...]. Denn wir sind ein Volk.» Seit vielen Jahren ist Putin von dem Thema wie besessen.

Ist der Mann mit den Mitteln der Diplomatie zu beschwichtigen, wenn er sich tatsächlich auf einer historischen Mission wähnt?

Die Ungewissheit ist quälend. Noch haben Olaf Scholz und Joe Biden nur im Konjunktiv gesprochen: Wie würden wir reagieren, sollte Russland die Ukraine tatsächlich überfallen? Die Szenarien werden schon in wenigen Tagen niederschmetternd real sein. Biden und Scholz haben einen Fahrplan verabredet. Sie werden ihn brauchen.

Der Besuch in Washington war für Scholz noch aus einem anderen

Grund wichtig. Er wird in den nächsten Monaten sein Denken und sein Handeln eng am amerikanischen Präsidenten ausrichten. Das Weiße Haus wird eine Art Tankstelle für ihn sein. Joe Biden gibt dem Kanzler Kraft und Sicherheit.

Pendeldiplomatie

Nach seiner Rückkehr aus Washington hat Olaf Scholz höchstens vier Stunden Zeit zum Schlafen, er eilt gleich wieder ins Kanzleramt. Die Krisendiplomatie geht weiter. Am Abend kommen Emmanuel Macron und der polnische Präsident Andrzej Duda zu ihm. Macron will von seinem Gespräch mit Putin berichten, das er am Abend zuvor in Moskau geführt hat, Scholz will von seinem Treffen mit Joe Biden erzählen.

Strenggenommen führt Russland schon seit acht Jahren Krieg gegen die Ukraine. Die Kämpfe russischer Einheiten und von Moskau unterstützter Milizen gegen ukrainische Truppen im Donbass haben nach Angaben der OSZE bislang 3404 Zivilisten das Leben gekostet. Doch die jetzt drohende Invasion mit zigtausend Soldaten auf breiter Front hätte eine völlig neue Qualität.

Von dem Treffen in Berlin soll ein Signal in Richtung Moskau ausgehen, dass die drei Nato-Partner Frankreich, Deutschland und Polen genauso eng zusammenstehen wie die übrigen Partner der Allianz. Ob das Wladimir Putin beeindruckt?

Scholz verbringt in diesen Tagen viele Stunden in Telefonschalten. Die Katastrophe muss verhindert werden. Er, Macron und Biden stimmen sich innerhalb der Nato ab und sprechen abwechselnd mit Putin und dem ukrainischen Präsidenten Selenskyj. Auch die Außenminister und Außenministerinnen, Staatssekretäre und Berater telefonieren pausenlos. Kurz kommt Hoffnung auf. Schaffen es die Diplomaten, den Russen die Invasion in letzter Minute auszureden?

Die Hoffnung hält nicht lange. Am Freitagabend deutscher Zeit schlagen die Amerikaner Alarm. Joe Biden trommelt sehr kurzfristig die Regierungschefs der wichtigsten Nato-Partner sowie Nato-Generalsekretär Jens Stoltenberg und EU-Kommissionspräsidentin Ursula von der Leyen zu einem Krisenschaltgespräch zusammen. Der US-Präsident lässt seine Verbündeten wissen, was ihm seine Geheimdienste über die Pläne Moskaus vorgelegt haben. Ein Angriff Russlands steht kurz bevor.

Der Nationale Sicherheitsberater von Präsident Biden, Jake Sullivan, wird sehr deutlich: «Wir befinden uns in einer Phase, in der eine Invasion jederzeit beginnen könnte, sollte sich Wladimir Putin dazu entschließen, sie anzuordnen.»

Die Amerikaner informieren die Geheimdienste und Verteidigungsministerien der wichtigsten Nato-Partner, dass sie einen russischen Angriff auf die Ukraine am nächsten Mittwoch erwarten, mitten während der Olympischen Spiele. Die Warnungen sind ungewöhnlich konkret. Sind sie ernst zu nehmen? Oder versuchen die CIA und das Pentagon, durch gezielte Desinformation die politische Stimmung anzuheizen? In den Hauptstädten der Alliierten wird nicht nur über die Strategie Moskaus gerätselt, sondern auch über die Washingtoner Tricksereien.

Die Lage wirkt noch dramatischer, als die USA ihre Staatsangehörigen auffordern, innerhalb der nächsten 48 Stunden die Ukraine zu verlassen. Das ist ein untrügliches Zeichen, dass die Geheimdienste des Landes mit dem Beginn eines Krieges rechnen.

Joe Biden erklärt gegenüber dem Fernsehsender NBC, dass amerikanische Truppen amerikanische Bürger im Kriegsfall nicht aus der Ukraine evakuieren würden. Eine klare Ansage an die Landsleute: Haut ab, solange Ihr könnt! Biden spricht davon, bei der russischen Armee handele es sich schließlich nicht um eine Terrororganisation, sondern um eine der größten Armeen der Welt: «Das ist eine ganz andere Situation. Die Dinge können schnell außer Kontrolle geraten.» Und dann: «Das ist ein Weltkrieg, wenn Amerikaner und Russen beginnen, aufeinander zu schießen.» Biden nimmt tatsächlich das Wort «Weltkrieg» in den Mund.

Jetzt ist auch den Letzten der Ernst der Lage klar. Vermutlich wird sogar die Amerikanerin, die vor wenigen Tagen den Besuch von Scholz bei Biden «big fun» nannte, unruhig schlafen.

Am Tag darauf, am Samstag, ringt sich auch Annalena Baerbock zu einer eindringlichen Warnung durch: Die Deutschen, die sich noch in der Ukraine aufhalten, sollen sofort das Land verlassen. Nur eine Rumpfmannschaft in der Botschaft in Kiew verbleiben.

Schließlich kündigt das US-Verteidigungsministerium an, in Polen weitere 3000 Soldaten zu stationieren. Die Soldaten einer Luftlandedivision aus North Carolina hätten einen Marschbefehl erhalten. Seit Jahrzehnten hat es keine derart große Kriegsgefahr in Europa mehr gegeben.

Am folgenden Sonntag, dem 13. Februar, werden die Hauptstadtkorrespondenten der wichtigsten deutschen Medien kurzfristig zu einem virtuellen Briefing geladen. Ein hochrangiger Vertreter der Bundesregierung will die Presse mit Einschätzungen und Hintergrundinformationen versorgen.

Es geht um die an den beiden folgenden Tagen bevorstehende Reise des Bundeskanzlers nach Kiew und Moskau. Alles dreht sich um die Kriegsgefahr und die Frage, ob es Olaf Scholz gelingen kann, die russische Invasion doch noch abzuwenden.

In dem Briefing wird klar, wie hilflos die deutsche Regierung ist. Alle Argumente wurden zwischen den westlichen Regierungschefs und Diplomaten und ihren Gegenspielern in Moskau ausgetauscht, die Warnungen und Drohungen beider Seiten sind bekannt. Was kann Olaf Scholz da noch ausrichten? Der hochrangige Regierungsvertreter spricht von einer «extrem gefährlichen» Lage.

In dem Gespräch wird außerdem spürbar, dass der Bundeskanzler mit der deutschen Geschichte im Gepäck nach Kiew und Moskau reisen wird. Die Verbrechen, die im vergangenen Jahrhundert von Deutschen und im Namen von Deutschen gegen die Bevölkerung der damaligen Sowjetunion, besonders der Ukraine und Russlands, begangen wurden, sind tief in der deutschen Erinnerungskultur verankert.

Daher will Olaf Scholz in Moskau am Grabmal des unbekannten Soldaten einen Kranz niederlegen. Ein Zeichen soll das sein: Deutschland hat aus der Geschichte gelernt. Nie wieder Krieg! Wer will, kann das auch als subtile Frage an die russische Regierung verstehen: Habt ihr ebenfalls aus der Geschichte gelernt?

Am langen Tisch

Am nächsten Vormittag landet Olaf Scholz zunächst in Kiew. Er hat Verspätung, kurzfristig musste der Pilot des Flugzeugs ausgetauscht werden. Die Verzögerung bringt den Zeitplan durcheinander. Erst wollte Scholz die Gedenkstätte für die Gefallenen des Maidan-Aufstandes besuchen und anschließend Wolodymyr Selenskyj. Jetzt müssen die Termine ruckzuck getauscht werden.

Während sich Scholz und Selenskyj im prachtvollen Amtssitz des Präsidenten fragen, ob Putin schon über eine Invasion entschieden hat und was der Westen noch tun kann, um den feindlichen Einmarsch zu verhindern, setzt sich der russische Präsident 900 Kilometer nordöstlich vor Fernsehkameras in Szene. Putin und sein Außenminister Sergej Lawrow nehmen an einem Konferenztisch mit außergewöhnlichen Ausmaßen Platz: sechs Meter lang, 2,60 Meter breit. Bilder der Kreml-Tische werden in den folgenden Tagen rund um die Welt gehen und die Fantasie der Betrachter anregen. Wer darf nah am russischen Präsidenten sitzen, wer nur in weitem Abstand? Hat Putin Angst vor Ansteckungen, oder ist der riesige Tisch ein Herrschaftsinstrument?

An diesem erdrückend großen Möbel fragt Putin seinen Chefdiplomaten, ob er überhaupt noch Chancen in den Verhandlungen mit dem Westen sieht. Lawrow antwortet: «Es gibt immer eine Chance.» Dann ergänzt er, die Gespräche sollten sich jedoch nicht endlos in die Länge ziehen.

Es ist ein übles Schauspiel, das von Nachrichtensendern in die ganze Welt übertragen wird: Zwei Männer sitzen zusammen und denken laut darüber nach, ob sie sich für Krieg oder Frieden entscheiden sollen. Natürlich richten sie sich an die eigene Bevölkerung – sie und nicht ihre Gegenspieler in der Ukraine und im Westen sind am Drücker. Nebenbei demütigen sie die Regierungen in Berlin, Paris und Washington: Ihr seid von unserem Willen abhängig.

Am selben Vormittag hat die Bundespressekonferenz in Berlin Wolfgang Ischinger eingeladen. In wenigen Tagen wird er das letzte Mal die Münchner Sicherheitskonferenz leiten. Der Diplomat war lange deutscher Botschafter in Washington, er kennt die amerikanische

Politik bestens. Er weiß auch, wie die Russen ticken. Seit einem Vierteljahrhundert spricht er immer wieder mit Sergej Wiktorowitsch Lawrow.

Wenn sich Ischinger in dieser angespannten Lage zu Wort meldet, dann trifft er auf ein wissbegieriges Publikum. Wie kann der Krieg noch vermieden werden? Wieso werden keine hochrangigen Russen zur Sicherheitskonferenz erwartet? Wie denkt er über die Diplomatie der leisen Töne von Kanzler Scholz?

Ischinger lässt keinen Zweifel daran, dass er Russland in der aktuellen Krise für den Aggressor hält. Er findet, dass sich der Westen bislang klug und angemessen verhält. Er äußert auch Verständnis für die amerikanischen Geheimdienste, die ihr Wissen über russische Angriffspläne ausschnittsweise veröffentlichen.

Dann aber ändert sich seine Stimmung. Er erzählt, dass es seiner Erfahrung nach in Verhandlungen nicht hilfreich sei, wenn man der Gegenseite nur Fehlverhalten vorwerfe und sich selbst von jedem Fehler freispreche. Dann würden sich die Fronten schnell verhärten. Und ja, der Westen – er meint damit die Nato – habe durchaus Fehler gemacht im Umgang mit Russland. Das könne man ruhig zugeben.

Ischinger holt aus, und seine Zuhörer werden immer hellhöriger. Er erzählt, wie sich Kanzlerin Merkel und Frankreichs Präsident Sarkozy im Jahr 2008 gegen den Plan von US-Präsident George W. Bush stellten, der Ukraine und Georgien einen «Membership Action Plan» zu verschaffen, die Eintrittskarte zur Eingliederung in die Nato. Leider sei der Gipfel in Bukarest für Deutschland und Frankreich aber nur teilweise erfolgreich gewesen.

Jetzt beginnt Ischinger mit den Armen in der Luft zu rudern. Man merkt, dass die Angelegenheit in ihm arbeitet. Dann erklärt er: «Stehen blieb der Satz: Ukraine und Georgien werden Mitglieder des Bündnisses werden. Ohne Datum. Das wurde von uns damals als eine Tatsache konstatiert. Da das kein Datum war, würde das doch nicht gefährlich wirken. Wir müssen leider im Rückblick sagen: In Russland ist das anders verstanden worden. Nämlich als Ankündigung, die man ernst nehmen müsste.»

Wenn man sich mit dem Abstand vieler Jahre die Berichterstattung zum Nato-Gipfel 2008 noch einmal ansieht, wird deutlich, dass Russland den Gipfelbeschluss gar nicht falsch verstehen konnte. Die

Frankfurter Allgemeine Zeitung titelte damals: «Sie dürfen rein –
aber nicht jetzt». Das machte den Herrschern in Moskau Angst.

Dann richtet jemand die Frage an Ischinger, ob die Nato denn jedes
Land, das gerne Mitglied im Militärbündnis sein will, auch aufnehmen
müsse, ein Taubenzüchterverein würde ja auch nicht jeden Interessenten aufnehmen. Ischinger erklärt die Regeln so: «Selbstverständlich
sollte der Ukraine, sollte Georgien die Möglichkeit nicht genommen
werden, sich als Mitglieder der EU oder Nato zu bewerben. Aber
selbstverständlich ist es eine Entscheidung der Nato, ob man dieses
Mitglied einladen möchte, ja oder nein.»

Ließe sich auf dieser Grundlage nicht eine tragfähige Vereinbarung
zwischen der Nato und Russland treffen? Die aktuellen Regierungen
in Washington, Paris und Berlin beteuern ja laufend, eine Aufnahme
der beiden ehemaligen Sowjetrepubliken in die Nato würde ohnehin
«nicht auf der Tagesordnung» stehen. So hat es mir Olaf Scholz ja auch
auf dem Rückflug von Washington noch einmal versichert («da weiß
jeder, dass das nicht ansteht»).

Wäre es also möglich, dass die Nato und Russland vertraglich vereinbaren, auf die Aufnahme der Ukraine in ihre Bündnisse zu verzichten und die Souveränität des Landes zu respektieren? Die Ukraine wäre
dann dauerhaft ein blockfreier Staat wie viele andere Nationen. Eine
derartige Vereinbarung könnte den Krieg möglicherweise verhindern.

Auch Olaf Scholz und Annalena Baerbock werden mit ihren Bera-
tern solche Ideen durchgespielt haben. Aber sind sie zu einem so großen Schritt bereit, sind sie dazu in der Lage? Wollen sie der Ukraine
tatsächlich die von ihr angestrebte Aufnahme in die Nato verwehren?
Schließlich bleibt die Frage, ob sich Putin an eine solche Abmachung
halten würde, ob es ihm nur um die Verhinderung der Nato-Mitgliedschaft der Ukraine geht oder ob er in Wirklichkeit nicht viel weiter-
gehende Ziele verfolgt.

Wie sehr stecken die Entscheidungsträger in Moskau, Kiew, Washington, Paris und Berlin in der Spirale von gegenseitigen Unterstellungen und Drohungen fest? Haben der Bundeskanzler und seine Außenministerin nur wenige Wochen nach ihrem Amtsantritt den Mut
und auch die Standhaftigkeit, eine so weitreichende diplomatische
Initiative zu starten?

Als Gerhard Schröder und Joschka Fischer im Herbst 1998 nach der gewonnenen Bundestagswahl noch nicht als Kanzler und Außenminister vereidigt waren, wurden sie vom damaligen US-Präsidenten Bill Clinton gedrängt, sich an der Seite der USA an einem Militärschlag gegen Serbien zu beteiligen. Der serbische Präsident Slobodan Milošević und seine Leute wurden beschuldigt, für schwere Kriegsverbrechen gegen die Bevölkerung der nach Unabhängigkeit strebenden jugoslawischen Teilrepubliken verantwortlich zu sein. Nur mit militärischer Gewalt, das war Konsens zwischen der amerikanischen Regierung und der neugewählten Regierung in Berlin, könne das Vorgehen der serbischen Führung gestoppt werden. Einige Wochen später bombardierten Nato-Kampfjets Ziele in Serbien, auch deutsche Tornados waren im Einsatz.

Die Vorgänge von 1998 und 2022 sind nicht miteinander vergleichbar. Zu unterschiedlich sind die außenpolitischen Konstellationen. Aber in einem Punkt ähneln sich die beiden Situationen dann doch: Sehr bald nach ihrer Wahl mussten sich ein sozialdemokratischer Bundeskanzler und ein grüner Außenminister beziehungsweise eine grüne Außenministerin mit Fragen von Krieg und Frieden beschäftigen. Können sich Scholz und Baerbock diesmal der Dynamik einer massiven internationalen Konfrontation entziehen? Oder werden sie, wie damals Schröder und Fischer, als Akteure in einen kriegerischen Konflikt gezogen?

Gerhard Schröder fällt für den Bundeskanzler als Ratgeber aus. Während sich Olaf Scholz seit Wochen argumentativ einbetoniert hat («Russland ist der Aggressor, eine Invasion wird der Westen mit äußerst harten Sanktionen beantworten»), schlägt sein sozialdemokratischer Vorgänger ganz andere Töne an. Der Altkanzler äußert Verständnis für das Bedrohungsgefühl Russlands und fordert die Ukraine auf, das «Säbelrasseln» gegenüber Moskau bleiben zu lassen. Wo und wie er ukrainisches Säbelrasseln vernommen hat, bleibt unklar. Seine Worte klingen wie eine Schutzbehauptung zugunsten seines Freundes Wladimir Putin.

Es fällt führenden Sozialdemokraten leicht, sich von Schröder zu distanzieren. Hinter jeder seiner Äußerungen vermuten sie wirtschaftliche Eigeninteressen. Viel schwerer fällt es ihnen hingegen, Aussagen ihres Fraktionsvorsitzenden Rolf Mützenich abzutun. Auch er äußert Verständnis für die Sorgen der Russen. Während der Kanzler auf dem Weg nach Kiew ist, erklärt Mützenich im ARD-Morgenmagazin: «Wir müssen auch öffentlich anerkennen, dass auch Russland berechtigte Sicherheitsinteressen hat. [...] Heute sehen wir, dass Fehler, die insbesondere damals die Administration Bush junior uns aufgeladen hat, nicht nur die Invasion im Irak, sondern auch Verwerfungen hier in Europa, der Abschied von Rüstungskontrolle – alles das sind Dinge, die auch Russland verunsichern. Ich teile gewisse Bedenken nicht. Aber ich kann sie durchaus nachvollziehen.»

Olaf Scholz hat tatsächlich eine Menge Gepäck auf seiner nächsten Reise dabei. Da ist die Geschichte des deutschen Krieges gegen die Sowjetunion. Da sind die Nato-Osterweiterung und der Nato-Gipfel von Bukarest. Und da ist die Angst vor einem neuen Krieg.

Der Kanzler will Wladimir Putin am nächsten Tag besuchen. Er wählt nicht den kürzesten Weg. Statt von Kiew nach Moskau zu fliegen, reist er am Montagabend von Kiew erst nach Berlin zurück. Als Annalena Baerbock vier Wochen zuvor direkt hintereinander ihre ukrainischen und russischen Außenministerkollegen besuchte, übernachtete sie in Kiew und flog am nächsten Morgen direkt nach Moskau. Das spart Flugbenzin, wird sich die Grünenpolitikerin gedacht haben.

Später stellte sich heraus, dass ihre Gesprächspartner in Kiew verärgert waren, weil sie über die ukrainische Grenze zum großen Nachbarn flog. Und die Russen waren irritiert, dass die Deutsche in Kiew und nicht in Moskau übernachtet hatte.

Olaf Scholz will bei seiner Pendeldiplomatie niemanden vergrätzen. Also jettet er von Kiew nach Berlin zurück, schläft ein paar Stunden, wechselt die Hemden und fliegt am darauffolgenden Tag in aller Herrgottsfrühe wieder gen Osten, diesmal nach Moskau.

Der Zeitpunkt der Reise ist überaus heikel. Für den kommenden Tag haben die amerikanischen Geheimdienste ja den Beginn des russischen Überfalls vorhergesagt. Im Kanzleramt haben seine Berater hin und her überlegt: Soll Scholz fliegen? Was passiert, wenn er in die Wirren von kriegerischen Handlungen gerät? Die Bedenken werden beiseitegeschoben.

Im Kreml begrüßt Putin den Bundeskanzler freundlich und bittet ihn an denselben langen Tisch, an dem er zuvor Emmanuel Macron empfangen hat. Für die Kameras werden ein paar Nettigkeitsfloskeln ausgetauscht, dann lässt Putin die Türen schließen. Die beiden Männer sind jetzt allein im Raum. Sogar die Dolmetscher sitzen in einem Nebenraum; da im riesigen Tisch kleine Mikrofone eingelassen sind, können sie das Gespräch über Kopfhörer verfolgen und simultan übersetzen. Auch Putin und Scholz haben kleine Kopfhörer an den Ohren.

Sie reden viel miteinander und viel aneinander vorbei, wie sich später rekonstruieren lässt. Wladimir Putin hält einen ermüdend langen Monolog. Er redet über die Nazi-Vergangenheit Deutschlands und schimpft über Nazis, die heute angeblich in der ukrainischen Regierung sitzen. Er spricht darüber, dass die Nato sich immer weiter ausdehne und dass die Souveränität Russlands bedroht sei. Das alles sind Versatzstücke, die Scholz aus vielen anderen Reden Putins kennt und in den nächsten Monaten immer wieder von ihm hören wird.

Der Kanzler kündigt Putin seinerseits harte Konsequenzen für den Fall an, dass er seiner Armee den Befehl zum Überfall der Ukraine erteilt.

Irgendwann gegen Ende des Gesprächs fragt der Kanzler den russischen Präsidenten verklausuliert, ob er nach ihrem Gespräch Kampfflieger Richtung Ukraine starten lassen werde. Putin zögert mit der Antwort und windet sich. Ein klares «Nein» gibt er Scholz nicht mit auf den Weg.

Während Olaf Scholz und Wladimir Putin an diesem Tag in Moskau miteinander sprechen, sitzt Robert Habeck mit seinen engsten Mitarbeitern in seinem Büro im Berliner Wirtschaftsministerium zusammen. Sie fällen eine hochbrisante Entscheidung: Der Bau von Nord Stream 2 soll nicht weiterverfolgt werden. Seit Wochen ist Habeck davon überzeugt, dass Putin Gas als Waffe einsetzen will. Ihre Entscheidung gegen die Pipeline hält die Runde um den Vizekanzler aber noch ein paar Tage lang geheim. Nichts dringt nach außen, erst recht nicht nach Moskau.

Als es im Kreml nach vier Stunden heißt, die Sitzung zwischen Putin und Scholz sei beendet, ist die Spannung groß: Haben die beiden eine Lösung gefunden, um diese gleich der Öffentlichkeit zu präsentieren?

Vor der Presse gibt es anfangs nur wolkige Phrasen. Beide berichten, wie wichtig ihnen die deutsch-russischen Beziehungen seien. Historisch, kulturell und wirtschaftlich wären die Völker ja eng miteinander verbunden. Es ist ein Schauspiel. Eigentlich ist es beruhigend, dass sich Wladimir Putin Mühe mit der theatralischen Inszenierung gibt. Doch es bleibt ein Schauspiel.

Dann kommen beide auf die Kriegsgefahr zu sprechen. Ja, sagt Putin, er höre immer wieder, dass eine Mitgliedschaft der Ukraine in der Nato «morgen» nicht auf der Tagesordnung stehe. «Was aber wird «übermorgen» sein?»

Da ist er, der Herrscher, über den Scholz so viel gelesen hat. Der Mann, der in langen geschichtlichen Linien denkt. Putin reichen die Absichtsbekundungen der Nato-Staaten nicht. Er erwarte klare, verlässliche Sicherheitsgarantien, erst dann könne der Konflikt beigelegt werden. Das Schauspiel vom Anfang der Pressekonferenz ist mit einem Schlag zu Ende.

Oder doch nicht? Putin erwähnt überraschend, dass er am Tag zuvor mit seinem Außenminister besprochen habe, die Verhandlungen mit dem Westen vorerst weiterzuführen. Übersetzt heißt das: Es wird in naher Zukunft keine Invasion Russlands in der Ukraine geben. Eine frohe Botschaft!

Olaf Scholz ergänzt anerkennend, ja, es gebe kleine Anzeichen für eine Entspannung der Lage. Jetzt ist Putin wieder an der Reihe. In einer länglichen Antwort preist er seinen Freund Gerhard Schröder als «unabhängigen Experten», sogar als «anständigen Menschen» und lobt dabei auch dessen Lobbyarbeit für Nord Stream 2.

Es juckt Olaf Scholz, das so nicht stehen zu lassen: «Was Nord Stream 2 betrifft, will ich die privatwirtschaftlichen Aktivitäten eines ehemaligen Politikers nicht kommentieren. Er spricht nicht für die Bundesregierung, nur für sich.» Dann wird er ernster. Kommt es zu einem Angriff auf die Ukraine, fängt er an, «dann wissen wir, was zu tun ist, und ich glaube, dass es auch alle anderen wissen».

Allmählich kann man sich an die Sprache des Bundeskanzlers gewöhnen, Muster zeichnen sich ab. Mitteilsam wird Olaf Scholz nicht, wenn er etwas sagt, sondern dann, wenn er etwas nicht sagt. Hinter dem verkniffenen Vermeiden von klaren Aussagen können kundige Zuhörer seine Absichten heraushören. Aber wer hat schon die Geduld und die Bereitschaft, sich auf solche sprachlichen Finessen einzulassen.

Mit nur wenigen Worten hat Scholz angekündigt, so kann man ihn verstehen, dass die neue Ostseepipeline im Falle eines Krieges nicht in Betrieb genommen werden würde. Dass sein Wirtschaftsminister am selben Tag die Entscheidung gegen Nord Stream 2 unabhängig von einem russischen Angriff bereits fällt, weiß im Kreml offenkundig niemand. Aufmerksamen Zuhörern entgeht aber nicht, dass Olaf Scholz in Gegenwart des russischen Präsidenten den Namen Nord Stream 2 zum ersten Mal seit langer Zeit öffentlich ausspricht. Den Namen Gerhard Schröder will er hingegen nicht einmal in den Mund nehmen. Schröder ist für ihn nur noch «ein ehemaliger Politiker».

Die Pressekonferenz dauert schon fast 50 Minuten, ungewöhnlich lange. Schließlich will der Kanzler zum eigentlichen Knackpunkt des Konflikts noch etwas loswerden, eine Nato-Mitgliedschaft der Ukraine stünde ja auf absehbare Zeit nicht zur Debatte. Scholz hat sich vorgenommen, diesen Treffer im verbalen Schlagabtausch mit Putin zu platzieren. Er wird sogar ein wenig frech, denn er würzt sein Argument mit einem persönlichen Hinweis: «Das ist kein Thema, das uns wahrscheinlich wieder in unseren Ämtern begegnen wird, solange wir sie ausüben.»

Scholz dreht sich jetzt demonstrativ und mit weit ausladender Handbewegung zu Putin um. Er lächelt verschmitzt. Es dauert zwei, drei Sekunden, bis die Übersetzung im kleinen Kopfhörer des russischen Präsidenten ankommt. Putin wirkt für einen Moment unsicher und wechselt schnell zu einem ebenso verschmitzten Lächeln. Worauf will Scholz hinaus, scheint er zu denken.

Dann fährt der Kanzler fort: «Ich weiß jetzt nicht, wie lange der Präsident vorhat, im Amt zu sein. Ich habe jedenfalls das Gefühl, das könnte länger dauern, aber nicht ewig.» Putin schaut ein wenig gequält aus. Er weiß offenbar nicht, ob er sich mit einer Gemeinheit revanchieren oder weiter souverän vor sich hin lächeln soll.

Auf Vertraute des Kanzlers wirkt Wladimir Putin wie ein gemeiner Straßenschläger, ein Kämpfer, der darauf achtet, ob sein Gegner Schwäche zeigt oder Stärke. Olaf Scholz spürt das. Jedenfalls will er stark erscheinen, auf seine Art.

Er genießt diesen Augenblick. In den letzten Minuten der Pressekonferenz schlägt er das linke Bein locker über das rechte, mit der Schuhspitze tippt er auf den grauen Kremlteppich. Seine Körpersprache sagt: Ich habe die Situation unter Kontrolle. Scholz spricht an diesem Nachmittag über Themen, von denen er weiß, dass sie Wladimir Putin wehtun könnten. Er spricht über das Sendeverbot für die DEUTSCHE WELLE in Russland, über das Schicksal des inhaftierten Regimekritikers Alexej Nawalny, auch über das Verbot der Menschenrechtsorganisation Memorial. Alles heikle Themen. Und das an einem Tag, an dem die Nerven vieler Regierungen und Militärs äußerst angespannt sind.

Wladimir Putin scheint das jedoch nicht sonderlich zu kratzen. Warum er die Nadelstiche von Scholz so gleichmütig erträgt, erschließt sich seinem Besucher nicht gleich. Dass Putin gedanklich schon viel weiter ist, dass sein Überfall auf die Ukraine längst beschlossene Sache ist, wird erst in wenigen Tagen klar.

Noch können die Menschen in der Ukraine und auch die vielen um Vermittlung bemühten Politikerinnen und Politiker hoffen. Der russische Präsident verspürt ein gewisses Vergnügen, sie an diesem Dienstag in Sicherheit zu wiegen. Zumindest lässt sein Verhalten Interpretationsspielräume zu. Ist das nicht auch etwas?

Nach der Pressekonferenz bittet der russische Präsident Olaf Scholz in einen Nebenraum. Er geht nicht mit ihm gemeinsam, wie es bei Besuchen von Staats- und Regierungschefs üblich ist, sondern eilt mit entschlossenen Schritten voraus. Der Gast aus Deutschland dackelt allein hinterher, vier, fünf Meter hinter Putin.

Im Nebenraum hat ein Diener auf einem Tisch eine Flasche Sekt und zwei Gläser bereitgestellt. Ist es Krimsekt? Der Kreml-Chef will mit seinem Gast anstoßen. Aber worauf? Auf die deutsch-russische Freundschaft? Auf ein gelungenes Vieraugen-Gespräch, auf den Weltfrieden?

Später ist zu hören, Putin habe Scholz bei dieser Gelegenheit angeboten, er könne ihn jederzeit anrufen. Der Kanzler vernimmt das Angebot gerne. Er wird in den nächsten Monaten gelegentlich davon Gebrauch machen. Aber er traut Putin nie wieder über den Weg.

Scholz verlässt Moskau mit sehr gemischten Gefühlen. Den mitreisenden Journalisten vermittelt er den Eindruck, dass die Kriegsgefahr nicht gebannt ist. Aber er gibt sich der Hoffnung hin, dass es gelungen sei, Putin von einer Invasion der Ukraine vorerst abzubringen. Wem das dann zu verdanken sei, daran lässt der Kanzler keinen Zweifel: ihm selbst. Scholz hofft nicht nur auf Frieden. Er hofft auch auf den größten Erfolg seiner noch so jungen Kanzlerschaft.

In der Heimat bejubeln ihn bereits einige Parteifreunde: «Putin zieht Truppen teilweise ab und zeigt sich ‹bereit, den Weg der Verhandlungen zu gehen›», twittert Saskia Esken. «Das ist das erste Ergebnis einer beeindruckenden Krisendiplomatie der Ampelregierung und des @Bundeskanzler | s. Well done @OlafScholz.»

Über einen kleinen Erfolg kann sich der Bundeskanzler nach seinen eng getakteten Reisen in die USA, die Ukraine und nach Russland tatsächlich freuen: In Deutschland verschwindet der Hashtag #Woist-Scholz?. In diesen Tagen hat er gezeigt, dass er auf Augenhöhe mit anderen Machthabern spricht. Mit zwei Monaten Verzögerung ist Olaf Scholz in seine neue Rolle hineingewachsen. Er ist jetzt Kanzler. Zumindest im eigenen Land. Wird auch Wladimir Putin ihn als Kanzler ernstnehmen?

Festgeklebt

Lea Bonasera wirkt nicht wie eine Frau, über deren Forderungen und Handlungen in einigen Wochen das ganze Land sprechen wird. Die sogar in die Nähe der Terrororganisation Rote Armee Fraktion gerückt werden wird. Sie ist eine zurückhaltende, etwas schüchterne Frau. Aber wenn die Sprache auf ihr Thema kommt, wird sie sehr energisch.

Lea Bonasera ist 24 Jahre alt und Studentin. Sie hat in Oxford Internationale Beziehungen studiert, doch an einen Eintritt ins Berufsleben will sie erstmal nicht denken. Sie lebt in einer Wohngemeinschaft in Berlin-Kreuzberg und hat sich vor einigen Monaten mit Gleichgesinnten zur Gruppe «Letzte Generation» zusammengeschlossen. Hinter dem Namen verbirgt sich ein einziger Aufschrei. Die Klimaaktivisten sind davon überzeugt, dass der Menschheit nur noch etwa drei Jahre bleiben, um einen dramatischen und unumkehrbaren Anstieg der Erdtemperatur zu verhindern.

Die Prognose klingt pessimistisch. Die Aktivistengruppe würde sagen, sie ist realistisch. Sie stützt sich auf Vorhersagen renommierter Klimaforscher.

Im vergangenen Herbst hatte Lea Bonasera bereits für Aufsehen gesorgt, als sie in Berlin mit einem anderen Aktivisten mehrere Wochen lang in einen Hungerstreik trat. Die beiden erzwangen ein öffentliches Streitgespräch mit Olaf Scholz, kurz bevor er als Kanzler vereidigt wurde. Konkrete Zusagen für eine entschlossenere Klimapolitik, jedenfalls wie sich das die Aktivisten erhofft hatten, blieben aus.

Den Winter haben die Aktivisten dazu genutzt, neue Protestformen vorzubereiten. Viele Monate lang wollen sie für Aufsehen und öffentliche Auseinandersetzungen sorgen. Aber heute tasten sie sich noch vorsichtig vor, sie wollen eine Autobahnauffahrt blockieren – für alle Beteiligten eine neuartige Aktion.

In dieser eiskalten Nacht hat Lea Bonasera nicht in ihrer Kreuzberger Wohngemeinschaft geschlafen, sondern gemeinsam mit drei anderen Aktivisten in einem konspirativen Apartment in einem anderen Berliner Stadtteil. Niemand, vor allem die Polizei nicht, soll wissen, wo genau sich die Klimaschützer aufhalten.

Den Tag beginnen sie um 6:30 Uhr mit einem gemeinsamen Frühstück. Wer weiß, wann es wieder Gelegenheit zum Essen geben wird. Auf dem Sofa spielt jemand leise Gitarre.

Eine halbe Stunde später stehen alle Gruppenmitglieder dicht beieinander in einer S-Bahn auf dem Weg nach Steglitz. Die Bahn ist voll mit Menschen, die unterwegs zur Arbeit sind. Mit ruhiger Stimme erzählt Lea Bonasera von ihrer Verzweiflung angesichts des Klimawandels. Die Maßnahmen der neuen Bundesregierung seien bei weitem nicht ausreichend.

Kurz darauf trifft sie in einem Parkhaus drei, vier andere Kleingruppen, insgesamt kommen etwa 16 Personen zusammen. Sie haben Signalwesten dabei, wie sie Autofahrer an Unfallstellen tragen sollen. Alle sind pünktlich und wirken, als wenn nichts und niemand sie aufhalten kann. Die Aktivistin blickt auf ihre Uhr und gibt ein verabredetes Zeichen. Sofort stürmt die Gruppe aus dem Parkhaus zu einer nahe gelegenen Autobahnauffahrt. Als die Ampel auf Rot springt und der Verkehr kurz zum Stillstand kommt, laufen alle quer über die vier Fahrbahnen, setzen sich auf den Boden – und warten ab.

Nach wenigen Sekunden erhebt sich ein schrilles Gehupe, erst ganz nah, schließlich immer weiter entfernt. Hunderte Autofahrer wollen über diese mehrspurige Strecke zur Arbeit. Manche bleiben

schimpfend und hupend in ihren Autos sitzen. Andere steigen aus
und fragen diese seltsamen Menschen auf dem Asphalt, was das werden soll. Noch ist die Blockadeaktion auch für die Autofahrer in
Deutschland neu.

Wenig später tauchen Mannschaftswagen der Polizei auf. Mehrere
Polizisten steigen aus. Sie haben schon allerhand erlebt, in Berlin gibt
es Hausbesetzungen, Querdenkerdemos, Silvesterausschreitungen.
Aber so etwas? Friedlich auf der Straße sitzende junge Menschen, die
wütende Verkehrsteilnehmer an der Weiterfahrt hindern? Die Beamten wissen nicht so recht, wie sie sich verhalten sollen. Sollen sie auf
die Aktivisten einreden oder einschlagen? In den nächsten Monaten
werden sie Routine bei der Beseitigung der Straßenblockaden entwickeln. Heute aber sind sie ratlos.

Lea Bonasera summt andauernd ein Lied, das soll ihre Nerven beruhigen. Als sich die Polizisten darauf verständigen, die Blockierer da-
vonzutragen, zieht sie schnell eine kleine Tube mit Sekundenkleber
aus der Tasche, schmiert sich mit dem Klebstoff die rechte Handfläche
voll und drückt diese fest auf die regennasse, bitterkalte Fahrbahn.
Nichts geht jetzt mehr. Mit der linken Hand hält sie den Polizisten
einen Zettel entgegen: «Festgeklebt».

Da die Aktivisten der «Letzten Generation» ihre Aktionen durchführen, um Druck auf die Bundesregierung aufzubauen, haben sie vor
allem Robert Habeck im Visier. Der ist nun Deutschlands Klimaschutzminister. Und Olaf Scholz, der ließ sich im vergangenen Jahr zum
«Klimakanzler» wählen.

Wenige Wochen nach den ersten Straßenblockaden habe ich Gelegenheit, mit Robert Habeck über die «Letzte Generation» zu sprechen.
Habeck weicht nicht aus. Er will aber darauf hinweisen, dass eine
Bundesregierung nun mal verschiedene Ziele verantwortungsbewusst
abwägen muss. Er habe als Minister eben auch die Versorgungssicherheit des Landes und die sozialen Strapazen der Bevölkerung zu beachten.

Aber ja, er habe auch Verständnis für den Protest. Und müsse an
seine eigene Jugend denken. Habeck bemüht sich, nicht altklug zu
klingen, er will partout das Klischee des abgehobenen Berufspoliti-
kers vermeiden. Daher sagt er: «Es ist ein bisschen doof, jetzt mit über

50 selber mal so gewesen zu sein, darauf zu schauen. Ich habe vor dem moralischen Impetus der jungen Leute hohen Respekt. Ich weiß, aus welcher Gedankenwelt sie kommen.»

Dann ist Habeck plötzlich wieder Vizekanzler: «Mit 52 und als Minister für Deutschland, und auch mit den Jahren davor, muss ich sagen: Es gibt eben kein richtiges Leben oder ein Leben im Richtigen. Sondern es gibt immer nur ein Leben im relativ Besseren. Und das ist eine gute Botschaft, weil wir sonst immer schuldig sein würden. Und das ist unerträglich. Wir müssen damit leben, dass Dinge relativ sind.»

Habeck formuliert damit das Selbstverständnis eines Politikers, der aus der Opposition in Regierungsverantwortung gekommen und nun mit starken Kräften aus Gesellschaft, Wirtschaft, Politik und Medien konfrontiert ist, die alle auf ihn einwirken.

Wenn Politik «ein langsames Bohren von harten Brettern mit Leidenschaft und Augenmaß zugleich» ist, wie es der Soziologe Max Weber vor über 100 Jahren behauptete, dann hat sich Habeck längst diesem Bohren mit Augenmaß verschrieben.

Auch Olaf Scholz hat Max Weber gelesen, er hat sich sogar mal mit dessen Schrift «Politik als Beruf» fotografieren lassen. Auch er hat ein Politikverständnis tief verinnerlicht, das ganz auf die Kraft von Kompromissen setzt. Scholz und Habeck bemühen sich geradezu, das Schmieden von Kompromissen zur demokratischen Staatskunst zu veredeln.

Ihre Gegenspieler der «Letzten Generation» können mit dieser Berufsauffassung nichts anfangen. Die Aktivisten verweisen darauf, dass angesichts der drohenden Überschreitung von Kipppunkten im globalen Klimasystem die Zeit für langsames Bohren fehle. Da nur noch wenige Jahre bleiben, um das Klima vor dem irreparablen Kollaps zu bewahren, müsse schneller gehandelt werden. Ohne die üblichen Kompromisse. Wenn es um die drohende Klimakatastrophe geht, ist Max Weber für sie der völlig falsche Ratgeber.

Lea Bonasera und die anderen Aktivisten nehmen Robert Habeck zwar die Lauterkeit seiner Absichten ab. Sie wissen um seine Herkunft als grüner Politiker und auch um das, was seine Partei in den letzten 40 Jahren für die Ökobewegung getan hat. Es gibt da noch ein Restvertrauen in den Politiker. Dennoch wächst ihre Enttäuschung. In ihren Augen agieren er und Scholz nicht entschlossen genug. Sie bohren zu langsam.

Die erste Straßenblockade führen die Aktivisten der «Letzten Generation» Ende Januar durch. Vier Wochen später wird die Welt über eine neue Katastrophe sprechen. Dann werden sich Robert Habeck und Olaf Scholz zu neuen Kompromissen gezwungen sehen, die Weltlage wird ihnen weitere harte Bretter auf den Tisch legen. Immer muss es jetzt ganz schnell gehen.

Der Wirtschaftsminister Habeck und der Klimaschutzminister Habeck werden sich bald heftig in die Quere kommen. Die «Letzte Generation» wird sich noch weiter von der Bundesregierung entfremden. Ihre Aktionen werden wütender, radikaler.

Viele Fronten

Die letzten Februartage des Jahres 2022 werden alle Politikerinnen und Politiker, die ernsthaft versuchen, den Krieg abzuwenden, nie vergessen. Für unzählige Ukrainerinnen und Ukrainer beginnt ein langanhaltendes Trauma. Diese Tage markieren einen tiefen Einschnitt in der Geschichte des 21. Jahrhunderts.

Am Freitag, den 18. Februar um 22 Uhr deutscher Zeit, drei Tage nach der Rückkehr von Olaf Scholz aus Moskau, wendet sich Joe Biden bei einer kurzfristig angesetzten Pressekonferenz im Weißen Haus an die Weltöffentlichkeit. Mit ungewohnter Detailgenauigkeit und voller Dramatik erklärt der US-Präsident, dass Russland «in der nächsten Woche, vielleicht schon in den nächsten Tagen» die Ukraine überfallen werde. Offenbar verfügen die amerikanischen Geheimdienste über Quellen im unmittelbaren Umfeld von Wladimir Putin.

Nun will eine Reporterin von Joe Biden wissen, was genau hinter seinen düsteren Worten stecke. Sie fragt ihn geradeheraus, ob Putin seine Entscheidung zum Angriff bereits getroffen habe. Biden antwortet, ohne zu zögern: «Ja!» Woher er das weiß, sagt er nicht.

Nie in den letzten Wochen war die Lage bedrohlicher, trotz der vielen Reisen von Olaf Scholz, Annalena Baerbock, Emmanuel Macron und anderen nach Kiew und Moskau. Die Welt hält den Atem an.

Am Sonntagvormittag unternimmt Emmanuel Macron einen weiteren, vielleicht letzten Versuch, Wladimir Putin vom Einmarsch in die Ukraine abzuhalten. In den letzten Wochen hat er immer wieder mit ihm telefoniert. Längst duzen sich die beiden.

Auf das Telefonat hat sich Macron gut vorbereitet. Auch er glaubt, dass er Putin von seinen Invasionsplänen noch abbringen kann. In einem Nebengebäude des Élysée-Palastes lässt er ein Filmteam von FRANCE 2 das Telefonat mithören. Es soll später die großen Erfolge des französischen Präsidenten während der französischen EU-Ratspräsidentschaft dokumentieren. Putin weiß nicht, dass das Telefonat mitgeschnitten und später in Auszügen veröffentlicht werden wird.

In dem Büro halten sich auch Macrons außenpolitischer Berater Emmanuel Bonne, seine Beraterin für Kontinentaleuropa Isabelle Dumont, seine Kommunikationsberaterin Anne-Sophie Bradelle und Alice Rufo, die stellvertretende Beraterin für strategische Angelegenheiten, auf. Über Lautsprecher hören sie, wie sich ein Disput zwischen den beiden Präsidenten entwickelt. Sie diskutieren über die Umsetzung des Friedensabkommens, zu dem sich 2015 Russland und die Ukraine verpflichtet hatten.

Ab und zu stutzen die Beraterinnen über die Ausführungen Putins. Dann schicken sie Macron von ihren Handys aus Kurznachrichten, um ihn mit Fakten zu versorgen.

Putin: «Wir haben eine völlig unterschiedliche Sicht der Situation. In unserem letzten Gespräch habe ich Dich daran erinnert, die Artikel 9, 11 und 12 des Minsker Abkommens zu lesen.» In den genannten Artikeln geht es vor allem um die Organisation von freien Wahlen in den ostukrainischen Regionen Donezk und Luhansk.

Macron will sich von Putin nicht schulmeistern lassen und entgegnet: «Die Artikel sind hier, vor meinen Augen. Sie sagen eindeutig, dass der Vorschlag der Ukraine mit den Vertretern bestimmter Distrikte der Regionen Donezk und Luhansk bei einem Treffen mit drei Seiten vereinbart werden soll. Genau das schlagen wir vor. Ich weiß also nicht, wo Deine Anwälte Jura studiert haben. Schau Dir einfach diese Texte an und versuche, sie anzuwenden. Und ich weiß nicht, welcher Anwalt Dir sagen kann, dass in einem souveränen Staat Gesetzestexte von Separatistengruppen gemacht werden und nicht von demokratisch gewählten Behörden.»

Putin reagiert gereizt und wettert gegen die Regierung in Kiew: «Das ist keine demokratisch gewählte Regierung. Sie sind in der Folge eines Putsches an die Macht gekommen. Menschen wurden lebendig verbrannt. Es war ein Blutbad. Und Selenskyj gehörte zu den Verantwortlichen.»

Dann kanzelt Putin Macron wieder ab: «Hör mir aufmerksam zu: Das Prinzip des Dialogs besteht darin, die Interessen der anderen Seite zu berücksichtigen. Es gibt einen Vorschlag. Die Separatisten, wie Du sie nennst, haben ihn den Ukrainern geschickt. Aber sie haben keine Antwort erhalten. Wo ist hier der Dialog?»

Die beiden streiten eine Weile über das Minsker Abkommen und ob die Regierung in Kiew nun eine legitime Volksvertretung sei oder ob es sich um «illegitime Terroristen» handele.

Emmanuel Macron versucht, seinen Gesprächspartner zu besänftigen. Er berichtet Putin, wie er sich noch am Vortag bemüht habe, Wolodymyr Selenskyj dazu zu bewegen, in sozialen Medien einen ruhigeren Ton anzuschlagen. Er fordert Putin auf, mäßigend auf seine Truppen einzuwirken: «Gestern gab es eine Menge Beschuss. Was sagst Du dazu? Wie wird es mit den Übungen weitergehen?»

Putin gibt sich cool: «Die Übungen laufen nach Plan.»

Darauf Macron: «Also werden sie heute Nacht enden, richtig?»

Putin: «Ja, wahrscheinlich. Aber wir werden die Truppen sicherlich an der Grenze lassen, bis die Situation im Donbass gelöst ist.»

Macron reagiert hoffnungsfroh: «In Ordnung, Wladimir.» Dann unterbreitet er Putin einen Vorschlag, dieser solle sich in den nächsten Tagen mit dem amerikanischen Präsidenten treffen, Joe Biden sei damit einverstanden.

Putin antwortet geradezu liebevoll: «Danke, Emmanuel. Es ist für mich immer eine große Freude und Ehre, mit Deinen europäischen Kollegen und den Amerikanischen Staaten zu sprechen. Und ich spreche immer gerne mit Dir, weil wir eine Vertrauensbeziehung haben.» Er bittet Macron, ein Gipfeltreffen mit Biden vorzubereiten.

Dann drückt Putin aufs Tempo. Er will das Gespräch beenden: «Ehrlich, ich wollte gerade Eishockey spielen. Ich spreche mit Dir aus der Sporthalle. Ich werde meine Berater anrufen.»

Macron: «In jedem Fall, danke, Wladimir. Wir bleiben in Kontakt. Sobald es etwas gibt, rufe mich an.»

Wladimir Putin verabschiedet sich auf Französisch: «Je vous remercie Monsieur le Président», ich bedanke mich, Herr Präsident. Beide lachen.

Lässt sich Emmanuel Macron von den Höflichkeitsfloskeln des Russen täuschen? Berater Emmanuel Bonne ist nach dem Telefonat so frohgemut, dass er im Büro ein kleines Tänzchen aufführt.

In dieser außenpolitisch so angespannten Woche verdunkelt sich die Laune des Kanzlers schlagartig. Aber das hat nichts mit Wladimir Putin zu tun, sondern mit einem Hamburger Rechtsanwalt. Ausgerechnet jetzt wird Olaf Scholz von einer schlechten Nachricht ereilt, die ihn ganz persönlich betrifft.

Gerhard Strate, der Staranwalt in Scholz' Heimatstadt, hat Strafanzeige sowohl gegen den aktuellen Hamburger Bürgermeister Peter Tschentscher wie gegen dessen Vorgänger Olaf Scholz gestellt. Tschentscher, früher Hamburger Finanzsenator, und Olaf Scholz hätten sich, so die Behauptung, im Zusammenhang mit der Cum-Ex-Affäre der Beihilfe zur Steuerhinterziehung schuldig gemacht. Olaf Scholz wirft er zudem eine falsche uneidliche Aussage vor.

Die Angelegenheit verfolgt Scholz schon seit mehreren Jahren. Es gelang ihm einigermaßen, das Thema aus dem Bundestagswahlkampf herauszuhalten. Vielleicht war das Thema Cum-Ex für viele Berichterstatter auch zu unübersichtlich. Die Strafanzeige von Gerhard Strate wirbelt jetzt alles wieder auf. Und das, obwohl die ganze Aufmerksamkeit des Kanzlers zur Vermeidung eines Krieges gefordert ist. Scholz gibt in diesen Tagen keinen öffentlichen Kommentar zu der Anzeige ab. Aber das Thema wird er nicht los.

Die Welt blickt an diesem Wochenende auf die Münchner Sicherheitskonferenz. Neben der amerikanischen Vizepräsidentin Kamala Harris und Wolodymyr Selenskyj ist der Bundeskanzler der prominenteste Gast. Als er auf das Podium tritt, wird er vom Konferenzleiter Wolfgang Ischinger begrüßt. Auch ihn drücken an diesem Tag nicht nur die Sorgen um den Weltfrieden. Der SPIEGEL hat gerade berichtet, der langjährige Diplomat habe die Sicherheitskonferenz genutzt, um sich durch Vermittlung von Waffengeschäften persönlich zu bereichern. Ischinger ist außer sich und streitet alle Vorwürfe ab.

Es ist ein etwas eigenartiges Bild, als mit Olaf Scholz und Wolfgang Ischinger zwei Männer auf der Bühne stehen, die vor einem heißen Krieg in Europa warnen und nebenbei große persönliche Probleme haben. Sie lassen sich diese Doppelbelastung nicht anmerken.

Die Münchner Sicherheitskonferenz hat in ihrer Geschichte schon viele Kontroversen erlebt. Hier entladen sich oft Spannungen zwischen mächtigen Menschen, die sonst eher selten aufeinander treffen. Doch die Abwesenheit von russischen Regierungsmitgliedern und die nicht wegzudiskutierende Sorge vor einem Krieg machen die diesjährige Zusammenkunft zu einem Treffen der Angst, zu einer Unsicherheitskonferenz.

Am Rande lädt Bruno Kahl, der Präsident des Bundesnachrichtendienstes, die Chefs anderer Geheimdienste ins Münchner Spatenhaus ein. Beim Abendessen ist auch der neue Chef des ukrainischen Auslandsdienstes FISU, Alexander Lytwynenko, dabei. Der FISU ist eine Nachfolgeorganisation des Kiewer KGB-Ablegers. Staatspräsident Selenskyj hat keine glückliche Hand mit der Führung der Geheimdienste. Den Chef des Inlandsgeheimdienstes wird er im Sommer 2022 entlassen, «weil er für die andere Feldpostnummer tätig war», also ein Verräter, erklärt mir ein Insider der Geheimdienstszene. Die Führung des Auslandnachrichtendienstes besetzte Selenskyj seit 2019 gleich zwei Mal um.

Lytwynenko ist erst seit sieben Monaten an der Spitze und muss in Windeseile so viele Informationen über die kriegerischen Absichten Moskaus zusammentragen wie möglich. In München richten sich alle Blicke auf ihn. Bruno Kahl hat eine Reise nach Kiew geplant, aber jetzt ist er unsicher, ob er fliegen soll. Er fragt Lytwynenko. Die meisten Besucher der Münchner Sicherheitskonferenz gehen – trotz der Warnungen der Amerikaner – nicht von einem kurz bevorstehenden Angriff der Russen aus. Also rät Lytwynenko Bruno Kahl: «Ja bitte, komme auf jeden Fall.» Eine folgenschwere Fehleinschätzung.

Der darauffolgende Montag, 21. Februar, ist der der erste Tag nach den Olympischen Winterspielen in Peking. Wer noch Illusionen hat, dass Wladimir Putin den Truppenaufmarsch nur als Drohkulisse für Verhandlungen einsetzt, wird spätestens am Ende dieses Tages wissen: Putin hat anderes im Sinn. An diesem Montag ballen sich die Ereignisse.

Deutschlands Wettbewerbshüter müssen heute eine Entscheidung treffen. Ihnen liegt der Antrag von Rosneft vor, 37,5 Prozent der Raffinerie im brandenburgischen Schwedt vom Mitgesellschafter Shell zu übernehmen. Drei leitende Mitarbeiter der Beschlussabteilung sehen sich den Vorgang genauer an, aber sie können nicht erkennen, dass dem Kauf wettbewerbsrechtliche Bedenken entgegenstehen. Ein Vorprüfverfahren reicht, also setzen sie ihre Unterschriften unter den Antrag. Rosneft darf aufstocken.

Dass das Kartellamt angesichts der enormen Spannungen mit Russland die Transaktion anstandslos genehmigt, mag juristisch korrekt sein, ist aber dennoch erstaunlich. In Schwedt endet die Pipeline «Druschba» (Freundschaft), über die 25 Prozent der russischen Rohöllieferungen nach Deutschland erfolgen. Rund 220 000 Barrel Rohöl werden hier Tag für Tag verarbeitet und als Benzin, Diesel und Heizöl nach Berlin, Brandenburg und Westpolen geleitet. Ohne Schwedt läuft in Ostdeutschland praktisch nichts, Moskau kann künftig einen Großteil der Energieproduktion für die Region kontrollieren.

Der Vorgang wird in der breiten Öffentlichkeit kaum wahrgenommen. Deutschland blickt auf andere Ereignisse.

Es gibt eine weitere interessante Nachricht aus der Finanzwelt, von der Außenstehende keine Notiz nehmen. Warum auch, auf den ersten Blick wirkt sie wenig aufregend.

Um 10:06 Uhr gibt der Energiekonzern Uniper SE bekannt, dass er «für das Geschäftsjahr 2022 auf der Grundlage eines starken Stromerzeugungs- und Gas-Midstream-Geschäfts ein bereinigtes EBIT von 1,0 bis 1,3 Mrd. Euro sowie ein bereinigtes Nettoergebnis von 0,8 bis 1,1 Mrd. Euro» erwartet. Das Unternehmen hat eine Milliarde Gewinn gemacht, es strotzt vor Kraft.

Uniper zählt zu den größten europäischen Gasunternehmen und ist der wichtigste Importeur von russischem Gas in Deutschland. Das Unternehmen gehört mehrheitlich dem finnischen Konzern Fortum, die deutsche Firmenzentrale sitzt in Düsseldorf. Stolz verkündet Fortum, seine aktuelle Prognose würde «über der Markterwartung» liegen.

Aber etwas weiter unten in der Ad-hoc-Mitteilung steht ein Zusatz, der Insider stutzig machen könnte: «Uniper plant zurzeit nicht, eine Dividendenpolitik zu beschließen.»

Und da ist noch ein brisanter Vorgang. Ein Mitarbeiter des Kanzleramts berichtet mir, dass sich mehrere deutsche Banken bei der Bundesregierung melden. Russische Kunden würden ihr Geld von ihren
Konten abziehen. Das bedeutet: Sollten Sanktionen erlassen werden,
müssen sie schnell greifen, sonst sind sie wirkungslos.

Dieser Montag wird Jörg Kukies in besonderer Erinnerung bleiben. Er
ist Staatssekretär im Kanzleramt und Top-Berater des Kanzlers. An
diesem 21. Februar hat er Geburtstag, er wird 54 Jahre alt. Seit Wochen ist er im Dauerstress. Daher hat er seiner Frau und seiner jungen
Tochter versprochen, sich an diesem Tag frei zu nehmen und Zeit mit
ihnen zu verbringen. Die Familie reist in den Schwarzwald. Aber sie
bleibt nicht lange ungestört. Als Jörg Kukies mit Frau und Tochter im
Schwimmbad ist, klingelt das Handy. Sein Büro unterrichtet ihn, dass
der russische Botschafter ihn sprechen will. Kukies ist überrascht und
fragt beim Kanzler nach, ob er das Telefonat entgegennehmen soll. Der
rät ihm dazu. Schließlich wird ihm der Botschafter durchgestellt, und
Kukies kann dessen Anliegen kaum fassen. Putins Diplomat will in Erfahrung bringen, ob die deutsche Regierung die Bewerbung Moskaus
für die Expo 2030 unterstütze. Wie können die Russen auf Hilfe aus
Deutschland hoffen, während sie eine Invasion ihres Nachbarlandes
vorbereiten?

Jörg Kukies reagiert kühl: «Herr Botschafter, wir reden gerade
über einen Krieg. Und Sie erwarten, dass wir uns über die Expo-
Bewerbung Russlands unterhalten? Das kann nicht Ihr Ernst sein!»
Der Botschafter versucht zu beschwichtigen, das eine habe doch
nichts mit dem anderen zu tun. Entweder schätzt Wladimir Putin
seine Position auf der Weltbühne völlig falsch ein. Oder er spielt ein
zynisches Spiel mit der deutschen Regierung. Die Antwort von Kukies
an Moskaus Botschafter bleibt klar: «Solange Russland nicht aufhört,
die Ukraine zu bedrohen, gibt es für eine Unterstützung durch die
Bundesregierung keine Chance.»

Etwas später klingelt das Handy von Jörg Kukies erneut. Diesmal
ist der Bundeskanzler in der Leitung, sein Berater möge bitte umgehend nach Berlin kommen. Kukies verkürzt seinen freien Geburtstag,
nimmt sich ein Taxi zum Stuttgarter Flughafen und eilt mit dem
nächstbesten Flieger zurück nach Berlin.

Der Grund für die überstürzte Rückreise ist deprimierend. Es wird klar, dass die Bemühungen von Emmanuel Macron und Olaf Scholz, auf Wladimir Putin Einfluss zu nehmen, gescheitert sind. Zwar hat Macron nach seinem Telefonat mit Putin öffentlich behauptet, der russische Präsident habe einem Gipfeltreffen mit Joe Biden zugestimmt. Doch schnell wischt Kreml-Sprecher Dmitri Peskow die Meldung beiseite, sie sei voreilig gewesen, ein Treffen der beiden Präsidenten stünde noch nicht fest.

Stattdessen meldet sich Putin erneut bei Macron und anschließend bei Scholz. In knappen Worten informiert er sie vorab, was er bald darauf der ganzen Welt mitteilen wird.

Dann lässt er im pompösen Katharinensaal des Kreml die Mitglieder des russischen Sicherheitsrates zu sich kommen und das Treffen im Fernsehen übertragen. Den Ort wählt Putin wohl mit Bedacht, er sieht sich in der Nachfolge der großrussischen Herrscher. Wie gewünscht, erklären die Mitglieder seines Sicherheitsrates brav, warum Russland die beiden ostukrainischen Regionen Donezk und Luhansk als unabhängige Republiken anerkennen solle. Aber das ist nur ein Zwischenschritt.

Anschließend hält der Kremlchef eine lange Rede an die Nation. Es ist ein sehr spezieller Geschichtsunterricht, aus dem sich Putins Absichten herauslesen lassen. Scholz schaut sich die Ansprache in seinem Büro am Fernseher an. Putin behauptet, die Ukraine sei eigentlich ein Teil Russlands und sie würde Russland militärisch bedrohen. In diesen Worten steckt Ungeheuerliches: Er spricht dem Nachbarstaat die Souveränität ab. So klingt ein Kriegsherr.

Kurzfristig will Putin die beiden Regionen Donezk und Luhansk ganz dem russischen Herrschaftsbereich einverleiben. Wie auf Knopfdruck verkünden die beiden russischen Rebellenführer in den Regionen, dass sie militärische Hilfe von Moskau fordern. Das ist ein abgekartetes Spiel. Es gibt Moskau die Möglichkeit, Truppen in die Ostukraine zu entsenden und gegenüber dem Rest der Welt zu behaupten, dass es sich um eine Hilfsaktion handelt, alles ganz legal.

Was Putin langfristig vorhat, erklärt er ebenfalls. Er holt weit aus und berichtet, wie er im vergangenen Dezember «unseren westlichen Partnern» Abkommen zwischen Russland, den USA und den Nato-Staaten vorgeschlagen habe. Er nennt seine Vorschläge «Maßnahmen zur Stärkung der Sicherheit».

Seine Vorschläge umreißen das, worum es ihm jenseits der Unterwerfung der Ukraine geht: «Erstens: keine Fortsetzung der Nato-Erweiterung. Zweitens: keine Stationierung von US-Angriffswaffen an den Grenzen Russlands. Und schließlich: Rückzug der militärischen Kräfte und der Infrastruktur der Allianz in Europa auf die Positionen des Jahres 1997, als die Nato-Russland-Grundakte unterzeichnet wurde.»

Jetzt wissen Scholz, Baerbock und alle anderen: Eine diplomatische Initiative, die auf einen Verzicht der Nato-Mitgliedschaft der Ukraine gezielt hätte, wäre ins Leere gelaufen. Putin will mehr, viel mehr.

In seiner langen Rede erzählt er, wie Washington und seine Nato-Partner ihm die kalte Schulter gezeigt hätten. Hat er ernsthaft geglaubt, dass sich die Nato auf die Positionen von 1997 zurückziehen wird? Glaubt er, dass Bulgarien, Estland, Kroatien, Lettland, Litauen, Montenegro, Nordmazedonien, Polen, Rumänien, Slowakei, Slowenien, Ungarn, die Tschechische Republik und außerdem Albanien bereit sind, die Nato wieder zu verlassen?

Die Rede legt offen, was Putin eigentlich will: die Rückabwicklung der Geschichte und die Wiederherstellung eines großen Reiches mit Osteuropa als russischer Einflusssphäre.

Zunächst will sich Putin der Ukraine zuwenden. Er fängt mit dem Osten des Landes an: «Ich halte es für unumgänglich, die längst überfällige Entscheidung zu treffen und unverzüglich die Unabhängigkeit und Souveränität der Volksrepublik Donezk und der Volksrepublik Luhansk anzuerkennen.»

Die ganze Rede klingt wie die Rechtfertigung für eine Invasion. Putin will Krieg.

Robert Habeck verfolgt Putins Ansprache in Düsseldorf. Er ist auf einer Länderreise durch Nordrhein-Westfalen, am nächsten Tag will er Ministerpräsident Wüst treffen. Doch schnell ist ihm klar, dass er seine Planungen ändern muss, er ist zur falschen Zeit am falschen Ort.

Annalena Baerbock und die anderen Außenministerinnen und Außenminister der Europäischen Union sitzen in Brüssel zusammen. In ihren Planspielen haben sie mit diesem Szenario, dem Griff nach der Donbass-Region, gerechnet. Schon vor Tagen hatten sie gedroht, bei einem solchen Schritt würden sie erste Sanktionen in Gang setzen.

Baerbock und der französische Außenminister Jean-Yves Le Drian wollen einen letzten Versuch unternehmen und telefonieren mit Lawrow. Es muss ein seltsames Gespräch sein. Der russische Außenminister versucht, die Europäer zu beruhigen. Aber Putins Entscheidungen sprechen eine andere Sprache. Baerbock ist völlig desillusioniert. «Es war ein bizarres Telefonat.» Es wird für sehr lange Zeit ihr letzter persönlicher Kontakt zu Lawrow sein.

Nun stellen sich die EU-Vertreter die Frage: Sollen sie sofort mit Sanktionen reagieren und die Situation weiter anheizen? Oder sollen sie noch etwas abwarten? Abwarten, ob Putin tatsächlich Truppen nach Donezk und Luhansk entsendet. Die Entscheidung können sie nicht alleine treffen.

Boris Pistorius verbringt diesen Abend zuhause in seiner Heimatstadt Osnabrück. Noch ist er Innenminister von Niedersachsen. Spätabends verfolgt er Putins Ansprache. Pistorius spricht ein wenig Russisch und ist sofort erschrocken. Aber es sind nicht nur Putins Worte, die ihn beunruhigen, sondern auch die Form des Vortrags, die verkrampfte rechte Hand, die die Tischplatte seines Schreibtischs umklammert. Pistorius findet die Szene gespenstisch.

Olaf Scholz telefoniert unentwegt an diesem Tag und an diesem Abend. Er spricht mit Biden, mit Macron. Noch weit nach Mitternacht sind das Bundeskanzleramt und vor allem der siebte Stock hell erleuchtet. Dort oben haben der Kanzler und sein Kanzleramtsminister ihre Büros.

In diesen Nachtstunden wird verabredet, dass die wichtigsten Nato-Partner erste Sanktionen gegen Russland verhängen. Personen aus dem Inner Circle von Wladimir Putin, die an der Anerkennung der abtrünnigen Donbass-Republiken beteiligt sind, sollen bestraft werden. Sie werden nicht mehr in die Europäische Union einreisen dürfen, ihre Vermögenswerte in der EU werden eingefroren. Und Nord Stream 2, das hoch umstrittene Pipelineprojekt, soll auf absehbare Zeit nicht ans Netz gehen.

Am nächsten Morgen sitzt Boris Pistorius in der Morgenlage des Innenministeriums in Hannover. Er verteilt Aufgaben an seine engsten Mitarbeiter: «Da ist irgendetwas im Busch. Wir müssen uns darauf einstellen, dass Cyberattacken hochgefahren werden. Wir müssen die IT in Niedersachsen schützen.»

Etwas später verkündet Olaf Scholz, dass er das Bundeswirtschaftsministerium darum bittet, das Genehmigungsverfahren für die neue Ostseepipeline auszusetzen. Die Formulierung klingt nach Verwaltungsdeutsch. Aus dem Mund von Scholz klingt sie noch trockener. De facto bedeutet sie das Aus der Pipeline. Scholz weiß, dass er sich mit der russischen Betreibergesellschaft Gazprom anlegen wird. Wenn der Kanzler in klaren deutschen Hauptsätzen das Ende von Nord Stream 2 verkünden würde, könnte er Schadensersatzforderungen von Gazprom provozieren. Also spricht er nur von einem Stopp des Zertifizierungsprozesses. In diesen Stunden, in denen es um Krieg und Frieden geht, ist Scholz immer noch so aufmerksam, dass er auf Details, auf die juristischen und finanziellen Folgen seiner Wortwahl achtet.

Aber Robert Habeck muss vom Kanzler nicht gebeten werden, Nord Stream 2 zu stoppen. Er hat die Entscheidung eine Woche zuvor bereits getroffen. Von Düsseldorf aus meldet er sich an diesem Vormittag in Berlin und weist seine Leute an, das Genehmigungsverfahren jetzt offiziell auszusetzen. Dann bricht auch er seine Reise ab und fliegt in die Hauptstadt zurück. In seinem Ministerium leitet er abends eine Krisenrunde.

Das eigentliche Problem ist viel größer: Die Hauptlast des Nord-Stream-2-Fiaskos wird Deutschland tragen. Seit Wochen rechnen die Fachleute vom Kanzleramt und Wirtschaftsministerium durch, wie die Energieversorgung im Ernstfall sichergestellt werden kann. Den massiven Ausbau erneuerbarer Energieformen haben die Koalitionspartner erst im Dezember beschlossen, nennenswerte Früchte werden frühestens in einigen Jahren geerntet werden können. Die Analyse legt schonungslos offen, wie verwundbar die Industrienation Deutschland ist.

Noch verfügen deutsche Häfen nicht über Terminals zur Anlandung von Flüssiggas (LNG). Frühere Bundesregierungen hielten sie für unnötig, die Energiekonzerne scheuten die Investitionen. Aus langen Röhren floss ja nonstop russisches Gas, verlässlich und preiswert.

Und der Ausstieg aus der Atomenergie ist nach dem Reaktorunfall von Fukushima vor über einem Jahrzehnt von der schwarz-gelben Koalition beschlossen worden. Die Ampelpartner wollen auf keinen Fall zurück. In ihrem Koalitionsvertrag haben sie aufgeschrieben: «Am deutschen Atomausstieg halten wir fest.»

Als die Fachleute ein Worst-Case-Szenario erstellen, wird ihnen angst und bange: Was, wenn Wladimir Putin als Gegenschlag gegen die Sanktionen die Gaslieferungen drosselt, vielleicht sogar stoppt? Müssen die Deutschen dann frieren oder Mondpreise auf ihren Gasrechnungen fürchten? Noch trösten sich die Regierungsmitglieder mit dem Hinweis, der Winter sei ungewöhnlich milde, außerdem stünde bald der Frühling vor der Tür. Ein schwacher Trost.

All diese Fragen beschäftigen Olaf Scholz und seine Leute heute. Sie werden sie auch in den nächsten Monaten beschäftigen. Es ist die Art von Problemen, die sich der Kanzler eigentlich vom Hals halten wollte. Mit einem Schlag wird klar, dass mindestens die ersten Jahre seiner Kanzlerschaft nicht davon geprägt sein werden, ob er den Mindestlohn anhebt. Auch die Frage, wie viele Elektroautos an wie vielen Ladeterminals aufgeladen werden können, wird seine Kanzlerschaft nicht dominieren.

An diesem Dienstag telefoniert Scholz erneut mit Macron. Die beiden vergewissern sich, dass die verabredeten Sanktionen schlagkräftig sind. Scholz: «Wir haben ein sehr gutes Paket.» Macron stimmt zu. Aber sie sind unsicher, wie es weitergehen soll: «Solange es keine militärischen Vorstöße gibt, keine große Veränderung der Situation, bin ich gegen ein Nato-Treffen», sagt Macron. Scholz sieht es auch so: «Das hängt davon ab, ob es militärische Aktionen gibt.» Schließlich verabreden sie, einen außerordentlichen Europäischen Rat abzuhalten, dort könne man sich gemeinsam positionieren – gegen Russland.

Olaf Scholz wird mit furchterregender und unausweichlicher Gewalt in eine geopolitische Auseinandersetzung gezogen, über die er immer wieder den Kopf schüttelt. Aus seiner Sicht ist dieser Konflikt ein großer Anachronismus. Ein Widerhall aus längst vergangenen, dunklen Zeiten des 20. Jahrhunderts. Aber er kann dem Konflikt nicht ausweichen, er ist real, hier und jetzt.

Ab sofort muss er sich mit Frontverläufen, Truppenverlegungen und wirtschaftlichen Strafaktionen herumplagen. Seine Versuche in den vergangenen Wochen, Wladimir Putin mit diplomatischen Mitteln zum Einlenken zu bewegen, sind wertlos, auf großer Bühne verpufft. Olaf Scholz wird ein Krisenkanzler sein. Wenn es sehr schlecht läuft, wird er sogar ein Kriegskanzler sein.

Auch die kommende Nacht wird kurz für ihn werden, mal wieder. Das Licht im siebten Stock des Kanzleramts brennt noch sehr lange. Für Emmanuel Macron sind die Nächte ohnehin kurz. Er schläft nie mehr als drei, vier Stunden. Oft schaut er in den frühen Morgenstunden zur Entspannung französische Filme. Auch dazu fehlt ihm jetzt wohl die Zeit.

Der Tag davor

Am Mittwoch, den 23. Februar, hält sich Bruno Kahl in Kiew auf. Der deutsche Geheimdienstler reist nicht per Zug oder Auto, das würde zu lange dauern. Er nimmt ein Dienstflugzeug, eine Falcon 8X. Als einziger deutscher Behördenchef verfügt der BND-Präsident über ein eigenes Flugzeug. Kahl hält das Risiko einer Reise nach Kiew trotz der Warnungen für vertretbar. Er glaubt nicht, dass ein Angriff direkt bevorsteht.

Der amerikanische Geheimdienst ist genauer im Bilde. An diesem Mittwoch sind ihre Informationen aus Russland so präzise, dass die Amerikaner sogar den Zeitraum des bevorstehenden Angriffs kennen.

Viele Monate später habe ich Gelegenheit, mit Robert Habeck über die Fehleinschätzung des BND zu sprechen. Sein Urteil ist deutlich: «Wenn die Dienste die gleichen Informationen hatten, haben sie sie unterschiedlich interpretiert. Die Amerikaner und die Briten haben sehr stark gewarnt, dass es zu einem Kriegsausbruch kommen würde. Andere Dienste haben gesagt: das ist eine Übung, es wird nicht zum Schlimmsten kommen. Aber es ist ja zum Schlimmsten gekommen.» «Mit «anderen Diensten» meinen Sie die deutschen Dienste?» Habeck zögert eine Weile, dann sagt er: «Ja.»

Bruno Kahl hält in diesen Tagen zwar das Risiko für sich für vertretbar, nicht aber für sein Dienstflugzeug. Die Gefahr, dass die Maschine bei einem Einmarsch von den Russen beschlagnahmt oder zerstört wird, ist groß. Der BND-Chef schickt den Jet weg aus der Ukraine, ohne ihn. Die Sorge ist berechtigt. Gleich zu Beginn der Invasion werden die Russen Flugplätze in der Umgebung von Kiew bombardieren.

Dann überschlagen sich die Ereignisse, die Hinweise auf eine bevorstehende Invasion werden erdrückend konkret. Bruno Kahl will dennoch länger in Kiew bleiben, er hat seine Mission noch nicht zu Ende geführt. Zum einen will er Informationen über die aktuelle Lage erhalten. Zum anderen will er seine Leute vor Ort nicht allein lassen. In der BND-Residentur in der deutschen Botschaft arbeitet üblicherweise ein gutes Dutzend Gesandte, jetzt müssen die Geheimdienstmitarbeiter schnell ihren Rückzug organisieren und Material vernichten. Sollten die Russen tatsächlich die ukrainische Hauptstadt erobern, dürfen ihnen auf keinen Fall brisante Datensätze und delikate Spionagetechnik in die Hände fallen.

Am Mittwochabend kommt die Anordnung vom Auswärtigen Amt in Berlin: Die gesamte Botschaft muss geräumt werden, sofort! Eilig wird ein Fahrzeugkonvoi zusammengestellt. Kahl befürchtet, dass es auf absehbare Zeit seine vielleicht letzte Chance sein wird, halbwegs sicher aus dem Land zu kommen. Aber noch ist die Vernichtung geheimer Unterlagen und Technik nicht abgeschlossen.

Um zwei Uhr nachts geht der Treck in Richtung Polen los. Mit der deutschen Botschafterin. Aber ohne den BND-Chef.

An diesem Tag bekommt Habeck Besuch, die amerikanische Handelsbeauftragte Katherine Tai will ihn sprechen. Bei dem Gespräch im großen, holzgetäfelten Eichensaal geht es darum, wie Unternehmen und Arbeitnehmer in Europa und den USA besser gegen den internationalen Dumpingwettbewerb geschützt werden können. Das zielt vor allem auf Konzerne in China. Zahlreiche Mitarbeiter sitzen mit am Tisch.

Danach reden Habeck und Tai über das Thema, das ihnen aktuell viel mehr auf der Seele liegt, über die Lage in Osteuropa, die Kriegsgefahr. Katherine Tai wird nicht nur von Mitarbeitern der Botschaft begleitet, sondern auch von CIA-Agenten.

Im Anschluss an das Meeting bitten die Geheimdienstleute Habeck zu einem vertraulichen Gespräch. Sehr eindringlich informieren sie ihn, dass die russische Invasion in der kommenden Nacht starten wird. «Die haben mich nochmal zur Seite genommen», schildert mir Habeck später die Situation.

Er erfährt, dass die russischen Streitkräfte ihre Blutkonserven auftauen und ihre Panzer mit Z-Zeichen bemalen. Die Agenten informieren den Vizekanzler auch, dass russische Raketenwerfer abschussbereit sind und Kampfflugzeuge mit Bomben beladen werden. Sogar die genaue Uhrzeit des bevorstehenden Angriffs erfährt Habeck.

Er wird von den Amerikanern präziser unterrichtet als von den eigenen BND-Leuten. Er erhält sogar ein genaueres Lagebild als der Bundeskanzler. Der wird an diesem Tag nicht gleichermaßen von den CIA-Agenten gebrieft. Offenbar gehen die Amerikaner davon aus, dass der deutsche Regierungschef über die gleichen Informationen und die gleiche Analyse verfügt wie sie. Aber das stimmt nicht.

Habeck ruft seine engsten Mitarbeiter in sein Büro und teilt ihnen mit, was er über die Kriegsgefahr weiß. Das Team bespricht Notfallpläne für die Energieversorgung, etwa die Freigabe eines Teils der strategischen Ölreserve. Es geht auch darum, Panik an den Märkten und in der Bevölkerung zu vermeiden. Aber Habecks Team bekommt es selbst mit der Angst zu tun. Ein hoher Beamter erzählt mir später, er habe die Runde mit schlotternden Knien verlassen.

Habeck hat ein sehr komplettes und erschreckend präzises Bild über die Absichten der Russen. Ihr Angriff steht unmittelbar bevor. Aber was soll er mit dem Wissen anfangen? Schon vor ein paar Tagen hat er zugesagt, heute als Gast in der ARD-Sendung von Sandra Maischberger aufzutreten. Er will nicht absagen. Mit ernster Miene sitzt er in der Sendung und erwähnt das CIA-Briefing, das er kurz zuvor erhalten hat, mit keinem Wort. Nur so viel deutet er an: «Wir stehen kurz vor einem massiven Landkrieg in Europa.» Woher er dieses Wissen hat, behält er für sich.

Habecks Mitarbeiterinnen, die den Auftritt in der Sendung verfolgen, machen sich Sorgen um ihren Chef. Wegen seiner gedrückten Stimmung wirkt er auf sie, als habe er Beruhigungsmittel genommen.

Sandra Maischberger will in Erfahrung bringen, was Habeck über das Thema Waffenlieferungen denkt. Sie weiß ja, dass der Grüne sich neun Monate zuvor für die Lieferung von Defensivwaffen an die Ukraine ausgesprochen hatte. Jetzt sagt er: «Die Linie der Bundesregierung ist, keine Waffen, keine letalen Waffen in Krisen- oder Kriegsgebiete zu liefern.» «Ist das auch Ihre Linie?» Habeck ist kurz angebunden: «Ich bin Mitglied der Bundesregierung.»

Der Minister kommt spät in seine Berliner Wohnung. Bevor er schlafen geht, telefoniert er noch einmal mit Olaf Scholz. Die beiden tauschen ihr Wissen über die konkreten Hinweise auf den bevorstehenden Überfall aus. Die engsten Mitarbeiter des Bundeskanzlers haben Order erhalten, in der folgenden Nacht per Handy jederzeit erreichbar zu sein.

Auch Olaf Scholz und Robert Habeck verabreden, ihre Handys angeschaltet neben ihren Betten liegen zu lassen. Sie wollen sich anrufen, wenn etwas Wichtiges passiert und sie schnell handeln müssen.

3

DER ANGRIFF

Der Bruch

Der 24. Februar 2022 ist der dunkelste Tag in der Geschichte Europas seit dem Zweiten Weltkrieg. Am frühen Morgen, um sechs Uhr Moskauer Zeit, in Kiew ist es fünf und in Berlin erst vier Uhr, richtet sich Wladimir Putin per Fernsehansprache im staatlichen Sender Rossija 24 erneut an die russische Bevölkerung. Um diese Uhrzeit schlafen noch viele Menschen. Doch diejenigen, die Putin hören, erfahren sofort: Er erklärt der Ukraine den Krieg.

Der russische Präsident wählt jedoch andere Worte: «Das Ziel der russischen Spezialoperationen ist es, die Menschen zu schützen, die acht Jahre lang vom Kiewer Regime misshandelt und ermordet wurden. Zu diesem Zweck werden wir versuchen, die Ukraine zu entmilitarisieren und zu entnazifizieren und diejenigen vor Gericht zu bringen, die zahlreiche blutige Verbrechen gegen die Zivilbevölkerung, einschließlich russischer Bürger, begangen haben.»

Dass Putin die Ukraine «entnazifizieren» will, die Regierungsmitglieder in Kiew also als Nazis bezeichnet, wird der ukrainische Präsident angesichts seiner jüdischen Herkunft als blanken Hohn empfinden. Wolodymyr Selenskyj ist jetzt klar: Putin legt es auf einen gewaltsamen Regime-Change in Kiew an. Es geht um seinen Kopf.

Am Ende seiner Ansprache stößt Putin eine deutliche Warnung an die Staaten aus, die der Ukraine zu Hilfe kommen wollen: «Wer auch immer versucht, uns zu behindern, geschweige denn eine Bedrohung für unser Land und unser Volk zu schaffen, muss wissen, dass die Antwort Russlands sofort erfolgen und zu Konsequenzen führen wird, die Sie in Ihrer Geschichte noch nie erlebt haben.»

Was ist das, eine Drohung mit Atomwaffen?

Kurz darauf werden erste Übertritte von russischen Bodentruppen und Panzern auf das Territorium der Ukraine gemeldet. Raketen werden auf ukrainische Luftabwehrstellungen abgefeuert. Russische Kampfflugzeuge und Hubschrauber jagen nahezu ungehindert über das Nachbarland.

Robert Habeck hat seinen Wecker für sehr früh am Morgen gestellt. Doch er findet kaum Schlaf. Als er um kurz nach vier Uhr deutscher Zeit auf sein Smartphone schaut, liest er die ersten Nachrichten über den russischen Angriff. Er wartet noch ein wenig, dann ruft er Scholz an.

Der Kanzler ist bereits wach und schon mit den wichtigsten Meldungen versorgt. Die beiden Männer vereinbaren, sich im Kanzleramt zu einer Krisensitzung zu treffen, um dort die ersten Reaktionen zu koordinieren. Schon um sechs Uhr telefoniert Scholz kurz mit Wolodymyr Selenskyj, es geht um Solidarität, aber nicht um Waffen. Noch gilt die Linie der Bundesregierung: keine Waffen in Kriegsgebiete.

Auch für Annalena Baerbock ist die Nacht früh zu Ende. Sie hat ihr Diensthandy stets auf Vibrationsmodus geschaltet. Um kurz vor fünf Uhr brummt es, ihre Büroleiterin informiert sie über den Angriff. Dann zieht sie sich an und rast ins Auswärtige Amt. Auch ihre engsten Mitarbeiter werden aus den Betten geklingelt. Um 7:08 Uhr setzt Baerbock einen ersten Tweet ab: «Mit dem Angriff auf die Ukraine bricht Russland mit den elementarsten Regeln der internationalen Ordnung. Die Weltgemeinschaft wird Russland diesen Tag der Schande nicht vergessen. Wir werden gemeinsam mit unseren Partnern reagieren.»

Dann tritt sie zum ersten Mal an diesem Tag vor die Kameras: «Liebe Mitbürgerinnen und Mitbürger, wir sind heute in einer anderen Welt aufgewacht.»

Auch Kanzleramtsminister Wolfgang Schmidt schaltet sein Handy nie aus. Früh am Morgen wird er durch eine SMS aus dem Lagezentrum geweckt.

Als Christian Lindner früh zum Handy greift, erschrickt er: «Die schlimmen Befürchtungen, die man ja länger schon hatte nach diesem Truppenaufmarsch, hatten sich als berechtigt herausgestellt. Dass es eben nicht nur Übungen waren. Sondern, dass es Krieg ist. Krieg in Europa!»

Lindner braucht eine Weile, um seine Gedanken zu sortieren und in einen größeren Rahmen einzuordnen: «Ich gehöre einer Generation an, die das aus den Erzählungen der eigenen Großeltern kennt. Aus dem Geschichtsunterricht. Schilderungen von Zeitzeugen und Dokumenten.»

Wie die anderen eilt auch Lindner ins Sicherheitskabinett. «Alle sind sich der enormen Tragweite bewusst gewesen», erzählt er später. «Das sind Entscheidungen von großem Gewicht, die getroffen werden müssen, schwere Entscheidungen.»

Die ersten Sanktionen müssen jetzt kommen. Dazu sollen sich die Staats- und Regierungschefs der G7-Staaten, der mächtigsten demokratischen Wirtschaftsnationen, in einer Videoschalte abstimmen, die Bundesregierung führt in diesem Jahr den Vorsitz. Schon am Vortag hat das Kanzleramt bei den befreundeten Regierungen angefragt. Es ist nicht leicht, eine Uhrzeit zu finden, die für alle Mitglieder der G7 passt. In Tokio ist es bald Abend, in Berlin, Paris, Rom und London hat der Tag gerade angefangen, in Washington D. C. und Ottawa herrscht noch tiefe Nacht. Also einigt man sich auf den Nachmittag mitteleuropäischer Zeit.

Für den Abend werden die Staats- und Regierungschefs der Europäischen Union zu dem Sondergipfel, den Scholz und Macron vorgestern verabredet hatten, nach Brüssel gerufen. Scholz will sich mittags mit einem kurzen Pressestatement und abends mit einer TV-Ansprache an die eigene Bevölkerung wenden. Das Land blickt voller Schrecken in Richtung Osteuropa – und erwartungsvoll nach Berlin. Der Bundeskanzler muss jetzt Halt und Orientierung geben, auch wenn er selbst noch nach Halt und Orientierung sucht.

Auch der Inspekteur des Deutschen Heeres, Generalleutnant Alfons Mais, meldet sich an diesem Tag zu Wort und wählt dafür ein ungewöhnliches Medium. «Die Bundeswehr, das Heer, das ich führen darf, steht mehr oder weniger blank da», schreibt er auf LinkedIn. «Wir haben es alle kommen sehen und waren nicht in der Lage, mit unseren Argumenten durchzudringen, die Folgerungen aus der Krim-Annexion zu ziehen und umzusetzen. Das fühlt sich nicht gut an! Ich bin angefressen!»

Boris Pistorius sitzt an diesem Morgen wieder in der Morgenlage des niedersächsischen Innenministeriums in Hannover. Er erkundigt sich nach den Schutzmaßnahmen vor russischen Cyberattacken. Aber heute Morgen sagt er noch etwas anderes: «Wir müssen uns jetzt darauf vorbereiten, dass es Kriegsvertriebene aus der Ukraine geben wird.» Er hat keine Ahnung, wie lange der zu erwartende Ausnahmezustand andauern wird.

Bruno Kahl, der BND-Chef, wird von seinem Personenschützer geweckt und über die Invasion informiert. Die beiden sind immer noch in Kiew. Sie haben den letzten Zeitpunkt, die Stadt vor Kriegsausbruch zu verlassen, verpasst. Ihr Flugzeug steht ihnen nicht mehr zur Verfügung. Angesichts des einsetzenden Beschusses bespricht sich Kahl noch einmal mit Alexander Lytwynenko, dann entscheidet er: raus aus Kiew. Jetzt geht es nicht mehr um eine geordnete Rückreise. Kahl muss fliehen. So wie viele tausend Ukrainerinnen und Ukrainer. Und auch ein paar hundert Deutsche, die immer noch im Land sind. Das Auswärtige Amt hat für sie eine Telefonhotline eingerichtet.

Inzwischen bewegen sich die ersten russischen Truppen gefährlich auf die Hauptstadt zu. In den Außenbezirken gibt es Explosionen, Einschläge sind zu hören. Ein zweiter Konvoi wird zusammengestellt, er besteht aus vier Pkw aus dem Fuhrpark der Botschaft und einem angemieteten Minibus. Dieser Gruppe schließt sich Kahl an.

Je näher er der polnischen Grenze kommt, desto chaotischer sind die Verhältnisse. Die vielen Fahrzeuge verursachen lange Staus, mehrere Frauen sind mit ihren Kindern zu Fuß unterwegs. Gefährlich ist die Situation jetzt weniger wegen russischer Angriffe, sondern wegen des Durcheinanders auf den Straßen.

Nach quälend langen Stunden und einer durchgefahrenen Nacht erreicht der Konvoi am Freitagabend um 18 Uhr schließlich die polnische Grenze. Der BND-Chef ist in Sicherheit. Millionen von Ukrainerinnen und Ukrainern sind es nicht. Sie stecken fest. In einem Albtraum.

Um 16:30 Uhr erreicht auch Emmanuel Macron endlich den ukrainischen Präsidenten. Selenskyj schildert ihm die Kampfhandlungen, überall im Land seien russische Panzer, Flugzeuge, Hubschrauber, auch in der Nähe von Kiew. «Niemand ist hier sicher, wir sind von der russischen Armee eingekesselt.» Dann wird er noch eindringlicher: «Wir kämpfen in Kiew, Emmanuel.» Macron ist sprachlos, fassungslos. Er faltet die Hände und starrt in die Leere. Dann sagt er: «Das ist ein totaler Krieg.» Darauf Selenskyj: «Ja, totaler Krieg.»

Am Abend dieses ersten Kriegstages geht Annalena Baerbock in ein ZDF-Studio. Sie hat sich auf diesen Moment vorbereitet. Als aus den Befürchtungen Wirklichkeit wird, ist sie dennoch überrascht, sie ringt nach Worten. Baerbock muss den richtigen Ton finden, schnell, sie steht unter größter Beobachtung, erst seit elf Wochen ist sie Chefin der Außenpolitik. Die Deutschen wollen wissen, was ihre Regierung zu sagen hat.

Also stellt sich die junge Ministerin den Fragen von Bettina Schausten und Peter Frey. Baerbock kündigt scharfe Wirtschaftssanktionen an. Die beiden Journalisten geben sich damit nicht zufrieden, sie wollen mehr wissen. Wird die Bundesregierung auch Waffen an die Ukraine liefern?

Baerbock weicht aus. Sie habe sich viele Gedanken über die Lieferfreigabe von Haubitzen gemacht, sagt sie. In Estland lagern mehrere Geschütze aus alten NVA-Beständen; um sie an die Ukraine abzugeben, muss die Bundesregierung der Lieferung zustimmen. «Die Haubitzen würden in dieser Situation nichts ändern», wehrt Baerbock ab. Dabei sind sie nicht das einzige Waffensystem, das jetzt geliefert werden könnte. Also doch keine Waffenlieferungen? Über anderes will die Außenministerin nicht sprechen. Sie ist nicht bereit, von ihrer Position «keine Waffen in Kriegsgebiete» abzurücken. Noch nicht.

Sehr viel klarer, ja unmissverständlich spricht sie, als es um ihren Amtskollegen geht: «Ich habe am Montag mit Herrn Lawrow telefoniert. Da hat er mich offensichtlich in allen Punkten angelogen, weil gesagt wurde: Nein, wir werden hier nicht weiter eskalieren.»

Die deutsche Außenministerin nennt den russischen Außenminister einen Lügner. Die Zeiten der Diplomatie sind vorbei.

Am Freitag, Tag eins nach dem russischen Überfall, ruft Olaf Scholz seine wichtigsten Vertrauten in sein Büro. Gemeinsam beginnen sie, Grundzüge einer Rede zu entwerfen, die der Kanzler zwei Tage später im Bundestag halten will. Wolfgang Schmidt ist dabei, die beiden Berater Jörg Kukies und Jens Plötner, Steffen Hebestreit, seine Büroleiterin Jeanette Schwamberger und Redenschreiber Christian Doktor. Die Arbeit am Manuskript ist aufwendig, immerhin soll es um eine völlige Neuausrichtung der deutschen Sicherheitspolitik gehen.

An diesem Tag geht auch allerhand durcheinander. Robert Habeck fordert intern, die Ukraine sofort mit deutschen Waffen zu versorgen, das Land habe ein Recht auf Selbstverteidigung. Diese Forderung hat er seit langem in der Koalition erhoben, gegen den Widerstand aller anderen. Aber noch immer ist die Regierung nicht so weit, noch konzentriert sie sich auf eine andere Reaktion. Wochenlang hatten Olaf Scholz und Annalena Baerbock beteuert, dass sie mit den wichtigsten westlichen Ländern schlagkräftige Wirtschaftssanktionen vorbereitet hätten, jederzeit könnten notwendige Maßnahmen gegen Russland ergriffen werden.

Tatsächlich gab es bereits wenige Stunden nach dem Angriff die Ankündigung, keine Ersatzteile für im Westen gebaute Flugzeuge mehr nach Russland zu liefern und das Auslandsvermögen von reichen Russen im Umfeld von Wladimir Putin einzufrieren. Doch schon am Abend hatte Präsident Biden durchblicken lassen, dass ihm das nicht reiche. Er wünsche sich einen Ausschluss Russlands aus dem internationalen Zahlungssystem SWIFT, der scheitere aber am Widerstand der Europäer.

Trotz des großen Drucks blockieren sich die Staats- und Regierungschefs der EU bei ihrem Gipfel gegenseitig. Neben Deutschland sperren sich auch Frankreich und Italien gegen den Ausschluss Russlands aus SWIFT. Deutschland wäre vermutlich am schwersten betroffen, weil die Rechnungen der russischen Gaslieferanten nicht bezahlt werden könnten. Aus deutscher Sicht ist die Sache ganz einfach: Ohne geregelten Zahlungsverkehr kein Gas. Es muss eine andere Lösung her.

Am Nachmittag dieses Freitags tritt Regierungssprecher Steffen Hebestreit vor die Presse. Er berichtet, dass schon im vergangenen Herbst über SWIFT diskutiert worden sei, es aber technische Einwände gegeben habe. «Gestern kam es relativ plötzlich und kurzfristig wieder aufs Tapet», erzählt er, «da hat man gesagt: Bevor man jetzt das ganze Sanktionspaket verzögert, beschließt man jetzt erst einmal das Paket, das man miteinander vereinbart hat. Und dann sieht man weiter.» Das hört sich nun gar nicht nach gut vorbereiteten und zwischen allen westlichen Partnern abgestimmten Maßnahmen an.

Annalena Baerbock wirkt am Rande eines EU-Treffens in Brüssel am Abend zunächst noch sehr entschlossen und preist die Kraft der verabredeten Sanktionen: «Das wird Russland ruinieren.» Doch dann schränkt sie gleich ein und spricht sich ebenfalls gegen einen Ausschluss Russlands aus SWIFT aus. Die Breitenwirkung einer solchen Maßnahme würde auch die russische Bevölkerung treffen. Eine in Europa lebende Enkelin könne bei einer solchen Abkopplung ihrer in Russland lebenden Großmutter künftig kein Geld mehr überweisen.

Eine seltsam kleinliche Argumentation. Annalena Baerbock sucht noch nach einer passenden Sprache angesichts des Krieges.

An diesem Freitag beginnt Olaf Scholz, mit Christian Lindner über eine massive Aufrüstung der Bundeswehr zu sprechen. Dafür muss die Regierung in einer bislang ungewohnten Größenordnung Geld in die Hand nehmen. Das gibt die reguläre Haushaltsplanung allerdings nicht her. Der ehemalige und der aktuelle Finanzminister suchen nach einer gemeinsamen Lösung. Muss für diese einmalige Kraftanstrengung das Grundgesetz geändert werden? Politische Risiken tun sich auf. Für eine Grundgesetzänderung braucht die Regierung auch die Stimmen der größten Oppositionspartei. Was, wenn die Union nicht mitmacht und den Kanzler auflaufen lässt? Müsste er dann zurücktreten? Ist Scholz bereit, seine Macht zu riskieren, keine 100 Tage nach seinem Amtsantritt?

Und da ist das ebenso große Problem mit den Waffenlieferungen. Trotz der Invasion bleibt die Bundesregierung bei ihrem seit langem festgelegten Kurs, keine Waffen an die Ukraine zu liefern. Aber das ist nur die offizielle Linie. Viele in der Koalition sind schlagartig ins Grübeln gekommen. Ist diese Position noch haltbar? Niemand zeigt seine Zweifel öffentlich.

Im Laufe dieses Freitags steigt der Druck auf die Regierung erheblich, von ihrer starren Haltung abzurücken. Politikerinnen und Politiker in Kiew werfen den Mitgliedern der Scholz-Regierung vor, sich zwar mit warmen Solidaritätsadressen vor ukrainischen Flaggen filmen zu lassen. Aber die so bitter benötigte handfeste Unterstützung ihres Landes würden sie verweigern. «Handfeste Unterstützung» heißt: Waffen und die Abkopplung Russlands vom internationalen Zahlungsverkehr. Auch viele Journalistinnen und Journalisten in Deutschland schütteln verständnislos den Kopf.

Was ist mit Olaf Scholz los? Ist der deutsche Kanzler, der so gerne von Führung und Klarheit spricht, in der sich rapide verändernden Weltlage überfordert? In diesen historischen Stunden entscheidet sich nicht nur das Schicksal der Ukraine. Auch die Zukunft der deutschen Regierung und des Kanzlers steht auf dem Spiel.

Am folgenden Samstag geraten jahrzehntealte Prinzipien deutscher Außen- und Sicherheitspolitik ins Rutschen. Felsenfeste Überzeugungen werden innerhalb weniger Stunden über den Haufen geworfen. Dieser Samstag ist der wohl turbulenteste Tag in der Regierungszentrale seit vielen Jahren.

Der Tag beginnt mit einer Falschmeldung. Die staatliche russische Agentur RIA NOVOSTI verschickt die Nachricht, Russland habe die Ukraine besiegt. Wie berauscht schreibt RIA-Kolumnist Pjotr Akopov: «Vor unseren Augen ist eine neue Welt geboren.» Und hurra, die «russische Militäroperation» habe eine neue Ära eingeläutet.

Der Text wird von mehreren russischen Medien übernommen. Der Kreml geht von einem Blitzkrieg aus und davon, dass die Ukrainer schnell die Waffen strecken.

Westliche Geheimdienste haben ihren Regierungen eine ähnliche Vorhersage übermittelt. Robert Habeck erzählt mir wenige Wochen nach Kriegsbeginn: «Die Dienste haben vorhergesagt, dass Putin nach 24, 48 Stunden die ganze Ukraine besetzt.»

Sie alle haben nicht mit dem erbitterten Widerstand der Ukrainer gerechnet, erst recht die Militärführer in Moskau nicht. Die Meldung von RIA NOVOSTI ist falsch und wird kurz nach Erscheinen wieder zurückgezogen. Es bleibt nicht die einzige Fehlkalkulation Moskaus. Der Krieg geht weiter. Die Desinformationspolitik aus Moskau ebenfalls.

Wieder kommen an diesem Tag die engsten Mitarbeiter von Olaf Scholz im siebten Stock des Kanzleramts zusammen. Sie diskutieren über Energieversorgung, Sanktionen – und über das heikelste aller Themen: Waffenlieferungen. Und sie arbeiten weiter an der Rede. Alles hängt miteinander zusammen. Sie tragen Freizeitkleidung, es ist ja Wochenende. Nur Olaf Scholz muss sich zwischendurch umkleiden, einen Nadelstreifenanzug anziehen und eine schwarze Krawatte umbinden. Um 13:30 Uhr empfängt er vor dem Kanzleramt den litauischen Staatspräsidenten Nauseda und den polnischen Ministerpräsidenten Morawiecki. Wolfgang Schmidt telefoniert unterdessen in einem stundenlangen Telefonmarathon mit wichtigen Mitgliedern der Koalition und auch der Opposition. Nur Lars Klingbeil ist schwer zu erreichen, er hat sich mit Corona infiziert und phasenweise sein Handy ausgeschaltet.

Am späten Nachmittag bespricht sich der Kanzleramtschef mit allen Staatssekretären der Ministerien, die im Bundessicherheitsrat vertreten sind. Olaf Scholz will einige Regierungsmitglieder direkt kontaktieren. Zwischendurch geht es weiter mit der Textarbeit. Die Sätze der Rede sind zu lang, sie sollen kürzer, prägnanter werden. Es geht auch um die Frage, ob Scholz am Sonntag vom «Krieg Russlands» oder von «Putins Krieg» sprechen soll. Gemeinsam mit seinem Redenschreiber diskutiert Scholz den Begriff «Zeitenwende». Das Wort finden alle gut.

Etwas später bittet der Kanzler seine Leute, ihn in seinem Büro allein zu lassen. Diejenigen, die schon länger mit ihm zusammenarbeiten, kennen das schon: Scholz braucht gelegentlich Einsamkeit, völlige Ruhe, er will in solchen Momenten alles ungestört durchdenken und sein Gewissen prüfen.

Am Nachmittag ist dann klar: Die Bundesregierung wird ihren Kurs ändern. Sie stimmt der Weiterleitung von 400 Panzerabwehrwaffen aus deutscher Produktion von den Niederlanden an die Ukraine zu sowie von neun D-30-Haubitzen und Munition aus Estland, Material aus alten NVA-Beständen. Und dabei bleibt es nicht. Zur Unterstützung der ukrainischen Streitkräfte wird Deutschland so schnell wie möglich 1000 Panzerabwehrwaffen sowie 500 Boden-Luft-Raketen vom Typ «Stinger» aus Beständen der Bundeswehr an die Ukraine liefern.

Das Bundespresseamt, sonst eher nüchtern beim Versenden von Pressemitteilungen, verschickt um 18:45 Uhr eine erste Meldung zu den deutschen Waffenlieferungen und liefert die historische Einordnung mit einem Zitat des Kanzlers gleich mit: «Der russische Überfall auf die Ukraine markiert eine Zeitenwende», es sei eine Pflicht, die Ukraine bei der Verteidigung gegen die Invasionsarmee nach Kräften zu unterstützen.

Noch zwei Tage zuvor hatte Annalena Baerbock die Lieferung der NVA-Haubitzen als sinnlos abgetan. Die Geschütze tauchen in der viel

beachteten Pressemitteilung auch nicht auf. Um 19:42 Uhr schickt das
Bundespresseamt eine knappe Ergänzung hinterher, diesmal mit dem
Hinweis auf die Haubitzen. Es mag noch weitere Gründe für diese
scheibchenartige Kommunikation geben, aber sie ist für Annalena
Baerbock halbwegs gesichtswahrend.

Die Entscheidungen der Regierung sind gravierend. Auch was die
deutsche Sicherheitspolitik betrifft, ist der Ausdruck «Zeitenwende»
passend: Noch nie seit dem Zweiten Weltkrieg hat die Bundesrepublik
so umfangreich und offen Waffen an eine kriegführende Nation geliefert. Aber in diesen Tagen und Stunden ist mehr in Bewegung geraten,
viel mehr.

Olaf Scholz, Annalena Baerbock, Wolfgang Schmidt, Christian
Lindner und die meisten anderen Kabinettsmitglieder haben lange
gezögert. Sie wissen genau, dass sie mit einer Tradition brechen, auf
die deutsche Regierungen seit Gründung der Bundesrepublik stolz
waren. Können sie den Geist eines Tages wieder in die Flasche zurückdrängen? Wollen sie das überhaupt? An diesem letzten Samstag im
Februar beschließen Olaf Scholz und einige wenige Vertraute, dass
Deutschland auf der Weltbühne der Militärmächte künftig keine
Nebenrolle mehr spielen soll, sondern eine Hauptrolle.

Kurz darauf verschicken Nachrichtenagenturen eine weitere Eilmeldung: Die Staaten der Europäischen Union, also auch Deutschland,
haben sich darauf verständigt, die wichtigsten russischen Banken aus
der SWIFT-Organisation zu werfen.

Das ist zwar nicht der radikale Schritt, der ganz Russland vom
wichtigsten internationalen Zahlungsverkehrssystem abgeschnitten
hätte. Die westlichen Regierungen fürchten einen neuen Dominoeffekt für die Finanzwelt, schlimmer noch als beim Zusammensturz
der amerikanischen Lehman-Brothers-Bank im Jahr 2008. Doch der
Schlag gegen die russischen Geldhäuser, so hoffen die europäischen
Regierungen, ist geeignet, die Finanzierung des russischen Angriffskrieges auf lange Sicht zu erschweren. Der Kanzler lässt außerdem
verkünden, dass der deutsche Luftraum für russische Flugzeuge gesperrt wird.

Die Waffenlieferungen, das Abkoppeln russischer Banken – all das
haben Olaf Scholz und Wolfgang Schmidt den gesamten Samstag über

mit den Spitzen der Grünen und der FDP abgestimmt und auch mit der Spitze ihrer eigenen Partei, der SPD.

Aber der Kanzler hat noch mehr vor. Er will mehr als die zu erwartende Solidaritätsbekundung für die Ukraine. Er will mit seiner Rede die Deutschen hinter sich bringen. Und hinter seinen Plan. Er will die Bundeswehr mit bislang undenkbar viel Geld neu aufstellen. Über dieses Vorhaben, die massive Aufrüstung, werden jedoch nur sehr wenige Personen eingeweiht.

Wer was wann von dem Plan wusste beziehungsweise wer was nicht wusste, darüber wird in den nächsten Tagen noch gestritten werden. Olaf Scholz will auf Einwände und Bedenken nicht groß Rücksicht nehmen. Er hat sich auf den spektakulären Kurswechsel der deutschen Politik festgelegt. Nichts soll ihn mehr davon abbringen. Am späten Abend setzt er Robert Habeck und Annalena Baerbock in Kenntnis, dass er am nächsten Tag ein Sondervermögen für die Bundeswehr verkünden wird. Er will sich über diesen Punkt nicht mit den Spitzen der grünen Partei und Fraktion abstimmen, sondern nur Habeck und Baerbock informieren.

Es ist das erste Machtwort des Kanzlers. Weitere werden folgen.

Wende um 180 Grad

Am ersten Sonntag nach Kriegsbeginn gehen in vielen Großstädten weltweit Menschen auf die Straße, um gegen den Krieg zu demonstrieren – sie protestieren gegen Wladimir Putin, den Kriegsherrn in Moskau, auch für ihre eigene Freiheit, nicht wenige fordern eine Flugverbotszone über der Ukraine. In Berlin ruft ein Bündnis aus Gewerkschaften und Friedensgruppen die Menschen auf die Straße. Es kommen geschätzt eine halbe Million Menschen, die ihre Wut auf Putin herausbrüllen.

Im Reichstag beginnt die Sondersitzung. Weil gerade keine Parlamentswoche ist und die Abgeordneten andere Termine haben, bleibt nur der Sonntag als Ausweichtermin.

Gleich zu Anfang, um kurz nach elf Uhr, tritt der Kanzler ans Rednerpult. Mit fester Stimme ruft er: «Wir erleben eine Zeitenwende. Die Welt danach ist nicht mehr dieselbe wie die Welt davor.» Da ist es wieder, dieses Wort, das seit dem gestrigen Abend im Umlauf ist. Scholz erklärt: «Im Kern geht es um die Frage, ob Macht das Recht brechen darf. Ob wir es Putin gestatten, die Uhren zurückzudrehen in die Zeit der Großmächte des 19. Jahrhunderts. Oder ob wir die Kraft aufbringen, Kriegstreibern wie Putin Grenzen zu setzen.»

Der Kanzler ist vorsichtig bei seiner Wortwahl. Er weiß, dass in einer Situation, in der im ganzen Land Emotionen durcheinandergehen, auch schnell falsche, nationalistische Gefühle hochkochen. Daher spricht er nicht vom russischen Krieg, sondern sagt empört: «Dieser Krieg ist Putins Krieg!»

Das ist so nicht richtig. Der Krieg wird zwar von Putin angezettelt. Aber der russische Präsident wird von der Generalität unterstützt, von vielen Oligarchen, auch von weiten Teilen der Bevölkerung. Dennoch ist es klug von Olaf Scholz, die Deutschen jetzt nicht pauschal gegen das russische Volk aufzuwiegeln. Die Lektionen aus der Geschichte sind zu deutlich.

Dann verkündet Scholz, was er am Tag zuvor mit einem sehr kleinen Kreis verabredet hat: eine entschlossene Abkehr von politischen Grundsätzen, die noch vor wenigen Tagen galten. Um sich von russischem Gas unabhängiger zu machen, sollen für den Import von Flüssiggas zwei LNG-Terminals gebaut werden. Wichtiger und folgenschwerer ist, dass der Verteidigungsetat Deutschlands nach vielen Jahren des Verschleppens auf zwei Prozent des Bruttoinlandsproduktes gesteigert werden soll, mindestens. Verspätet erfüllt der deutsche Kanzler damit eine Forderung, die vor allem Donald Trump als US-Präsident hartnäckig gegen Deutschland erhoben hatte.

Scholz erklärt dann noch, dass Drohnen künftig nicht nur mit Kameras für die Beobachtung feindlicher Aktivitäten ausgestattet werden, sondern auch mit Waffen. Auch das ist ein Thema, das Sozialdemokraten einst so sehr geschätzt haben wie Zahnwurzelbehandlungen.

Dann nennt der Wehrdienstverweigerer eine Zahl. Ein Geldbetrag, der so hoch ist, dass es den Zuhörern im Plenum den Atem verschlägt. Er beginnt: «Wir werden ein Sondervermögen Bundeswehr einrichten. Und ich bin Bundesfinanzminister Lindner sehr dankbar für seine Unterstützung dabei.» Scholz tastet sich behutsam an den Knüller heran: «Der Bundeshaushalt 2022 wird dieses Sondervermögen einmalig mit 100 Milliarden Euro ausstatten.»

Als er von dieser gewaltigen Summe spricht, drehen sich in den Reihen vor ihm, dort wo Sozialdemokraten und Grüne sitzen, manche Abgeordnete verwundert um und fragen ihre Sitznachbarn: Wusstet ihr davon?

Viele Beobachter sind ungläubig: Woher will er das Geld nehmen? Will er neue Schulden machen? Wir haben doch eine im Grundgesetz verankerte Schuldenbremse. Offenkundig hat Scholz die Höhe und Art der Investition mit Finanzminister Lindner abgestimmt und seine eigenen Leute vorab nicht ausreichend informiert.

Ricarda Lang etwa, die neue Parteivorsitzende der Grünen, ist ahnungslos. Und Vizekanzler Habeck und Außenministerin Baerbock, die beiden wichtigsten Grünen im Kabinett, wollen in den Tagen darauf nicht präzise sagen, ob sie vom Kanzler vorab über die schwindelerregende Höhe von 100 Milliarden Euro unterrichtet wurden. Wussten sie davon und haben die Information ihrer eigenen Fraktion und Partei vorenthalten? Das könnten einige Parteifreunde als Vertrauensbruch empfinden. Oder waren sie nicht rechtzeitig vom Kanzler eingeweiht? Dann hätte Olaf Scholz sich zwar mit Finanzminister Lindner von der FDP, nicht aber mit dem Koalitionspartner von den Grünen abgestimmt. Auch das wäre ein massiver Vertrauensbruch.

Als Robert Habeck, auch er ein Wehrdienstverweigerer, ans Rednerpult tritt, wirbt er sehr grundsätzlich und moralisch für die Unterstützung der Ukraine mit Waffen. Ganz wohl fühlt er sich dabei nicht in seiner Haut: «Wer weiß schon, wie sich dieser Krieg entwickelt. Und wer weiß, ob aus dieser Entscheidung heraus nicht weitere Entscheidungen getroffen werden und wir nicht irgendwann lauter Waffen für einen dauerhaften, langen Krieg in Europa liefern.»

Habeck wird recht behalten mit seiner finsteren Vorahnung.

Zur soeben verkündeten Aufrüstung per 100-Milliarden-Sondervermögen sagt Habeck: nichts. Wusste er nichts davon? Oder wollte er das Wissen für sich behalten? Warum tappen seine Parteifreunde im Dunkeln?

Nach dieser historischen Bundestagsdebatte, als die allermeisten Abgeordneten den Plenarsaal bereits verlassen haben, um zumindest noch ein paar freie Stunden an diesem Sonntagnachmittag genießen zu können, stehen Olaf Scholz und die beiden neuen grünen Vorsitzenden Ricarda Lang und Omid Nouripour noch eine Weile zusammen. Es gibt Redebedarf. Können die Grünen dem Kanzler noch vertrauen?

Letztlich hat es nur wenige Tage, sogar nur wenige Stunden gedauert, bis die Regierungsparteien diesen weiten Sprung über ihren Schatten gewagt haben. Alle drei Ampelparteien sind gefordert wie nie zuvor: Die SPD hat sich lange gegen das Zwei-Prozent-Ziel gewehrt, auch gegen die Bewaffnung von Drohnen. Die Grünen haben stets ähnlich argumentiert. Zwar haben sie als Juniorpartner von Rot-Grün während des Balkankrieges in den späten 1990er Jahren mehrheitlich für ein militärisches Engagement der Bundeswehr gestimmt. Doch weite Teile der Parteibasis sehen sich noch immer pazifistischen Grundsätzen verpflichtet. Die Entscheidung für zwei Flüssiggas-Terminals ist für die Partei, die sich wie keine andere für Umwelt- und Klimaschutz stark macht, ebenfalls ein schmerzhaft großer Schritt.

Auch die FDP wirft im atemberaubenden Tempo einen eisernen Grundsatz über Bord. Dass Parteichef und Finanzminister Christian Lindner ein Sondervermögen von 100 Milliarden Euro für die Bundeswehr auf die Beine stellt, wäre noch vor vier Tagen undenkbar gewesen. Ein solches Sondervermögen bedeutet Sonderschulden.

Wie sehr die Ampelparteien durch den russischen Angriffskrieg durchgeschüttelt werden, wird auch bei einem Gespräch mit Ricarda Lang und Omid Nouripour deutlich. Beide treffe ich in der Lobby des Reichstages. Nouripour drückt sein Unbehagen so aus: «Wir sind an einem Ort, wo wir nicht sein wollten. Und wir werden Dinge tun müssen, die wir nicht tun wollten.»

Die Grundkonstellation ist nicht neu: Die entschlossene 180-Grad-Kehrtwende vor allem der SPD und der Grünen erinnert an Gerhard Schröders Sozialreform Agenda 2010, an Angela Merkels Atomausstieg nach der Reaktorkatastrophe von Fukushima und das Ende der Wehrpflicht unter ihrer Führung. Die Reformen wurden stets gegen den Widerstand aus den eigenen Reihen durchgeboxt.

Nach der Aussprache im Parlament bin ich mit Wolfgang Schmidt verabredet, der für Olaf Scholz die wichtigen Abstimmungen mit den Koalitionspartnern und Ministerien vornimmt. Schmidt ist außerdem Koordinator der deutschen Geheimdienste. Er hat sich fest vorgenommen, anders als seine Vorgänger in den Merkel-Regierungen, weitgehend im Hintergrund zu agieren und Interviewanfragen abzulehnen. Da ich nicht tagesaktuell berichte, macht er mir gegenüber eine Ausnahme. Aber er möchte bei unserem Interview ungerne von vielen Personen beobachtet werden. Daher treffen wir uns ganz oben auf der Fraktionsebene, neben der riesigen Reichstagskuppel. Dorthin verirrt sich heute kaum jemand.

Schmidt kommt etwas zu spät zu unserem Treffen, er will erst noch Vitali Klitschko, den Bürgermeister von Kiew, anrufen. Nach dem Telefonat ist er sichtlich beeindruckt, Klitschko sei in einen Schutzraum geflohen und habe vom Keller aus mit ihm gesprochen. Er sei äußerst besorgt und habe von der dramatischen Lage in der beinahe komplett eingekesselten Hauptstadt erzählt.

Der Kanzleramtsminister weiß, wie flehentlich die Ukrainer Unterstützung aus Deutschland erwarten. Sie wollen keine schönen Worte, sondern Waffen. Er ist bereit, diese Unterstützung zu organisieren.

Schmidt ist ein erfahrener Mann, die jahrelange Arbeit in Spitzenpositionen an der Seite von Olaf Scholz hat ihn abgehärtet. Jedenfalls ist er kein ängstlicher Mensch. Doch jetzt, am vierten Tag des Krieges, ist auch der abgeklärte Kanzleramtsminister tief verunsichert. Er war über die Geheimdienstberichte, die regelmäßig auf seinem Tisch landen, über den russischen Truppenaufmarsch im Detail informiert. Aber dass Wladimir Putin tatsächlich den Befehl zur Invasion gab, hat Schmidt dann doch überrascht.

Wir stehen eine Weile neben der Kuppel des Reichstages und tauschen uns über die verschiedenen Szenarien für einen möglichen Kriegsverlauf aus. Wir gehen beide davon aus, dass Putin keine Ruhe geben wird, bis er den ukrainischen Präsidenten Selenskyj aus dem Amt gefegt hat, tot oder lebendig. Aber da Selenskyj nicht freiwillig aufgeben wird – auch darin stimmen wir überein –, wird die russische Invasion in einem Blutbad enden.

Wolfgang Schmidt steht außerdem unter dem Eindruck einer aktuellen Meldung. Eine Meldung, die jedem, der sie vernimmt, sofort Angst einjagt. Wenige Minuten vor unserem Treffen im Reichstag wurde bekannt, dass Wladimir Putin die Atomstreitkräfte Russlands in Alarmbereitschaft versetzt hat. Schmidt ist außer sich. Wie weit wird Putin noch gehen? An diesem Tag scheint alles möglich zu sein. Keine Prognose ist zu düster.

Am Ende dieser alles verändernden Woche eröffnen sich für die Bundesregierung drei Arten, auf den russischen Überfall zu reagieren und den Konflikt zu beenden, ihn mindestens einzudämmen: diplomatisch, wirtschaftlich und militärisch. In den nächsten Wochen und Monaten wird sie alle drei Wege einschlagen – und dabei aus sehr unterschiedlichen Gründen scheitern. Mehr noch, Deutschland wird immer tiefer in den Krieg hineingezogen.

Aber der Regierung wird etwas anderes gelingen. Sie wird der Aggression Putins, die sich auch gegen Deutschland und die Europäische Union richtet, widerstehen.

Keine falsche Bewegung

Am Morgen nach der Zeitenwende-Rede von Scholz und der Atomkriegsdrohung von Putin begegne ich vor dem Gebäude der Bundespressekonferenz einer sorgenvollen Kollegin. Seit vielen Jahren berichtet sie über die Regierung. Sie bringt ebenfalls so schnell nichts aus der Ruhe, dafür hat sie in ihrem Berufsleben schon zu viel erlebt. Jetzt erzählt sie von ihren Ängsten. Sie frage sich, ob sie angesichts der atomaren Bedrohung in Berlin noch sicher sei. Sie ist verzweifelt und reißt sich dann doch zusammen, um ihren Text zu schreiben.

So wie ihr geht es vielen Menschen, die ich in diesen Tagen treffe. Sie verfolgen die Nachrichten aus Russland und der Ukraine fassungslos – und versuchen, sich mit Arbeit abzulenken, zu betäuben.

Bei der Regierungspressekonferenz stellt ein Kollege eine Frage, über die man vor wenigen Tagen noch gelächelt hätte. Jetzt klingt sie sehr berechtigt. Er will wissen, wie sich Deutschland vor einem Atomkrieg schützt: «Gibt es Vorkehrungen?»

Die Frage zielt auf Schutzräume, auf Bunker, vielleicht auch auf die notwendige Aufklärung der Bevölkerung. Sie weckt Erinnerungen an die Schulungsfilme der 1950er Jahre in den USA, als die Amerikaner aufgefordert wurden, bei einem atomaren Angriff der Sowjetunion unter dem nächstgelegenen Tisch in Deckung zu gehen («duck and cover»). Keine falsche Bewegung! Rührend naiv waren diese Filme.

Das Bundesamt für Bevölkerungsschutz und Katastrophenhilfe würde die Bürgerinnen und Bürger heutzutage wohl anders warnen. Die Bundeswehr hat im Verbund mit anderen Nato-Staaten, allen voran den USA, längst alle möglichen Varianten einer Verteidigung gegen einen atomaren Angriff durchgespielt.

Der Regierungssprecher will sich auf die Horrorszenarien gar nicht erst einlassen. Er weiß, dass ein unbedachtes Wort von ihm die Bevölkerung noch mehr in Angst versetzen würde. Also versucht er, seine Antwort in sachliche Worte zu kleiden: «Wir nehmen die Äußerung des russischen Präsidenten natürlich sehr ernst. Es ist auch klar, wie unverantwortlich allein schon eine solche Drohung ist. Gleichzeitig haben im Bedrohungsszenario auch Nuklearwaffen immer eine Rolle gespielt und ist insoweit andererseits auch die Abwehr von Nuklearwaffen immer mitgedacht.»

Die Worte sollen beruhigen. Aber wer sie an diesem Vormittag hört, ist eher alarmiert. Allein die Tatsache, dass an diesem Ort und an diesem Tag über die Abwehr von Nuklearwaffen gesprochen wird, ist verstörend.

Die Mitglieder der Bundesregierung sind nun gefordert wie nie zuvor in ihrem Leben. Annalena Baerbock steht besonders im Fokus. Wie wird sich die Außenministerin, die gerade erst die Bühne der Weltpolitik betrat, in dieser Situation behaupten? Wird sie zwischen den mächtigen Playern in Moskau, Peking und Washington erdrückt, kommunikativ zermalmt?

Baerbock findet jetzt härtere Worte, gelegentlich jenseits der üblichen Diplomatensprache. Dass sie Sergej Lawrow einen Lügner schimpft, kommt bei vielen Deutschen gut an. Es nutzt ihr für die nahe Zukunft. Ob es ihr auf lange Sicht nutzt oder schadet, wird sich zeigen.

Sie rast von einem Krisentreffen zum nächsten. Dienstagfrüh will sie nach Łódź aufbrechen, um sich dort mit den Außenministern von Polen und Frankreich zu besprechen. Danach will sie nach Genf zu einer internationalen Menschrechtskonferenz, anschließend nach New York, um vor der Sondersitzung der Generalversammlung der Vereinten Nationen eine Rede zu halten. Danach soll es auf den Balkan gehen, zu lange geplanten Antrittsbesuchen.

In der Nacht vor dem Abflug schmelzen ihre Reisepläne zusammen. Um den vorgeschriebenen Beginn ihrer Rede in New York einhalten zu können, muss sie mit einem kleineren, aber schnelleren Flugzeug der Flugbereitschaft der Bundeswehr fliegen. Der größte Teil der sie begleitenden Delegation wird noch in der Nacht wieder ausgeladen.

Am Ende bleiben nur die Reiseziele Łódź und New York übrig, alles andere wird gestrichen und soll zu einem späteren Zeitpunkt nachgeholt werden. Die Ministerin weiß manchmal nicht, wo sie am nächsten Tag sein wird, in Brüssel, Paris, Genf oder doch in Berlin. Sie kann auch nicht wissen, wen sie am nächsten Tag zu welchem Thema treffen wird. Viel Zeit, sich auf Gespräche vorzubereiten, bleibt da nicht. Annalena Baerbock lernt gerade in Höchstgeschwindigkeit Außenpolitik.

Dass sie sich in dieser Extremsituation gut behauptet, liegt auch an ihren Erfahrungen im Bundestagswahlkampf. Sie spricht nicht von einem Stahlbad, durch das sie im letzten Jahr gegangen sei. Aber es ist schon klar, dass sie so etwas meint, wenn sie über ihre Zeit als Kanzlerkandidatin redet, über den Wirbel um ihren aufgehübschten Lebenslauf und die Plagiatsaffäre um ihr Buch. Viele Wochen lang musste sie lesen: Die kann es nicht. Baerbock ist froh, dass sie damals nicht hingeworfen hat. Jetzt fühlt sie sich für die Anforderungen als Außenministerin emotional gerüstet.

Und ihr Parteifreund Robert Habeck? Der denkt laut über Notfallszenarien nach. Als Wirtschaftsminister muss er die Versorgung des Landes mit Energie sicherstellen. Was also, wenn Putin Deutschland den Gashahn zudreht? Der Ausbau der erneuerbaren Energiegewinnung reicht längst noch nicht, um einen Ausfall der Gaslieferungen zu kompensieren. Auch Terminals für Flüssiggas fehlen. Welche Möglichkeiten hat er? Atomkraftwerke länger laufen lassen, den Ausstieg aus der Kohleenergie auf ein späteres Datum verschieben? Habeck ist auch Klimaminister. Der in die Enge getriebene Politiker muss sich entscheiden. Und zwar schnell.

Am Mittwoch, dem siebten Tag des Ukrainekrieges, gibt er dem DEUTSCHLANDFUNK ein Interview. Der Moderator sorgt sich um die Energiesicherheit und will wissen: «Ist Sicherheit wichtiger als Klimaschutz?»

Habeck antwortet: «Im Zweifel ist das so.» Was für ein ernüchternder Satz aus dem Mund des mächtigsten Grünen-Politikers. Dann erklärt er: «Kurzfristig kann es sein, dass wir vorsichtshalber, um vorbereitet zu sein für das Schlimmste, Kohlekraftwerke in der Reserve halten müssen. Vielleicht sogar laufen lassen müssen. Da muss der Pragmatismus jede politische Festlegung schlagen.»

Dieser Satz wird von einigen politischen Freunden mit Verwunderung, sogar Abscheu zur Kenntnis genommen. Aber politische Gegner feiern das Lob des Pragmatismus. Mal sehen, wie Umweltverbände zu dieser Ansicht stehen. Robert Habeck muss jetzt ein Schiff durch einen tosenden Ozean steuern. Er sucht nach Orientierung: «Die Versorgungssicherheit muss gewährleistet sein, und das werde ich auch tun.»

An diesem Morgen hat der Wirtschaftsminister öffentlich ein riskantes Gedankenspiel begonnen: Kohlekraftwerke in Reserve halten, sie laufen lassen – das wird vielen in der Industrie gefallen, aber seiner Partei nicht schmecken. Auch Klimaaktivisten werden entsetzt sein. Der Krieg hat das Zeug, in Deutschland alles durcheinander zu wirbeln.

Zwei Tage später sitzt Emmanuel Macron in seinem Büro im Élysée-Palast und wartet darauf, dass Olaf Scholz auf seinen Telefonapparat durchgestellt wird. Die beiden haben zuvor jeweils mit Wladimir Putin telefoniert. Der große Schreibtisch des Präsidenten sieht unaufgeräumt aus, überall liegen Bücher und Akten herum. Macron trägt ein blütenweißes Hemd, die dunkle Krawatte eng um den Hals gebunden. Obwohl sein Vorzimmer den Kanzler angekündigt hat, kommt die Verbindung nicht gleich zustande.

Macron wird ungeduldig. Dann scherzt er mit seinem Berater Emmanuel Bonne darüber, dass die Unpünktlichkeit der Deutschen kein gutes Omen für deren Wiederbewaffnung sei. Die beiden kichern. Macron weiß noch nicht, dass es einige Wochen später tatsächlich erhebliche Zweifel an den deutschen Aufrüstungsbemühungen geben wird.

Dann klappt es endlich mit der Verbindung: «Bonjour, hier ist Olaf.»

«Ah, hallo Olaf, wie geht es Dir?» Macron wird ernster, auf Englisch: «Wie war Deine Diskussion heute Morgen?»

«Nachdem ich mit Putin gesprochen habe, wird es nicht besser», erzählt Scholz, «etwas bedrückt mich mehr als die Gespräche: Er beschwert sich gar nicht über all die Sanktionen. Ich weiß nicht, ob er das im Gespräch mit Dir getan hat. Aber er hat die Sanktionen gar nicht angesprochen.»

Macron: «Bei mir auch nicht.»

Scholz: «Dann sprach er über den Streit zwischen der Ukraine und Russland. Er hat mir von all seinen Ideen erzählt, wie ein Kompromiss gefunden werden kann. Er sprach von Demilitarisierung, von Denazifizierung. Und er bat mich darum, dass die Krim als Teil von Russland anerkannt wird. Und die Unabhängigkeit dieser Republiken. Nichts Neues also, um es klar zu sagen.»

Scholz macht eine kleine Pause. «Als ich ihn gefragt habe, ob es möglicherweise ein Treffen zur Ukraine geben soll, früher oder später, mit Dir, mir, Selenskyj und mit ihm, Putin, hat er das nicht komplett verweigert. Aber er nannte zwei Bedingungen. Erstens: Es darf kein Anlass für eine Feuerpause sein. Dann sprach er nur von uns dreien, Du, ich und er. Ohne Selenskyj.»

Macron lauscht angestrengt.

«Dann hat er gesagt, dass die ukrainische Delegation nach Polen aufgebrochen ist, weil sie mit den Präsidenten der Vereinigten Staaten sprechen will, um ihre Anweisungen zu erhalten ...» Scholz lacht hell auf: «Mehr oder weniger. Das war's.»

Macron denkt eine Weile nach: «Danke, das war sehr ähnlich wie bei der Unterhaltung, die ich gestern mit ihm hatte. Ich denke, er ist jetzt ganz entschlossen, bis zum Ende zu gehen. Das Narrativ und die Brutalität seiner Botschaft, die im Fernsehen übertragen wurde, ebenso wie die ganzen Initiativen, die er in den letzten Stunden in Gesprächen mit zivilen Organisationen in Russland unternahm, sind sehr beunruhigend. Um es klar zu sagen.»

Wieder sammelt Macron seine Gedanken.

«Wir haben nun viele Elemente, die übereinstimmen. Und die zeigen, dass er sich zunehmend radikalisiert. Wir müssen weiter diskutieren und arbeiten. Aber nach unser beider Unterhaltungen bin ich auf kurze Sicht ziemlich pessimistisch.»

Scholz kurz: «Ja.»

Emmanuel Macron und Olaf Scholz sind orientierungslos. Zwar haben beide gerade länger mit Wladimir Putin telefoniert. Und natürlich können sie den Vormarsch der russischen Truppen auf militärischen Karten detailliert verfolgen. Doch das Verhalten des Russen bleibt für sie weiter rätselhaft, seine Pläne sind für sie nicht vorhersehbar. Das nervenstrapazierende Gefühl der Unsicherheit wird Macron und Scholz so schnell nicht verlassen.

Im Bundeskanzleramt stellt Wolfgang Schmidt seine Arbeitsweise um. Üblicherweise trifft sich der Kanzleramtschef einmal pro Woche zur sogenannten ND-Lage, dem nachrichtendienstlichen Informationsaustausch. Dann berichten die Chefs des BND, des Bundesamtes für Verfassungsschutz und des Militärischen Abschirmdienstes. Jetzt aber trifft sich die Runde einmal täglich, an manchen Tagen sogar zwei oder drei Mal. Die Lage in der Ukraine und in Russland muss laufend neu bewertet werden.

Viele Bürgerinnen und Bürger der Ukraine warten nicht auf die nächsten Schritte von Putin. Am ersten Mittwoch im März haben etwa eine Million Menschen ihre Heimat fluchtartig verlassen. Am Tag darauf sind es schon 1,25 Millionen. Die meisten stranden in Polen. Auch am Berliner Hauptbahnhof sind die Schutzsuchenden nicht zu übersehen. Übermüdete Mütter verlassen mit ihren Kindern die Züge. Wie schon im Herbst 2015, als viele tausend Menschen vor allem aus Syrien und Afghanistan nach Deutschland kamen, werden die Flüchtlinge zunächst hilfsbereit empfangen. Im Bahnhof warten zahllose Deutsche, die den Fremden Unterkunft in ihrem Haus oder in ihrer Wohnung anbieten. Deutschland zeigt wieder sein freundliches Gesicht. Aber die Aufnahme der vielen Neuankömmlinge wird später für viele Kommunen zu einer Strapaze.

Am Freitagvormittag bin ich mit Gesundheitsminister Lauterbach verabredet. Bis vor wenigen Tagen war er eines der gefragtesten Kabinettsmitglieder. Die Diskussionen über Lockerungen der Anti-Coronamaßnahmen, über die Impfpflicht und über immer radikalere Querdenker erforderten eine mediale Dauerpräsenz des Gesundheitsministers.

Doch der Krieg in der Ukraine hat aus dem gefragten Minister einen Nebendarsteller gemacht. Corona, war da was? Auch Karl Lauterbach ist krisenerprobt, er sagt, er sei für das Gefühl Angst nicht leicht empfänglich. Doch als er an diesem Tag in seinem Dienstwagen durch Berlin gefahren wird, gesteht er, dass ihn der Krieg zutiefst beunruhigt:

«Das ist einfach nur schrecklich. Etwas, was ich nicht erwartet hatte und wo ich ein gutes Ende noch nicht sehe. Wo ich davon ausgehe, dass es uns Jahre begleiten wird. Der Ukraine-Krieg zieht mich sehr stark herunter.»

Lauterbach hält einen Moment lange inne. Dann spricht er darüber, wie der Krieg eskalieren kann.

«Ich habe kein gutes Gefühl bei der gesamten Sache. Hier geraten Atomkraftwerke in Brand. Hier ist kein Ende zu sehen. Die Ukraine wird, selbst wenn sie besetzt ist, weiterkämpfen. Das ist einfach schlecht für alle Beteiligten. Eine absolute Katastrophe.»

Dann vergleicht der Gesundheitsminister die beiden großen Krisen, den Krieg und die Pandemie.

«Bei der Pandemie gibt es Wissenschaft, da gibt es Vernunft, da gibt es gute Politik. Da können wir die Dinge planbar beherrschen. Aber hier ist es ganz irrational, hochgefährlich und weder planbar, noch unterliegt es irgendwelchen wissenschaftlichen Ableitungen.»

Auch Lauterbachs Mitarbeitern im Ministerium steht der Schrecken ins Gesicht geschrieben. In der Nacht haben Russen das Atomkraftwerk Saporischschja beschossen. Es ist nicht nur das größte AKW der Ukraine, sondern auch das größte Europas. Nicht auszudenken, dass dieses Kraftwerk außer Kontrolle gerät und Radioaktivität entweicht.

Die etwas älteren Mitarbeiter von Lauterbach können sich gut an die Katastrophe von Tschernobyl 1986 erinnern. Zwar wurde in Saporischschja nur ein Nebengebäude getroffen und in Brand gesetzt. Der Werksfeuerwehr gelingt es, das Feuer zu löschen. Aber der Zwischenfall macht deutlich, wie schwer die Risiken dieses Kriegs zu beherrschen sind. Ein neuerlicher GAU würde auch die Menschen in vielen Nachbarländern, darunter in Deutschland, bedrohen.

In der Morgenlage im Ministerbüro geht es nicht nur um das Infektionsschutzgesetz und die Pressetermine des Ministers. Plötzlich hängt alles mit dem Krieg zusammen. Der Koalitionspartner FDP drängt wegen der insgesamt zurückgehenden Corona-Gefahr darauf, das Ende der Pandemie auszurufen und groß zu feiern.

Am Tisch im Büro des Ministers sitzen ein Staatssekretär, ein Ab-
teilungsleiter und ein Pressesprecher. Als das Thema Freedom-Day
aufkommt, wird Lauterbach ungehalten. Man könne doch angesichts
des Krieges mit vielen Opfern und angesichts eines brennenden Atomkraftwerks nicht einen Freedom-Day planen. Ihm sei schon klar, dass
die FDP da Druck mache. Aber die Diskussion zum jetzigen Zeitpunkt
sei absurd. Dazu käme, dass die Infektionsgefahr durch Corona nach
wie vor sehr hoch sei.

Was Karl Lauterbach und seine Mitarbeiter nicht wissen: Als russische Einheiten das Kraftwerk Saporischschja beschießen, sind auf
der anderen Seite der Erde amerikanische Militärs so beunruhigt, dass
sie Wladimir Putin auf dem sagenumwobenen roten Telefon anrufen.
Diese Verbindung war einst nach der Kubakrise zwischen Washington
und Moskau installiert worden, um eine militärische Eskalation zu
verhindern.

Kurzfristig gelingt eine Entspannung der Lage auch in Saporischschja. Die Russen stellen den Beschuss ein, aber nur vorübergehend.

Wolfgang Schmidt verfolgt die dramatischen Ereignisse in der Ukraine von zuhause aus. Sein Büroleiter hat sich mit Corona infiziert.
Sollte sich auch Schmidt infiziert haben, ist die Gefahr groß, dass er
den Bundeskanzler ansteckt. Und das in einer Phase, in der Scholz
fast täglich andere Staats- und Regierungschefs trifft.

Scholz will seine Gäste ja nicht wie Wladimir Putin an einem sechs
Meter langen Tisch empfangen. Sein wichtigster Mitarbeiter geht ins
Homeoffice.

Wirtschaftskrieg

Die Waffenlieferungen aus Deutschland an die Ukraine sind angelau-
fen. Eine Woche nach Kriegsbeginn wurde der ukrainischen Armee
auf geheimen Wegen eine große Anzahl Panzerabwehrwaffen und
Stinger-Raketen übergeben. Einzelheiten der heiklen Operation will
das Verteidigungsministerium nicht mitteilen, um den Transportweg
und die Sicherheit der beteiligten Personen nicht zu gefährden.

Außerdem erlaubt die Bundesregierung den Nato-Mitgliedsländern Niederlande und Estland, Waffen aus deutscher Produktion oder aus alten DDR-Beständen an die Ukraine zu schicken. Dann gibt das Wirtschaftsministerium auch noch die Abgabe von 2700 Flugabwehr-raketen vom Typ «Strela» frei. Aber über die Lieferung dieser Rake-ten, die von der Schulter aus abgefeuert werden, rümpfen viele Beob-achter die Nase. Auch sie stammen aus Beständen der Nationalen Volksarmee der DDR beziehungsweise aus der Sowjetunion. Sind an-gestaubte Raketen tauglich für den Einsatz gegen moderne russische Hubschrauber und Flugzeuge?

Die Lieferung der Uralt-Waffen offenbart eine doppelte Not: Die ukrainische Armee ist für den Abwehrkampf nicht ausreichend aus-gerüstet und nimmt, was sie bekommen kann. Und die Bundeswehr ist für den Verteidigungsfall ebenfalls nicht ausreichend ausgerüstet. Sonst könnte sie die ukrainische Armee großzügiger aus eigenen Waf-fenbeständen beliefern.

Immer lauter fordern jetzt Wolodymyr Selenskyj und seine Leute, die Nato-Staaten mögen ein Flugverbot über der Ukraine verhängen. Nur so könne Russland daran gehindert werden, ukrainische Städte aus der Luft zu bombardieren. Die Nato hat gute Gründe, diese Hilfe zu verweigern. Ein Flugverbot macht nur Sinn, wenn man auch bereit ist, es durchzusetzen. Nato-Flugzeuge müssten den ukrainischen Luft-raum überwachen und russische Flugzeuge abschießen, sobald diese die Grenze zur Ukraine überfliegen. Die Allianz würde mit beiden Bei-nen im Krieg stehen, der Krieg Russlands gegen die Ukraine würde zum Weltkrieg.

Deutschland steht bislang nur mit einer Zehe im Krieg. Die Bun-desregierung will der Ukraine die dringend benötigten Waffen nicht verweigern. Aber sie will keine eigenen Soldaten entsenden und nicht selbst Kriegspartei werden. Ein Drahtseilakt.

Die meiste Aufmerksamkeit von Scholz, Habeck, Baerbock, Lindner, Schmidt und vielen anderen richtet sich daher darauf, den Wirt-schaftskrieg gegen Russland zu gewinnen. Der Krieg mit Sanktionen ist zwar unblutig, aber er richtet dennoch gewaltige Schäden an. Er fordert die Beteiligten nicht nur wirtschaftlich und finanziell, sondern auch mental. Welche Gesellschaft, welches Volk ist besser in der Lage, die Entbehrungen eines harten Wirtschaftskrieges zu ertragen? Vor allem, wie lange können die politischen Führungen ihren Völkern den Mangel an den gewohnten, teils lebenswichtigen Gütern zumuten?

Vor vielen Jahren habe ich einmal ein Interview mit Alexander Haig über die amerikanische Niederlage im Vietnam-Krieg geführt. Haig war einst General der US-Armee, später Nato-Oberbefehlshaber in Europa. Er wusste, wie wichtig Kampfmoral in einem Krieg ist. Daher erklärte er mir die Niederlage gegen den eigentlich unterlegenen Gegner in Nordvietnam so: «Ihre Schmerzgrenze war weit höher als die einer zivilisierten westlichen Nation.»

Man kann das Beispiel nicht beliebig übertragen, aber es berührt einen wahren Kern. Das wirtschaftliche Kräftemessen zwischen westlichen Industrienationen und Russland erfordert Opfer auf beiden Seiten. Die ersten von der Europäischen Union und den transatlantischen Partnern verhängten Sanktionen wirken schnell: Vor Geldautomaten in Moskau bilden sich lange Schlangen, Fabriken müssen schließen. Es gibt zahlreiche Berichte über Warenknappheit in Geschäften und Einkaufszentren, die vor allem westliche Produkte in ihren Sortimenten hatten. Einige russische Banken geraten in Not, das Auslandsvermögen der russischen Zentralbank ist eingefroren. Wichtige Börsenwerte stürzen ab, der Rubel verliert anfangs dramatisch an Wert.

All diese Spuren bleiben der russischen Bevölkerung nicht verborgen. In dieser Frühphase des Krieges stellt sich die Frage, wie Wladimir Putin sein Volk von der Notwendigkeit der «militärischen Spezialoperation» überzeugen kann. Wie lange sind die Russen bereit, die Auswirkungen der Sanktionen zu ertragen? Wo liegt ihre Schmerzgrenze?

Sehr ähnlich sind die Fragen, die sich die Bundesregierung stellt: Ist die deutsche Gesellschaft bereit, die Folgen der Sanktionen im eigenen Land zu schultern? Was kann die Regierung ihren Bürgern zumuten?

Ein Gradmesser ist die Wut an den Tankstellen: Die Preise für Benzin und Diesel explodieren förmlich. In der ersten Märzwoche steigen sie auf über zwei Euro pro Liter. Und da an den Spritpreisen viele andere Preise hängen, steigt die Inflation auf lange nicht mehr gekannte Höhen – und mit ihr die Ungeduld der Bevölkerung.

Neben den finanziellen Kosten sind die Sanktionen noch auf andere Art zu spüren: Die Deutschen machen sich Sorgen, wie lange sie noch ihre Häuser und Wohnungen auf gewohnter Zimmertemperatur heizen, wie lange sie warm duschen, wie lange sie ihre Gasherde nutzen können.

Die Regierung in Moskau erkennt die empfindliche Stelle Deutschlands. Folglich droht der russische Vize-Regierungschef Alexander Nowak damit, über Nord Stream 1 kein Gas mehr nach Westeuropa fließen zu lassen. Ein sofortiger Gaslieferstopp würde auf die Industrie und Bevölkerung in Deutschland gleichermaßen zielen.

«Wir haben das volle Recht, eine ‹spiegelgerechte› Entscheidung zu treffen und ein Embargo zu verhängen», erklärt Nowak und sieht sein Land als Opfer: «Europäische Politiker drängen uns mit ihren Erklärungen und Anschuldigungen gegen Russland in diese Richtung.»

Robert Habeck malt sich ein Horrorszenario aus. Er weiß, dass russisches Gas in Deutschland noch unverzichtbar ist. Auch auf den Import von russischem Öl und von anderen Rohstoffen kann Deutschland so schnell nicht verzichten.

Das Wehklagen über falsche industriepolitische Entscheidungen in der Vergangenheit hilft nicht weiter. Als zuständiger Minister muss er kurzfristig sehen, wie Fabriken und Heizungen weiterlaufen können und wie er das Land auf den nächsten Winter vorbereiten kann. Auch der rasante Anstieg der Energiepreise muss gestoppt werden.

Viele Wirtschafts- und Energieminister weltweit stellen sich plötzlich ähnliche Fragen: Wie schnell können wir Öl aus Libyen, Algerien oder sogar aus Iran kaufen? Was ist mit Venezuela? Länder, die auf der Liste sogenannter Schurkenstaaten vor kurzem weit oben standen, werden über Nacht begehrte Handelspartner. In der Not frisst der Teufel Fliegen, heißt es.

Mit einem Schlag sind beinahe alle Länder besser angesehen als Russland. Immerhin das schafft Putin: Alte Feindbilder zerbröseln.

Nur eine heilige Kuh will Robert Habeck auf keinen Fall schlachten: Zum Ende des Jahres soll, ja muss Deutschland aus der Kernkraft aussteigen. Danach dürfen Atomkraftwerke nicht mehr betrieben werden.

Im Juni 2011, nur wenige Wochen nach dem Super-GAU von Fukushima, hat der Bundestag mit der erdrückenden Mehrheit von 513 der insgesamt 600 abgegebenen Stimmen das «Gesetz zur Änderung des Atomgesetzes» beschlossen, der Ausstieg ist mit den Energiekonzernen längst vertraglich geregelt.

Elf Jahre später hören Habeck und seine Kabinettskollegin Steffi Lemke vereinzelte Rufe, angesichts der heraufziehenden Versorgungskrise die drei noch aktiven Atomkraftwerke über den 31. Dezember 2022 hinaus laufen zu lassen. Lemke ist für die nukleare Sicherheit zuständig. Außerdem ist sie Mitglied der Grünen und ahnt, dass ein Ausstieg aus dem Ausstieg der eigenen Parteibasis nicht zumutbar wäre.

Um die Atomdebatte gleich im Keim zu ersticken und sich mit entsprechenden Argumenten zu wappnen, beschließen Habeck und Lemke, eine mögliche Laufzeitverlängerung von den Fachleuten ihrer Ministerien prüfen zu lassen.

Erstaunlich schnell, am Montag, dem 7. März, liegt der Prüfvermerk vor. Er kommt zu der erhofften Schlussfolgerung: «Im Ergebnis einer Abwägung von Nutzen und Risiken ist eine Laufzeitverlängerung der drei noch bestehenden Atomkraftwerke auch angesichts der aktuellen Gaskrise nicht zu empfehlen.»

Habeck und Lemke haben es also schriftlich: Eine Verlängerung der Betriebsgenehmigungen macht keinen Sinn. Beide nehmen sich vor, eisern an diesem Prüfvermerk festzuhalten. Und das gelingt ihnen einige Monate lang auch.

Noch Mitte Juli wird Robert Habeck in einem Interview mit dem Redaktionsnetzwerk Deutschland zur Atomkraftdebatte sagen: «Dieses ‹Wir lassen die mal weiterlaufen, dann wird schon alles gut› steht weder im Verhältnis zu den Abstrichen bei den Sicherheitsstandards, die wir dafür in Kauf nehmen müssten, noch ist es der Situation angemessen.»

Bei einem Besuch in Wien wird er im selben Monat schließlich einen Satz sagen, der ihm im Spätsommer krachend auf die Füße fällt: «Wir haben ja bei der Frage, wo wir Gas brauchen, vor allem die Bereiche Wärme und Industrie zu berücksichtigen. Und da hilft uns die Atomkraft gar nicht.»

An diesem Montag Anfang März ruft Joe Biden Emmanuel Macron, Boris Johnson und Olaf Scholz erneut zu einer Videoschalte zusammen. Immer wieder bespricht sich Biden mit seinen wichtigsten Alliierten, manchmal werden die Videoschalten sehr kurzfristig angesetzt. Die Büros der Staats- und Regierungschefs in Paris, London und

Berlin müssen dann in Windeseile die engen Zeitpläne ändern, Termine verschieben. Heute lässt Olaf Scholz im Anschluss an das Vierer-Gespräch nur verlautbaren, man habe über den Schutz der ukrainischen Zivilbevölkerung gesprochen und Wladimir Putin ansonsten aufgefordert, den Krieg zu beenden.

Doch das ist nur die halbe Wahrheit. Die vier Politiker sprechen auch über die Energiesicherheit ihrer Länder. Die USA sind in einer grundsätzlich anderen Situation als Europa. Sie exportieren Öl und Gas.

In der Schalte geht es darum, ob ein gemeinsames Öl- und Gasembargo gegen Russland sinnvoll und durchhaltbar ist. Biden ist dafür, die Europäer sind dagegen. Scholz lässt der Öffentlichkeit an diesem Nachmittag mitteilen, dass Europa weiter auf Energie aus Russland angewiesen sei. «Sie ist von essentieller Bedeutung für die Daseinsvorsorge und das tägliche Leben unserer Bürgerinnen und Bürger.»

Da Joe Biden eine andere Position hat, können sich die vier Regierungen nicht auf ein gemeinsames Embargo einigen. Der US-Präsident unterrichtet seine Kollegen, dass er die Sanktionen allein verschärfen wird. Die Anti-Putin-Allianz agiert nicht geschlossen.

Am nächsten Tag lässt Biden die Presse kurzfristig ins Weiße Haus rufen und verkündet: Die USA werden ab sofort kein Rohöl, kein Gas, überhaupt keinerlei Energie mehr aus Russland beziehen. Ihm sei aber bewusst, «dass viele unserer europäischen Verbündeten und Partner möglicherweise nicht in der Lage sind, sich uns anzuschließen». Ein kleines Schlupfloch lässt auch die amerikanische Regierung: Den Import von Uran für ihre Atomkraftwerke verbietet sie nicht.

Dann setzt der Präsident seine Piloten-Sonnenbrille auf, geht mit unsicher trippelnden Schritten über den Rasen vor dem Weißen Haus und steigt in den Regierungshubschrauber «Marine One». Auf nach Texas. Dort will er sich um ganz andere Themen kümmern, ruft er den Reportern noch zu, um Innenpolitik. Als wäre das eine Erholung.

Infolge der Verknappung der Öllieferungen schnellt der Preis des Rohstoffs auf dem Weltmarkt weiter in die Höhe. Eine gefährliche Spirale, die sich schwindelnd schnell dreht – und Wladimir Putin hilft. Russland profitiert von den Preissteigerungen.

Also sprintet Robert Habeck auf die kleine Bühne im Presseraum seines Ministeriums und fordert die im Verbund Opec zusammengeschlossenen erdölexportierenden Staaten auf, die Fördermengen von Öl zu erhöhen. Er will den Preisdruck verringern und hat dabei vor allem die Tankstellen in Deutschland im Blick. Ob die Opec auf den Minister im fernen Berlin hört, ist zweifelhaft. Aber in Anwesenheit der Presse macht sich eine solche Forderung gut.

Schließlich erklärt Habeck, ein Öl- und Gasembargo würde die deutsche Wirtschaft zu stark treffen: «Wir reden dann über eine schwere Wirtschaftskrise in Deutschland und damit in Europa.»

Habeck malt ein Schreckensbild an die Wand. Die Folgen eines sofortigen Energieembargos wären hierzulande nicht «individuelle Komforteinschränkungen», sondern wirtschaftliche und gesellschaftliche Schäden «schwersten Ausmaßes».

Anders als in den USA entzündet sich in Deutschland an dem Thema ein heftiger Parteienstreit. Oppositionsführer Friedrich Merz fordert ein radikales Energieembargo: «Wir sind der Meinung, dass es mit Blick auf die Ukraine Zeit ist, einen weiteren Schritt zu gehen und den Gasbezug aus Nord Stream 1 zu stoppen.»

Auch innerhalb der Koalition teilen nicht alle Habecks Kurs. Marie-Agnes Strack-Zimmermann, die Vorsitzende des Verteidigungsausschusses im Bundestag und FDP-Fachfrau für Militärfragen, fordert: «Deutschland muss den Importstopp dieser beiden Rohstoffe aus Russland sofort umsetzen.»

Nicht nur die USA und ihre wichtigsten Verbündeten sind in einer zentralen Frage plötzlich uneins, auch zwischen den Regierungspartnern in Berlin gibt es nach nur zwei Wochen Krieg Streit über die richtige Strategie.

Olaf Scholz beruft einen Krisenstab ein, der Worst-Case-Szenarien durchgehen und Lösungen vorbereiten soll. Anfangs tagt die Gruppe in einem abhörsicheren Raum im Kanzleramt, weswegen die Teilnehmer ihren Kreis scherzhaft «Bunker-Runde» nennen. Offiziell heißt sie «Energiesicherheitsrunde». Scholz will laufend über die Planung für neue LNG-Terminals informiert werden, die er bei seiner Zeitenwende-Rede in Aussicht gestellt hat. Was ist mit Brunsbüttel, Wilhelmshaven, Stade, Lubmin? Was machen die Planfeststellungsverfahren, sind genügend Investoren an Bord? Scholz will auch Details erfahren.

Die Unsicherheit innerhalb der Bundesregierung lässt sich nicht verheimlichen und überträgt sich auf die Bevölkerung. Damit sich in der Öffentlichkeit kein ungünstiges Bild festsetzt, geben Scholz und Habeck zahlreiche Interviews. Einerseits wollen sie Panik vermeiden, andererseits wollen sie die Deutschen auf einschneidende Maßnahmen vorbereiten. Kein einfaches Vorhaben.

Robert Habeck sagt: «Der Einbau von neuen Gasheizungen in dieser Situation ist politisch falsch und nicht mehr zu verantworten.» Keine neuen Gasheizungen mehr? Ist die Lage so ernst? Scholz und Habeck testen die Gemütslage der Bevölkerung aus. Sie versuchen, ein Gefühl für die Opferbereitschaft im Land zu entwickeln. Wo verläuft bei den Deutschen die Schmerzgrenze? In einem Jahr werden sie es genau erfahren. Dann wird das Heizungsgesetz sowohl die Regierung wie die Bevölkerung entzweien. Aber auch jetzt sind die Themen Energieversorgung und Energiepreise ein gefundenes Fressen für Kampagnenmanager. Ende März stehen im Saarland Landtagswahlen an. Die CDU, die den Ministerpräsidenten stellt, liegt in Umfragen zurück und muss um den Machterhalt bangen.

In seiner misslichen Lage nimmt Ministerpräsident Tobias Hans vor einer Tankstelle ein Video auf und lässt es über soziale Medien verbreiten: «Diesel zwei Euro zwölf! Ich finde, jetzt ist wirklich ein Punkt erreicht, wo man sagen muss: Da muss man handeln», spricht er, leicht saarländisch gefärbt, empört in die Kamera seines Smartphones. «Der Staat bereichert sich an diesen gestiegenen Energiekosten. Und deshalb muss eine Spritpreisbremse her. Das trifft jetzt ned nur die Geringverdiener. Sondern das trifft jetzt die vielen fleißigen Leute, die tanken müssen, die ihre Dieselfahrzeuge tanken, die zur Arbeit fahren, die die Kinder zum Sport bringen.»

Aufmerksamen Zuhörern entgeht nicht, dass der Ministerpräsident Geringverdiener und fleißige Leute gegeneinander ausspielt. Das ist ein Affront gegenüber sozial Schwächeren – mitten im Wahlkampf.

Eigentlich will er die Stimmung in der Bevölkerung aufgreifen, die sich über ihre eigene wirtschaftliche Zukunft Sorgen macht. Hans versucht, den Zorn in Richtung Ampelregierung in Berlin zu lenken.

Derartige Probleme hat Wladimir Putin nicht. Noch nicht.

Am Ende der zweiten Kriegswoche gibt der ukrainische Botschafter in Berlin, Andrij Melnyk, der WELT ein bemerkenswertes Interview. Es unterscheidet sich auch deshalb von üblichen Diplomaten-Verlautbarungen, weil er von vertraulichen Gesprächen berichtet.

Melnyk wettert nicht nur gegen die aktuelle Koalition, sondern auch gegen ihre Vorgängerregierungen. Er hat vor allem Angela Merkel im Visier. Aber auch Frank-Walter Steinmeier. Denn der war bis 2017 Bundesaußenminister. Da brodelt etwas.

Die Redakteure, die das Interview führen, wollen dem Botschafter ein paar deftige Zitate zur neuen Regierung entlocken.

Der Botschafter lässt sich nicht lange bitten. Seit der Scholz-Rede seien zehn Tage vergangen, «aber wir als Ukrainer spüren kaum etwas davon. Keine Hilfe, die dem Ausmaß an Brutalität und Verzweiflung in meiner Heimat gerecht würde.»

Dann plaudert er ein Telefongespräch aus, das sein Präsident Wolodymyr Selenskyj wenige Tage zuvor führte. Eine gezielte Indiskretion: «Am Montag hat mein Präsident Selenskyj wieder mit Kanzler Scholz telefoniert. Es war, als ob man mit einer Wand gesprochen hätte. Mein Präsident hat fast den Hörer aufgelegt, weil er gesagt hat: Das Hauptthema ist nicht humanitäre Hilfe, die geschieht sowieso. Wir möchten den Kandidatenstatus! Wir möchten, dass die EU-Kommission unseren Antrag sehr schnell bearbeitet, sodass die Ukraine in spätestens fünf Jahren aufgenommen werden kann. Viele EU-Staaten unterstützen das, Polen und Tschechien zum Beispiel. Aus Deutschland kommt nur: Nein, nein, nö, nö.»

«Was in Kiew wieder für Enttäuschung sorgt?»

Melnyk: «Für Wut. Das ist das harmloseste Wort, das ich hier verwenden darf.»

Man kann sich das Telefonat zwischen dem extrovertierten, übermüdeten Selenskyj und dem introvertierten Scholz gut vorstellen. Nicht nur dass sich der Ukrainer andere Antworten von dem Deutschen erhofft hat und entsprechend enttäuscht ist. Die coole, manchmal kalte Art von Olaf Scholz («wie mit einer Wand») wird den ukrainischen Präsidenten zur Weißglut gereizt haben.

Durchhaltevermögen

Am Sonntagabend wird Robert Habeck in die Sendung von Anne Will geschaltet. Die Frage steht im Raum, ob Deutschland genug tut, um den Krieg zu stoppen. Aus der Opposition und auch von vielen Kulturschaffenden wird der Ruf immer lauter, ein komplettes Energieembargo gegen Russland zu verhängen, also möglichst sofort auf sämtliche Öl-, Kohle- und Gasimporte aus Russland zu verzichten. Das wichtigste Argument der Embargo-Anhänger ist, dass bei den Energiegeschäften mit vielen westlichen Ländern, auch mit Deutschland, insgesamt etwa eine Milliarde Euro täglich in den russischen Staatshaushalt fließen. Geld, das Wladimir Putin dringend braucht.

Soll Deutschland also gezielt auf Energie aus Russland verzichten, um den Krieg zu verkürzen? Das Thema liegt unübersehbar breit und schwer auf dem Schreibtisch des Wirtschaftsministers. Er muss entscheiden.

Habeck schiebt die Angelegenheit nicht lange vor sich her und legt sich fest: Er ist gegen ein komplettes Energieembargo. Doch als er bei Anne Will seine Argumente ausbreitet, wirkt er hin- und hergerissen. «Wenn man jetzt sofort den Schalter umlegt», fängt er an, «wird es in Deutschland zu Lieferengpässen, ja zu Lieferabbrüchen kommen, zu Massenarbeitslosigkeit, zu Armut, zu Menschen, die ihre Wohnung nicht mehr heizen können. Zu Menschen, die kein Benzin mehr haben. Und das muss man dann stehen. Und zwar mehrere Monate, vielleicht sogar Jahre.»

Habeck versteht es wie kein anderer in der Regierung, seine Gedanken in überzeugende Worte zu kleiden. Daher kommt er der Moderatorin zuvor: «Dass das moralisch nicht schön ist, dass das eine elende Situation ist, das ist einfach zuzugeben.»

Aber Anne Will lässt sich nicht so leicht abschütteln: «Ist das Ihre Antwort auf das Leid der Menschen in der Ukraine?» Habeck kontert: «Wir haben Entscheidungen getroffen, die noch keine Bundesregierung in den letzten Jahrzehnten getroffen hat.» Er verweist auf die deutschen Waffen für die ukrainische Armee, Waffen mit Durchschlagskraft.

Jetzt bricht Habeck die Stimme. Man merkt, und man soll wohl auch merken, dass ihm die Situation aufs Gemüt schlägt: «Wir liefern keine schweren Panzer oder Flugzeuge an die Ukraine, weil wir nicht eine Konfrontation Russland gegen die Nato provozieren wollen. Deswegen ist es richtig: Deutschland tut viel, aber das, was es verantworten kann. Wir tun nicht alles, aus guten Gründen. Weil wenn wir alles täten, in eine unkontrollierte Situation reingeraten würden.»

Die Lieferung schwerer Panzer kommt nicht in Frage – zu gefährlich, letztlich unkontrollierbar. Diese Position wird Robert Habeck in ein paar Monaten räumen. Die Lage auf dem Schlachtfeld erfordert ein erneutes Umdenken.

Dass Deutschland keine Soldaten in die Ukraine schickt und so vermeidet, tiefer in den Krieg gezogen zu werden, das entspricht der Stimmungslage des überwiegenden Teils der Bevölkerung. Meinungsumfragen sind ein wichtiger Indikator für die Politik.

Anders denken die Deutschen im Frühjahr 2022 jedoch über ein konsequentes Energieembargo. Auf die Frage der Forschungsgruppe Wahlen im Auftrag des ZDF «Soll Deutschland wegen des Krieges die Öl- und Gaslieferungen aus Russland stoppen?» antworten 55 Prozent der Befragten mit Ja. 39 Prozent antworten mit Nein.

Habeck lässt sich von diesen Zahlen nicht umstimmen. Er bleibt dabei: kein baldiges Energieembargo. Vermutlich traut er der Opferbereitschaft der Deutschen nicht. Schon in wenigen Wochen, wenn sich das Fernsehpublikum an die Schreckensbilder aus der Ukraine gewöhnt hat und mit dem Benzinpreis auch viele andere Preise weiter in die Höhe schnellen, kann die Stimmung im Land in die andere Richtung kippen.

Schon jetzt, Mitte März 2022, kündigen einige energieintensive Unternehmen an, ihre Produktion kurzfristig einzustellen, weil sie unrentabel geworden ist. Vor allem Spediteure protestieren laut über die hohe Belastung durch die gestiegenen Spritpreise.

Die Regierung läuft heiß, Vorschläge zur Begrenzung der Treibstoffpreise kommen aus allen Richtungen auf den Tisch, unkoordiniert. Das meiste Aufsehen erzeugt Christian Lindner, als er einen Treibstoffrabatt von etwa 40 Cent pro Liter auf Staatskosten vorschlägt. Zwar soll der Benzinpreis an den Tanksäulen in voller Höhe angegeben, aber an der Kasse abzüglich des Rabatts bezahlt werden. Die Tankstellenpächter erhalten die Differenz später vom Finanzamt. So der Plan des FDP-Ministers.

Lindner weiß, dass ihm der Vorschlag nicht nur Applaus einbringen wird. Die Koalitionspartner, die Opposition – alle haben eigene Vorschläge. Aber Lindner freut sich sichtlich, mit seinem Rabatt-Vorschlag die öffentliche Debatte ein paar Tage lang zu dominieren. Er stellt sein Konzept nicht im Bundesfinanzministerium vor, sondern etwas entfernt in der Parteizentrale seiner FDP, vor einer großen Wand mit vielen Parteilogos. In eineinhalb Wochen ist Landtagswahl im Saarland. Auch in Zeiten schwerer Krisen ist in Berlin immer noch Platz für parteitaktische Spiele.

Habeck und Lindner mögen unterschiedlich sprechen, sie mögen andere finanz- und wirtschaftspolitische Konzepte verfolgen und einer unterschiedlichen parteipolitischen Tradition folgen. Aber die beiden mächtigsten Minister der Ampelkoalition sind in derselben Lage: Sie sind mit einer Situation konfrontiert, die sie sich noch vor wenigen Wochen kaum vorstellen konnten. Und beide haben dasselbe Ziel: Die Auswirkungen des Krieges auf die deutsche Wirtschaft und Bevölkerung sollen so gering wie möglich bleiben.

Dennoch stellt sich die Frage: Ist die Fokussierung auf die Versorgungssicherheit im eigenen Land angesichts des Krieges und der Bedrohung Europas der richtige Weg? Die führenden Mitglieder der Bundesregierung erklären oft und feierlich, dass der Krieg Russlands auch ein Angriff auf den Rest Europas sei. Ein Angriff auf die Demokratie, auf unsere Lebensweise.

Wenn diese Worte ernst gemeint sind, reichen die bisherigen Anstrengungen nicht. Die Regierung blickt sehr nach innen und nimmt Rücksicht auf die Bedürfnisse der eigenen Bevölkerung. Um Druck auf Wladimir Putin auszuüben und ihn zu ernsthaften Gesprächen am Verhandlungstisch zu bewegen, müsste sich die Bundesregierung einem so fundamentalen Angriff entschiedener entgegenstellen. Vor allem jetzt, in den ersten Wochen der Invasion.

Es gibt in dieser Frühphase des Krieges ein kleines Zeitfenster, in dem die Bevölkerung eine deutlich entschiedenere Reaktion der Regierung auf Putins Angriff mittragen würde. Das belegen die Meinungsumfragen in diesen Tagen. Die Bereitschaft, für Demokratie und Freiheit Opfer zu bringen, wird auf absehbare Zeit nicht mehr so groß sein wie jetzt. Die Bundesregierung entscheidet sich anders, das Zeitfernster wird sich bald schließen.

Der Versuch, die wirtschaftlichen Schäden von Deutschland möglichst fernzuhalten, hat in den ersten Monaten des Krieges eine hässliche Kehrseite: Öl, Kohle und Gas werden weiter in großen Mengen in Russland eingekauft. Die Bundesregierung unterstützt Wladimir Putin dabei, seinen Angriffskrieg fortzusetzen. Gegen ihren eigenen Willen.

Die westlichen Sanktionen mögen in Russland schmerzhafte Spuren hinterlassen. Aber sie sind nicht so konstruiert, dass sie den Kriegsherrn in Moskau ernsthaft in Bedrängnis bringen können. Sie wirken eher als obligatorische Strafe für ein schweres Fehlverhalten – auch als Zeichen an die Öffentlichkeit der eigenen Länder, als Zeichen der eigenen Handlungsstärke.

In der Sondersitzung des Bundestages an jenem ersten Kriegssonntag, dem 27. Februar, sprach Christian Lindner davon, dass die Sanktionen gegen Russland auch in Deutschland zu spüren sein werden. Etwas schwärmerisch warb er für Verständnis: «Das ist der Preis der Freiheit.»

Doch der Preis soll nicht allzu hoch ausfallen, vor drastischeren Sanktionen schreckt die Koalition zurück. Sie hat mehr Angst vor den deutschen Autofahrern als vor Wladimir Putin.

An der PR-Front

Eine junge Frau lässt sich vor dem Eiffelturm fotografieren. Plötzlich ist im Hintergrund eine gewaltige Detonation zu sehen. Die Frau geht in Deckung. Kampfflugzeuge donnern über Paris, sie werfen Bomben ab, weitere Explosionen folgen, auch der Eiffelturm wird getroffen.

Das ist eine Szene aus einem kurzen Videofilm. Am Ende steht eine Aufforderung: «Denke mal darüber nach, wenn so etwas in einer anderen europäischen Hauptstadt passieren würde.» Dann: «Schließt den Himmel über der Ukraine. Oder gebt uns Kampfflugzeuge.» Das Propagandavideo wurde als Mini-Fiktion gedreht und vom ukrainischen Verteidigungsministerium hochgeladen. Es geht sofort viral. Der Konflikt weitet sich auf die sozialen Medien aus.

Dass es Profiteure von kriegerischen Auseinandersetzungen gibt, gehört zum Wesen des Krieges. Einige legen es darauf an, zu profitieren. Andere profitieren eher beiläufig.

Wolodymyr Selenskyj gewinnt an Ansehen.

Der ukrainische Präsident wurde noch vor wenigen Jahren als ein zum Politiker mutierter Komiker belächelt. Jetzt, während der russischen Invasion, wächst er zum internationalen Medienstar heran.

Obwohl die Situation für Selenskyj in den ersten Kriegswochen lebensgefährlich ist, verlässt er sein Land nicht. Angebote, in einem westeuropäischen Land eine Exilregierung zu führen, schlägt er aus. Stattdessen bleibt der Präsident in Kiew und ist medial so präsent wie kaum ein anderer Mensch weltweit. Mehr noch als sein Widersacher Wladimir Putin.

Seine Auftritte sind wirkungsvoller. Der ehemalige Schauspieler ist in der ukrainischen Film- und Fernsehbranche geschult, er versteht die Kunst der Inszenierung.

Während Putin steif in Anzug und Krawatte von häufig viel zu großen Tischen aus in ferngesteuerte Kameras spricht, kommuniziert Selenskyj in olivgrünen Unterhemden und Sweatshirts. Er empfängt ausländische Journalisten und gibt furchtlos Pressekonferenzen. Selenskyj wendet sich an die Welt. Viele, die nicht mit dem russischen Präsidenten sympathisieren, sind von dem Ukrainer entzückt. Selenskyj wird als Held gefeiert. Als Mann, der bereit ist, die Freiheit zu verteidigen, letztlich auch die Freiheit anderer Völker. Er scheint sogar bereit zu sein, für die Freiheit zu sterben. Wolodymyr Selenskyj – ein Nachfahre von Jeanne d'Arc und Wilhelm Tell. Der erste globale Freiheitskämpfer im Social-Media-Zeitalter.

Selenskyj wird weltweit herumgereicht. Seine Reden werden live im Europäischen Parlament übertragen, im britischen Unterhaus und auch im US-Kongress. Überall feiern ihn Abgeordnete mit stehenden Ovationen.

Nachdem der Präsident des angegriffenen Volkes schon in so vielen Parlamenten per Videoschalte gesprochen hat, wirkt die Ankündigung, er würde auch im Bundestag sprechen, hinterherhinkend. Deutschland ist spät dran, mal wieder. Erst am 17. März, dem Beginn der vierten Kriegswoche, soll es so weit sein.

Man kann den Eindruck gewinnen, dass die Rede für die Abgeordneten des Bundestages wichtiger ist als für den ukrainischen Präsidenten. Er ist dauerpräsent und macht seinen politischen Standpunkt täglich in zahlreichen Formaten deutlich. Manche Abgeordnete mögen von einem schlechten Gewissen geplagt sein, weil Deutschland der Ukraine bislang nur zaghaft zu Hilfe geeilt ist. Da kann die Rede von Selenskyj wie ein Zeichen der Entspannung wirken. Einerseits.

Andererseits besteht das Risiko, dass sich der Gast zwar artig für die bisherige Hilfe aus Deutschland bedankt, aber ansonsten deutlich mehr von der deutschen Regierung verlangen wird.

Schon vor zwei Wochen hatte die ukrainische Botschaft in Berlin als Verbalnote Nummer 61212 eine Wunschliste an das Auswärtige Amt und das Verteidigungsministerium gerichtet: Kampfpanzer, Schützenpanzer, Minenräumpanzer und Brückenpanzer, Artilleriesysteme, Kampfflugzeuge und vieles mehr. Die Liste ist sehr lang. Es ist möglich, dass Selenskyj sie vorlesen wird. Und darüber hinaus eine Flugverbotszone über der Ukraine fordern wird.

Was aber, wenn Selenskyj so geschickt ist und auf weitgehende Forderungen verzichtet, von denen er ja weiß, dass die Bundesregierung sie nicht erfüllen wird, weil sie nicht noch mehr in den Krieg gezogen werden will? Was, wenn sich Selenskyj stattdessen damit begnügt, ein hartes, sofortiges Energieembargo gegen Russland zu fordern? Die Regierungsfraktionen wären in der Bredouille. Kann man einem so tapferen und zu Recht gefeierten Mann nach einer solchen Rede die Unterstützung verweigern?

Die Koalition ist unsicher, sie berät untereinander. Sie bespricht sich mit den anderen Fraktionen, auch mit dem Bundestagspräsidium. Viele Oppositionspolitiker verlangen nach einer Aussprache im Anschluss an die Selenskyj-Rede. Doch genau die wollen die Ampelfraktionen verhindern und setzen sich mit ihrer Mehrheit im Parlament durch.

Als am Dienstagabend um 19 Uhr die Tagesordnung für die Bundestagssitzung verschickt wird, erscheint im Programm zwar die Videoansprache des prominenten Gastes. Doch eine Debatte im Anschluss ist nicht vorgesehen. Ganz unten am Rand der Drucksache steht in fetten Buchstaben: «Zwischen den Fraktionen besteht keine Einigkeit über die Tagesordnung.»

Vom Klein-Klein der deutschen Abgeordneten unbeirrt, hält Wolodymyr Selenskyj zwei Tage später um kurz nach 9 Uhr seine Rede. Er spricht den deutschen Parlamentariern zwar nicht mit den befürchteten scharfen Worten ins Gewissen. Aber deutlich ist er dennoch:

«Ich wende mich an Sie nach zahlreichen Treffen, Verhandlungen, Erklärungen und Bitten, nach Schritten zur Unterstützung, welche

zum Teil verspätet kamen. Nach Sanktionen, die offensichtlich nicht
ausreichen, um diesen Krieg zu stoppen. Und nachdem wir gesehen
haben, wie viele Verbindungen Ihre Unternehmen weiterhin mit Russland unterhalten – mit einem Staat, welcher Sie und noch manche
anderen Staaten einfach benutzt, um den Krieg zu finanzieren.»

Damit setzt Selenskyj den Ton. Er zielt auf die wirtschaftlichen
Interessen Deutschlands. Und trifft den wunden Punkt der deutschen
Politik.

Der Ukrainer ist geschickt. Für jedes Parlament, in das er in den
letzten zwei Wochen geschaltet wurde, hat er maßgeschneiderte historische Bezüge parat. In seine Rede vor dem britischen Unterhaus
streut er das Weltkriegs-Zitat von Winston Churchill ein: «Never sur-
render!», niemals aufgeben! Man werde auch als Ukrainer kämpfen –
zur See, in der Luft, in Wäldern, Feldern, an den Küsten, in den Städten und Dörfern, in den Straßen und auf den Hügeln. Churchill hätte
seine Freude gehabt.

In seiner Rede vor dem US-Kongress ruft er: «Denken Sie an Pearl
Harbor.» Der japanische Überraschungsangriff auf die US-Pazifikflotte
im Dezember 1941 traf die amerikanische Volksseele schwer und führte
zum Eintritt der USA in den Krieg gegen Nazi-Deutschland und seine
Verbündeten.

Für die Abgeordneten in Berlin hat sich Selenskyj eine deutsch-
deutsche Metapher zurechtgelegt. Er redet von einer Mauer, die mitten durch Europa führe, zwischen Freiheit und Unfreiheit.

Seine Rede ist eine Kriegsrede. Wer kann ihm die großen Worte
verdenken? Wütend richtet er sich an ganz Deutschland: «Sehr geehr-
tes deutsches Volk. Wie ist das möglich? Als wir Ihnen sagten, dass die
Nord-Stream-Leitungen Waffen sind und der Vorbereitung auf einen
großen Krieg dienen, hörten wir die Antwort: ‹Es geht hier aber um
die Wirtschaft, Wirtschaft, Wirtschaft.› Doch das war der Zement für
eine neue Mauer.»

Zum dramaturgisch geschickt vorbereiteten Schluss seiner Rede
zielt Selenskyj direkt auf den Kanzler. Dafür benutzt er einen 35 Jahre
alten Satz von Ronald Reagan, damals gerichtet an den Führer der
Sowjetunion. Jetzt also ruft er: «Herr Bundeskanzler Scholz! Reißen
Sie diese Mauer nieder!»

20 Minuten lang hat Olaf Scholz der Rede regungslos gelauscht.

Weil der große Bildschirm, auf dem Selenskyj zu sehen war, hinter der Regierungsbank angebracht ist, hat sich Scholz die ganze Zeit über umgedreht und den Parlamentariern den Rücken gezeigt. Die können nur den Haarkranz des Kanzlers und den Bügel des Kopfhörers sehen, aber nicht seinen eingefrorenen Gesichtsausdruck.

Selenskyjs Videoansprache ist zu Ende, und Scholz erhebt sich bedächtig, um zu applaudieren. Das ist das Signal für alle anderen im Saal, ebenfalls aufzustehen und dem Kriegspräsidenten in Kiew zu huldigen. Alle Blicke sind jetzt auf Olaf Scholz gerichtet. Doch der setzt sich wieder und verharrt regungslos. Kein Wort des Dankes, kein Wort der Anerkennung. Was soll er auch erwidern nach dieser Rede, wird er sich denken. Selenskyj hat Deutschland vorgeworfen, weiter Geschäfte mit Russland zu machen und Putins Angriffskrieg zu finanzieren. Scholz, Habeck und Lindner haben sich gegen eine noch konsequentere Unterstützung der Ukraine entschieden. Weil ihnen die heimische Wirtschaft und die Verbraucher wichtiger sind.

Die Stille, die nach der Rede Selenskyjs im Plenarsaal eintritt, ist unerträglich. Und peinlich. Peinlich für das deutsche Parlament, für die deutsche Regierung, für den deutschen Kanzler.

Schließlich ergreift Katrin Göring-Eckardt als Vizepräsidentin des Bundestags das Wort und schickt dem Ukrainer ein paar warme Worte des Dankes und der Solidarität nach Kiew. Wieder entsteht eine kurze Pause, wieder betretenes Schweigen. Als sie in ihrer erhöhten Position hinter dem Rednerpult weiter in ihr Mikrofon sprechen will, ist Unruhe im Plenum zu vernehmen. Jemand ruft: «Pfui!»

Dann beginnt Göring-Eckardt, die Namen der Parlamentarier vorzulesen, die heute Geburtstag haben: «Ich gratuliere dem Kollegen Christian Görke und dem Kollegen Joe Weingarten zu ihren 60. Geburtstagen.»

Jetzt formt sich der Unmut zum Tumult. «Schande» wird gerufen, man könne doch nach einer so wichtigen und bewegenden Rede nicht einfach zur Tagesordnung übergehen. Doch genau das tut das Parlament. Und Göring-Eckardt liest vor, welche personellen Veränderungen es in einem Ausschuss gibt. Es geht um die Neubesetzung des Beirats des «Hauses der kleinen Forscher». Noch mehr empörte Zwischenrufe und Kopfschütteln.

Wolodymyr Selenskyj bekommt diese Unruhe im deutschen Parlament nicht mehr mit, die Videoverbindung zu ihm wird abgeschaltet. Vermutlich wird er später von seinem Botschafter darüber unterrichtet werden, was sich im Bundestag zuträgt. Andrij Melnyk ist erneut Gast im Hohen Haus. Da er fließend Deutsch spricht, wird er die besondere Schärfe der Redewendung «zur Tagesordnung übergehen» verstehen und sie nach Kiew übermitteln.

Die Bundesregierung hat erfolgreich eine Debatte zu Selenskyjs Rede verhindert und dabei gezeigt, dass es ihr an Fingerspitzengefühl mangelt. Ihr Verhalten ist ungehörig.

Gegenüber der Opposition im Bundestag ist es ungeschickt. Auf das Wohlwollen zumindest der großen CDU/CSU-Fraktion werden Olaf Scholz und seine Regierung in dieser Krise noch angewiesen sein.

Als Friedrich Merz, der neue Fraktionsvorsitzende, das Wort bekommt, spricht er im schneidigen, aber ruhigen Ton vielen Abgeordneten aus dem Herzen. Er beklagt, dass eine Aussprache nach der Selenskyj-Rede abgebügelt wurde: «Stehen wir eigentlich heute als Bundesrepublik Deutschland an der richtigen Stelle, wenn es um diesen Konflikt geht?»

Die Frage von Merz bleibt unbeantwortet. Nach einem kurzen Schlagabtausch über die Frage, ob man nun debattieren soll oder nicht, wendet sich das Parlament um 9:55 Uhr wieder seinem Alltagsgeschäft zu. Aufgerufen wird das Thema «Impfpflicht gegen SARS-CoV-2». Auch zu diesem Streitthema hat sich allerhand angestaut.

Kriegskasse

Christian Lindner erlebt eine heftige Woche. Bei jeder sich bietenden Gelegenheit preist er seine Idee des Tankrabatts. Aber der Kollege Wirtschaftsminister und seine Grünen zerfleddern das Konzept öffentlich. Olaf Scholz lässt die Streitereien der Juniorpartner laufen.

Nach vielen Wochen der Rechnerei will Lindner an diesem Mittwoch, dem 16. März, vom Kabinett die Eckdaten des Haushalts für 2022 und die langfristige Finanzplanung bis 2026 absegnen lassen. Im

Bundestagswahlkampf hatte er immer wieder diese Melodie gesungen: keine Neuverschuldung, keine Steuererhöhung, die Schuldenbremse wird nicht angetastet. Dieses Leitmotiv hielt er auch in den Koalitionsverhandlungen durch und startete hoffnungsfroh in das Amt, das er unbedingt haben wollte: Finanzminister.

Lindner war klar, dass der Umbau des Landes zu einer klimaneutralen Industrienation enorm hohe Investitionen erfordert. Auch die Folgen der Pandemie lasten auf den Haushaltsplänen. Für all diese Kosten konnten Positionen im neuen Haushalt geschaffen werden, das Wirtschaftswachstum in der Zeit nach Corona verhieß schließlich höhere Steuereinnahmen.

Aber dann überfiel Russland die Ukraine, und schnell zeichnete sich ab, dass Lindners Beamte neu rechnen müssen. Dabei blickten sie in eine äußerst ungewisse Zukunft: Wie lange wird der Krieg dauern? Wie viele Flüchtlinge müssen versorgt werden? Wie groß werden die finanziellen Schäden für die heimische Wirtschaft sein? Lindner und seine Leute wissen all das nicht. Sie können es nicht wissen.

Bei der Präsentation des Bundesetats nutzt der FDP-Politiker deshalb Vokabeln, die ihm eigentlich ein Graus sind: Sondervermögen, Ergänzungshaushalt, Prognoseunsicherheit. Lindner ist jetzt nicht nur Herr der Bundeskasse, er ist auch Herr der deutschen Kriegskasse. Je praller sie gefüllt ist, desto länger kann das Land den Wirtschaftskrieg gegen Russland durchhalten. Deshalb ließ er die ungewöhnliche Etatplanung entwerfen. Manche nennen sie «innovativ», andere «Schummelei». Trotz der Tricksereien der Etatfachleute seines Hauses läuft Lindners Premiere bei der Haushaltspräsentation einigermaßen glatt. Erst ein knappes Jahr später wird die Etatplanung für einen heftigen Streit zwischen ihm und Robert Habeck sorgen.

Jetzt, am späten Freitagnachmittag, am Ende dieser aufreibenden Woche, bin ich mit Christian Lindner zum Interview verabredet. Er erzählt, wie er den Kriegsbeginn erlebt: «Wir haben eine völlig veränderte geopolitische Lage, ganz neue Risiken. Ich hoffe nicht, dass wir dereinst in der Rückschau sagen müssen, dass in diesem Jahr 2022 sich ein zweites 1989 ereignet hat, nur mit anderen Vorzeichen.»

«Wie meinen Sie das, ein zweites 1989?»

«Das war der Fall eines Eisernen Vorhangs.»

«Und nun …?»

«… ist die Gefahr, dass eine neue Spaltung Europas bevorsteht.» Lindner befürchtet, dass die Geschichte Europas der letzten 30 Jahre abgewickelt, vielleicht sogar zurückgedreht wird. Sind die bisherigen Maßnahmen der Bundesregierung ausreichend, um das zu verhindern? Wolodymyr Selenskyj hat der deutschen Regierung vorgeworfen, viel zu passiv auf die Bedrohung zu reagieren, auch er sprach von einer neuen Mauer. Es ginge den Deutschen immer nur um «Wirtschaft, Wirtschaft, Wirtschaft». Das kann Lindner nicht schmecken, er müsste sich eigentlich bei seiner Ehre gepackt fühlen. Er sieht die Sache auch ganz anders.

«Bei den Sanktionen sollte man solche verhängen, die einen selbst strategisch nicht so schwächen, dass man die eigene Durchhaltefähigkeit verliert», verteidigt er sich. «Zu unserer Stärke gehört, dass wir gesellschaftlich und wirtschaftlich stabil sind. Diese Stabilität, auch möglicherweise für eine längere Phase, werden wir brauchen. Man darf sie nicht ohne Not in Frage stellen, nicht unbedacht gefährden.»

Das Argument ist stark. Aber es gibt auch ein starkes Gegenargument: Deutschland finanziert durch den Kauf von russischem Öl und Gas Putins Krieg. Deshalb ist es wichtig, vom Finanzminister einmal genaue Zahlen zu hören, er müsste die Beträge ja kennen. «Um welche Beträge geht es da?»

Allen Akteuren, besonders dem Finanzminister, ist klar, dass Deutschland mit seinen üppigen Überweisungen Moskau weiter in die Karten spielt.

Lindner weicht aus.

«Nochmal die Frage: Können Sie sagen, um welche Beträge es da in Summe geht?»

«Ja, kann ich.»

«Nämlich?»

Jetzt kneift Lindner. Nein, eine genaue Zahl will er nicht nennen. Sein Ministerium wird eigene Berechnungen angestellt haben. Und vermutlich kennt Lindner die Schätzungen von unabhängigen Wirtschaftsinstituten. Die Brüsseler Denkfabrik Bruegel gibt an, dass die Europäische Union etwa 382 Millionen Euro für russisches Gas und etwa 364 Millionen Euro für Öl aus Russland ausgibt. Täglich. Dasselbe Institut schätzt, dass allein Deutschland für Erdgas aktuell rund

200 Millionen Euro pro Tag an Russland bezahlt, monatlich wären das mehr als 5,6 Milliarden Euro. Bei dramatisch steigenden Preisen könnten bald 600 Millionen Euro täglich erreicht sein.

Das sind die Zahlen, die Christian Lindner öffentlich lieber nicht aussprechen will.

Als ich kurz darauf Robert Habeck treffe, ist auch ihm die Frage unangenehm. «Wissen Sie, wie viel von Deutschland für Energie aus Russland monatlich überwiesen wird?»

Habeck antwortet leicht gereizt: «Ich kenne Statistiken, aber die Zahlen selbst helfen nicht Putin in der Kriegskasse.»

Der Vizekanzler erklärt, dass das Geld aus Deutschland für die Energielieferungen nicht direkt in den russischen Militäretat fließen würde. Auch vertritt er die Ansicht, dass ein sofortiges und komplettes Energieembargo den Krieg nicht beenden würde.

Es gibt Fachleute, die die Wirksamkeit eines solchen Embargos weit höher einschätzen, als das Lindner und Habeck gerade tun. Also nochmal:

«Wie viel Geld überweist Deutschland monatlich für Energie aus Russland, kennen Sie eine Zahl?»

«Keine, die ich hier vortragen möchte.»

«Können Sie mir sagen, warum nicht?»

«Weil es hier nicht Malen nach Zahlen ist. Sondern es geht darum, eine politische Logik durchzudeklinieren, die aus meiner Sicht eindeutig ist. Nämlich schnell weg von fossilen Energien aus Russland und dann von fossilen Energien insgesamt.»

Auch Robert Habeck weicht dem Thema aus. Er windet sich und versucht, sich auf sicheres Terrain zu retten. Schnell raus aus fossilen Energien – das ist deutlich weniger strittig.

Dann schildert er noch einmal, welche Probleme der deutschen Wirtschaft und den deutschen Verbrauchern entstehen würden, wenn die Öl- und Gaslieferungen aus Russland von heute auf morgen ausbleiben sollten. Eine solche Katastrophe möchte man sich lieber nicht vorstellen.

Immerhin ringt sich die Bundesregierung mit den anderen EU-Staaten zu einem Importstopp für russische Kohle durch. Er soll aber nicht sofort in Kraft treten, sondern erst in vier Monaten.

Die Beamten im Wirtschaftsministerium sind von der Maßnahme nicht überzeugt. Europäische Unternehmen müssen künftig mehr Kohle in anderen Ländern kaufen, etwa in Australien, den USA oder Indonesien. Dadurch schießt der Weltmarktpreis für Kohle in die Höhe. So profitiert Russland vorübergehend sogar von dem Embargo, die Kohlegruben des Landes verkaufen ihre Ware jetzt zu deutlich gestiegenen Preisen nach Asien, vor allem nach China und Indien.

Und deutsche Unternehmen leiden unter dem Embargo, denn sie müssen jetzt ebenfalls höhere Preise bezahlen. Es wird lange dauern, bis der Weltmarktpreis wieder sinkt. In der Zwischenzeit freut sich Wladimir Putin über steigende Staatseinnahmen.

Kurz zurück zum Gespräch mit Christian Lindner. Er ist, wie Robert Habeck, entschieden gegen ein sofortiges Embargo, das auch Öl und Gas umfassen würde. Man könne ja nicht wissen, erklärt er, welche Auswirkungen eine solche Maßnahme auf uns haben würde und welche Auswirkungen auf Putin.

Der Finanzminister wirkt etwas hilflos. Ähnlich wie Tage zuvor, als er die Etatplanungen seines Ministeriums vorstellte, mit all diesen blumigen Ausdrücken: «Sondervermögen», «Ergänzungshaushalt» und «Prognoseunsicherheit».

Dann kommt er auf den vielleicht wichtigsten und am schwersten zu kalkulierenden Punkt bei einem kompletten Energieembargo: «Rauben wir uns selbst unsere Stärken der gesellschaftlichen und wirtschaftlichen Stabilität? Das ist ja genau das Gegenteil von Russland. Russland ist wirtschaftlich und gesellschaftlich nicht mehr stabil. Aufgrund unserer Sanktionen. Wir sind wirtschaftlich und gesellschaftlich stabil. Und diesen Vorteil der Stabilität in Frage zu stellen, muss sehr genau abgewogen werden.»

Es geht um die Alexander-Haig-Frage, um die Schmerzgrenze des eigenen Volkes. Wie opferbereit sind die Deutschen? Kann sich die Bundesregierung darauf verlassen, dass die deutsche Gesellschaft die enormen Kollateralschäden eines eskalierenden Wirtschaftskrieges mittragen würde?

Das Gespräch im Finanzministerium kommt zu einem Ende, Lindner blickt auf die Uhr. Noch eine persönliche Frage zum Schluss. Nach gut hundert Tagen im Amt: «Was macht Ihnen Angst?»

«Ich bin mir der Tragweite jeder Entscheidung, die wir hier treffen, bewusst. Es gab auch keine Eingewöhnungsphase oder langsamen Steigflug. Sondern es ging direkt massiv zur Sache mit schweren Entscheidungen, auch komplizierten Materien, gleich auf einer internationalen Ebene. Das ist schon: Respekt.»

Das Wort «Respekt» klingt formelhaft. «Das ist das, was Fußballspieler vor wichtigen Spielen sagen. Keine Angst, aber Respekt.»

Also wird Lindner etwas genauer: «Ein Krieg, gar in Europa, das ist nichts Spielerisches. Aber Angst ist kein guter Ratgeber. Angst macht den Horizont klein. Und deshalb spreche ich von Respekt.»

Ein paar Tage nach meinem Treffen mit Christian Lindner gibt Andrij Melnyk der FRANKFURTER ALLGEMEINEN ZEITUNG ein Interview. Darin beklagt er sich bitter über Lindner. Der Finanzminister habe ihn am ersten Tag des Krieges besucht und «mit einem höflichen Lächeln» so geredet, als sei er von einer Niederlage der Ukraine überzeugt. Lindner habe gesagt: «Euch bleiben nur wenige Stunden.»

Die Verbeugung

Robert Habeck produziert viele bunte Bilder. Habeck in einer Ostsee-Werft, Habeck in Norwegen, Habeck bei der Eröffnung einer Tesla-Fabrik. Vor allem: Habeck in Arabien. Dass der deutsche Wirtschaftsminister ausgerechnet dorthin reist, überrascht viele Beobachter, vermutlich auch ihn selbst. Wegen der drohenden Gasknappheit klappert Habeck ferne Länder ab, die Gas exportieren.

Jetzt also Katar. Das Land, das von einem autoritären Emir regiert wird. Das Land, das seine Gastarbeiter beim Bau der Fußball-WM-Stadien gnadenlos ausbeutet. Das Land, in dem die Menschenrechte im Allgemeinen und die Rechte von Frauen im Besonderen nicht viel zählen, jedenfalls nicht so viel, dass das für die Mitglieder der neuen deutschen Regierung eigentlich akzeptabel wäre.

Diese Regierung hat sich doch vorgenommen, ihre Außen- und Sicherheitspolitik grundsätzlich «wertebasiert» und «feministisch» auszurichten: «aus einem Guss».

Deshalb ist Annalena Baerbock im Februar nicht zur Eröffnung der

Olympischen Winterspiele nach Peking gereist. Es ist anzunehmen, dass sie auch eine passende Ausrede finden wird, um nicht zur Eröffnungsfeier des Fußballturniers in Katar zu reisen. Aber das wird erst im November beginnen. Im Moment lebt die deutsche Außen- und Sicherheitspolitik von der Hand in den Mund.

Robert Habeck setzt sich über alle Bedenken hinweg und reist in das Emirat. Das Land fördert jährlich etwa 170 Millionen Tonnen. Deutschland hat ein Auge auf transportfähiges Flüssiggas geworfen. Macht sich der für Energie zuständige deutsche Minister zu viele Hoffnungen? Energieexperten wie Andreas Goldthau, Professor für Public Policy an der Universität Erfurt, weisen darauf hin, dass Katar 90 bis 95 Prozent seiner LNG-Produktion mit langfristigen Lieferverträgen bereits verkauft hat.

Auf die verbleibenden fünf bis zehn Prozent setzt nun ein wilder Wettlauf von ausländischen Interessenten ein.

Am 6. März reiste bereits der italienische Außenminister Luigi Di Maio mit dem Chef des Energiekonzerns Eni nach Doha. Nach seinen Gesprächen rieb er sich die Hände, er sei «wirklich sehr erfreut», die Katarer hätten ihm in Aussicht gestellt, die Energiepartnerschaft mit Italien zu verstärken. Auch Mitglieder anderer Regierungen haben einen Besuch in Doha geplant.

Als Robert Habeck ankündigt, nach Katar zu fliegen, ist er spät dran. Wenn er sich ebenfalls eine Zusage für LNG-Lieferungen sichern will, muss er sich beeilen.

Und dann ist da ja noch die mediale Heimatfront. Habeck weiß, dass es in dieser angespannten Lage wichtig ist, die Nerven der Deutschen zu beruhigen, ihr Durchhaltevermögen zu stärken – dem eigenen Land eine Perspektive aufzuzeigen. Dafür braucht er die Machthaber am Golf.

Den Emir begrüßt er mit einer Verbeugung, die drei, vier Zentimeter zu untertänig gerät. Die Fotos von dem Treffen fallen gleich mehrfach ungünstig für ihn aus. Während er ohne Mund-Nasen-Schutz die Hand des Gastgebers schüttelt, schützt sich der Emir mit einer Maske vor dem Deutschen.

Noch unvorteilhafter sieht das Treffen mit dem Energieminister von Katar, Saad Scharida Al-Kaabi, aus. Habecks Amtskollege reicht dem Gast aus dem Norden zwar die rechte Hand zur Begrüßung. In der linken Hand hält er jedoch sein Handy, nah am linken Ohr, fast so, als würde er zeitgleich ein wichtiges Telefonat führen.

Zuhause in Berlin wundern sich einige Kabinettskollegen, als sie die Bilder mit Habecks tiefer Verbeugung in den Nachrichtenmedien sehen. Muss man einem Herrscher von sehr zweifelhaftem Ruf so deutlich die eigene Hilflosigkeit demonstrieren?

Habeck sind die Risiken seiner Reise wohl bewusst. Die Verbeugung ist gefährlich und kann ihm noch lange negativ ausgelegt werden. Also muss er Gegenzeichen senden, die Verhandlungen sollen unbedingt erfolgreich verlaufen, und die Reise soll als glänzendes politisches Ereignis kommuniziert werden.

Der wortgewandte Minister kommt auf ein schillerndes, nur selten gebrauchtes Wort. Er muss die Worte des Italieners steigern («ich bin wirklich sehr erfreut»). Also spricht er in Doha davon, es sei «großartigerweise» gelungen, eine langfristige Energiepartnerschaft mit Katar zu vereinbaren. Das Wort hat einen Klang, dem man sich nur schwer entziehen kann.

Aber es trifft auf Habecks Reise nicht zu. Tatsächlich hat er sich erhofft, dass einige der mitreisenden deutschen Manager gleich Lieferverträge für Gas abschließen. Doch die Manager finden die Preisforderungen der katarischen Lieferanten überzogen und entscheiden sich – bedauerlicherweise – zunächst gegen einen Geschäftsabschluss.

Zwei Monate später wird der Emir von Katar nach Berlin fliegen und den Bundeskanzler besuchen. Dabei wird er sich über Habeck beschweren. Der habe fälschlicherweise den Eindruck erweckt, als seien langfristige Lieferverträge geschlossen worden. Vielleicht war Habecks Wortwahl eine Spur zu euphorisch, der Gast aus Katar wundert sich jedenfalls über den Auftritt des deutschen Wirtschaftsministers.

Zurück in den März, kurz nach Kriegsausbruch. Habeck braucht jetzt einen Erfolg: schnell – und doppelt. Es geht um Gas. Und um Menschenrechte. Habeck vertritt qua Amt die Interessen der deutschen Wirtschaft. Aber er muss auch an die Befindlichkeiten seiner Wähler denken. Die wollen, dass sich ihr Mann in der Regierung auch für Frauen, Gastarbeiter und das Klima stark macht.

An die Nörgler und die vielen ernsthaft Besorgten daheim richtet der grüne Minister den Hinweis, ja, er habe mit der Regierung selbstverständlich auch über Menschenrechte und das Klima gesprochen. Das wiederum schmeckt den Machthabern in Doha nicht.

Bis vor drei Jahren nutzte Robert Habeck Twitter sehr aktiv. Weil er wegen eines verunglückten Videos zur Landtagswahl in Thüringen («Wir versuchen, alles zu machen, damit Thüringen ein offenes, freies, liberales, demokratisches Land wird») viel Prügel einstecken musste, beschränkt er sich seitdem auf nette kleine Geschichten und Videos auf Instagram. Das Bildmedium ist weniger anfällig für schrille Kommentare.

Um die Plattform professionell zu bedienen, lässt sich der Minister von Social-Media-Spezialisten begleiten und präsentiert sich dort nicht nur als Wirtschafts-, sondern auch als Klimaschutzminister. Schwitzend, aber mit weißem Hemd und Krawatte, lässt er sich vor der Skyline von Doha filmen. In die Kamera spricht er seine Follower direkt an: «Die Transformation, die Bereitstellung von erneuerbaren Energien, die Klimaneutralität – ich habe dies hier immer wieder angesprochen, und zu meiner Überraschung gab es da eine große Aufgeschlossenheit.»

Robert Habeck gibt sich viel Mühe, die Herrscher am Golf und die Wähler in Deutschland gleichermaßen zu umgarnen.

Aber seine Reise und die des italienischen Außenministers werden ein paar Tage später für Ärger im Kreis der europäischen Partner sorgen. Sollen sich die Mitgliedsstaaten beim Versuch, die Gunst des Emirs zu erlangen, überbieten? Das würde Europa schwächen und Katar die Möglichkeit verschaffen, die Interessenten gegeneinander auszuspielen, und den Preis für den heißbegehrten Rohstoff in die Höhe treiben.

Nach Habecks Rückkehr nach Berlin sitzen in Brüssel einige europäische Spitzenbeamte zusammen und entwerfen eine Abschlusserklärung für den anstehenden EU-Gipfel Ende der Woche. Darin werden die Mitgliedsstaaten und die Kommission dringend aufgefordert, «beim Kauf von Gas, LNG und Wasserstoff zusammenarbeiten». Ein deutlicher Hieb gegen die Alleingänge des Italieners und des Deutschen.

Es gibt eine weitere Rivalität, die gerade nur ein paar Eingeweihte in Berlin beschäftigt. In den Kriegswochen sollte sie eigentlich keine

Rolle spielen. Aber ohne solche Machtspiele ist Politik selbst in schweren Zeiten kaum noch denkbar.

Im vergangenen Jahr hat Robert Habeck eine empfindliche Niederlage einstecken müssen. Im parteiinternen Duell um die Kanzlerkandidatur setzte sich Annalena Baerbock gegen ihn durch – und wurde Nummer eins der grünen Kampagne. Mit zusammengebissenen Zähnen machte Habeck ein halbes Jahr lang gute Miene. Dass Annalena Baerbock ihm die sichergeglaubte Kandidatur wegschnappen konnte, führte er auch auf das Frauenstatut der Grünen zurück. Weiblichen Bewerbern sind bei Listen für Parlamentswahlen stets die ungeraden Plätze vorbehalten: eins, drei, fünf und so weiter.

In kleinem Kreis lästerten Habecks Leute gelegentlich über die schlechten Auftritte der Kandidatin. Er nahm sich vor, die Weichen für die Kandidatenkür bei der nächsten Bundestagswahl rechtzeitig anders zu stellen – in seine Richtung.

Am Samstag vor der Bundestagswahl im September 2021 konnte ich mit ihm ein Telefoninterview führen. Habeck kam vom Wahlkampf erschöpft in seiner Heimatstadt Flensburg an. Er schob sein Fahrrad nach Hause und blickte in dem Telefonat bereits weit nach vorne, bis zu den nächsten Wahlen. Er wolle die Frage der Mannschaftsaufstellung «aus der Erfahrung von 2021» klären. Dann wurde er präziser: «Also: Wer nominiert oder wer bestätigt eine Bundespräsidenten- oder Kanzlerkandidatur oder Ministerpräsidentenkandidatur? Wie findet man das? Gelten da *die* Regeln? Oder gelten da *andere* Regeln? Das muss man sich mal anschauen.» Es war klar, dass Robert Habeck bereits auf die nächste Kanzlerkandidatur schielte.

All das ist Annalena Baerbock nicht verborgen geblieben. Mit der Aufteilung der Kabinettsposten in der Ampelregierung konnten beide zufrieden sein: sie als Außenministerin, er als mächtiger Wirtschafts- und Klimaschutzminister und zudem Vizekanzler. Doch die Russland-Ukraine-Krise sorgt in den ersten Wochen des neuen Jahres für eine mediale Dauerpräsenz von Annalena Baerbock. Die Deutschen fühlen sich mehrheitlich gut von ihr vertreten. Ihre Beliebtheitswerte schnellen in die Höhe und übertrumpfen die von Robert Habeck.

Im März nutzt Habeck die Gelegenheit und reist nach Norwegen, nach Katar und in die Vereinigten Arabischen Emirate. Eigentlich macht er die Arbeit eines Außenministers – so wie der Italiener Luigi Di Maio kurz vor ihm. Während Annalena Baerbock in diesen Tagen aus Berlin zuschaut, wie Habeck «großartigerweise» vereinbarte Partnerschaften verkündet.

Andererseits ist es Robert Habeck nicht entgangen, dass Baerbock vier Wochen zuvor die langjährige Chefin von Greenpeace International zur Staatssekretärin im Auswärtigen Amt machte. Jennifer Morgan soll fortan als Sonderbeauftragte für internationale Klimapolitik fungieren. Wem untersteht die Außenpolitik, wem untersteht die Klimapolitik? So trennscharf haben das Baerbock und Habeck nicht vereinbart, nicht vereinbaren können. Die Rivalität zwischen den beiden Spitzen-Grünen schwelt weiter, auch in den Wochen der größten internationalen Krise.

Poker

Am Ende der fünften Invasionswoche sind die Vorgänge in der Ukraine sehr unübersichtlich. Das hängt mit den Geschehnissen auf dem Schlachtfeld und am Verhandlungstisch zusammen, beides ist eng miteinander verzahnt.

Schon kurz nach Beginn des russischen Überfalls, am 28. Februar, begannen Gespräche zwischen ukrainischen und russischen Abgesandten. Zunächst ging es um humanitäre Fragen, etwa Fluchtkorridore für Zivilisten, dann tastete man sich an mögliche politische Lösungen des Konflikts heran. Mal traf man sich an der Grenze zu Belarus, mal im türkischen Antalya, in Istanbul oder per Videoschalte. Auch Sergej Lawrow und der ukrainische Außenminister Dmytro Kuleba verhandelten zwischenzeitlich persönlich.

Jetzt, Ende März, signalisiert die ukrainische Seite, Russland weit entgegenkommen zu wollen, auch von einem Verzicht auf eine Nato-Mitgliedschaft ist die Rede. Aber die Ukrainer wollen, dass sich das russische Militär hinter die Linien vor Kriegsausbruch zurückzieht. Und sie wollen Sicherheitsgarantien von den ständigen Mitgliedern des UN-Sicherheitsrates, andere Länder wie Deutschland könnten sich ebenfalls beteiligen. Umrisse einer Vereinbarung werden erkennbar. Am Ende wäre die Ukraine ein neutraler, blockfreier Staat ohne Atomwaffen – und ohne russische Truppen. Über den Status der Krim und der besetzten Regionen Donezk und Luhansk will man nach Einstellung der Kampfhandlungen verhandeln.

Joe Biden reagiert skeptisch, auch die Bundesregierung hält sich bedeckt.

Dennoch keimt kurz Hoffnung auf, insbesondere nachdem die russischen Einheiten beginnen, sich aus dem Gebiet um Kiew und der nordukrainischen Stadt Tschernihiw zurückzuziehen. Was ist das? Ein Zeichen des guten Willens oder eine Kriegslist?

Beide Seiten trauen sich nicht über den Weg und verlagern ihren Streit zunächst an die PR-Front. Von einem Ende der Kämpfe ist plötzlich nicht mehr die Rede.

Sergej Rudskoj, der stellvertretende Generalstabschef Russlands, erklärt den Truppenabzug mit einem Strategiewechsel, man wolle sich künftig auf die «Befreiung» der Donbass-Region konzentrieren.

Die ukrainische Militärführung behauptet hingegen, ihre Soldaten hätten russische Einheiten rund um Kiew zurückgedrängt. Was also steckt hinter dem Abzug der Russen? Gesteht die russische Armee eine Niederlage ein, oder sammelt sie ihre Kräfte für einen neuen Angriff? Noch ist die Tür für Verhandlungen nicht zugeschlagen, noch ist eine Verständigung möglich.

Aber die Chancen auf einen Waffenstillstand schmelzen. Russland bombardiert weiter Mariupol am Asowschen Meer, eine Stadt mit über 400 000 Einwohnern. Große Teile der Stadt werden zerstört, Tausende Menschen sterben. Die Flucht aus den Ruinen ist lebensgefährlich.

Die Bundesregierung bleibt weiter bei ihrer Linie: Waffenlieferungen an die Ukraine, Wirtschaftssanktionen, aber kein komplettes Energieembargo. Mehrere hundert Millionen Euro für Öl, Kohle und Gas werden vorerst weiter Woche für Woche nach Russland überwiesen.

Wladimir Putin erhöht den Druck auf den Westen: Künftig würden nur noch Rubel als Zahlungsmittel akzeptiert. Er will seine Landeswährung stützen. Da die Energieunternehmen in Europa nicht über die notwendigen Rubelbestände verfügen, müssten sie bei der russischen Zentralbank zunächst Euros gegen die Landeswährung tauschen. Aber die Zentralbank ist von Strafmaßnahmen betroffen, ein Währungstausch würde die Sanktionsbestimmungen unterlaufen.

Scholz und Habeck reagieren cool, sie verweisen auf die Lieferverträge, in denen nicht Rubel, sondern Euro oder Dollar als Währung festgeschrieben sind. Ein Kräftemessen. Wer hat die stärkeren Nerven?

Jetzt ist Putin wieder am Zug. Er will, dass Handelspartner aus «unfreundlichen Staaten» demnächst Rubelkonten bei der russischen Gazprombank einrichten. Dort würden dann Euro- oder Dollarzahlungen umgetauscht und in Rubel nach Russland transferiert. Putin unterschreibt ein entsprechendes Dekret und erklärt: «Wenn solche Zahlungen nicht geleistet werden, betrachten wir dies als Verzug der Käufer mit allen daraus resultierenden Konsequenzen.»

Wieder steht ein abruptes Ende der russischen Energielieferungen nach Deutschland und in andere westliche Staaten im Raum. Was die Grünen Oliver Krischer und Annalena Baerbock vor acht Jahren vorhergesagt hatten, wird jetzt bittere Realität: Wladimir Putin setzt Energie als Waffe ein.

In diesem Pokerspiel haben beide Seiten schlechte Karten, das macht die Konstellation so gefährlich. Aber darin könnte auch eine Chance stecken. Eine Chance für Gespräche, die irgendwann zu Verhandlungen zwischen westlichen Regierungen und dem Kreml führen. Eine Aufgabe für Diplomaten.

Putin greift zum Hörer und lässt sich mit Olaf Scholz verbinden. Die Beziehung der beiden Männer war nie vertrauensvoll, und sie hat durch die Invasion natürlich schwer gelitten. Doch Olaf Scholz vermeidet es, den russischen Präsidenten als «Kriegsverbrecher» und «Lügner» öffentlich zu beschimpfen. Joe Biden hatte wenige Tage zuvor Putin einen «Schlächter» genannt. Ein solcher Ausdruck kommt Scholz vielleicht im kleinen Kreis über die Lippen. Vor Kameras und Mikrofonen meidet er ihn.

Annalena Baerbock pflegt eine andere Sprache. Bei ihrer Rede vor den Vereinten Nationen hatte sie der russischen Regierung «dreiste Lügen» vorgeworfen und dafür viel Applaus vom heimischen Publikum erhalten. Ihr Wort von den «dreisten Lügen» ist sachlich korrekt, Putin und Lawrow haben westliche Regierungen dreist belogen.

Olaf Scholz spricht dennoch zurückhaltender. Mit Bedacht hat er sich eine Formulierung zurechtgelegt, die das Wort «Kriegsverbrecher» meint, den scharfen Begriff aber dennoch umgeht: «Der Krieg ist ein Verbrechen. Und das ist Putins Krieg».

Die sprachlichen Verrenkungen des Kanzlers haben einen Zweck: Während Joe Biden und Waldimir Putin nicht mehr miteinander sprechen und auch zwischen Annalena Baerbock und ihrem Amtskollegen Sergej Lawrow kein Kontakt mehr besteht, telefonieren Scholz und Putin gelegentlich miteinander.

Dieser Draht kann noch von großem Nutzen sein. Wie soll dieser Krieg ohne Diplomatie beendet werden? Olaf Scholz und Emmanuel Macron können bei einer Vermittlungsmission eines Tages das leisten, wozu Washington bislang nicht in der Lage oder nicht willens ist: mit Putin sprechen und eine Lösung des Konflikts ausloten. Beide Europäer würden als Mediatoren wohl nicht in Frage kommen, zu sehr haben sie sich auf die Seite der Ukraine geschlagen. Aber sie könnten Verhandlungen flankieren. Ohne die wichtigsten Länder Europas wären sie wenig aussichtsreich.

Wie wichtig öffentliche wie geheime Gesprächskanäle in Konflikten sind, zeigt der Verlauf der Kubakrise. Als die Welt vor 60 Jahren am Rand eines Atomkriegs stand, führte ein streng geheimer Kontakt zwischen den Gegnern zur Deeskalation.

Im Oktober 1962 erfuhr die amerikanische Regierung, dass die Sowjetunion über 40 000 Soldaten und zahlreiche Mittelstreckenraketen mit Atomsprengköpfen auf Kuba stationierte. Präsident Kennedy ließ die Streitkräfte in erhöhte Alarmbereitschaft versetzen, die wichtigsten Nato-Partner wie Großbritannien, Frankreich und die Bundesrepublik versicherten ihre Unterstützung. Kennedys engster Beraterkreis forderte einen Luftangriff gegen die sowjetischen Stellungen auf Kuba. Der Präsident selbst kündigte in einer Fernsehansprache an die Nation an, dass ein sowjetischer Angriff mit einem atomaren Gegenschlag beantwortet werden würde. Der kubanische Revolutionsführer Fidel Castro wiederum forderte von der Sowjetführung, im Falle einer amerikanischen Invasion Atomraketen auf die USA abzufeuern.

In dieser brenzligen Situation trafen sich Kennedys Bruder Robert und der sowjetische Botschafter. Niemand sollte von dem Gespräch erfahren, und zwar aus gutem Grund. Kennedy bot dem Botschafter an, die amerikanischen nuklearen Jupiter-Mittelstreckenraketen aus dem Nato-Land Türkei abzuziehen, wenn Moskau seine Raketenstellungen auf Kuba abbaute.

Das vertrauliche Angebot von Kennedy wäre von den mächtigen amerikanischen Militärs und der aufgebrachten Öffentlichkeit vermutlich als feiges Einknicken empfunden worden. Aber es führte dazu, dass die Sowjetunion ihre Raketen wieder abzog und ein Atomkrieg vermieden wurde. Die Beilegung des Konflikts ist dem persönlichen Kontakt eines Amerikaners und eines Russen zu verdanken.

Die Lektion dieser Geschichte hat Olaf Scholz sicherlich verinnerlicht. Deshalb hält er, trotz seiner Wut auf den russischen Präsidenten, einen Gesprächskanal mit ihm aufrecht.

Am Nachmittag des vorletzten Märztages telefonieren die beiden Männer wieder eine Stunde lang miteinander, es ist der Tag nach den letzten Verhandlungen zwischen Ukrainern und Russen in Istanbul und das siebte Telefonat in diesem Monat, an zwei Gesprächen nahm auch Emmanuel Macron teil. Diesmal geht es nicht um die Androhung eines Atomangriffs wie 1962. Es geht um die Verhandlungen in Istanbul, auch um die mögliche Evakuierung von Zivilisten aus Mariupol.

Schließlich reden Scholz und Putin über Schläge und Vergeltung in einem zunehmend erbittert geführten Wirtschaftskrieg. Sie reden, sehr technisch, über Zahlungsmodalitäten bei Gasgeschäften. Putin versucht, den Bundeskanzler zu beschwichtigen. Für die europäischen Vertragspartner würde sich durch das russische Rubel-Dekret im Grundsatz nichts ändern.

Aber Scholz traut den Worten nicht. Zu oft und zu offen ist er in den letzten Wochen von Putin hereingelegt worden. Nein, erklärt er Putin, er könne dem neuen Verfahren nicht zustimmen. Putin solle ihm bitte schriftliche Informationen senden, damit Scholz das Dekret und die Auswirkungen verstehen könne. Im Übrigen würden Energielieferungen weiterhin ausschließlich in Euro oder Dollar bezahlt. Pacta sunt servanda, Verträge sind einzuhalten. Aber was sind Verträge in einem Krieg wert?

In diesen Tagen spielen hohe Beamte des deutschen Wirtschaftsministeriums ein neues Szenario durch: Sie fürchten, dass die deutschen Tochterfirmen von Gazprom und Rosneft wegen der wirtschaftlichen

Turbulenzen ihren Lieferverpflichtungen nicht mehr nachkommen und ihnen ein «technischer Konkurs» droht. Obwohl beide Energieunternehmen von den westlichen Sanktionen ausgenommen sind, machen viele deutsche Firmen einen Bogen um sie. Sie wollen ihre Geschäftsbeziehungen zu russischen Unternehmen kappen. Ohnehin stellt sich die Frage, wie lange die Russen ihre Verpflichtungen noch einhalten werden. Gazprom Germania ist über weitere Unternehmensbeteiligungen ja auch Eigentümerin der großen deutschen Gasspeicher.

Also entwickeln die Beamten einen ungewöhnlichen Plan: Sie wollen die deutschen Ableger von Gazprom und Rosneft enteignen und verstaatlichen. Ein plötzliches und unkalkulierbares Ende der Gasversorgung vor allem in Ostdeutschland soll unbedingt vermieden werden.

«ENERGIE VERBINDET MENSCHEN», steht Ende März in Großbuchstaben auf der Website der deutschen Gazprom-Tochter. Und etwas kleiner darunter: «GAZPROM steht heute und in Zukunft für eine ebenso sichere wie nachhaltige Erdgasversorgung.» Der Werbespruch liest sich wie beißender Spott auf das aktuelle deutsch-russische Verhältnis. Nichts ist mehr sicher, nichts ist nachhaltig.

Als das HANDELSBLATT über die wilden Gedankenspiele der Beamten berichtet, platzt eine Nachricht in die Büros von Kanzleramt und Wirtschaftsministerium, die wieder alles durcheinanderwirbelt: Der russische Mutterkonzern Gazprom will sein deutsches Tochterunternehmen aufgeben.

Die Fachleute in Berlin rätseln: Was soll das nun wieder? Nach deutschem GmbH-Recht können Gesellschafter Geschäftsanteile nicht einfach «aufgeben». Geht es den Russen um einen Konkurs? Spekulieren sie darauf, anschließend die Firma neu zu gründen und die Verträge mit deutschen Geschäftspartnern neu auszuhandeln – höhere Preise, künftig zahlbar direkt in Rubel? Gazprom äußert sich nicht zu seinen Plänen.

Ein paar Tage später eine neue Wendung. Die russische Nachrichtenagentur TASS meldet, dass Gazprom Germania einen neuen Eigentümer hat. Bereits am 23. März seien sämtliche Anteile der Tochterfirma an die Gesellschaft Gazprom export business services LLC in St. Petersburg übertragen worden. Der Wert der Anteile wird auf 226 Millionen Euro geschätzt.

Habeck erzählt mir: «Gazprom Germania hat eine neue Geschäftsführung bekommen, um den deutschen Markt zu zerstören. Die sollten Chaos stiften. Das waren zwei Leute, die aus dem Restaurant-Party-Discjockey-Bereich kommen, die auf einmal so einen Großkonzern führen sollten.»

Dem Minister dämmert: Moskau will ihm zuvorkommen und eine Enteignung verhindern. Können die Experten im Bundeswirtschaftsministerium den Plan doch noch durchkreuzen? Hektisch blättern sie im Außenwirtschaftsgesetz. Hätten die Russen den Verkauf nicht offiziell anzeigen und ihn von den deutschen Beamten prüfen lassen müssen? Vielleicht ließe sich der Verkauf in letzter Minute noch untersagen. Der Wirtschaftskrieg zwischen Moskau und Berlin wird auch auf den Schreibtischen der Beamten im Bundeswirtschaftsministerium ausgetragen.

Nach Beratung mit den Juristen seines Hauses holt Habeck zum Gegenschlag aus. Er stellt die Gazprom Germania unter Treuhandverwaltung der Bundesnetzagentur. Und ist sichtlich stolz: «Das haben wir aufgefangen.»

Habeck eilt in den Presseraum seines Ministeriums, um seine Entscheidung persönlich zu verkünden, auch um den Redaktionen für die Nachrichtensendungen des Abends passende Bilder zu liefern. Wieder trägt er einen dunklen Anzug, diesmal mit einer schwarzweiß gestreiften Krawatte. Fast so, als habe er einen Termin vor Gericht.

Es geht auch um viel: Um die Gasversorgung der deutschen Bevölkerung und Industrie sicherzustellen, wird einem ausländischem Unternehmen die Verfügungsgewalt über seine Geschäftätigkeit entzogen. Eine neue Eskalation. Wird Moskau das ohne Weiteres hinnehmen?

Als ich Habeck ein paar Tage später im Wirtschaftsministerium besuche, ist er immer noch bewegt: «Das ist ein Schritt, der noch nicht gegangen wurde.»

Die Spannungen zwischen Deutschland und Russland sind jetzt so stark, dass die Beamten des Wirtschaftsministeriums weitere mögliche Szenarien durchspielen. Auch ein abruptes Ende der russischen Gaslieferungen ist nicht mehr auszuschließen.

Am Mittwochmorgen tritt Habeck erneut in den Presseraum seines Ministeriums. Vor einer Handvoll Journalistinnen und Journalisten holt er mit leicht bebender Stimme zu einer Erklärung aus. Es habe in den vergangenen Tagen mehrere beunruhigende Wortmeldungen aus Moskau gegeben, Putin drohe damit, die Energielieferungen einzustellen: «Um für diese Situation vorbereitet zu sein, habe ich heute Morgen die Frühwarnstufe nach der Gasverordnung ausgerufen.»

Die erste von drei Warnstufen bedeutet eine genaue tagesaktuelle Beobachtung der Gasversorgung des Landes. Ein Krisenstab wird eingerichtet. Er besteht aus Mitarbeitern des Ministeriums, der Bundesnetzagentur, der Energieversorgungsunternehmen und der Bundesländer. Die Gruppe soll schnell auf Engpässe oder gar einen kompletten Lieferstopp aus Russland reagieren können.

Die Frühwarnstufe dient auch dazu, die Bevölkerung Schritt für Schritt an eine dramatisch veränderte Lage heranzuführen. Die Wahrscheinlichkeit, dass die Energieversorgung Deutschlands drastisch eingeschränkt wird, ist so hoch, dass Habeck einen unweigerlich eintretenden Schockeffekt abmildern will. Die Bundesregierung, insbesondere er selbst, will Deutschland in den kommenden Tagen mit dem zu befürchtenden Ausnahmezustand vertraut machen.

Als Bürger fühlt man sich wie als Zuschauer eines Katastrophenfilms. Man ahnt, dass die Geschichte voller apokalyptischer Ereignisse steckt. Aber man weiß nicht, wann und wie sie eintreten werden. Nicht klar ist zudem, ob die Geschichte ein Happy End haben wird. Sind Olaf Scholz und Robert Habeck Retter? Oder überheben sie sich?

Blockbildung

Für den 1. April haben sich die Spitzen der Europäischen Union und Chinas zu einem Gipfeltreffen verabredet. Der Termin steht schon länger in den Kalendern in Brüssel und Peking. Aber wegen der Pandemie soll es kein Präsenztreffen geben, sondern nur eine ausführliche Videoschalte. Wobei, ist wirklich nur die Pandemie schuld?

Sergej Lawrow war erst vorgestern nach Tunxi in den Südosten Chinas gereist, um dort mit seinem chinesischen Amtskollegen Wang Yi zusammenzutreffen. Wenn die Chinesen den russischen Außenminister in ihrem Land beherbergen, dann könnten sie doch auch Spitzenpolitiker der Europäischen Union empfangen.

So aber sitzen am Vormittag Kommissionspräsidentin Ursula von der Leyen, Ratspräsident Charles Michel und der EU-Außenbeauftragte Josep Borrell mit versteinerten Mienen vor Kameras und riesigen Bildschirmen in Brüssel und versuchen, mit dem chinesischen Ministerpräsidenten Li Keqiang ein Gespräch in Gang zu bringen. Staats- und Parteichef Xi Jinping lässt sich entschuldigen, vielleicht schaffe er es, am Nachmittag zu dem Gipfeltreffen dazuzustoßen.

Schon die Begrüßung ist ein diplomatischer Affront. Sie setzt den Ton für den Rest des Tages. Und das Gesprächsklima ändert sich auch nicht, als sich am Nachmittag Staatspräsident Xi für ein Stündchen zu der Schaltkonferenz gesellt.

Von der Leyen und die anderen versuchen, China davon abzuhalten, Russland im Ukrainekonflikt weiter politisch zu unterstützen. Sie sprechen sogar eine Warnung aus: China soll die westlichen Sanktionen gegen Russland nicht unterlaufen und Putin auf gar keinen Fall militärisch helfen.

Sonst? Von der Leyen kündigt keine Sanktionen gegen China an, sie formuliert indirekt. Sollte China die westlichen Sanktionen hintertreiben und etwa Waffen an Russland liefern, dann würde «China einen großen Rufschaden» erleiden. Macht das Eindruck?

Obwohl die Europäische Union ein enorm wichtiger Handelspartner ist, geben sich die beiden Männer in Peking hart und lassen ihre Gesprächspartner auflaufen. «Niemand sollte andere zwingen, sich für eine Seite zu entscheiden. Eine Mentalität des Kalten Krieges und der Konfrontation der Blöcke sollte abgelehnt werden.»

Diese Sätze hat der Sprecher des chinesischen Außenministeriums schon kurz vor dem Gipfel verkündet. Von dieser Linie weichen weder Xi Jinping noch Li Keqiang ab. Zu scharf ist inzwischen die wirtschaftliche und geopolitische Rivalität zwischen China auf der einen und den Amerikanern und Europäern auf der anderen Seite. Außerdem tun sich bei Menschenrechtsfragen und Pekings Anspruch auf Taiwan weitere große Konfliktfelder auf.

Dieser Gipfel markiert einen Tiefpunkt in den europäisch-chinesischen Beziehungen. Anders als üblich gibt es im Anschluss auch keine Abschlusserklärung, sondern nur ein frostiges Statement von Ursula von der Leyen. Der Austausch sei «sehr offen und aufrichtig gewesen». Auf Deutsch: Beide Seiten haben sich gezofft.

An diesem Tag gibt es eine weitere schlechte Botschaft für die Europäische Union: Sergej Lawrow besucht Indien und wird dort von Außenminister Subrahmanyam Jaishankar überaus freundlich empfangen. Der Russe will verhindern, dass Indien den Bemühungen des Westens erliegt und sich den Sanktionen gegen Moskau anschließt. Da solle er sich mal keine Gedanken machen, wird der indische Außenminister sinngemäß zitiert. Sein Land würde eine Konfliktlösung durch Dialog und Diplomatie bevorzugen.

Lawrow versteht sofort: Ähnlich wie China wird sich Indien im Ukrainekonflikt nicht an die Seite des Westens stellen. Das ist für ihn von großem Wert. Da die Europäische Union und Nordamerika als wichtige Handelspartner weitgehend ausfallen, bleiben Moskau fürs internationale Geschäft immer noch die beiden großen Volkswirtschaften China und Indien.

Lawrow bedankt sich artig. Beim Besuch der deutschen Außenministerin in Moskau im Januar hatte er noch Russisch gesprochen. In Neu-Delhi wechselt er jetzt in passables Englisch. «Wir wissen es zu schätzen, dass Indien die Situation in der Gesamtheit der Fakten und nicht einseitig betrachtet.» Ein diplomatischer Erfolg.

An diesem Freitag, dem 1. April 2022, zeichnet sich in Umrissen die Weltordnung ab, die den Ukrainekrieg womöglich überdauern wird: auf der einen Seite Europa, Nordamerika und ein paar Verbündete, auf der anderen Seite vor allem Russland, China und vielleicht Indien. In diesen drei Ländern leben nahezu drei Milliarden Menschen, weit mehr als ein Drittel der Weltbevölkerung.

Zwar wird der russisch-asiatische Block nicht durch militärische Beistandsverträge wie zu Zeiten des Warschauer Paktes besiegelt. Aber die politischen Fliehkräfte wirken aktuell so stark, dass die Gräben zwischen den Einflusssphären im Osten und Westen tiefer werden.

Der Schaden, den die russische Invasion anrichtet, geht weit über das menschliche Leid in der Ukraine und die Folgen für die Weltwirtschaft hinaus. Nach dem Zusammenbruch des Sowjetimperiums am Ende des 20. Jahrhunderts schien ein friedlicheres Miteinander der Völker möglich, eine Welt ohne größere bewaffnete Konflikte.

Diese Vorstellung hatte nicht lange Bestand. Die Balkankriege, die

Kriege in Afghanistan und im Irak nach den Terroranschlägen vom 11. September 2001 und der Syrienkrieg haben jegliche Illusion zerstört.

In all diesen Kriegen mischten die Großmächte mit, in einigen waren sie sogar als Hauptakteure involviert. Dennoch blieben die Kriege auf regionale Auseinandersetzungen beschränkt. Jetzt, im Frühjahr 2022, droht erstmals seit Jahrzehnten wieder ein Konflikt von globalen Ausmaßen.

Die neue Bundesregierung muss einen eigenen Weg finden – zwischen Nähe und Abstand zu den Konfliktparteien. Im vergangenen Dezember war sie mit völlig anderen Zielen gestartet. Sie hatte sich vorgenommen, Deutschland gesellschaftspolitisch und industriepolitisch zu modernisieren und das Land in eine klimaneutrale Zukunft zu führen. Jetzt finden sich Scholz, Habeck, Baerbock, Lindner und die anderen in einer Situation wieder, in der sie verzweifelt versuchen, dem eigenen Land ein Stück Normalität zu sichern, den gewohnten Wohlstand zu wahren.

Aus der Koalition der Reformer wird eine Koalition der Bewahrer.

Festgefahren

Nach sechs Wochen Krieg ergibt sich folgendes Bild: Der Kampf in der Ukraine stockt. Täglich fallen zahllose Soldaten auf beiden Seiten. Zivilisten sterben nur auf einer Seite, in der Ukraine. Wer aus diesem Konflikt als Sieger und Verlierer hervorgehen wird, ist völlig offen. Das ist überraschend, weil viele Militärbeobachter davon ausgegangen waren, dass die russische Armee die Ukraine innerhalb kurzer Zeit überrennen würde.

Deutschland bildet eine Nahtstelle. Zwischen Ost und West. Auch zwischen den Staaten, die eine kompromisslos harte Gangart gegenüber Russland eingeschlagen haben, und den Staaten, die zwar den Krieg verurteilen, es aber bei sanfter Kritik belassen. Die deutsche Regierung tut einiges, um der Ukraine zu helfen und Russland unter Druck zu setzen. Sie liefert Waffen und verhängt Sanktionen. Darauf weisen die wichtigsten Akteure der Regierung unermüdlich hin.

Aber tut Deutschland genug? Tut die Regierung alles, was sie tun könnte? Natürlich nicht. Aus guten Gründen schickt die Bundeswehr keine eigenen Soldatinnen und Soldaten in den Krieg, sie liefert keine Kampfflugzeuge, bislang auch keine Kampfpanzer. Die Ampelregierung will nicht, dass Deutschland als aktiver Teilnehmer in den Krieg hineingezogen wird.

Aber was ist mit dem Energieembargo? Auch aus den Reihen der Grünen mehren sich weiter die Stimmen, die ein Importverbot für Gas aus Russland fordern, möglichst sofort. Die Ur-Grüne Marieluise Beck kommt schockiert von einer Kiew-Reise zurück und verlangt von ihrem Parteifreund Robert Habeck eine Kurskorrektur. Auch Anton Hofreiter, seit langem ein innerparteilicher Rivale von Habeck, verlangt öffentlich ein Ende des Gasimports.

Trotz des täglich wachsenden Drucks aus dem In- und Ausland widersteht die Bundesregierung weiter der Versuchung, ein komplettes Energieembargo zu verhängen. Scholz, Habeck, Baerbock und Lindner schlängeln sich durch die Anfangswochen dieses Krieges. Das hat einen Vorteil: In Deutschland verläuft das Leben in unverändert geordneten Bahnen. Und es hat einen Nachteil: Die Regierung muss sich den Vorwurf gefallen lassen, dem Morden in der Ukraine nicht entschieden genug entgegenzutreten.

In den ersten Tagen nach der russischen Invasion hieß es aus den drei Regierungsparteien, dass man Politik völlig neu denken müsse. Jetzt scheint sich die Koalition mit der Aufrüstung der Bundeswehr zu begnügen. Den großen Worten folgen nur halbherzige Taten. Trotz aller Kurskorrekturen haben die drei Ampelparteien weiter ihre angestammte Klientel im Blick:

Die SPD sorgt sich um die Interessen der Arbeitnehmer. Bei einem Gasembargo würden viele Arbeitsplätze auf dem Spiel stehen. Dabei haben sozialdemokratische Arbeits- und Sozialminister den Arbeitsmarkt bei früheren Krisen erfolgreich mit subventionierter Kurzarbeit gestützt.

Die Grünen sperren sich gegen einen längeren Betrieb der letzten Atomkraftwerke und würgen eine Debatte über eine Laufzeitverlängerung ab. Die würde den Markenkern ihrer Partei beschädigen.

Die FDP weigert sich, ernsthaft über ein generelles Tempolimit auf deutschen Autobahnen zu diskutieren. Laut Berechnungen von Greenpeace würde eine Geschwindigkeitsbegrenzung auf 100 km/h jährlich zwei Millionen Tonnen Sprit einsparen. Mit der Beschränkung auf 80 km/h auf Landstraßen würden 400 000 Tonnen eingespart, insgesamt 2,4 Prozent der deutschen Mineralölimporte. Aber die FDP dient sich weiter Autofahrern an, die gerne Vollgas geben.

Ein Ergebnis der bislang so starren Politik: Deutschland bezieht unverändert Energie aus Russland, deutsche Unternehmen überweisen weiter monatlich hohe Milliardenbeträge nach Moskau.

Die Mauer, von der Selenskyj sprach, steht.

Das Massaker

Die ersten Bilder werden am ersten Aprilwochenende auf sozialen Medien verbreitet. Und wer sie sieht, wird sie nicht vergessen. Dann werden die Aufnahmen auch von seriösen Online-Medien gezeigt und abends in den Hauptnachrichten. Ein Ort, der bislang nur Einheimischen ein Begriff war, wird innerhalb weniger Stunden zum Symbol russischer Kriegsverbrechen: Butscha.

Putins Armee hat sich aus der Umgebung der Hauptstadt zurückgezogen, jetzt übernehmen ukrainische Soldaten wieder die Kontrolle über die Vorstädte und Dörfer. Einige geflohene Anwohner kehren zurück, auch die ersten Kriegsreporter trauen sich in das vor wenigen Tagen noch heftig umkämpfte Gebiet.

Was sie sehen, verschlägt ihnen die Sprache. In den Straßen liegen Dutzende tote Zivilisten. Ein Mann liegt neben einem Fahrrad, bei einer Frau sind die rot lackierten Fingernägel zu erkennen. Bei einigen Körpern sind die Hände hinter dem Rücken mit Plastikkabeln gefesselt. Andere weisen Spuren von Folterungen auf. Manche Leichen sind verbrannt, verkohlt.

In der Kleinstadt lebten einmal 35 000 Einwohner, jetzt gleicht Butscha einer Geisterstadt. Nach Zeugenaussagen wurde das Massaker von russischen Truppen begangen. Soldaten wurden dabei beobachtet, wie sie Menschen aus ihren Häusern zerrten, erschossen, in die Häuser zurückkehrten und Lebensmittel und Wertgegenstände plünderten. Einige Soldaten sollen sich sogar in die Betten der Menschen, die sie ermordet hatten, zum Schlafen gelegt haben.

Annalena Baerbock twittert: «Die Bilder von Butscha zeugen von

Vernichtungswillen, der über alle Grenzen hinweggeht.» Insgesamt werden 350 tote Zivilisten gezählt.

Armeesprecher in Moskau und auch der Vertreter Russlands im UN-Sicherheitsrat erklären, ihre Soldaten hätten mit den Gräueltaten in dem Kiewer Vorort nichts zu tun. Die Leichen seien von Ukrainern dort hingelegt worden, um die Weltöffentlichkeit gegen Russland aufzuwiegeln. Eine durch nichts belegte Behauptung, die alles nur noch ungeheuerlicher macht.

Ist Butscha der My-Lai-Moment der Ukraine? Im März 1968, während des Vietnamkrieges, hatten amerikanische Soldaten ein Blutbad in einem vietnamesischen Dorf der umkämpften Provinz Quảng Ngãi angerichtet. Sie hatten vermutet, dass sich feindliche Vietcong-Kämpfer dort versteckt hielten, und ermordeten fast alle Bewohner von My Lai, über 500 Menschen, darunter alte Menschen und Kinder. Viele Frauen wurden vergewaltigt, dann erschossen.

Die amerikanische Armeeführung verhinderte zunächst, dass die Öffentlichkeit von den Gräueltaten erfuhr. Ohne die Echtzeitmedien von heute dauerte es ohnehin lange, bis Nachrichten vom Kriegsgeschehen die heimische Bevölkerung in den USA erreichten.

Als der Reporter Seymour Hersh Monate später begann, die Vernichtung des Dorfes aufzudecken, wiegelten die Offiziere der US-Armee noch ab. Doch die Last der Beweise, die Hersh vorbrachte, war so erdrückend, dass jedes Leugnen zwecklos war. Die amerikanischen Fernsehzuschauer und Zeitungsleser reagierten entsetzt auf das Verhalten der eigenen Soldaten.

My Lai wurde nicht nur zum Inbegriff der Brutalität des Vietnamkrieges, sondern zu einem Wendepunkt. Die Regierung in Washington verlor in der eigenen Bevölkerung massiv an Rückhalt für ihre Kriegspolitik; die Stimmen, die einen Rückzug der Streitkräfte aus Vietnam forderten, wurden zahlreicher und lauter.

Haben die Gräueltaten von Butscha eine ähnliche Wirkung auf den Kriegsverlauf heute wie das My-Lai-Massaker damals? Um in der russischen Bevölkerung ein Umdenken herbeizuführen, müsste die Verantwortung der russischen Soldaten von unabhängigen Medien in Russland belegt werden. Doch diese gibt es kaum noch. Der Kreml hat die heimischen Medien längst viel mehr unter Kontrolle als das Weiße

Haus die amerikanische Medienlandschaft damals. Von den russischen Staatsmedien sind eine korrekte Berichterstattung über Butscha und das Benennen der Verantwortlichen nicht zu erwarten.

Und Wladimir Putin lenkt die Meinungsbildung der Russen auf seine Art: Er verleiht der 64. motorisierten Infanteriebrigade einen Ehrentitel. Die Einheit, der die Grausamkeiten zur Last gelegt werden und die doch angeblich nichts mit dem Massaker zu tun hatte, darf sich fortan «Garde» nennen. Der Oberbefehlshaber begründet die Auszeichnung mit dem «Heldentum, der Tapferkeit und dem Mut» der Brigade. Nein, ein My-Lai-Moment wird Butscha nicht.

Das Massaker beeinflusst die Debatten im Westen viel mehr als in Russland. Der Wucht der Bilder können sich Regierungen in Washington, Paris, Berlin und anderswo nicht entziehen. Annalena Baerbock weist spontan 40 russische Botschaftsangehörige aus Deutschland aus. Das ist Symbolpolitik. Die Linie der Bundesregierung – Wirtschaftssanktionen, die Lieferung leichter Waffen, kein Gasembargo – gerät noch mehr unter Druck.

Vor allem in der Ukraine selbst entfalten die Berichte aus Butscha und anderen Orten wie Irpin eine folgenschwere Wirkung, sie bohren sich tief im kollektiven Gedächtnis ein. Den ukrainischen Bürgern wird auf grausame Weise bewusst, dass es die Russen nicht nur auf Soldaten abgesehen haben, sondern auch auf Zivilisten, also auf sie selbst. Niemand kann sich mehr sicher fühlen.

Wolodymyr Selenskyj besucht Butscha und erklärt, dass die Ukraine zwar ihre militärischen und diplomatischen Anstrengungen fortsetzen wolle. Aber das Massaker würde weitere Verhandlungen mit Russland «schwierig» machen. Und auch Putin selbst hat vorerst jegliches Interesse an weiteren Verhandlungen verloren. Er setzt jetzt ganz auf die Unterwerfung der Ukraine.

So ist Butscha doch ein Wendepunkt in diesem Krieg. Die Gespräche für einen Waffenstillstand werden aufgegeben. Ein mögliches Ende der Kampfhandlungen rückt in weite Ferne.

Wettlauf

Die Flucht von Putins Yacht «Graceful» wird die Mitglieder der Bundesregierung mächtig wurmen. Zu gerne hätten sie das Protzboot, das dem russischen Präsidenten zugeordnet wird, beschlagnahmt. Zu spät, die «Graceful» liegt jetzt unerreichbar in Kaliningrad vor Anker. Aber aus der Geschichte lässt sich lernen. Mitte März stellten das Wirtschaftsministerium und das Finanzministerium eine Gruppe von Spezialisten zusammen, die die Vermögenswerte von wohlhabenden Russen aufspüren und einfrieren sollen. Selbstbewusst nennt sich die Gruppe «Task Force Sanktionsdurchsetzung».

Die Leitung teilen sich die beiden Ministerien von Robert Habeck und von Christian Lindner. Das Team kann auf das Wissen von Mitarbeitern anderer Ministerien und Behörden zurückgreifen, vom Innenministerium, Verkehrsministerium, Justizministerium, Auswärtigen Amt, Bundesnachrichtendienst, Hauptzollamt und so weiter.

Man sollte glauben, wer so viel Wissen zur Verfügung hat, wird die russischen Immobilien, Yachten und Privatflugzeuge schnell dingfest machen können. Doch aus internen Unterlagen des Wirtschaftsministeriums geht hervor, mit welchen Problemen die Task Force von Anfang an zu kämpfen hat: «Ein zentrales Problem ist z. B., dass es keine eigenständigen rechtlichen Ermittlungsgrundlagen für die Vermögensermittlung im Sanktionsbereich gibt. Auch der Datenaustausch zwischen den Behörden und Ebenen ist verbesserungswürdig.»

An anderer Stelle heißt es: «Darüber hinaus ist es wünschenswert, spezialgesetzliche Eingriffsermächtigungen zu haben, um die Beachtung der Sanktionen sicherzustellen. Besonders problematisch sind sog. Umgehungsfälle, in denen Vermögen verschoben oder verschleiert wird.» Mit anderen Worten: Die Ermittler müssen erst komplizierte Rechtsfragen klären und sich mühsam ihren Weg durch den Behördendschungel schlagen. Dabei ist eigentlich höchste Geschwindigkeit vonnöten.

Nach einer Weile meldet die Task Force intern erste kleine Fortschritte, bei zwei Yachten konnten die Eigentums- und Kontrollverhältnisse geklärt werden.

Den Leitungen des Wirtschaftsministeriums wie des Finanzministeriums ist bewusst, dass die Arbeit ihrer Task Force unter starker öffentlicher Beachtung stattfindet: «Die Öffentlichkeit erwartet von uns eine möglichst lückenlose Umsetzung», notieren die Beamten. Je härter der Wirtschaftskrieg mit Russland ausgefochten wird, desto größer ist das Verlangen der Deutschen nach Rache an Putins Oligarchen-Clique. Wenn die Jäger Erfolge zu vermelden haben, zahlt das auch auf den Ruf der jeweiligen Ministerien und ihrer Chefs ein, also von Robert Habeck und Christian Lindner.

Hier beginnt ein weiteres Problem. Wegen der doppelköpfigen Leitungsebene entwickeln sich Eifersüchteleien. Misstrauisch beäugen Habecks Leute im Wirtschaftsministerium den Versuch des Finanzministers, das Thema Sanktionsdurchsetzung für sich zu reklamieren. In den internen Papieren von Habecks Ministerium heißt es: «BK Scholz hat am 06.04.2022 ein zeitnahes Sanktionsdurchsetzungsgesetz in Aussicht gestellt, nachdem zuvor BM Lindner vorgeprescht war.»

Das von den Grünen geführte Wirtschaftsministerium (BMWK) und das von der FDP geführte Finanzministerium (BMF) stehen in Aufmerksamkeits-Konkurrenz miteinander.

Unter der Überschrift «Interessenlage» schlagen Habecks Leute daher als Ziel vor: «Sichtbarmachung und Stärkung der BMWK-Rolle in gemeinsamer Task Force auch gegenüber BMF».

Sehr früh ist in der neuen Koalition die Rivalität zwischen Robert Habeck und Christian Lindner angelegt. Es geht im «Bündnis für Gerechtigkeit, Freiheit und Nachhaltigkeit» auch um PR-Erfolge auf Kosten des Partners. Das Ringen um Anerkennung und Entscheidungsmacht zwischen den beiden Ministern wird die Regierung noch lange beschäftigen – und lähmen. Während ukrainische Soldaten um militärische Geländegewinne kämpfen, kämpfen die Koalitionspartner in Berlin um parteipolitische Geländegewinne.

Nebenkriegsschauplätze

Viel Anlass für Hohn und Spott bietet Christine Lambrecht, die im Dezember 2021 überraschend Verteidigungsministerin wurde. Als Olaf Scholz sie am Nikolaustag vorstellte, lobte er sie über den grünen Klee. Die Frauen und Männer in der Bundeswehr hätten jemanden verdient, «der sich für sie einsetzt, der ein Herz für sie hat». Dann wurde er überschwänglich: «Sie wird eine ganz bedeutende Verteidigungsministerin der Bundesrepublik Deutschland sein.»

Jetzt, nur wenige Monate später, muss Lambrecht die Zeitenwende-Versprechungen ihres Kanzlers umsetzen, und zwar rasch. Unter dem Druck werden große Defizite erkennbar, nicht nur bei der Bundeswehr, auch bei der Ministerin. Die zugesagten Waffen erreichen die Ukraine nicht oder nicht schnell genug. Zahlreiche Boden-Luft-Raketen sind nicht einsetzbar. Christine Lambrecht redet sich mit Hinweisen auf die prekäre Sicherheitslage der Waffentransporte heraus, sie könne und wolle nicht offenlegen, wann welche Waffen die ukrainischen Streitkräfte erreichen. Doch die wissen es besser als die deutsche Öffentlichkeit: Die dringend benötigten Waffenlieferungen aus Deutschland stocken. Schwindelt Lambrecht?

Als die Verteidigungsministerin zu Gesprächen mit der amerikanischen Regierung nach Washington fliegt, nimmt sie keine Pressevertreter mit. Einige Kolleginnen und Kollegen nehmen ihr das übel und ätzen, Lambrecht würde so viele PR-Berater mitnehmen, dass in ihrem Flugzeug kein Platz mehr für die Presse sei.

Eine weitere Meldung erhöht den Druck zusätzlich. Der TAGESSPIEGEL berichtet, dass die Inhaberin der Befehls- und Kommandogewalt im Frieden am zweiten Kriegstag um 10 Uhr morgens bei «Le Nails» im Tiefgeschoss der Berliner Friedrichstadtpassage gesichtet wurde. Dort gab sie sich der Maniküre hin. Anschließend besuchte sie – von ihren Personenschützern bewacht – das Luxuskaufhaus Galeries Lafayette gleich nebenan.

Eine Verteidigungsministerin, die zum Beginn eines europäischen Krieges Zeit für Schönheitspflege findet? Sogar Parteifreunde schütteln den Kopf. Olaf Scholz belässt sie im Amt.

Andere Probleme sind größer, viel größer, und dennoch wird über sie in diesen Wochen nur am Rande berichtet: Der Weltklimarat IPCC veröffentlicht den Teilbericht einer neuen, großangelegten Untersuchung. Die Forscher sagen schon länger voraus, dass der menschengemachte Klimawandel noch in diesem Jahrhundert zu einer beängstigenden Erderwärmung von 1,4 bis 4,4 Grad Celsius führen wird.

Zahlreiche Naturkatastrophen, Hungersnöte, Massenmigration wären die Folge.

Jetzt präzisieren die Forscher ihre Analysen und geben Handlungsempfehlungen. Um die vereinbarte 1,5-Grad-Obergrenze einzuhalten, dürfen die CO_2-Emissionen nur noch höchstens drei weitere Jahre ansteigen. In den fünf folgenden Jahren müssten die Emissionen um 43 Prozent reduziert werden. Die Botschaft ist eindeutig: Um das Schlimmste zu verhindern, müssen die Industriestaaten innerhalb kurzer Zeit aus der Verbrennung fossiler Energieträger aussteigen.

Ist das Ziel, das der Weltklimarat vorgibt, überhaupt noch zu schaffen? Die rot-grün-gelbe Regierung in Berlin gehört beim Klimaschutz zu den fortschrittlichsten Regierungen weltweit. Aber sind ihre Absichten und Bemühungen ausreichend? Haben Robert Habeck und seine Mitstreiter die Kraft, um neben dem Wirtschaftskrieg mit Russland auch noch die Umstellung des eigenen Landes auf ein klimaneutrales Wirtschaften zügig und unumkehrbar einzuleiten?

Tempo

Robert Habeck ist ganz aufgeräumt. Die Welt versinkt im Chaos, aber sein Ansehen steigt. An diesem Vormittag erhält er vorab die Information, dass er laut einer ZDF-Umfrage der beliebteste Politiker des Landes ist.

Der Minister empfängt in einem großen, holzgetäfelten Konferenzsaal seines Ministeriums. Das Gebäude ist weit über 100 Jahre alt. Kaiser Wilhelm II. ließ es einst als Akademie für das militärärztliche Bildungswesen errichten. Die Wände sind hoch, die Treppen breit. Nur selten begegnet man Menschen auf den langen Fluren. Der Geist der wilhelminischen Zeit hat die Gemäuer noch nicht ganz verlassen.

Gerade erst hat Habeck ein paar tiefgreifende Reformvorschläge durchs Kabinett gebracht, ach was, gepeitscht. Die Anzahl der Windräder an Land wie vor der Küste soll erheblich steigen, die Installation von Solarpanelen auf Privathäusern stärker gefördert werden. Wenn alles gut geht, wird der Anteil von erneuerbarer Energie beim Strommix bis 2030 auf 80 Prozent steigen.

Habeck ist in seinem Element. Tatsächlich legen er und sein Ministerium ein rasantes Tempo vor. Der Krieg ist auch eine Chance, denn neben dem Schutz des Klimas hat er mit der notwendigen Unabhängigkeit von russischer Energie nun ein zweites starkes Argument für den beschleunigten Ausbau von Wind- und Solarkraft.

Aber er weiß auch, dass seine ehrgeizigen Pläne im Moment nur auf dem Papier stehen, sie müssen in den Bundesländern und Kommunen umgesetzt werden. Und da hakt es in vielen Orten.

In Sachsen etwa gibt es zahlreiche Bürgerinitiativen, die sich erfolgreich gegen Windenergie zur Wehr setzen. Im Jahr 2021 wurde dort nur eine Windenergieanlage neu errichtet, aber elf Anlagen demontiert. Im Jahr darauf wurden 17 Anlagen neu gebaut, darunter sechs kleine, und eine Anlage wieder abgebaut.

Das klingt mickrig und ist es auch.

Olaf Scholz hat als Ziel ausgegeben, dass in Deutschland vier bis fünf Windräder gebaut werden – jeden Tag. Das macht pro Jahr zwischen 1460 und 1825 Anlagen. Auch wenn man bedenkt, dass es im Norden der Republik mehr windet als in Sachsen, ist die Bilanz dort so jämmerlich, dass es dem Mitarbeiter im sächsischen Umweltministerium hörbar peinlich ist, als ich ihn bitte, mir die niedrigen Zahlen zu erklären.

Wie soll Habeck die Windkraftgegner nur überzeugen?

«Natürlich verstehe ich Menschen, die sagen: Windkraftanlagen bitte nicht in meinem Ort. Das ist die Landschaft meiner Kindheit, die will ich da nicht haben. Wenn man direkt dran wohnt, gibt es manchmal Geräusche. Aber auch da gilt für mich eine Abwägung.»

Jetzt holt Habeck den großen Knüppel aus dem Sack seiner Argumente. Er entwirft ein Szenario, in dem sich das Land zwischen einer Zukunft in Wohlstand oder in Armut entscheiden muss. Ein Deutschland, das auf Atomenergie, Öl, Gas und Kohle verzichtet und auch keine Windkraftanlagen haben will, sieht laut Habeck so aus: «Wir haben eine Deindustrialisierung. Wir sind ein armes Land. Wir können uns Bildung und Sicherheit und gute Gesundheitsvorsorge nicht mehr leisten. Ich würde sagen, das ist keine gute Alternative.»

Habeck redet sich schnell in Schwung. Er ist auf die Windkraftgegner schlecht zu sprechen. Selbst wenn sie in Deutschland nur eine kleine Minderheit darstellen, verhindern sie mit ihren Protesten und Klagen doch einen zügigeren Ausbau der erneuerbaren Energieformen.

Die Tage des Ministers sind mit Terminen eng durchgetaktet. Heute Mittag kommt Nina Thom zu Besuch, die für das Wirtschaftsministerium die Sanktions-Taskforce leitet.

Ein kurzer Smalltalk zum Aufwärmen, dann: «Nehmen Sie Platz, Frau Thom.» Der Minister will die Oberstaatsanwältin näher kennenlernen. Nina Thom hat im Wirtschaftskrieg gegen Russland eine wichtige Funktion. Sie ist auch bei Habecks Versuch, sich gegen FDP-Finanzminister Lindner zu profilieren, wichtig. Die Co-Leiterin der Task Force wird die Vermögenswerte von russischen Oligarchen in Deutschland unter die Lupe nehmen und, wenn möglich, einfrieren. Und sie soll dafür sorgen, dass Robert Habeck und sein Ministerium als beinharte Vertreter deutscher Interessen in der Öffentlichkeit gut dastehen.

Am Nachmittag eilt Habeck in den Eichensaal, in dem wegen der Coronarisiken die einzelnen Plätze noch durch Plastikscheiben voneinander getrennt sind. Hier tagt der Krisenstab Energiesicherheit. Habeck steht so unter Dampf, dass er die letzten Meter zu seinem Platz läuft und einige Kollegen zur Begrüßung abklatscht wie ein Fußballspieler.

Seit drei Wochen tagt dieser Kreis nun zweimal die Woche, die Fachleute tragen die aktuellen Liefermengen von Öl und Gas aus Russland und die Füllstände der heimischen Gasspeicher vor. Jederzeit ist damit zu rechnen, dass Russland die Gasversorgung Deutschlands drosselt oder sogar einstellt. Der Krisenstab des Ministeriums muss dann sofort reagieren.

Klaus Müller, der neue Chef der Bundesnetzagentur, ist per Video aus Bonn zugeschaltet. Seine Behörde müsste notfalls folgenschwere Entscheidungen treffen: Wer wird weiter mit Gas versorgt, wer nicht? Wenn Ärzte bei Massenunfällen oder Kriegen schnell auswählen müssen, welche Verletzten sie zuerst behandeln, sprechen sie von Triage. Die Mitarbeiter in Habecks Ministerium und der Bundesnetzagentur nennen es: Priorisierung. Es ist sinnvoll, sich auf Abläufe und Kriterien vorzubereiten.

Habeck erklärt das Prinzip so: «Die Rechtsnorm sieht vor, dass als Letztes die privaten Verbraucher abgeschaltet werden, also Heizen. Als Erstes wird die Industrie abgeschaltet.»

Wie Christian Lindner sorgt sich auch Robert Habeck darum, inwieweit die Bevölkerung die Entscheidungen im Wirtschaftskrieg mit

Russland mitträgt: «Wenn Putin sich durchsetzt, hat auch der Westen, auch Deutschland, verloren. Das ist auch ein Krieg, der in einem gewissen Sinne unser Krieg ist. Deswegen ist vor allen Fachfragen die politische Hauptaufgabe, diesen Willen im Land zu halten.»

Die Ukraine stirbt auch für uns, es ist auch unser Krieg – so empfindet es Robert Habeck. In den nächsten Wochen wird er viele Durchhalteparolen formulieren.

Mali

Am Morgen des 11. April fliegt Annalena Baerbock mit einem kleinen Regierungsflugzeug nach Luxemburg zu einem Treffen der EU-Außenminister und -Außenministerinnen. Dort fordert sie öffentlich schwere Waffen für die Ukraine, die Zeit der Ausreden sei vorbei. Von der deutschen Hauptstadtpresse wird das als Spitze gegen den Kanzler verstanden.

Dann jettet sie nach Berlin zurück. Sie geht in ein Gebäude im Regierungsterminal, bleibt dort 45 Minuten lang und besteigt dann das größte Passagierflugzeug, das der Flugbereitschaft der Bundeswehr zur Verfügung steht, eine vierstrahlige A340.

Dort sitzen schon eine Handvoll Bundestagsabgeordnete von CDU, Linken usw., außerdem 16 Journalistinnen und Journalisten. Sie wollen die Außenministerin auf ihrer ersten Afrikareise begleiten.

Nach Mitternacht landet die Reisegruppe in Bamako, der Hauptstadt von Mali. «In einer anderen Welt», wie Annalena Baerbock es in einem gänzlich anderen Zusammenhang vor ein paar Wochen gesagt hat.

Frühmorgens patrouillieren vor dem Hotel belgische Soldaten mit Maschinengewehren auf gepanzerten Fahrzeugen. Die Kolonne mit der Außenministerin fährt 30 Minuten weit aus der Stadt heraus. Polizeimotorräder mit lauten Sirenen und Blaulicht begleiten sie. Vorbei an unzähligen Wellblechhütten, streunenden Hunden, rauchenden Männern.

Am Stadtausgang von Bamako taucht eine etwa 100 Meter lange Mauer auf. Darauf ist ein großes Gemälde zu sehen: starke Männer und Frauen, bei der Arbeit, beim Sport; wissbegierige Schülerinnen und Schüler im Unterricht; ein weiser Führer, der mit der Hand in die weite Ferne zeigt, so wie Kim Jong-un in Nordkorea. So stellte sich irgendeine malische Regierung die Zukunft ihres Landes vor. Das Gemälde ist deutlich älter als die aktuelle Regierung, die erst seit dem vergangenen Jahr im Amt ist.

Die Gegenwart Malis sieht ganz anders aus als die Malerei. Ärmlich, voller Gewalt, mit Konflikten zwischen den Volksgruppen. Auch mit ausländischen Soldaten, die im politischen Durcheinander irgendwie für Sicherheit sorgen sollen.

Am Flughafen besteigen wir einen Militärtransporter, eine riesige A400M. An den Außenwänden ist für Passagiere notdürftig Platz. Man sitzt nicht wie in einem Zivilflugzeug mit Blick nach vorne, sondern quer zur Flugrichtung. Die Reise mit Baerbocks Regierungsflieger zu unternehmen, wäre zu gefährlich. Und bald verstehen wir, warum. Alle Mitreisenden werden aufgefordert, bleischwere, schusssichere Westen anzulegen.

Im Frachtraum stehen ein paar Bundeswehrsoldaten. Ihr Anblick ist nicht dazu angetan, unsere Nerven zu beruhigen. Die großgewachsenen Männer tragen Tarnanzüge, Pistolen stecken in den Halftern, über die Schultern haben sie Maschinenpistolen gehängt, ihre Gesichter sind hinter Sturmmasken verborgen.

Die Außenministerin selbst verfolgt den Flug eine Etage höher im Cockpit, das nur über eine schmale Leiter erreichbar ist. Von hier aus hat sie einen guten Blick über die karge Steppenlandschaft.

Nach einer guten Stunde lässt der Pilot das Flugzeug in den Sinkflug fallen. Aber er setzt nicht zur Landung an, sondern fliegt beunruhigend lang und nah über dem Boden. Fünf, sechs Minuten geht das so. Es besteht die Gefahr, dass wir von feindlichen Granaten getroffen werden und dann irgendwo notlanden müssen. Wir sollen vor möglichen Feuergefechten geschützt werden.

Je dichter der Pilot über dem Boden fliegt, desto schwerer ist das Flugzeug als Ziel auszumachen. Später erzählt uns ein Offizier, dass malische Rebellen das Bundeswehrcamp gelegentlich mit selbstgebauten Mörsern beschießen. Solchem Beschuss will die Crew ausweichen.

Nach eineinhalb Stunden Flug setzt der Transportflieger auf der Landepiste von Gao auf, endlich. Als die enorm große Ladeluke geöffnet wird, dringt ein Schwall heißer Luft ins Innere. Es ist, als ob jemand eine

Saunatür öffnen würde, nur ohne Handtücher und kalter Dusche in der Nähe.

Im Bundeswehrlager bekommen wir eine Sicherheitseinweisung. Über einen Lautsprecher löst ein Offizier einen Probealarm aus: Uiuiui, uiuiui, uiuiui. Wenn dieses Signal ertönt, sagt der Mann mit ernster Stimme, sind Raketen oder Granaten im Anflug, dann müssen wir uns sofort auf den Boden werfen, mit den Händen den Kopf schützen und warten, bis wir ein weiteres Signal zur Entwarnung hören. Uiuiui, uiuiui, uiuiui, das merken wir uns.

Die Gefahr eines Angriffs ist real. «Wann gab es zuletzt feindlichen Beschuss?», will ich wissen. Der Offizier schüttelt den Kopf: «In den letzten Wochen gab es keinen Angriff.» Aha, geht es genauer? «Naja, das vorletzte Mal sind wir im Dezember beschossen worden. Und dann wieder im Januar.» Das ist gerade mal drei, vier Monate her.

Annalena Baerbock wird ein paar hundert Meter weiter geführt, dorthin, wo schwer bewaffnete Einsatzfahrzeuge und Kampfhubschrauber stehen. In einem Hangar zeigen die Soldaten dem hohen Besuch ihre Aufklärungsdrohne. Die Heron ist mit hochauflösenden Kameras ausgestattet und wird zur Beobachtung feindlicher Aktivitäten eingesetzt. Sie ist der Stolz der Truppe. Und eine Garantie ihrer Sicherheit. Um Einsätze mit der Drohne wird sich die Bundeswehr später heftig mit der malischen Regierung streiten.

Bewaffnete Drohnen stehen der Truppe nicht zur Verfügung. Noch nicht, aber das soll sich nach der Zeitenwende-Rede des Kanzlers bald ändern.

Im Gespräch mit den Soldatinnen und Soldaten will Baerbock erfahren, wie sie die Sicherheitslage in Mali einschätzen. Sie will ein Gespür dafür bekommen, ob die Bundeswehr aus dem Land abziehen soll oder nicht. Eine schwere Entscheidung, auch Russland hat längst ein Auge auf die Länder der Sahelzone geworfen. Die Regierung in Mali arbeitet sogar mit russischen Wagner-Söldnern zusammen, einer brutalen Truppe unter der Leitung von Putins «Koch» Jewgeni Prigoschin, die für Massaker an der Zivilbevölkerung verantwortlich gemacht wird. Wie kann die Bundeswehr mit einem Regime kooperieren, das solche Legionäre duldet?

Andererseits: Islamisten breiten sich von Mali in der ganzen Sahelzone aus. Einige haben der Terrororganisation IS die Treue geschworen, andere al-Qaida. Die Regierungen der Nachbarländer blicken mit Sorge auf die instabile Lage in Mali. Wenn Mali kippt, sagen einige, kippen auch wir.

Die Stimmung in der deutschen Truppe ist nach meinem ersten Eindruck klar: Die Bundeswehr soll bleiben, ein Abzug würde das Land in noch größeres Chaos stürzen.

Nachdem die Franzosen vor einigen Monaten angekündigt haben, sich aus Mali zurückzuziehen, wollen jetzt alle wissen, was Deutschland macht. Wird die Bundeswehr den Franzosen folgen und ebenfalls abziehen?

Die Entscheidung Frankreichs stellt auch die Bundeswehr vor ein Problem: Die Franzosen betreiben den strategisch wichtigen Flughafen Gao, der von den UN-Einheiten genutzt wird. Und sie stellen weitere Kampfhubschrauber. Es geht auch um die Sicherheit der deutschen Soldaten und Soldatinnen.

«Wenn wir bleiben, müssen wir besser ausgestattet werden», erzählt ein Soldat einschränkend. Völlig überzeugt wirkt er nicht vom Sinn der Mission. Dann schildert er, wie riesig die Region ist, die die Deutschen und andere UN-Einheiten beobachten und gegebenenfalls gegen feindliche Einheiten verteidigen müssen. «Unsere Präsenz hier ist wie ein Tropfen Wasser in der Wüste.»

So ähnlich haben auch Bundeswehrsoldaten kurz vor dem fluchtartigen Abzug aus Afghanistan geklungen. Aber nein, diesmal soll der Einsatz anders laufen, besser.

Am nächsten Morgen geht es mit Baerbocks Kolonne auf einen Berg. Hoch oben über der malischen Hauptstadt Bamako residiert Staatspräsident Assimi Goïta.

Der Oberst ist drei Jahre jünger als die deutsche Ministerin. Auch er hat eine steile Karriere hinter sich. Im vergangenen Jahr hat er sich mit seinen Getreuen gewaltsam an die Macht geputscht. So etwas schätzen demokratische Regierungen gar nicht. Und der deutschen Außenministerin ist der Widerwille ins Gesicht geschrieben, wenn sie über ihn spricht. Sie nennt den Präsidenten schlicht nur «Transitions-Präsident».

Am Abend zuvor, bei der Gartenparty in der deutschen Botschaft, erzählte mir eine Beamtin, die hier seit vier Jahren für eine UN-Mission arbeitet, dass der junge Putschist in der Bevölkerung durchaus beliebt sei. Die Malier seien gar nicht so unglücklich über den Staatsstreich gewesen. Jetzt herrsche wenigstens wieder Ordnung im Land. So unterschiedlich können Sichtweisen in Europa und Afrika sein.

Man sollte sich von dem Hinweis, jetzt herrsche wieder Ordnung im Land, aber nicht zu sehr beeindrucken lassen. Auch seit dem Putsch gibt es zahlreiche Terroranschläge, vor kurzem erst wurde von einem Massaker an der Zivilbevölkerung berichtet. Und dann ist da die Zusammenarbeit mit Putins Legionären.

Am Abend zuvor wurden drei Deutsche in einem malischen Ort festgenommen. Sie seien Dschihadisten, verbreiten die Behörden. Später wurden sie freigelassen. Von welcher Ordnung sprechen wir?

Im schwer beschützten Palast Koulouba wird Baerbock zunächst vom malischen Außenminister empfangen. Dann muss sie warten, der Putschisten-Präsident Goïta lässt sich Zeit. Nach 20 Minuten erscheint er in Begleitung von vier Soldaten in Kampfuniformen und mit Maschinenpistolen. Der Präsident ist in der Gruppe nicht gleich zu erkennen, er trägt selbst eine Kampfuniform.

Gut möglich, dass der Oberst und die Ministerin ein paar Worte auf Deutsch wechseln. Assimi Goïta hat seit 2008 zwei Mal an einer militärischen Ausbildung in Deutschland teilgenommen. Als junger Mann absolvierte er drei Monate lang einen Deutschkurs am Bundessprachenamt in Hürth und einen fünfwöchigen Einheitsführerlehrgang an der Logistikschule der Bundeswehr in Osterholz-Scharmbeck. Das Interesse Deutschlands an Mali und an malischen Militärs existiert schon sehr lange.

Aber Demokratie als Staatsform nach deutschem Vorbild hat Assimi Goïta nicht überzeugt. Nachdem er in seiner Heimat an die Macht kam, versprach er zwar, bald Wahlen zu organisieren. Doch bislang bleibt es bei dem Versprechen. Annalena Baerbock, die sich der wertebasierten Außenpolitik verschrieben hat, schließt Assimi Goïta nicht gleich in ihr Herz.

Dennoch will sie mit ihm und dem Außenminister reden.

Wenn die Bundeswehr weiter im Land bleiben soll, geht das nur mit Genehmigung der malischen Regierung. Aber die wird auch von Russen und Chinesen umworben. Das erhöht den Druck auf die Bundesregierung, sie will die Region nicht Deutschlands geopolitischen

Rivalen überlassen. Was Annalena Baerbock hier und heute betreibt, ist klassische interessengeleitete Realpolitik.

Nach drei Stunden verlässt der Putschisten-Präsident seinen Palast, um zu einem Nebengebäude zu gehen. Die vier schwer bewaffneten Spezialkräfte umringen ihn, steigen auf einen Pickup und fahren im Schritttempo hinter ihrem Staatschef her. Ein eigenartiger Anblick. Und kein Bild, das die malischen Offiziellen gerne in der Welt sehen wollen. Ein Beamter stürzt auf uns zu und verlangt rüde, dass wir unsere Filmaufnahmen einstellen.

Danach verlassen auch Annalena Baerbock und Abdoulaye Diop, ihr Amtskollege, den Palast. Diop wurde nicht in Deutschland ausgebildet. Aber auch er kennt europäische Demokratien aus eigenem Erleben. Diop studierte in Paris Internationale Beziehungen.

Beide bauen sich vor der wartenden Presse auf, und Annalena Baerbock beginnt sofort, ein vorbereitetes Statement vorzutragen. Bei solchen Besuchen ist es üblicherweise so, dass der Gastgeber beginnt. Doch Baerbock ist nicht zu bremsen, neun lange Minuten monologisiert sie, der malische Außenminister neben ihr macht einen etwas verlegenen Gesichtsausdruck.

Die mitgereisten Journalisten aus Deutschland vergleichen den Auftritt später mit der öffentlichen Abreibung, die Horst Seehofer im Herbst 2015 auf dem Münchner CSU-Parteitag Bundeskanzlerin Merkel wegen ihrer Flüchtlingspolitik erteilte. Ein Moment großer Peinlichkeit war das.

Ganz so schlimm ist es diesmal nicht. Immerhin beginnt Baerbock mit warmen Worten. Vielen Dank für den freundlichen Empfang und so weiter. Dann erklärt sie, die deutsch-malischen Beziehungen seien ja auch deshalb so gut, weil Deutschland 1960, nach dem Rückzug der Kolonialmacht Frankreich, Mali als erste Nation anerkannt habe.

Der Exkurs ist etwas ungenau. Tatsächlich war es so, dass nicht Deutschland, sondern die Bundesrepublik Mali sehr schnell anerkannte. Bonn wollte Ost-Berlin unbedingt zuvorkommen. Schon damals war Mali Objekt geopolitischer Rivalitäten. Aber das ist lange her. Und so genau will das hier und heute, 62 Jahre später, niemand wissen.

Nach dem diplomatischen Prélude schlägt die Stimmung um. Baerbock spricht davon, dass sich Deutschland aus der Ausbildungs-

mission EUTM Mali (European Union Training Mission Mali) zu-
rückziehen werde. Sie redet nicht drumherum, es mache keinen
Sinn, malische Soldaten zu trainieren, die dann mit den russischen
Wagner-Söldnern zusammenarbeiten.

Als der malische Außenminister endlich an der Reihe ist, antwortet er trocken, auch er würde sich über den Besuch aus Deutschland
freuen. Und was den Vorwurf betrifft, sein Land würde mit Russland
zusammenarbeiten: Ja, das stimme, Mali würde auch mit China und
anderen Ländern kooperieren. Er sagt es etwas anders, aber was er
meint, ist: So what! Er sagt, sein Land arbeite mit vielen Nationen zusammen, Deutschland tue das ja auch. Touché.

Selbstbewusst trägt der Außenminister seinen Konter vor. Er
scheint es sogar zu genießen, dass sich die großen Mächte um das
arme Mali so sehr bemühen.

Eigentlich ist das Land gar nicht so arm, es verfügt über beträcht-
liche Bodenschätze, auch Goldvorräte. Davon hat die einfache Bevölkerung nichts, das Durchschnittseinkommen ist eines der niedrigsten
weltweit. Aber Mali liegt strategisch günstig, von hier aus kann man
seinen Einfluss in Zentralafrika ausweiten. Von hier aus ziehen zudem
Hunderttausende Flüchtlinge nach Norden.

Deshalb beeilt sich Annalena Baerbock an diesem heißen Vormittag klarzustellen, dass sich Deutschland zwar aus der Ausbildungsmission zurückziehen wolle, nicht aber aus der robusteren Stabilisierungsmission. Hierzu wolle sich die Bundesregierung mit anderen Partnern der Vereinten Nationen abstimmen. Im Übrigen würde in
Kürze der Bundestag über eine Verlängerung oder Beendigung des
Bundeswehrmandats für Mali abstimmen. Dem wolle sie nicht vor-
greifen.

Wenn es einen Soundtrack gibt, der den Gemütszustand Baerbocks
gerade am besten wiedergibt, dann das Lied der englischen Punkband
The Clash: «Should I stay, or should I go?»

Eigentlich tendiert sie Richtung «stay», deutsche Soldatinnen und
Soldaten sollen im Land bleiben. Sie will Mali nicht den Konkurrenten
China und Russland überlassen. Aber sie wirkt so hin- und hergeris-
sen wie der Bundeswehrsoldat im Wüstencamp.

Wahl der Waffen

Vor Ostern wächst der militärische Druck auf die Ukraine. Und auch der Erwartungsdruck auf Olaf Scholz.

Ab und zu schlagen Raketen wieder in Außenbezirken von Kiew ein und in Lwiw, der Großstadt im Westen. Auch hier werden Menschen getötet. Alle Beobachter rechnen damit, dass Russland eine neue Angriffswelle im Osten und Süden vorbereitet, um die umkämpften Verwaltungsbezirke Luhansk und Donezk sowie die Hafenstadt Mariupol komplett unter seine Kontrolle zu bringen und später die ukrainische Schwarzmeerküste zu erreichen.

Wladimir Putin ist mit seinem Versuch gescheitert, die Regierung der Ukraine zu beseitigen, jetzt verfolgt er offenbar einen neuen Plan. Am 9. Mai, dem russischen Nationalfeiertag zum Gedenken an den Triumph über Deutschland, das Land der echten Nazis, will er seinem Volk einen Sieg in der Ostukraine präsentieren.

Immer lauter und dringlicher werden die Hilferufe der ukrainischen Führung. Von Europa und den USA verlangt sie Panzer, Artillerie, Kampfflugzeuge.

Die Not der Ukrainer beeinflusst die politische Stimmung in Deutschland erheblich. Die Zeitenwende-Rede von Olaf Scholz Ende Februar hatte dazu geführt, dass die Bundesregierung von ihren internationalen Partnern hoch geachtet wurde.

Aber die Waffenlieferungen aus Deutschland und anderen Nato-Ländern reichen nicht, um den russischen Vormarsch aufzuhalten. Das war auch Annalena Baerbock bewusst, als sie davon sprach, nun müssten endlich schwere Waffen geliefert werden, es gebe keine Ausreden mehr.

Das sieht Olaf Scholz anders. Mantraartig benennt er seine drei Grundsätze: Hilfe für die Ukraine, kein direktes Eingreifen der Nato, keine deutschen Alleingänge. Solange die westlichen Partner keine schweren Panzer an die Ukraine liefern, heißt das, wird sich auch Deutschland zurückhalten. Das muss als Kommunikation genügen. Warum Deutschland nicht selbst die Initiative ergreift und die anderen Verbündeten mitzieht, erklärt Scholz nicht. Tagelang ist von ihm kein öffentliches Wort zu neuen Waffenlieferungen zu hören.

Führende Politiker der Union, allen voran Friedrich Merz, wittern ihre Chance und prangern der Kanzler wegen seiner angeblichen Tatenlosigkeit an.

Scholz könnte das als üblichen Lärm des innenpolitischen Gegners abtun. Aber die Kritik an seinem zögerlichen Verhalten wird auch in den Reihen seiner Koalition lauter.

Der Grüne Anton Hofreiter, Vorsitzender des Bundestags-Ausschusses für Angelegenheiten der Europäischen Union, wirft der eigenen Regierung vor, mit ihrem Zaudern bei Waffenlieferungen eine weltkriegsartige Ausweitung des Konflikts zu riskieren. Im ZDF beklagt er, «dass wir bei den Sanktionen bremsen, bei den Waffenlieferungen bremsen, und damit die Gefahr droht, dass der Krieg sich immer länger hinzieht». Dann wird er noch eindringlicher: «Je näher Putin einem Sieg kommt, desto größer ist die Gefahr, dass sich der Krieg ausweitet. Dass weitere Länder überfallen werden und dass wir in einen De-facto-Dritten-Weltkrieg rutschen.» Sein Vorwurf, die Regierung bremse bei Sanktionen, zielt auf seinen innerparteilichen Rivalen Robert Habeck. Der hat sich wiederholt gegen ein komplettes Energieembargo ausgesprochen. Der Vorwurf, die Regierung bremse bei Waffenlieferungen, zielt auf Olaf Scholz. Schon ein paar Tage zuvor hatte Hofreiter gepoltert: «Der Kanzler ist das Problem.»

Verarbeitet hier jemand seinen Frust, weil er im Dezember bei der Besetzung der Kabinettsposten außen vor gelassen wurde? So einfach ist es nicht. Auch Marie-Agnes Strack-Zimmermann von der FDP geht den Kanzler wieder hart an. Scholz hatte der Ukraine Finanzhilfe in Höhe von mehr als einer Milliarde Euro zugesagt, damit könne sie sich ja Waffen kaufen. Strack-Zimmermann, die mit Anton Hofreiter und dem SPD-Außenpolitiker Michael Roth ein paar Tage zuvor in die Ukraine gereist war, ist dennoch unzufrieden. Geld allein genüge nicht, schwere Waffen müssten nun her.

Es ist auffällig, dass prominente Mitglieder der Koalitionsfraktionen so deutlich Stellung gegen die eigene Regierung beziehen: eine Opposition innerhalb des Ampellagers. Was Hofreiter und Strack-Zimmermann öffentlich sagen, denken andere, ohne es laut auszusprechen. Es ist deutlich zu spüren, dass der Druck, der auf der Scholz-Regierung lastet, weitere Risse im Bündnis erzeugt.

Ein Jahr später, am 3. April 2023, wird Robert Habeck bei einem

Treffen mit Wolodymyr Selenskyj in Kiew sehr kritisch über die Waffenlieferungen aus Deutschland sprechen. Habeck geht offenbar davon aus, dass seine Worte den Raum nicht verlassen. Aber ein Mitschnitt wird öffentlich. Der Vizekanzler beklagt, dass die Waffenlieferungen aus Deutschland zu spät kamen: «Ich schäme mich zutiefst dafür.» Als ich ihn darauf anspreche, bekräftigt er: «Man hätte die Entscheidung vielleicht auch früher treffen können.» Dann fügt er hinzu: «Die Ukrainer würden sagen: das hättet ihr auch früher machen können, das hätte uns sehr geholfen. Und ich würde ihnen da nicht widersprechen.»

Olaf Scholz ist anderer Ansicht. Er lässt seinen Sprecher Steffen Hebestreit mitteilen: «Das Bundeskanzleramt ist weiterhin fest der Auffassung, dass wir genau das Richtige immer zum richtigen Zeitpunkt getan haben.» An den gegensätzlichen Äußerungen lässt sich ablesen, wie heftig in der Bundesregierung über die Waffenlieferungen an die Ukraine gestritten wurde.

Im Frühjahr 2022 lässt sich der Kanzler laufend von seinen Geheimdienstlern und Militärberatern über den Verlauf des Krieges unterrichten. Er weiß, wie dringend die Ukrainer auf schweres Gerät angewiesen sind. Dennoch bleibt er dabei: Geld ja, schwere Waffen nein.

Die Sphinx aus Hamburg

In der Rolle des wortkargen, in Rätseln sprechenden Politprofis wurde er zum Ersten Bürgermeister von Hamburg gewählt, in der Rolle wurde er vor einem guten halben Jahr von den Deutschen zum Bundeskanzler gewählt. Aber trägt die Rolle auch in Kriegszeiten?

Deutschland weiß es nicht, Olaf Scholz selbst weiß es auch nicht. Niemand kann es wissen, die Situation ist für alle neu. Scholz verlässt sich auf seine Instinkte. Während das Land wieder rätselt: Was denkt der Kanzler, was treibt ihn um?

Wenn Scholz ein Pressestatement abgibt, spricht er viel. Und sagt wenig. Im Kern bleibt der Kanzler stumm.

Oder er verwirrt seine Zuhörer. Mit Absicht?

Am Dienstag nach Ostern bittet der Kanzler wieder einmal zu einer

Pressekonferenz ins Kanzleramt. Er hält einen länglichen Vortrag darüber, wie schrecklich der Krieg ist und dass er schleunigst beendet werden soll. Er spricht vom beschränkten Waffenarsenal der Bundeswehr. Und wie wichtig es sei, im Einklang mit anderen Ländern zu handeln. Er verweist auf das angekündigte Sondervermögen für die Bundeswehr. Worte ohne Neuigkeitswert.

Dann fragt eine verunsicherte Journalistin: «Herr Bundeskanzler, ich habe noch nicht genau verstanden, ob Deutschland nun schwere Waffen liefern wird oder nicht.»

Scholz antwortet, dass Deutschland sich mit anderen Partnerländern abstimmen werde. Er spricht von einer Industrieliste, die sich die Bundesregierung gemeinsam mit ukrainischen Regierungsvertretern genau anschauen werde. Und dass die Bundesregierung die Absicht habe, eine entsprechende Lieferung zu bezahlen.

Als alle im Raum damit rechnen, dass Scholz nun konkret wird, erklärt er: «Selbstverständlich wird auch eine Rolle spielen, wenn zum Beispiel Partner im Osten Europas sagen, sie hätten Waffen, die aus alten Beständen kommen und die in der Ukraine auch aktiv von der dortigen Armee eingesetzt werden würden, dann aber gerne Ersatz für sich selbst beschaffen. Dass wir dabei auch hilfreich sind.»

Scholz erklärt sehr umständlich den Ringtausch: Osteuropäische Nato-Partner schicken alte Waffen aus Sowjetzeiten in die Ukraine, Deutschland ersetzt sie durch moderne Waffen. Doch auch nach dieser Antwort versteht wohl niemand, ob die Bundesregierung nun selbst schwere Waffen an die Ukraine liefern wird oder nicht.

Wundern sich die professionellen Politbeobachter in Deutschland noch immer über den sparsamen Kommunikationsstil des Bundeskanzlers? Die meisten kennen ihn nicht anders. So ist er halt, unser Olaf Scholz, werden manche denken.

Einige werden sich daran erinnern, wie Scholz in den Wochen vor dem Kriegsausbruch partout das Wort Nord Stream 2 scheute. Je mehr man ihn dazu aufforderte, desto sparsamer wurden seine Antworten und desto verkniffener sein Gesichtsausdruck.

Der bockige Kanzler will sich nicht treiben lassen. Das ist die freundliche Lesart. Die unfreundliche Interpretation ist, und auch die hört man gelegentlich, dass Olaf Scholz zu einer klaren Sprache nicht fähig ist. Aber die zweite Lesart ist falsch.

Da ich Olaf Scholz seit 2009 persönlich kenne und in verschiedenen Rollen erlebt habe, als Hamburger Bürgermeister, als SPD-Generalsekretär, als Bundesarbeitsminister, als Finanzminister und schließlich als Bundeskanzler, kann ich bestätigen: Olaf Scholz beherrscht die klassische Geradeaus-Kommunikation sehr wohl. Im kleinen, halbprivaten Kreis nimmt er sogar gelegentlich Flüche in den Mund. Er kann scherzen. Und er kann mit seinen Worten Menschen verletzen. Sehr klar. Und sehr direkt.

Je wichtiger jedoch seine Ämter wurden, desto mehr kultivierte er eine verbale Sparsamkeit. Auf einfache Fragen wirft er seiner Umgebung ein paar nichtssagende Brocken hin und erfreut sich am Rätselraten seiner Mitmenschen.

Gelegentlich muss ich an das Interview denken, das ich wenige Wochen vor der Bundestagswahl im Jahr 2021 mit ihm geführt habe. Kurz zuvor hatte Lars Klingbeil, damals der Wahlkampfleiter der SPD, einen missglückten Wahlwerbespot vorgestellt. Der Spot machte sich unter anderem über die Religionszugehörigkeit von Nathanael Liminski lustig, des wichtigsten Mitarbeiters des CDU-Kandidaten Armin Laschet. Nach Protesten verzichtete die SPD darauf, den Spot weiter öffentlich zu zeigen.

Von Olaf Scholz wollte ich damals wissen, ob er den Spot kannte. Er antwortete ausweichend. Ich wiederholte die Frage: Kannten Sie diesen Spot, ja oder nein? Scholz antwortete wieder ausweichend. Insgesamt acht Mal und fünf Minuten lang drehten wir uns im Kreis. Scholz schaffte es nicht, oder besser: wollte es nicht schaffen, auf meine einfache Frage mit Ja oder Nein zu antworten.

Hinter der Schmalspur-Kommunikation des Politikers steckt Kalkül. Eine Art Filter, der sich längst über ihn gelegt hat wie eine zweite Haut. Immer seltener erlebt man, dass authentische Gefühlsregungen und spontane Gedanken diesen Filter durchdringen. Immer seltener hört man den Olaf Scholz der einfachen und klaren Sprache. Der einst so forsch formulierende Politiker ist dem misstrauischen, sich nach allen Seiten verbal absichernden Politiker gewichen.

Mag sein, dass ihn viele Deutsche gerade wegen dieser eisernen, kalten Selbstdisziplin bei der letzten Bundestagswahl gewählt haben. Im Vergleich zur jugendlich wirkenden und politisch weniger erfahrenen Kandidatin Annalena Baerbock und zum Quartals-Karnevalsjecken Armin Laschet wirkte Olaf Scholz abgeklärt – kanzlertauglich.

Die Staats- und Regierungschefs und -chefinnen der Partnerländer haben die jahrzehntelange Metamorphose von Olaf Scholz allerdings nicht miterlebt. Im Ausland wirkt der deutsche Kanzler oft seltsam verschroben. Seine unklare Sprache korrespondiert in diesen Apriltagen zudem mit seiner unklaren inhaltlichen Positionierung. Scholz redet zwar von Solidarität mit der Ukraine. Doch wochenlang weigert er sich, dem ums Überleben kämpfenden Land schwere Waffen zur Verfügung zu stellen.

Der Unwille von Olaf Scholz, öffentlich klar Position zu beziehen, wird mit dem Unwillen Deutschlands gleichgesetzt, die Ukraine nach besten Kräften zu unterstützen. Wieder gerät das wirtschaftlich mächtigste und somit wichtigste Land Europas in eine politische Isolation. In dieser Phase des Krieges wirkt Deutschland schwach, führungslos.

In diesen Schwächewochen der Bundesregierung ergreift Friedrich Merz die Initiative und droht Scholz damit, im Bundestag einen Antrag einzubringen, endlich schwere Waffen an die Ukraine zu liefern.

Der Kanzler muss alles daran setzen, die Reihen seiner Koalition zu schließen. Sollten ausreichend viele Abgeordnete von SPD, Grünen und FDP in dieser wichtigen Frage für den Antrag von CDU/CSU, also gegen die eigene Regierung, stimmen, hätte Scholz im Bundestag keine Mehrheit mehr. Nach den Gepflogenheiten der bundesrepublikanischen Politik wäre sein Rücktritt naheliegend. Ein Kanzlersturz, mitten im Krieg – Wladimir Putin würde sich die Hände reiben.

In dieser Lage knickt Scholz ein und erlaubt dem deutschen Rüstungskonzern Krauss-Maffei Wegmann, «Gepard»-Flugabwehrpanzer aus alten Bundeswehrbeständen an die Ukraine zu verkaufen. Ab sofort liefert Deutschland also auch schwere Waffen. Scholz, der sich so ungern treiben lässt, wirkt jetzt doch wie ein Getriebener.

Bei seinen Entscheidungen hat der Kanzler sowohl Moskau im Blick wie seine innenpolitischen Gegner, die Interessen von Kiew muss er sowieso berücksichtigen. Er ist in einer Zwickmühle.

Mit der Entscheidung für den Gepard-Panzer versucht er, es allen Seiten recht zu machen. Die Wahl ist clever. In der Tierwelt gilt der

Gepard nicht als Streicheltier, sondern als Raubtier. Daher hat die in Tiernamen verliebte Bundeswehrführung ihren Panzer vor Jahrzehnten nach der afrikanischen Wildkatze benannt. Doch der Gepard ist nicht so sagenumwoben gefährlich wie der Leopard.

Die beiden radargesteuerten Maschinenkanonen dienen der Abwehr gegnerischer Flugzeuge und anderer Flugobjekte. Die Freigabe des Gepard-Panzers kann von Wladimir Putin somit als ein Zeichen verstanden werden, dass Deutschland keine Angriffswaffen liefert, sondern ein defensives Waffensystem.

Dass der Gepard je nach Gefechtslage auch offensiv eingesetzt werden kann, wird in der begleitenden Kommunikation der Bundesregierung nicht groß erwähnt. Die Gepard-Panzer sind schwer – damit gibt sich die Union vorerst zufrieden.

Wie der Kreml auf die deutsche Lieferentscheidung reagiert, wird nicht bekannt. Lässt sich Putin von semantischen Taschenspielertricks über die Funktionsweise des Gepards blenden? Die Gefahr wächst, dass Deutschland in den Augen von Wladimir Putin zur Kriegspartei wird.

Christine Lambrecht teilt die Entscheidung für die Gepard-Lieferungen den Verteidigungsministern der anderen Nato-Staaten bei einem Treffen auf dem US-Luftwaffenstützpunkt in Ramstein mit. So vermeidet es die Bundesregierung gerade noch rechtzeitig, vor den Partnern mal wieder als Bremser dazustehen.

Die Koalition steckt in einem Gestrüpp vieler unterschiedlicher Erwartungen fest. Wirklich souverän wirkt sie nicht. Das liegt auch daran, dass sie ihre Entscheidungen zu Waffenlieferungen an die Ukraine nur verdruckst kommuniziert. Warum sie das eine Waffensystem zur Verfügung stellt, ein anderes aber nicht, bleibt unklar.

Erst ein halbes Jahr später wird Kanzleramtsminister Schmidt nachvollziehbar begründen, warum die Bundesregierung den von der Ukraine geradezu verzweifelt erbetenen Panzer Leopard 2 damals nicht liefert. Schmidt nimmt am «Progressive Governance Summit», einem kleinen Kongress in Berlin, teil. Eigentlich meidet der Kanzleramtsminister gerade öffentliche Auftritte. Aber an diesem Oktobertag vertritt er den Bundeskanzler, der kurzfristig absagen musste.

Schmidt diskutiert mit der amerikanischen Historikerin Anne

Applebaum und offenbart auf Englisch, warum die Regierung neben dem Gepard nicht auch noch den Leopard 2 in den Krieg schickt. Als sich ein junger Zuhörer im dicht gedrängten Saal zu Wort meldet und wissen will, warum die Bundesregierung überhaupt so zögerlich Panzer liefert, antwortet Schmidt leicht genervt, man solle bitte zur Kenntnis nehmen, dass Deutschland nach den USA und Großbritannien der drittgrößte Lieferant von Waffen an die Ukraine sei. Im Übrigen würde kein westliches Land eigene schwere Kampfpanzer liefern.

Außerdem wären Instandhaltung und Reparatur der Panzer ein Problem, da es in der Ukraine kein für die westlichen Panzer geschultes Personal gebe.

Nachdem sich Schmidt an den technischen Fragen abgearbeitet hat, kommt er auf die politischen Motive. Und die sind spannender, vielleicht auch bedeutsamer. Es gehe auch darum, skeptische Länder des globalen Südens von den eigenen Absichten zu überzeugen. In einigen fernen Ländern halte sich die falsche Vorstellung, dass die Nato bereits in den Ukrainekrieg involviert und der eigentliche Aggressor sei. Außerdem würden Kampfpanzer ganz vorne an der Front agieren, einige Verbündete hätten Angst, dass sie in die Hände der Russen fielen und mit ihnen streng geheime Technologie. Viele gewichtige Argumente.

Dann verweist Schmidt auf die deutsche Geschichte: «Wenn solche Kampfpanzer mit dem deutschen Eisernen Kreuz erbeutet würden, wäre dies eine perfekte Vorlage für die Propaganda der Russen: Seht her, das ist die Nato, die uns angreift!»

Na klar, jeder hoffe auf ein schnelles Ende des Krieges, jeder wünsche sich, diesen Krieg per Knopfdruck beenden zu können. «Am Anfang war das SWIFT, dann war es ein Gasboykott, dann waren es schwere Waffen», listet Schmidt auf.

Es gebe in Deutschland immer noch so eine Art V2-Mythos, einen Glauben an eine Wunderwaffe. Er vergleicht die Diskussion um den Leopard 2 mit der Hoffnung auf Hitlers Raketen in der Schlussphase des Zweiten Weltkriegs. «Wir sind so stolz auf unsere Technologie, dass wir glauben, der Leopard 2 ist diese Wunderwaffe, die diesen Krieg beenden wird. Aber das wird sie nicht tun.»

Zwar weisen die Leute im Umfeld des Kanzlers darauf hin, dass Scholz die Lieferung schwerer Kampfpanzer nie explizit ausgeschlossen habe. Aber das betrifft nur seine öffentlichen Äußerungen. Tatsächlich sperrt sich der Kanzler viele Monate lang hartnäckig gegen den Wunsch der Ukrainer, deutsche Leopard-Panzer zu erhalten. Was Wolfgang Schmidt beschreibt, ist de facto eine selbstgezogene Linie, die rote Linie der deutschen Waffenhilfe. Es ist bezeichnend, dass ein führendes Mitglied der Bundesregierung erst acht Monate nach Kriegsbeginn den Verlauf dieser Linie so klar und präzise benennt. Und das auch nur vor dem sehr überschaubaren Auditorium eines Berliner Thinktanks. Auf Englisch.

Es wäre die Aufgabe des Bundeskanzlers, der Öffentlichkeit seine Entscheidungen zu erläutern. In klarer deutscher Sprache.

Aber es geht um weit mehr als um Kommunikation. Im Sommer steht ein Zeitfenster für die Lieferung und den Einsatz von deutschen Schützenpanzern und Kampfpanzern weit offen. Die ukrainischen Soldaten könnten sie bei ihrer Gegenoffensive im Herbst einsetzen. Den Winter über könnten sie weiter auf den fremden Geräten trainieren und wären rechtzeitig vor einer Frühjahrsoffensive einsatzbereit.

Die Entscheidung von Olaf Scholz und Wolfgang Schmidt gegen die Lieferung von Leopard-Panzern ist in der Bundesregierung sehr umstritten. Vielleicht ist auch das ein Grund, warum Scholz sein Nein nicht selbst ausführlich erklärt.

Am Ende des Sommers 2022 hat er sich im koalitionsinternen Panzerstreit festgelegt. Er zögert die Entscheidung nicht hinaus, nein, er schließt bewusst das Zeitfenster für eine wirkungsvollere Unterstützung der Ukraine.

Erst viel später, im Januar des nächsten Jahres, werden er und Wolfgang Schmidt von ihrem Kurs abweichen und die selbstgezogene rote Linie überschreiten. Dann wird es lange – vielleicht zu lange – dauern, bis die deutschen Marder und Leoparden den ukrainischen Streitkräften zur Verfügung stehen. Die russische Armee wird in der Zwischenzeit ihre Verteidigungsstellungen in den besetzten Gebieten ausbauen.

Niger

Nach Mali will Annalena Baerbock noch das Nachbarland Niger besuchen, einen Vorzeigestaat für demokratisch geordnete Verhältnisse in der Sahelzone. Aber die Unruhen und Terroranschläge in Mali wirken sich auch hier aus. Die Nigrer klagen außerdem über den Klimawandel. Manchmal wird es fünfzig Grad heiß, es gibt längere Dürreperioden, dann sintflutartige Überschwemmungen. Viele Bewohner verlassen die Region Richtung Europa.

Baerbock drängt es raus aufs Land, sie will die Nöte der Bevölkerung kennenlernen. Flankiert von schwer bewaffneten Soldaten auf Jeeps fährt sie eineinhalb Stunden Richtung Norden. Auf keinen Fall weiter. Am Südrand der Sahara marodieren Banden, sie überfallen Dörfer, stehlen Vieh oder kidnappen Menschen. Die Außenministerin wäre ein lohnendes Ziel. Vor dem Dorf Quallam sieht sie eine Wüstenlandschaft, vor ein paar Jahren gab es hier noch Baumwollfelder. Sie besucht die Dorfschule und wohnt einem Unterricht für Jungen und Mädchen bei. Auf dem Stundenplan steht geschlechtsspezifisches Verhalten, politisch sehr korrekt. Oder wird heute nur ein Schauspiel aufgeführt? Baerbock strahlt.

Am Nachmittag taucht sie wieder in die Welt der Diplomatie ein. In der Hauptstadt Niamey besucht sie ihren Amtskollegen. Am Außenministerium sind noch Einschusslöcher vom letzten Putschversuch zu sehen. Die Löcher erzählen eine eigene Geschichte – davon, wie wenig tragfähig die Demokratie auch hier ist.

Am Abend trifft sich die deutsche Delegation in einem Restaurant am großen Fluss. Das Lokal ist nicht zu Fuß zu erreichen, es liegt auf einer Art Sandbank, die Gäste müssen mit Kähnen hinüber gefahren werden. Als Annalena Baerbock in einem kleinen Holzboot über den Seitenarm des Niger setzt, wirkt sie wie ausgewechselt, der Druck der letzten Tage fällt von ihr ab. Sie nimmt auf einem Sessel auf den Planken des Restaurants Platz, zieht ihre Schuhe aus und genießt den Sonnenuntergang über dem Niger. Einen schwülheißen Abend lang kann sie sich zurücklehnen. Ihr Blick wandert weit hinaus, flussabwärts. In etwa 200 Metern Entfernung sieht sie eine Brücke. Dort gehen gerade viele kleine Lichter an. Jemand erzählt, dass die Brücke von chinesi-

schen Investoren gebaut wurde. Völlig abschalten kann Annalena Baerbock nicht.

«Feinde»

Viele Monate lang bleibt rätselhaft, welche Ängste Olaf Scholz umtrei-
ben, wenn er für oder gegen die Lieferung von Waffensystemen an die
Ukraine entscheidet. Befürchtet er, dass Wladimir Putin Raketen auf
Deutschland abfeuert? Macht er sich Sorgen, dass der konventionell
geführte Krieg zu einem Atomkrieg ausartet? So ähnlich deutet er das
gelegentlich an.

Beobachter können sich nur zusammenreimen, dass er fürchtet,
Wladimir Putin einen Anlass zu geben, sich direkt mit den Nato-Staaten anzulegen. Niemand im Westen weiß, wo genau Putins rote Linie
verläuft. Verständlicherweise hat niemand ein Interesse daran, dies
herauszufinden. Die Folgen könnten fatal sein.

Am Abend des 26. April, nach der Bekanntgabe der Entscheidung,
Gepard-Panzer an die Ukraine zu liefern, stellt sich Verteidigungsministerin Lambrecht den Fragen von Christian Sievers im «heute
journal». Die Lieferung der Panzer sei genau richtig, behauptet sie:
«Es ist das, was gerade jetzt aktuell die Ukraine braucht, um den Luftraum zu sichern.»

Fachleute weisen jedoch darauf hin, dass die Gepard-Panzer der
Ukraine kurzfristig nicht helfen werden. Zunächst müssen sie sorgfäl-
tig gewartet und die ukrainischen Soldaten ausgebildet werden. Die
Verteidigungsministerin verspricht etwas, was sie nicht halten kann.

Als Sievers wissen will, ob die Regierung auch bald die Lieferung
anderer schwerer Waffen genehmigen wird, weicht die Ministerin aus.
Sie verweist auf das, was Deutschland bisher bereits geliefert hat, auf
den Ringtausch mit östlichen Nato-Partnern. Im Übrigen sei es gut,
nicht über alles, was man tue, auch laut zu sprechen. Denn: «Der
Feind hört mit!»

Dieser Satz ist seit dem Zweiten Weltkrieg aus dem deutschen
Sprachgebrauch nahezu verschwunden. Doch Christine Lambrecht
hält es für angebracht, solch dumpfe Parolen wieder hervorzukramen.
Sie scheint Gefallen an dem Wort «Feind» zu finden, gleich im nächs-

ten Satz benutzt sie es schon wieder: «Es ist nicht immer sinnvoll, alles, was man liefert, alle Karten offenzulegen, um dem Feind dann darzulegen, wozu man in der Lage ist und wozu man nicht in der Lage ist.»

Es ist nachvollziehbar, wenn die ukrainische Regierung vom russischen Militär als «Feind» spricht. Aus dem Mund der deutschen Verteidigungsministerin klingt das Wort jedoch deplatziert, sogar gefährlich. Auch rhetorisch lässt sich die Bundesregierung ein Stück weiter in diesen Krieg ziehen.

Der Riss

Ende April entbrennt ein heftiger publizistischer Disput über die angemessene Reaktion Deutschlands auf den Angriffskrieg. Der Streit geht weit über die üblichen Grenzen der politischen Auseinandersetzung hinaus. Er beginnt gemächlich mit langen Texten, schaukelt sich dann innerhalb von Twitter-Minuten hoch und endet mit schweren Vorwürfen und Verletzungen.

Drei Tage nach der Entscheidung über die Gepard-Lieferungen argumentiert Jürgen Habermas in einem Gastbeitrag für die Süddeutsche Zeitung gegen «die moralisch entrüsteten Ankläger», die laut eine aktivere Rolle Deutschlands in diesem Krieg fordern. Das Wort von Habermas hat großes Gewicht, er hat in seinem viele Jahrzehnte umfassenden Werk gründlich über Faschismus, Nationalsozialismus und Stalinismus nachgedacht. Sein Wissen bezieht er nicht nur aus Büchern, sondern auch aus eigenem Erleben. Habermas' Vater war Mitglied der NSDAP, er selbst während des Zweiten Weltkriegs Mitglied im Jungvolk, einer Unterorganisation der Hitlerjugend. Später hat Jürgen Habermas das Wettrüsten der Nachkriegsjahrzehnte erlebt.

In seinem Beitrag wirbt er nun um Verständnis für Olaf Scholz und für «eine reflektiert und zurückhaltend verfahrende Bundesregierung», die unter dem Eindruck des atomaren Drohpotentials Russlands steht.

Habermas sieht in der Debatte einen tiefgreifenden Generationenkonflikt. Er blickt zunächst auf «die Jüngeren», «die zur Empfindlichkeit in normativen Fragen erzogen worden sind, ihre Emotionen nicht verstecken und am lautesten ein stärkeres Engagement einfordern. Sie erwecken den Eindruck, als habe sie die völlig neue Realität des Krieges aus ihren pazifistischen Illusionen herausgerissen.»

Habermas nennt nicht viele Namen in seinem Text. Aber er verhehlt nicht, dass er auch an Annalena Baerbock denkt: «Das erinnert auch an die zur Ikone gewordene Außenministerin, die unmittelbar nach Kriegsbeginn mit glaubwürdigen Gesten und einer bekenntnishaften Rhetorik der Erschütterung einen authentischen Ausdruck verliehen hat.»

Für Habermas scheint die «bekenntnishafte Rhetorik» ein neuartiger Stil in der Regierungspolitik zu sein. Und tatsächlich unterscheidet sich Baerbocks Sprache auch stark vom Auftreten ihrer Vorgänger im Auswärtigen Amt. Habermas fasst zusammen, was ihn eigentlich umtreibt: «Die einen können sich einen Krieg nur unter der Alternative von Sieg und Niederlage vorstellen, die anderen wissen, dass Kriege gegen eine Atommacht nicht mehr im herkömmlichen Sinne ‹gewonnen› werden können.»

Es ist nicht so, dass er überhaupt kein Verständnis für diejenigen hat, die «ihre Emotionen nicht verstecken und am lautesten ein stärkeres Engagement einfordern».

Aber schon in der Kennzeichnung der beiden Haltungen zum Ukrainekrieg als Generationenkonflikt wird klar, dass Jürgen Habermas, Jahrgang 1929, sich eher auf der Seite derjenigen sieht, deren politische Sozialisation, wie bei Olaf Scholz (Jahrgang 1958), in der Zeit des Kalten Kriegs stattgefunden hat. Und die angesichts der Gefahr eines Atomkriegs entsprechend vorsichtig agieren.

Annalena Baerbock, die von Habermas etwas abfällig zur Ikone der gefühlsgeleiteten Protestierenden stilisiert wird, die die Ukraine um jeden Preis verteidigen wollen, ist Jahrgang 1980, den Kalten Krieg hat sie nicht bewusst erlebt.

Am selben Tag, an dem der Text von Jürgen Habermas erscheint, veröffentlicht die Zeitschrift EMMA einen offenen Brief von prominenten Kulturschaffenden. Auch sie fordern vom Regierungschef eine zurückhaltende Politik im Ukrainekrieg, schließlich drohe ein Dritter Weltkrieg.

«Wir hoffen darum, dass Sie sich auf Ihre ursprüngliche Position besinnen und nicht, weder direkt noch indirekt, weitere schwere Waffen an die Ukraine liefern.»

Die Unterzeichner verstehen sich nicht als radikale Pazifisten ohne Verständnis für die Nöte der Ukraine. Sie fürchten eine sich immer mehr beschleunigende Gewaltspirale: «Selbst der berechtigte Widerstand gegen einen Aggressor steht dazu irgendwann in einem unerträglichen Missverhältnis.»

Dieser Satz bringt viele Leser auf die Palme. Sie verstehen ihn als Aufforderung an die Ukraine zur Kapitulation.

Martin Walser hat den Brief unterschrieben, Alice Schwarzer, Juli Zeh, Alexander Kluge, Gerhard Polt und viele andere haben ebenfalls ihre Unterschrift unter das Schreiben gesetzt. Bald darauf unterzeichnen über 200 000 Personen den Brief. Er trifft einen Nerv.

Die Gegenreaktion kommt sofort. Auch sie trifft einen Nerv. Die harsche Wortwahl derjenigen, die sich über das Schreiben der Kulturschaffenden aufregen, zeigt aber noch mehr: Die unterschiedlichen Positionen stehen einander unversöhnlich gegenüber, der Respekt vor Andersdenkenden schwindet. Die Diskussion läuft aus dem Ruder.

Jan Böhmermann twittert: «Der Offene Brief an Olaf Scholz sendet das beruhigende Signal: wenn Putin Deutschland mit Atomraketen angreift, wird sich der intellektuelle Schaden jedenfalls in Grenzen halten.»

Andrij Melnyk poltert: «Hi Alice Schwarzer, Ihr Aufruf zur Kapitulation der Ukraine bedeutet, dass Ihr gefeierter Feminismus nur eine Fassade, ein Fake ist. Massenvergewaltigungen von Frauen durch Soldaten in Kauf zu nehmen, ist Zynismus pur.»

Konstantin von Notz von den Grünen langt ebenfalls kräftig zu: «Die Grundthese von Alice Schwarzer & Co., dass alle Beteiligten leichtfertig einen Atomkrieg in Kauf nehmen, ist nicht naiv oder nachdenklich, sondern abwegig, selbstgerecht und bösartig.»

«Zynismus pur», «selbstgerecht und bösartig» – die Debatte ist vergiftet.

Viele Diskussionsgegner unterstellen sich gegenseitig nicht ehrenwerte Absichten, kein legitimes Argumentieren, sondern leichtfertige Inkaufnahme allerschlimmster Konsequenzen. Die Fronten in der Debatte sind so verhärtet, dass auch in den Feuilletons ein Friedens-

schluss, wenigstens ein Bemühen um Verständnis, in weite Ferne
rückt.

Tatsächlich gibt es keinen Königsweg aus der schwierigen Lage. Es
gibt auch keine gedankliche Vorarbeit, auf die man sich berufen
könnte. Die russische Invasion der Ukraine, ein Angriffskrieg in der
Mitte Europas im 21. Jahrhundert, hat die Fantasie nicht nur der Politikerinnen und Politiker überstiegen, sondern auch das Vorstellungs-
vermögen der Intellektuellen.

Einigen Beobachtern, auch mir, kommt die Kalte-Krieg-Parole von
deutschen Kriegsdienstverweigerern wieder in den Sinn: «Lieber rot
als tot». Sie meinte die militärische Bedrohung durch die Sowjetunion.
Die Konfrontation alter Denkmuster mit der Kriegsrealität von heute
ist schmerzhaft, ich kann mich da nicht ausnehmen.

Von Wladimir Putin erzwungen, hat sich die deutsche Debatte
in zwei Sackgassen manövriert: Die «Lieber rot»-Fraktion steht der
«Lieber tot»-Fraktion unversöhnlich gegenüber.

Mit beiden Denkrichtungen werden Olaf Scholz und seine Regierungspartner nichts anfangen können. Sie wollen sich weder Russland
ergeben noch zur Verteidigung der Freiheit einen Weltkrieg riskieren.
Die Bundesregierung hat sich zu einem pragmatisch-abwägenden Auf-
Sicht-Fahren entschlossen. Aber auch bei diesem Weg ist völlig offen,
wohin er führt.

Tanz den Frieden

Am letzten Freitag im April, an dem viele öffentlich über schwere
Waffen und eine atomare Bedrohung streiten, stellt sich eine weitere
Frage: Darf man in Zeiten des Krieges tanzen?

Als die Bundespressekonferenz nach zwei Jahren pandemiebe-
dingter Pause wieder an die Planung ihres Presseballs ging, wurde die
Welt zwar noch von der Pandemie bedroht, nicht aber von russischen
Panzern. Dann marschierten Putins Soldaten in der Ukraine ein, und
niemand, weder Journalisten noch Politiker, konnte der Frage aus
dem Weg gehen: Darf man jetzt feiern?

Die allermeisten Regierungsmitglieder beantworten diese Frage

klar: Sie sagen ab. Womöglich werden sie weniger von moralischen
Bedenken getrieben als von der Sorge, ein Foto von sich in der BILD-
Zeitung zu sehen, darunter die Zeile: «Während in Mariupol Frauen
und Kinder sterben, amüsiert sich XY beim Presseball.» Nein, solcher
Häme will sich niemand aussetzen. Daher sagt der Bundespräsident
seine Teilnahme ab, die Außenministerin, die Verteidigungsministerin
und auch die anderen Kabinettsmitglieder. Der Bundeskanzler will
auch nicht kommen.

Aber was ist mit denjenigen, die nicht in Regierungsverantwortung stehen? Friedrich Merz nimmt es locker, zieht sich Smoking und
Fliege an und betritt nebst Gemahlin das Adlon. Der bei der Hauptstadtpresse nicht sonderlich beliebte ehemalige Verkehrsminister Andreas Scheuer will ebenso feiern wie Marie-Agnes Strack-Zimmermann. Zahllose Journalistinnen und Journalisten, Pressesprecher und
Lobbyisten sehen ebenfalls keinen Grund, warum sie den Ball meiden
sollen. «In der Ukraine ist doch niemandem geholfen, wenn ich zuhause bleibe», solche Sätze hört man häufiger.

Der Abend wird zu einem «Solidaritätsball für die Ukraine» umge-
deutet. Also doch: Tanzen für den Frieden. Junge Damen in ukrainischen Gewändern bewegen sich durch die Festsäle und halten den
Gästen Plexiglasbehälter hin, in die man bitte, bitte Geldscheine für
die Kriegsopfer stecken soll.

Der ukrainische Botschafter Andrij Melnyk, dessen Zorn viele in
den Regierungsparteien fürchten, redet der Ballgesellschaft ein gutes Gewissen ein: mit seiner Anwesenheit. Er erhebt sich am Ehrentisch und hält eine Rede, in der er die Medien in Deutschland überschwänglich lobt: «Ich wage zu behaupten, dass ohne diese starke
Stimme der freien Presse, ohne Ihren Druck auf die Bundesregierung
und auf den Bundestag, die Zeitenwende kaum möglich gewesen
wäre.» Eigentlich ist das kein Lob, sondern ein Kinnhaken für Olaf
Scholz.

Einige Minister und Ministerinnen werden froh sein, dass sie sich
die Attacke des Botschafters nicht auch noch im festlichen Gewand
und mit Champagnerglas anhören müssen. Was wäre das auch für eine
Situation: der Bundespräsident, den die ukrainische Regierung vor
kurzem nicht in Kiew empfangen wollte, am Ehrentisch mit dem ukrainischen Botschafter. Der Bundeskanzler an der Weinbar mit dem

Mann, der ihn seit Wochen anprangert. Würde der Bundespräsident
Svitlana Melnyk, die Botschaftergemahlin, zum Walzer übers Parkett
führen? Würde die deutsche First Lady Elke Büdenbender Foxtrott
mit Andrij Melnyk schwofen?

Der Botschafter ist heute nicht gekommen, um sich zu amüsieren.
Er will der Bundesregierung die Leviten lesen und beklagt, «dass
viele Politiker durch Abwesenheit glänzen». Einer kritischen Diskussion könne man so aber nicht ausweichen.

Für die angesprochenen Regierungsmitglieder ist die Lage ver-
trackt: Kommen sie zum Ball, meckert die Boulevardpresse. Kommen
sie nicht, meckert der Botschafter.

Das Schweinswal-Dilemma

Phocoenidae, besser bekannt als Schweinswale, werden bis zu
2,5 Meter lang. Sie leben vor allem in Nord- und Ostsee und halten
sich gerne in Küstennähe auf, auch in der Elbe. Spätestens seit Robert
Habeck vor zehn Jahren in Schleswig-Holstein Minister für Energiewende, Landwirtschaft, Umwelt und Natur wurde, entdeckte er sein
Herz für diese Tiere. Er wohnt gewissermaßen um die Ecke, an der
Flensburger Förde, und nennt sich sogar «Schweinswal-Fan».

Aber Habeck ist nicht nur ein Freund von Schweinswalen. Nachdem er die Führung des Wirtschaftsministeriums übernahm, hat er
sich auch zu einem Anhänger von Flüssigerdgas gewandelt. Und weil
LNG vor allem mit Spezialschiffen transportiert wird, hegt Habeck
auch Hoffnungen für die deutschen Werften. Ausgerechnet jetzt
schwimmen ihm die Schweinswale in die Quere.

An einem milden Frühjahrstag reist der Minister ins niedersächsische Wilhelmshaven. Hier, an der Nordseeküste, will er einem Vorgang
beiwohnen, den er als historisch bezeichnet: «Wir haben eine gute
Chance, das zu schaffen, was in Deutschland eigentlich unmöglich ist.»

Unmögliches schaffen, Habeck liebt die großen Worte. Er stellt ein
bislang ungekannt schnelles Zusammenspiel von Politik, Wirtschaft
und Ingenieuren in Aussicht, fast so, als würde Elon Musk am Jade-
busen wohnen.

Unter dem Druck des russischen Angriffskrieges will er in nur zehn Monaten LNG-Terminals bauen lassen. Er schwärmt, gemessen an den in Deutschland üblichen Planungs- und Bauzeiten wäre das «Lichtgeschwindigkeit».

Habeck ist dabei, als mit viel Tamtam der erste Rammschlag für einen neuen Schiffsanleger erfolgt. Viel regionale und lokale Politpromimenz ist gekommen, Kamerateams und Fotografen drängeln sich für die besten Bilder. Es kommt nicht so oft vor, dass sich ein Mitglied der Bundesregierung hierhin verirrt. Es ist auch deshalb eng, weil die Gruppe von Politikern und Presseleuten mit einem Schiff von überschaubarer Größe raus vor die Küste fährt.

Der grüne Minister haucht allen Anwesenden das Gefühl ein, Zeitzeugen einer noch nie dagewesenen Leistung zu sein. Wilhelmshaven kann sich an diesem Tag als Nabel der Welt fühlen, der Minister platzt beinahe vor Stolz. Eigentlich sei es ja unmöglich, «innerhalb von etwa zehn Monaten ein LNG-Terminal zu errichten und es anzuschließen an die deutsche Gasversorgung».

Er hat auch recht. Wenn es in nur wenigen Monaten gelänge, schwere industriepolitische Versäumnisse von vielen Jahren wettzumachen und Deutschlands Gasversorgung unabhängig von Russland zu machen, wäre das tatsächlich eine enorme Leistung.

Doch die Naturschützer der Deutschen Umwelthilfe haben sich der Sache der Schweinswale angenommen. Weil für den etwa 370 Meter langen Anleger 150 Stahlpfähle mit einer Länge von 50 Metern in den Meeresboden gerammt werden, sei das für die Schweinswale so lebenswichtige Biotop in Gefahr.

Der Naturschutzbund argumentiert noch schärfer. Es gehe bei der Förderung und der Nutzung von Flüssigerdgas nicht nur um den Lebensraum von Schweinswalen. Bei der Energieform handele es sich um einen fossilen und somit klimaschädlichen Brennstoff. Auch das stimmt.

Eigentlich will die Ampelregierung doch schleunigst raus aus dieser Art der Energienutzung. «LNG als ‹saubere Energie› zu bezeichnen, ist geradezu zynisch», erklären die NABU-Leute, der erste Rammschlag sei «ein Trauertag und keiner, den man feiern kann».

Ihre Kollegen von der Umwelthilfe sehen zudem das Prinzip der Rechtsstaatlichkeit verletzt, die Naturschutzverbände seien bislang nicht in die Planungen eingebunden worden. Die Organisation legt Widerspruch gegen die Genehmigung ein.

Das wiederum bringt Habeck auf die Zinne, er sieht den Bau des Terminals in «Lichtgeschwindigkeit» in Gefahr. Ausgerechnet Umweltschützer, denen er sich als grüner Politiker verbunden fühlt, drohen damit, seinen Plan zu durchkreuzen. Menschen aus einem Milieu, das mit der grünen Partei seit ihrer Gründung vor über 40 Jahren eng verwachsen ist. Ein Milieu, das geholfen hat, Habeck zu dem zu machen, was er heute ist: Bundesminister, Vizekanzler.

Habeck muss sich zwischen den beiden Herzen entscheiden, die in seiner Brust schlagen. Zwischen dem Herz als Schweinswal-Liebhaber. Und dem Herz als LNG-Propagandist.

Habeck wittert den Konflikt, die Risiken für seinen guten Ruf. Und entschließt sich schnell, keine Zweifel an seinen Motiven aufkommen zu lassen.

Seit Beginn des Krieges hat er seine Prioritäten benannt. Beim Besuch in Niedersachsen ist ebenfalls herauszuhören, was ihm wichtiger ist. Einerseits sagt er: «Ich bin der größte Schweinswal-Fan der Bundesregierung.» Aber dann wird er grimmig, die Klage der Umwelthilfe sei «falsch».

Habeck hat sich entschieden. Bei anderer Gelegenheit droht er den Naturschützern sogar: «Im Zweifelsfall bringt uns eure Klage in größere Abhängigkeit von Putin. Das solltet ihr nicht tun an dieser Stelle.»

Nervöse Republik

Als erstes deutsches Regierungsmitglied besucht Annalena Baerbock Kiew. Die BILD-Zeitung, die noch während des Bundestagswahlkampfes in ihrem TV-Ableger behauptet hatte: «KANZLERIN BAERBOCK? JEDER ZWEITE HAT ANGST DAVOR», titelt jetzt: «Wäre BAERBOCK die BESSERE KANZLERIN?»

Auch Verteidigungsministerin Christine Lambrecht ist wieder in den Schlagzeilen. Diesmal geht es nicht um Waffenlieferungen oder ihre Fingernägel. Auf einem Flug mit einem Helikopter der Bundeswehr zum Bataillon Elektronische Kampfführung 911 im schleswig-holsteinischen Stadum nahm sie ihren 21-jährigen Sohn mit. Anschließend reisten beide mit dem Auto in den Osterurlaub nach Sylt. Nebenbei kam heraus, dass Christine Lambrecht ihren Sohn schon in ihrer Zeit als Bundesjustizministerin mit nach Helsinki, Liechtenstein, Lissabon, Luxemburg, Paris, Prag und Slowenien nahm. Die Mitflüge des Sohnes waren legal und wurden von der Ministerin privat bezahlt. Doch sie erwecken den Eindruck, dass Lambrecht berufliche und private Interessen nicht klar genug voneinander trennt.

Rücktrittsforderungen werden laut. Ein paar Tage lang ist die Empörung groß. Dann gesteht mir eine Person aus dem Inner Circle der CDU: «Wir wollen gar nicht, dass Lambrecht zurücktritt. Im Amt ist sie viel mehr wert für uns.»

Olaf Scholz sieht das im Ergebnis genauso, wenn auch aus ganz anderen Gründen. Beim neuesten Fauxpas seiner Verteidigungsministerin drückt er wieder ein Auge zu.

Einige Wochen später, im Sommer, wird er zum ersten Mal Signale von Christine Lambrecht empfangen, dass sie selbst über Rücktritt nachdenkt. Im Büro des niedersächsischen Innenministers wird darüber gesprochen, dass Boris Pistorius ihr Nachfolger werden könne. Der Minister tut das als witzige Frotzelei ab: «Das war nicht ernst gemeint, ich hatte das nie auf dem Schirm.»

Im Oktober werden die Signale von Christine Lambrecht noch stärker: Sie will nicht mehr. Dennoch wird sie viele weitere Wochen ausharren. Eine amtsmüde Verteidigungsministerin während eines europäischen Krieges – das ist eine schwere Belastung für die Regierung und für die Bundeswehr.

Robert Habeck besucht die PCK-Raffinerie im brandenburgischen Schwedt. Unmittelbar nach Kriegsbeginn hatte sein Ministerium ein Prüfverfahren gegen den Anteilskauf durch Rosneft eingeleitet, obwohl das Kartellamt das Geschäft genehmigt hatte. Die Übernahme hatte sich zerschlagen, doch Rosneft ist immer noch Mehrheitseigner, und noch immer wird hier russisches Öl verarbeitet.

Sollten die Öllieferungen aus Russland ausbleiben, stünde die Raffinerie vor dem Aus. Die Versorgung der Tankstellen in Ostdeutschland ist in Gefahr, auch die Arbeitsplätze von über 1200 Mitarbeitern wackeln. Habeck ist gekommen, um den Leuten Mut zu machen.

Wie ein Arbeiterführer steigt er jetzt auf einen Tisch: «Ich will Sie nicht vergackeiern und Ihnen auch nicht irgendwie den Himmel rosarot malen. Es kann sein, dass es an irgendeiner Stelle hakt. Es kann sein, dass irgendwas nicht funktioniert.»

Dann ruft er in die Menge, dass er an einem Notfallplan arbeite: Öllieferungen per Schiff aus anderen Ländern, Finanzhilfen und eine Treuhandübernahme anstelle des Betreibers Rosneft. In die meisten Meldungen der Nachrichtenmedien schafft es vor allem ein Satz: «Ich will Sie nicht vergackeiern.»

Die Weltorganisation für Meteorologie meldet, dass das Risiko einer zumindest vorübergehenden Erderwärmung um 1,5 Grad erheblich angestiegen ist. Die Meteorologen haben auch die Wahrscheinlichkeit berechnet, dass dieser gefährliche Temperaturanstieg schon in fünf Jahren erreicht sein wird. Sie liegt bei 50:50.

Das Bundeskabinett entscheidet: Der Einsatz der Bundeswehr in Mali soll verlängert werden. Für die Mission der Vereinten Nationen sollen sogar mehr Soldatinnen und Soldaten zur Verfügung stehen. Statt 1100 wie bisher sollen künftig 1400 in dem Land Dienst tun. Das hängt mit dem Abzug der Franzosen zusammen.

Die Ausbildungsmission für die malischen Streitkräfte wird die Bundeswehr jedoch beenden und sich dafür auf die Unterstützung der nigrischen Armee konzentrieren. Die strategische Bedeutung der Sahelzone ist zu groß, Westafrika soll nicht Russland und China überlassen werden. Das letzte Wort hat der Bundestag.

Die CDU von Ministerpräsident Daniel Günther gewinnt die Landtagswahl in Schleswig-Holstein mit sensationellen 43,4 Prozent. Die SPD verliert 11 Prozent und sackt auf ein historisches Tief von 16 Prozent ab. Die Grünen überholen die SPD und schaffen mit 18,3 Prozent Platz zwei. Die FDP rutscht auf 6,4 Prozent ab und scheidet aus der Landesregierung aus.

Eine Woche später der nächste Tiefschlag für zwei Ampelparteien. Bei der Landtagswahl in Nordrhein-Westfalen kommt die SPD erneut auf ein historisch schlechtes Ergebnis. In dem Bundesland, in dem die

Sozialdemokraten so lange den Ton angaben, erreichen sie gerade mal 26,7 Prozent der abgegebenen Stimmen, die FDP nur noch 5,9 Prozent. Lindners Parteifreunde fliegen wieder aus der Regierung. Neben der CDU sind die Grünen die großen Gewinner. Sie verdreifachen ihr Ergebnis der letzten Wahl auf 18,2 Prozent.

Viele Kommentatoren in der Hauptstadt führen die beiden Wahlergebnisse auf den Kanzler zurück. Sein Kommunikationsstil komme bei der Bevölkerung nicht an. Das Problem von Olaf Scholz hat ab sofort zwei Namen: Habeck und Baerbock. Während Scholz als zögerlich, kalt und arrogant wahrgenommen wird, gelten die beiden Stars der Grünen als einfühlsam und bürgernah.

Eigentlich müsste Olaf Scholz der innenpolitische Gewinner der Ukrainekrise sein. Beim obersten Krisenmanager laufen alle Fäden der Regierung zusammen, die Blicke des ganzen Landes sind auf ihn gerichtet. Vor einem Jahr, als er noch Bundesfinanzminister und Kanzlerkandidat war, besuchte ich ihn einmal in seinem kleinen Büro im Willy-Brandt-Haus. Wir sprachen über die Corona-Pandemie, auch sehr grundsätzlich über Chancen, die Krisen innewohnen.

Ohne langes Zögern hatte Scholz während der ersten Phase der Pandemie die Geldschleusen geöffnet, um Bürger und Wirtschaft durch diese Extremsituation zu lotsen. Er profitierte enorm von seinem entschlossenen Handeln. Auch deshalb wählten ihn die Deutschen zum Kanzler. Es war naheliegend, dass wir im Frühjahr 2021 auch über Helmut Schmidt sprachen, dessen mythischer Ruf in der Hamburger Hochwasserkatastrophe von 1962 wurzelt. Schmidt als Retter, diese Geschichte haben die Deutschen nie vergessen.

60 Jahre später steht Olaf Scholz in einem noch viel größeren politischen Sturm. Hält er ihm stand, wächst er an ihm? Die Deutschen scheinen nicht mehr so viel Vertrauen in ihn zu haben. Sonst hätten sie seine SPD nicht in zwei wichtigen Landtagswahlen abgestraft. Im Frühjahr 2022 hat Olaf Scholz seinen Helmut-Schmidt-Moment verpasst.

Der Kanzler neigt nicht zu Kurzschlussentscheidungen. Also wird er, anders als Gerhard Schröder 2005 nach zwei verlorenen Landtagswahlen, nicht die Auflösung des Bundestages erklären, um Neuwahlen vorzuziehen. Das wäre auch viel zu früh. Aber der Druck auf Scholz und innerhalb seiner Koalition wird zunehmen. Die Regierungsmitglieder und Parteiführer der kriselnden Ampelpartner SPD und FDP werden sich stärker profilieren, gegen die Stars der Grünen.

In der FDP sorgt der Absturz in der Wählergunst im Norden und Westen für reichlich Selbstzweifel. Die Freidemokraten waren an beiden Landesregierungen beteiligt. Immer betonten sie, wie effektiv und harmonisch die Zusammenarbeit in der jeweiligen Koalition funktionierte, ganz wie in der Berliner Ampelregierung.

Doch bei beiden Wahlen wurde die FDP nach unten durchgereicht. Regierung bekommt der Partei nicht so gut wie Opposition. Wieder wird der 2017er-Spruch von Christian Lindner aus den Archiven gekramt: «Es ist besser, nicht zu regieren, als falsch zu regieren!» Was macht die FDP diesmal falsch?

Als kleinster Partner hat Christian Lindner bei den Koalitionsverhandlungen durchgesetzt, dass er Chef des mächtigen Finanzressorts wird. Gönnerhaft überließ er den Grünen das Wirtschaftsministerium und das Auswärtige Amt. Die Führung beider Häuser hatte den Ministern der letzten Regierung wenig Ansehensgewinn beschert.

Doch der Krieg mischt die Karten am Kabinettstisch völlig neu. Mit einem Schlag stehen die Außenministerin und der Wirtschaftsminister fast täglich im Rampenlicht. Die eine profiliert sich mit ungewohntem Klartext an der diplomatischen Front, der andere kämpft dafür, dass die Häuser und Wohnungen der Deutschen warm bleiben.

Wo bleibt da der Finanzminister? «Christian Lindner bezahlt», frotzelte Robert Habeck bei seinem Besuch in Schwedt, als er den besorgten Beschäftigten Mut zusprach. Lindner hat diesen Scherz vermutlich nicht so witzig gefunden.

Seine Rolle entwickelt sich völlig anders, als er das beim Start der Regierung im Dezember erhoffte. Der Mann, der doch so streng auf Haushaltsdisziplin achten wollte, wird als der Bundesfinanzminister in die Geschichte eingehen, der innerhalb kürzester Zeit die meisten Schulden aufhäufte. So wird die FDP ihre Stammwähler verschrecken und neue Wähler kaum überzeugen. Die grünen Krisenmanager haben es da leichter, Christian Lindner bezahlt ja.

Der FDP-Chef betritt am Abend der nordrhein-westfälischen Landtagswahl sehr spät die kleine Bühne seiner Parteizentrale. Eine Weile musste er befürchten, dass seine Partei unter die Fünfprozenthürde rutscht und zur Zwergpartei schrumpft. Als sich abzeichnet, dass es die FDP über die entscheidenden fünf Prozent schafft, schart er ein paar Getreue um sich: Volker Wissing, Nicola Beer, Wolfgang Kubicki, Bettina Stark-Watzinger.

Er weiß genau, dass bei miesen Wahlergebnissen schnell die Parteiführung in Frage gestellt wird. Lindner muss das lodernde Feuer austreten. Also braucht er jetzt ein Mannschaftsbild, irgendetwas, das nach Geschlossenheit und Solidarität aussieht.

Lindner ist zwar erst 43 Jahre alt, aber er hat schon eine Menge Wahlkämpfe im Kreuz, große Erfolge ebenso wie bittere Abstürze. Er versucht, der Kritik eine Richtung zu geben: «Wir haben heute nicht davon profitiert, dass wir fünf Jahre auch die Richtung des Landes mitgeprägt haben.» Dieses Problem wird ihn die nächsten Monate als Partner in der Bundesregierung begleiten.

Früher hätte Lindner vermutlich irgendeinen lockeren Spruch aus der Tasche gezogen. Im Internet kursiert immer noch ein Video von 1997, in dem sich der junge Christian Lindner als Schüler und Jungunternehmer in der Sprache von BWL-Animateuren versuchte: «Probleme sind nur dornige Chancen.» Aber der Tiefschlag der verlorenen Landtagswahl ist zu heftig, seine Künste als Motivator stoßen an Grenzen.

Er zahlt gleich doppelt: Als Finanzminister zahlt er für die Folgen des Ukrainekrieges. Und als FDP-Chef für die Regierungsbeteiligungen seiner Partei. Auch Christian Lindner verpasst den Helmut-Schmidt-Moment. Die Wähler richten sich in diesen Monaten nicht an ihm als Fels in der Brandung auf, sondern an Annalena Baerbock und Robert Habeck. Von der FDP wenden sie sich ab.

Kampf gegen Wladimir Bonaparte

In der Stadtmitte von Merseburg in Sachsen-Anhalt steht ein etwa fünf Meter hoher Meilenstein, der Reitern und Wanderern im frühen 19. Jahrhundert die Entfernungen nach Halle und Berlin anzeigte. Damals war hier ein Fernweg gebaut worden, nachdem sich zuvor alliierte Truppen von Preußen, Russen, Schweden und Österreichern schrecklich mit der Armee Napoleons und dessen Verbündeten bekriegt hatten. An der Völkerschlacht im nahen Leipzig nahmen bis zu 600 000 Soldaten teil, die bis dahin größte Schlacht der Geschichte.

Der Versuch des Feldherrn aus Paris, weite Teile des Kontinents zu erobern und unter die Herrschaft Frankreichs zu zwingen, scheiterte spektakulär. Europas Staaten wurden neu geordnet und die Verbindungen zwischen einigen Städten verbessert.

Wer vor dem Meilenstein steht, mag schnell an Wladimir Putin denken. Kann nicht auch heute das möglich sein, was vor 200 Jahren gelang? Der Sturz eines Herrschers, der in seinen Allmachtsfantasien von einem großen europäischen Reich träumt. Ein friedliches Miteinander zwischen den Völkern und Regionen.

Man sieht noch andere Spuren europäischer Geschichte in Merseburg. An einem Hochhaus gegenüber prangt ein riesiges Wandbild. Es ist kein Gemälde wie in Bamako, sondern ein Mosaik und zeigt Szenen aus den frühen 1980er Jahren, als der Bahnhofsvorplatz noch Gagarin-Platz hieß. Auch hier ist eine Vision zu sehen: Ein dunkelhäutiger Mann sitzt neben einer liegenden weißen Frau. Beide sind nackt. Hinter ihnen baut ein Vogel ein Nest. Ein paar Meter darüber sind die Türme eines Kraftwerkes sowie Stromleitungen abgebildet. Am oberen Rand fliegt ein Kosmonaut durchs Weltall.

Der Mensch in Harmonie mit der Natur, nach den Sternen greifend – so sahen die DDR-Oberen sich und ihr Land gerne.

Einiges, was das Mosaik zeigt, hat die Jahrzehnte überdauert. Die riesigen Kraftwerkstürme und Strommasten stehen noch immer in der Nachbarschaft. Je nach Windrichtung kann man den sechs Kilometer entfernten Chemiepark Leuna riechen. Dann legt sich der Gestank der Raffinerie und der Fabriken über die Stadt. Ein süßlicher, leicht fauliger Geruch. Die Menschen, die hier leben, haben keine Wahl, sie leben mit dem Gestank.

Auch Leuna verdankt seine Bedeutung großen Kriegen. Die Chemiewerke wurden 1916 gegründet, weit weg von der Westgrenze des Deutschen Reiches, um im Ersten Weltkrieg kein Ziel für feindliche Kampfflieger abzugeben. Im Zweiten Weltkrieg war der Ort eine wichtige Produktionsstätte der Kriegswirtschaft. Da Deutschland kaum eigene Ölvorkommen hat, wurden hier mit Hilfe von Tausenden Zwangsarbeitern synthetische Kraftstoffe hergestellt. In der DDR stieg Leuna zum zentralen Standort für petrochemische Produkte auf, aus dieser Zeit stammt die Belieferung mit russischem Erdöl über eine Pipeline.

Es ist vor allem die Zukunft von Leuna, die Robert Habeck interessiert, und deshalb ließ er sich gut zwei Stunden lang von Berlin hierhin fahren. Auch er hat eine Vision.

Er steht jetzt im dampfenden, zischenden und übelriechenden Chemiepark, umgeben von einem Labyrinth aus Rohren. Wie alle Besucher muss sich der Minister eine Weste mit Leuchtfarbe überziehen, dazu einen weißen Schutzhelm. Habeck lächelt sein breites Habeck-Lächeln, das mit der Weste und dem Helm gefällt ihm.

Neben Habeck steht Reiner Haseloff, der Ministerpräsident. Es ist drückend schwül, um die 28 Grad heiß, ein Gewitter liegt in der Luft. Die Brille von Haseloff beschlägt; er nimmt sie ab, um sie mit einem Tuch zu putzen. «Ja, der Robert», seufzt er gedankenverloren, während er reibt und reibt. Dann erzählt der Christdemokrat Haseloff, dass er sich mit dem Grünen Habeck bestens verstehe. «Wir haben in der Endlagerkommission tage- und wochenlang nebeneinandergesessen. Als Fachminister und ich damals als Wirtschaftsminister meines Landes. Wir können gut miteinander.»

Einen Nachmittag lang werden der Mann aus Flensburg, der jetzt in Berlin den Ton angibt, und der Mann aus Magdeburg in einem Reisebus durch den Chemiepark kutschiert. Die Gruppe gibt ein lustiges Bild ab: ganz vorne ein Polizeiwagen, dann die gepanzerten Limousinen von Habeck und Haseloff und ihren Personenschützern, mit Blaulichtern. Schließlich der Reisebus, in dem die VIPs sitzen. Links hinter dem Fahrer sitzt Habeck, rechts daneben Haseloff.

Die Karawane tuckert im Schritttempo. Die Arbeiter am Wegesrand schauen kurz hoch und versuchen zu erkennen, wer da Wichtiges vorbeifährt. Die Politiker schauen durch die Scheiben zurück und versuchen, das Durcheinander auf dem Gelände zu verstehen.

Ab und zu hält der Konvoi an. Dann erhält Robert Habeck einen Kurzvortrag. Orte wie Leuna sind für ihn von größter Bedeutung. Es ist kein Krieg mit Waffen, der ausgetragen wird wie vor 200 Jahren. Hier, in Leuna, entscheidet sich, ob Deutschland im Wirtschaftskrieg mit Russland bestehen kann. Es geht um Rohstoffe, Pipelines und chemische Vorgänge. Wissbegierig saugt Habeck alle Informationen auf.

Leuna hängt immer noch an den Rohren, die Gas aus Russland liefern. Und über die Leitung «Druschba» («Freundschaft») strömt Rohöl, wie zu alten DDR-Zeiten.

Längst ist der französische Mineralölkonzern Total einer der Großkunden von russischem Öl. Zwölf Millionen Tonnen verarbeitet die Belegschaft jährlich zu Diesel, Benzin und Heizöl. Tanklaster transportieren die Mineralölprodukte zu 1300 Tankstellen in Sachsen, Sachsen-Anhalt und Thüringen. Es verhält sich so ähnlich wie in Schwedt, ohne die Versorgung aus Leuna hätten weite Teile Ostdeutschlands ein Problem. Alle müssen sich ganz schnell auf den Notfall vorbereiten.

Schon kurz nach Beginn der russischen Invasion in der Ukraine erklärte das Management in Leuna, möglichst bald auf Öllieferungen aus Russland verzichten zu wollen. Möglichst bald, das heißt bis Ende des Jahres. Total kommt damit sogar den Plänen der Bundesregierung und der Europäischen Kommission zuvor, Habeck findet das mal wieder großartig.

Umso wichtiger ist, dass das Öl demnächst aus anderen Quellen nach Leuna fließt. Ob das wirklich funktioniert, werden die Manager erst in ein paar Monaten wissen.

Dann ist da noch das Problem mit dem Gas. Auf dem Gelände hat sich auch der Linde-Konzern niedergelassen. Bei der Herstellung von Industriegasen ist Linde Weltmarktführer. Hier in Leuna betreiben die Spezialisten zwei Anlagen zur Verflüssigung von Wasserstoff. Es gibt nur vier solcher Anlagen in Europa. Um den Rohstoff zu verflüssigen, muss er auf minus 253 Grad heruntergekühlt werden. Ein sehr energieintensives Verfahren.

«Was würde passieren, wenn ab morgen kein Gas mehr aus Russland fließen würde?», will ich von einem leitenden Mitarbeiter wissen, der neben der Anlage steht. Der Mann schüttelt den Kopf, sein Gesichtsausdruck verdunkelt sich. Kein Gas mehr – das will er sich lieber nicht vorstellen.

Am Rande der Besichtigungstour erzählt mir Habeck, was denn passieren würde, wenn das Gas aus Russland plötzlich ausbleiben würde. Er hat nicht nur den Chemiepark in Leuna im Blick, sondern auch die Zulieferindustrie, die Mitarbeiter, die Kunden. «Das wäre nicht zu kompensieren», ist er überzeugt. «Dann würde man in

Deutschland bestimmte industrielle Prozesse einfach abschalten müssen. Das kann man vielleicht mit Kurzarbeit überbrücken, sodass die Leute nicht gleich in Armut fallen. Aber die Industrie geht dann weg.»

Dann berichtet der Wirtschaftsminister, dass das russische Gas zwar vorübergehend zu ersetzen sei, weil die Gaskavernen in Deutschland wieder zu 40 Prozent gefüllt seien. Das würde in Leuna wohl für zwei, drei Wochen reichen. Aber man müsse ja davon ausgehen, dass das Gas aus Russland länger ausbliebe. «Das wäre im Moment nicht aufzufangen.»

Wladimir Putin, das wird auf dem Gelände des Chemieparks klar, hält ein gewaltiges Druckmittel in der Hand. Schon vor Jahren haben Habecks Parteifreunde davon gesprochen, Putin könne Energie als Waffe einsetzen. Jetzt ist es so weit.

Der deutsche Minister hat in den letzten Wochen immer wieder versucht, Putin diese Waffe aus der Hand zu schlagen. Und sich zu wehren. Mit Gesetzen und mit Maßnahmen gegen russische Unternehmen in Deutschland. Dann war Putin wieder am Zug.

Habeck klingt eindringlich, auch ein wenig getrieben, als er berichtet, wie er diesen Kampf erlebt, das Hin und Her von Drohungen, Sanktionen, Währungstricks, die Kündigung von Verträgen: «Das versucht der Kreml geschickt zu machen. Aber wir sind auch nicht komplette Idioten.»

Jetzt wirkt er sogar stolz. Man denkt an David, der von Goliath unterschätzt wurde. Habeck fühlt sich wohl in der David-Rolle. Wie in der Legende glaubt er, eine Schleuder mit Steinen zu haben. Deutsche Gesetze und Verordnungen gegen den Aggressor. Ob David Habeck den Goliath Putin zur Strecke bringen wird, ist gerade völlig offen.

In welcher Phase des Krieges wir uns gerade befinden, will ich von ihm wissen.

«Auf dem Schlachtfeld ist es scheinbar so, dass die Ukraine nicht nur die Stellung hält, sondern auch Positionen zurückgewinnt. Ob das bedeutet, dass der Krieg bald sich einem Ende nähern kann, oder das Gegenteil bedeutet, dass es eine Generalmobilmachung gibt und die totale Eskalation – das kann ich überhaupt nicht sagen.»

Habeck kommt auf die Auswirkungen der westlichen Strafmaßnahmen zu sprechen. Die Sanktionen müssen endlich richtig greifen, sie müssen Putin schmerzen.

Er gibt sich zuversichtlich, dass Deutschland die Folgen des Wirtschaftskrieges schultern wird: «Wir können das noch ewig lange
durchhalten. Auch die Preise werden wieder runtergehen. Wir werden
ja neue Bezugsquellen organisieren. Das dauert vielleicht noch ein paar
Monate. Mitte zweite Hälfte dieses Jahres, davon gehe ich aus, werden
wir wieder andere Energiepreise haben. Und die Inflation wird zu-
rückgehen, wenn nichts passiert. Das ist ja alles sehr, sehr offen.»

Dieser Teil von Habecks Vorhersage wird sich so schnell nicht erfüllen. Es wird sehr viel länger dauern, bis die Preise wieder sinken.

Aber Habeck will Zuversicht verbreiten. Plötzlich spricht der
deutsche Wirtschaftsminister wie ein Mann, der einen Plan hat, um
Goliath in die Knie zu zwingen – mit Sanktionen: «Wenn man der
Chefin der russischen Zentralbank aufmerksam zuhört, wird Russland
die Wirtschaft halten können – aber auf einem Niveau von 1980! Die
werden immer mehr an Prosperität verlieren.»

Jetzt kommt er zum entscheidenden Punkt: «Am Ende ist auch die
Sowjetunion zusammengebrochen, weil sie ökonomisch am Ende war.
Das war der Grund. Sie ist nicht ideologisch erschöpft gewesen. Sie
war es ökonomisch. Die waren im Grunde pleite. Das kann Russland
immer noch passieren.»

Das ist also seine Hoffnung, das Ziel der Sanktionen: Russland wieder in die wirtschaftliche Erschöpfung, in die Pleite treiben.

Dennoch kommen an diesem feuchtheißen Frühlingstag in Leuna
Zweifel auf, ob die Maßnahmen des Westens ausreichen, um den Mi-
litärriesen Russland zu besiegen. Eine Steinschleuder allein wird nicht
genügen. Die wirkmächtigste Waffe, die Europa im Wirtschaftskrieg
zur Verfügung hat – ein rasches und vollständiges Energieembargo
gegen Russland –, lassen Deutschland und seine europäischen Verbündeten unberührt. Zu groß ist ihre Angst, sich selbst zu schaden.
So kann man einen Wirtschaftskrieg nicht gewinnen.

Zum Bedauern von Olaf Scholz und Robert Habeck gibt es in diesem
Krieg noch eine weitere Front, eine politische. Sie verläuft quer durch
die Reihen der Alliierten von heute. Wochenlang wird hinter den
Kulissen der Europäischen Union um ein vollständiges Ölembargo gestritten. Die meisten Länder sind für einen Importstopp von russischem Öl, auch Deutschland. Die Bundesregierung hat ohnehin vor,

sich bis zum Jahresende komplett von russischem Öl unabhängig zu machen.

Doch gegen eine EU-weite Sanktion sperren sich einige osteuropäische Regierungen, etwa die von Ungarn, Tschechien und der Slowakei. Insbesondere der ungarische Ministerpräsident Viktor Orbán legt sich quer.

Ende Mai verhandeln die Staats- und Regierungschefs der Union mal wieder bis spät in die Nacht. Alle haben am nächsten Tag Anschlusstermine, der Zeitdruck für eine Einigung ist groß. Was wäre das für eine Blamage, wenn man sich nicht auf ein Ölembargo einigen könnte. Von einem Gasembargo redet in Brüssel schon länger niemand mehr.

Viktor Orbán bewegt sich nur zentimeterweise. Schließlich wird ein Kompromiss verkündet. Russisches Öl darf weiter per Pipeline geliefert werden, nicht aber per Tankschiff. Das betrifft die drei Länder nicht, sie haben ohnehin keinen Zugang zu einem Meer. Ihre Versorgung mit Öl aus Russland ist weiter gewährleistet. Die Spindoktoren in den übrigen Regierungszentralen rechnen sich den Sanktionseffekt schön. Einige überschlagen, dass demnächst bis zu 60 Prozent weniger Öl aus Russland nach Europa fließen wird, andere kalkulieren den Effekt sogar auf 90 Prozent.

Das Verhandlungsergebnis ist dennoch unbefriedigend. Die großen, wirtschaftsstarken Länder wie Deutschland, Frankreich und Spanien haben es nicht geschafft, einen einheitlichen Sanktionskurs durchzusetzen. Die im Wirtschaftskrieg so wichtige Einheitsfront der alliierten Europäer gegen Napoleon Putin ist löchrig.

Robert Habeck, der sich selbst für ein EU-weites Ölembargo eingesetzt hat, platzt der Kragen. Er sei mit dem Ergebnis nicht glücklich, die Verhandlungen seien ein Gewürge gewesen, die Geschlossenheit der Europäer habe gelitten. Besonders die Verhandlungsführung von Victor Orbán empört ihn. Der Ungar habe «ruchlos nur für seine eigenen Interessen gepokert».

Am Tag nach der langen Verhandlungsnacht von Brüssel steigt der Ölpreis.

Unter Genossen

Gerhard Schröder hängt den Sozialdemokraten um den Hals wie ein Mühlstein. Viele schreckliche Kriegswochen lang hat sich der Altkanzler geweigert, ein böses Wort über seinen Männerfreund in Moskau zu sagen. Nicht mal leise, kein Hauch von Kritik, nichts. Auch seine lukrativen Posten bei russischen Energiekonzernen wollte Schröder nicht aufgeben.

Die Wahlkämpfer der SPD in Schleswig-Holstein hassten es, wenn sie auf Schröder angesprochen wurden. Ihren wahlkämpfenden Parteifreunden in Nordrhein-Westfalen ging es nicht anders. Schröder blieb stur.

Schon im März taten sich mehrere ehemalige SPD-Vorsitzende zusammen, schrieben einen Brief an Schröder und flehten ihn an, Putins Krieg zu verurteilen: Norbert Walter-Borjans unterschrieb ebenso wie Andrea Nahles, Martin Schulz, Kurt Beck, Matthias Platzeck, Franz Müntefering, Rudolf Scharping und Björn Engholm. Auch die beiden amtierenden Vorsitzenden Saskia Esken und Lars Klingbeil unterschrieben. Klingbeil muss sich mit der Unterschrift besonders schwergetan haben, vor 20 Jahren arbeitete er im Wahlkreisbüro von Schröder, er hat ihm viel zu verdanken.

Oskar Lafontaine, der im Streit mit Schröder vor vielen Jahren aus der SPD ausgetreten war, unterschrieb nicht. Auch Sigmar Gabriel wollte seinen Namen nicht unter den Brief setzen.

Der Altkanzler ignorierte den Brief. Keine Antwort ist auch eine Antwort, aber eine sehr unhöfliche.

Wenn Schröder nicht handelt, handeln wir, dann schließen wir ihn eben aus der Partei aus – dachten mehr als ein Dutzend SPD-Ortsvereine und strengten ein Parteiausschlussverfahren an. Wieder keine Reaktion. Der Bundestag beschloss, Schröder die wichtigsten Privilegien als Altkanzler zu streichen, Büro und Mitarbeiter. Schröder rührte sich nicht.

Schließlich fordert das Europäische Parlament die EU-Kommission auf, die Liste der Personen, gegen die Sanktionen verhängt wurden, «auf die europäischen Mitglieder der Leitungsorgane großer russischer Unternehmen und auf Politiker, die nach wie vor Geld aus Russland erhalten, auszuweiten». Im Klartext: Gerhard Schröder soll behandelt werden wie ein gemeiner Oligarch, seine Vermögenswerte sollen eingefroren werden.

Erst jetzt gibt es ein nennenswertes Lebenszeichen des Altkanzlers. Aber nur über Bande. Den russischen Energieriesen Rosneft lässt er mitteilen, dass es ihm unmöglich sei, seine Tätigkeit als Aufsichtsratsvorsitzender fortzusetzen. Eine Begründung für den Schritt gibt es nicht. Im Netzwerk LinkedIn teilt er staubtrocken mit, dass er auch die Nominierung für einen Aufsichtsratsposten bei Gazprom abgelehnt habe. Das Parteiausschlussverfahren sitzt er aus und gewinnt.

Nein, anders als nach dem Ableben der ersten beiden sozialdemokratischen Kanzler der Bundesrepublik wird eines Tages wohl kein Flughafen nach Gerhard Schröder benannt werden. Vielleicht wird es irgendwo im Nordural einen Schröder-Airport geben, aber nicht in Hannover oder sonst wo in Deutschland.

So schwer sich die SPD mit ihrem Altstar tut, es ist leicht, ihn als rubelgeilen Einzelgänger zu behandeln und wie einen Geisterfahrer aus dem Verkehr zu ziehen.

Komplizierter ist der Umgang der SPD mit den Genossen, die sich aus politischen Gründen schwer damit tun, in das allgemeine Kriegsgeschrei einzustimmen. Genossen, denen die Lieferung schwerer Waffen in einen Krieg und die massive Aufrüstung der Bundeswehr zutiefst zuwider sind. Genossen, die den Angriff auf die Ukraine zwar verurteilen, sich aber dennoch um ein Restverständnis für Putin bemühen. Die viele Jahre lang an das Prinzip «Wandel durch Handel» glaubten und jetzt zwar bereit sind, sich von ein paar Überzeugungen zu trennen, aber nicht gleich von einer kompletten Weltsicht.

Rolf Mützenich, der Fraktionsvorsitzende, ist so ein Mann. Seit zwei Jahrzehnten sitzt er für die SPD im Bundestag. All die Jahre hat er sich gegen Atomwaffen und für Abrüstung eingesetzt. Jetzt soll er in seiner Fraktion eine Mehrheit für das vom Bundeskanzler vorgegebene 100-Milliarden-Sondervermögen der Bundeswehr organisieren. Auch die dauerhafte Erhöhung des Wehretats auf zwei Prozent des Bruttoinlandprodukts soll er abnicken. Mützenich sieht in diesem Frühjahr aschgrau aus, abgemagert, mit tief liegenden Augen.

Es gibt kaum einen führenden Politiker, der an den Erfordernissen der aktuellen Wendezeit so sehr und so erkennbar leidet wie Rolf Mützenich. Vor über 30 Jahren hat er über «Atomwaffenfreie Zonen und internationale Politik» promoviert. Jetzt entschließt sich die Luftwaffe zum Kauf von amerikanischen F-35-Kampfflugzeugen, die in der Lage sind, Atombomben zielgenau in ein feindliches Gebiet zu steuern. Obwohl doch die Regierungspartner in ihren Koalitionsvertrag schrieben: «Unser Ziel bleibt eine atomwaffenfreie Welt (Global Zero) und damit einhergehend ein Deutschland frei von Atomwaffen.»

Als die Ukraine mal wieder verzweifelt schwere Waffen aus dem Ausland fordert und selbst Politikerinnen und Politiker der Ampelkoalition die Lieferung von Panzern verlangen, wird es Mützenich zu viel. Im «ARD-Morgenmagazin» bricht es aus ihm heraus: «Ich finde, die Diskussion der letzten Tage hat auch eine massiv militaristische Schlagseite.»

Er und Olaf Scholz sind nahezu gleich alt, sie trennt nur ein Lebensjahr. In jungen Jahren einte sie ihre ablehnende Grundhaltung in Rüstungsfragen. Der Wehrdienstverweigerer Scholz hat später erklärt, er denke inzwischen ganz anders über die Bundeswehr und die Nato. Bei seiner Zeitenwende-Rede machte er einen entschlossenen Eindruck. Zwei Prozent des Bruttoinlandsprodukts für Verteidigung? Kein Problem. Bewaffnete Drohnen? Kein Problem. 100 Milliarden für die Bundeswehr? Kein Problem.

Rolf Mützenich tickt ganz anders. Ihm ist alles Militärische unverändert fremd, er ist das Gesicht derjenigen in der SPD, die dem radikalen Kursschwenk ihres Kanzlers allenfalls halbherzig folgen.

Ende Mai einigt sich die Ampelkoalition mit der Unionsfraktion in einer nächtlichen Sitzung auf die Eckdaten des 100-Milliarden-Pakets für die Bundeswehr, und Rolf Mützenich wird am nächsten Morgen zum Live-Interview mit dem DEUTSCHLANDFUNK geschaltet. Es geht um das Zwei-Prozent-Ziel, das Olaf Scholz ausgegeben hat, und um die eher technische Frage, ob es bei der Haushaltsplanung für die kommenden Jahre möglicherweise Etatlücken geben könne.

Mützenich eiert herum: «Was es für Lücken gibt, das wird man 2027 in einem neuen Bundestag dann entscheiden.» Dann wird er ungehalten und giftet gegen «die Unionsforderung, eine völlig abstruse Kennziffer ins Grundgesetz festzuschreiben, um nachfolgenden Generationen aufzuerlegen, immer zwei Prozent zu erreichen». Den Ver-

such, das Zwei-Prozent-Ziel im Grundgesetz festzuschreiben, nennt er
«vollkommen falsch».

Der Fraktionsvorsitzende der SPD geht spürbar auf Distanz zu
einem Kernelement der neuen Aufrüstungspolitik des Kanzlers. Er will
sich eine große Hintertür offenhalten, um den neuen Kurs in wenigen
Jahren wieder beenden zu können. Der Kanzler und der Chef-Organi-
sator seiner Macht senden Signale in unterschiedliche Richtungen.

Die inneren Widersprüche sozialdemokratischer Russlandpolitik
bringt am besten ein weiterer Altkanzler zum Ausdruck, ein Sozialdemokrat, der gar nicht mehr lebt. Als Helmut Schmidt noch Regierungschef war, verfolgte er einen beinharten Aufrüstungskurs gegen
Russland. Zum Entsetzen von Parteifreunden wie Olaf Scholz. Anfang
der 1980er Jahre kündigten ihm viele sogar die Gefolgschaft auf und
beschleunigten sein politisches Ende. Als sich die Grünen gründeten,
schlossen sich ihnen auch von Schmidt enttäuschte, friedensbewegte
Sozialdemokraten an.

Als Altkanzler und ZEIT-Autor schlug Schmidt ganz andere Töne
an. Nach dem Zusammenbruch der Sowjetunion warb er für Verständnis für Russland und verurteilte die Expansion der Nato nach Osteuropa. Nachdem Wladimir Putin zum Herrscher Russlands aufgestie-
gen war, suchte Schmidt sogar seine Nähe. Beide Männer verband ein
freundschaftliches Verhältnis. Es war nicht so eng und männerbünd-
nerisch wie die Beziehung zwischen Putin und Schröder. Aber die
beiden mochten sich.

Dass trifft übrigens auch auf Helmut Kohl und Putin zu. Im Jahr
2003 konnte ich in einem langen Interview mit dem CDU-Altkanzler
auch über den russischen Präsidenten sprechen. Kohl schwärmte:
«Putin wird auf alle Fälle in der Politik darauf bestehen, dass Russland
offen bleibt, auch und vor allem nach Europa.» Dann sprach er von
einem «vernünftigen Dreiecksverhältnis» zwischen Russland, Amerika
und der Europäischen Union. So viel Hoffnung, so viel guter Wille.

Helmut Schmidt war derjenige, der noch deutlicher Verständnis
für Putins postsowjetisches Russland entwickelte. In seinem Buch
«Außer Dienst» schrieb er: «Tatsächlich hat seit 1990 nicht Russland
seinen militärischen Machtbereich ausgedehnt, wohl aber hat der
Westen die Nato bis an die russischen Grenzen vorgeschoben. Zusätz-

lich will man sogar die Ukraine und Georgien in die Nato eingliedern.»

Solche Sätze hat man in Moskau sicher gerne gelesen. Dann wurde Schmidt richtig wütend: «Aber nicht nur Teile der politischen Klasse in den USA, sondern auch manche europäischen Politiker handeln gegenüber Russland überheblich und herablassend. Einige setzen die Attitüden des Kalten Krieges fort, wenngleich Moskau ihnen dazu keinen Anlass gibt. Sogar einige deutsche Politiker und ihr journalistischer Anhang scheinen geneigt, den Russen öffentlich unerbetene Ratschläge zu geben und auch die russische Innenpolitik öffentlich zu kritisieren. Ich bin darüber besorgt. Denn eine Politik der fortgesetzten Nadelstiche muss in Russland nationalistische Reaktionen hervorrufen.»

Sein Buch «Außer Dienst» erschien am 1. September 2008, nur wenige Wochen nach Russlands Georgienkrieg. Auch in späteren Jahren hat er seine Fundamentalkritik an der Nato und der Europäischen Union nicht wesentlich entschärft.

Die russische Invasion der Ukraine ab Februar 2022 hat Schmidt nicht mehr erlebt, er starb im Jahr 2015. Putins Feldzug hätte ihn, wenn er ihn noch erlebt hätte, vermutlich in arge Argumentationsnöte gestürzt. Denn Schmidts Ausführungen von 2008 über den aggressiven Kurs der Nato und gebrochene Zusagen des Westens ähneln sehr stark Wladimir Putins Fernsehansprache vom 21. Februar 2022: Der Westen hat sich an Absprachen nicht gehalten, die Nato umzingelt uns.

Und doch hätte sich Helmut Schmidt über die russische Invasion der Ukraine mit größter Wahrscheinlichkeit so scharf empört wie die allermeisten Deutschen: Das Fehlverhalten des Westens und die geopolitischen Verschiebungen nach dem Fall des Eisernen Vorhangs rechtfertigen keinen Angriffskrieg. Der Tod und das Leid von unzähligen Menschen in der Ukraine haben neues Unrecht geschaffen. Anders als Gerhard Schröder würde Schmidt wohl klare Worte gegen Putin finden.

Da man das aber nicht so genau wissen kann, hat sich der Autor und Helmut-Schmidt-Biograf Thomas Karlauf in der Zeit daran gemacht, einen Artikel im Konjunktiv zu schreiben: «Was würde Helmut Schmidt dazu sagen?». Der Ansatz ist ein wenig anmaßend, aber man muss Karlauf attestieren, dass er sich viele Jahre lang und sehr gründlich mit Schmidt und dessen Texten beschäftigt hat. Es bleibt als Gedankenspiel legitim, weil es als solches gekennzeichnet ist.

Er vermutet, dass der Altkanzler Vorschläge entwickeln würde, wie der Krieg schleunigst beendet werden kann, und dass er von der deutschen und der französischen Regierung eine Verhandlungsinitiative erwarten würde: «Da Helmut Schmidt die Europäische Union in allen Osteuropa betreffenden Fragen für inkompetent hielt (‹Größenwahn›) und der Nato als dem verlängerten Arm amerikanischer Interessen eine ehrliche Initiative nicht zugetraut hätte, wäre aus seiner Sicht alles darauf hinausgelaufen, dass Paris und Berlin, die schon die Minsker Verhandlungen geführt haben, das Angebotspaket gemeinsam schnüren und anschließend mit den Partnern abstimmen.»

Dass der Altkanzler bei der Beilegung des Konflikts auf die deutsch-französischen Partner gesetzt hätte, ist plausibel. Schließlich war er einer der Konstrukteure des deutsch-französischen Antriebs in der Europäischen Union und wusste um seine Kraft.

Füllt Olaf Scholz die angedachte Rolle des Vermittlers aus, besteht er die historische Prüfung? Schmidt hätte sich vermutlich an solchen Fragen abgearbeitet. Seine Antworten hätten tief in die Sozialdemokratie und weit über sie hinaus gewirkt. Möglicherweise hätten sie die SPD viel stärker durchgeschüttelt als das Schweigen von Gerhard Schröder.

Seine alten Texte sprechen immer noch vielen Sozialdemokraten, und auch Nicht-Sozialdemokraten, aus dem Herzen. Sie eint das Misstrauen gegenüber einer sich nach Osteuropa ausdehnenden Nato.

Mit derartigen Vorbehalten in der eigenen Partei hat es Olaf Scholz zu tun. Noch halten sich die Zweifler mit offener Kritik an seinem Kurs zurück. Aber Scholz weiß, dass der Druck nicht nur in der russischen Gesellschaft zunimmt, je länger der Krieg andauert. Auch in der deutschen Gesellschaft steigt die Unzufriedenheit, die Ungeduld. Der erbitterte Streit um den offenen Brief von Ende April, auch die Niederlagen bei den beiden Landtagswahlen vermitteln ihm eine Ahnung davon, wie schnell sich das eigene Land von seinem Kriegskurs und seinem zögerlichen Agieren entfremden kann.

Olaf Scholz braucht Erfolge, am besten auf großer internationaler Bühne. Daher startet er Ende Mai tatsächlich sehr vorsichtig eine

deutsch-französische Initiative. Nachdem der Kanzler in den letzten
Wochen gelegentlich mit Wladimir Putin telefoniert hat und auch der
französische Präsident mit Putin sprach, lassen sich Scholz und Macron wieder gemeinsam mit dem Russen verbinden. Die drei Männer
sprechen 80 Minuten lang miteinander. Anschließend veröffentlichen
ihre Pressesprecher Kurzzusammenfassungen. Aber die fallen sehr unterschiedlich aus. Die Vermittlungsinitiative zündet nicht.

Regierungssprecher Hebestreit: «Der Bundeskanzler und der französische Präsident drängten auf einen sofortigen Waffenstillstand und
einen Rückzug der russischen Truppen. Sie riefen den russischen Präsidenten zu ernsthaften direkten Verhandlungen mit dem ukrainischen
Präsidenten und einer diplomatischen Lösung des Konflikts auf.»

Der Kreml verschickt eine Mitteilung, wonach Wladimir Putin die
deutsche Regierung vor weiteren Waffenlieferungen an die Ukraine
gewarnt habe. Solche Lieferungen seien «gefährlich», durch sie ent-
stehe das Risiko, dass sich in der Ukraine «die Situation weiter desta-
bilisiert und die humanitäre Krise verschärft».

Laut der Kreml-Mitteilung forderte Putin außerdem die Aufhe-
bung der Wirtschaftssanktionen im Gegenzug für Getreideexporte.
Sollte der Westen seine Sanktionen lockern, würde Russland die Aus-
fuhr von Getreide aus der Ukraine ermöglichen. Die russische Regierung sei «bereit», Möglichkeiten für einen Getreide-Export «ohne
Hemmnisse» zu finden.

Offensichtlich hat Wladimir Putin Scholz und Macron in dem
Dreier-Telefonat auflaufen lassen. Während der Deutsche und der
Franzose Verhandlungen mit der Ukraine für einen Waffenstillstand
anregten, drehte Putin den Spieß um: Wenn ihr den Konflikt beenden
wollt, müsst ihr aufhören, Waffen zu liefern und unsere Wirtschaft zu
schädigen. Putin setzt die Nahrungsmittelkrise, den Hunger in afrikanischen Ländern, tatsächlich als Waffe ein. Eine eiskalte Erpressung.
Olaf Scholz und Emmanuel Macron wirken ohnmächtig.

Zu Beginn des vierten Kriegsmonats ist kein Ende der Auseinandersetzung in Sicht. Die Lage auf dem Schlachtfeld ist zu offen, um Vorhersagen über einen Ausgang treffen zu können. Während die russischen
Angreifer rund um die Großstädte Kiew und Charkiw weitgehend zurückgedrängt wurden, beherrschen Moskaus Truppen weite Teile des

Donbass im Osten. Auch die Angriffe auf die Schwarzmeerregion im Süden der Ukraine gehen weiter.

Ebenso offen ist, wie sich die Debatte in der deutschen Öffentlichkeit weiterentwickeln wird. Werden sich die beiden Lager, die sich im Streit um schwere Waffen gebildet haben, verfestigen? Welchen Kurs wird die Bundesregierung verfolgen, wenn sich der Krieg in die Länge zieht? Wird sie sich weiter vorsichtig auf die Lieferung weniger Waffensysteme und auf halbherzige Sanktionen beschränken? Oder wird sie stärker intervenieren und immer tiefer in den Krieg rutschen? Schließlich: Werden die Deutschen die Schäden, die der Wirtschaftskrieg im eigenen Land anrichtet, geduldig ertragen, oder gerät der soziale Friede in Gefahr?

Annalena Baerbock spricht ein merkwürdig anmutendes Wort aus. Sie macht sich Sorgen um die Motivation der eigenen Bevölkerung. Auch sie weiß, wie wichtig die Unterstützung für den eigenen Kriegskurs ist. Am Rande einer Konferenz warnt sie die Gesellschaften des Westens öffentlich vor «Kriegsmüdigkeit». Dann erklärt sie: «Wir haben einen Moment der Fatigue erreicht.»

Blaue Augen

Das Berliner Ensemble ist schon seit Wochen ausverkauft. Seit sich herumgesprochen hat, dass sich Angela Merkel zum ersten Mal nach dem Ende ihrer Kanzlerschaft ausführlich befragen lassen will. Der äußere Anlass ist die Veröffentlichung eines Büchleins mit drei älteren Reden von ihr. Der Aufbau-Verlag hat Alexander Osang, den in Ostdeutschland aufgewachsenen SPIEGEL-Reporter, gebeten, das Interview mit Merkel zu führen. Vielleicht hat sich auch Merkel Osang ausgesucht, so genau erfährt man das nicht.

Der Abend verläuft für Angela Merkel entspannt, geradezu gemütlich. Osang verzichtet darauf, sie mit harten Fragen oder Vorwürfen zu früheren Entscheidungen zu grillen. Gelegentlich lese sie, sagt Merkel an einer Stelle, sie mache jetzt nur noch Wohlfühltermine: «Da sage ich – ja.» Das Publikum lacht und ist zufrieden. Offenbar haben sich die meisten an diesem Abend auf einen Wohlfühltermin mit der Geschichte gefreut.

Die eigentliche Brisanz des Abends besteht nicht in dem, was Merkel sagt, sondern vielmehr in dem, was sie nicht sagt. Lange kreisen Osang und Merkel um Putin und die Ukraine. Merkel bedauert, dass es nicht gelungen sei, eine Sicherheitsarchitektur zu errichten, um den Krieg zu verhindern. Das Bedauern bleibt sehr allgemein. So tut Merkel niemandem weh, auch sich selbst nicht.

Merkel nutzt die Veranstaltung, um die Deutungshoheit über ihre sechzehnjährige Kanzlerschaft zu erlangen. Sie hat in den letzten Wochen erlebt, wie ehemalige Mitglieder ihrer Regierungen, etwa Frank-Walter Steinmeier und Sigmar Gabriel, reichlich hilflos auf Vorwürfe wegen ihrer früheren Russlandkontakte reagierten. Merkel will die Debatte um die Irrtümer früherer Jahre lieber selbst steuern.

An ihrer eigenen Russland-Politik, an ihrem vorsichtigen Umgang mit Wladimir Putin vermag sie im Rückblick keine gravierenden Fehler zu erkennen. Dann erzählt die Altkanzlerin unvermittelt von einer Beobachtung, die die Zuhörer sprachlos machen kann. Sie sei bei Putin «nicht blauäugig oder so» gewesen. Im Gegenteil. Sie habe oft gesagt: «Ihr wisst, dass er Europa zerstören will. Er will die Europäische Union zerstören. Weil er sie als Vorstufe zur Nato sieht.»

Eigentlich müsste Osang Angela Merkel den Wohlfühlabend jetzt verderben. Jetzt könnten, ja müssten die beiden darüber sprechen, was in der deutschen Russlandpolitik seit langem gründlich falsch gelaufen ist. Sie müssten darüber sprechen, ob Merkel nicht doch etwas naiv, oder wohlwollender: gutgläubig, gewesen ist, was Putins Absichten betrifft. Und sie sollten darüber sprechen, dass Deutschland noch lange die Spätfolgen ihrer Fehleinschätzungen spüren wird. Politik, Wirtschaft und Gesellschaft müssen heute für die Fehler aus den Merkel-Jahren büßen.

Wenn Angela Merkel tatsächlich davon ausging, dass Wladimir Putin «die Europäische Union zerstören» will, warum hat sie Deutschland dann ihre vielen Kanzlerinnen-Jahre lang in eine immer größere energiewirtschaftliche Abhängigkeit von ihm manövriert? Warum hat sie sich Putin nicht früher und entschiedener in den Weg gestellt?

Diese Fragen stehen jetzt groß im Raum des Berliner Ensembles. Aber sie bleiben unausgesprochen. Alexander Osang stellt sie nicht. Und Angela Merkel wird froh sein, dass Osang mehr an Versöhnung interessiert ist als an Aufarbeitung.

Auch Merkel ist mehr an Versöhnung interessiert. Warmherzig spricht die langjährige Bundeskanzlerin über ihren Nachfolger, immerhin ein parteipolitischer Rivale. Merkel spricht ihm ihr Vertrauen aus.

Der Neue im Kanzleramt verliert ebenfalls kein schlechtes Wort über seine Vorgängerin. Das kann man als angemessenen und wohltuenden Respekt vor Machtwechseln – dem Wesen der Demokratie – empfinden. Vielleicht liegt das freundliche Verhältnis der beiden aber auch an ihrer langjährigen Nähe. Als ehemaliger Vizekanzler von Angela Merkel kann sich Olaf Scholz ebenso wenig aus der Verantwortung für die gefährlich große Abhängigkeit von Russland reden wie seine ehemalige Chefin.

Einige Tage nach Merkels Auftritt im Berliner Ensemble gibt Scholz dem MÜNCHNER MERKUR ein Interview. Auch er erklärt, dass Putin seit Jahren eine Politik betreibe, «die eine Auflösung von Nato und EU zum Ziel hat», er wolle ein gespaltenes Europa.

Vier Monate später, im Oktober 2022, wird Scholz auf einer Konferenz von Maschinenbauern sagen: «Was ist mit den Energielieferungen? Auch die nutzt der russische Präsident als Waffe. Ich war mir immer sicher, dass er das tun würde.»

Der Bundeskanzler und seine Vorgängerin müssen sich dieselbe Frage gefallen lassen: Wenn sie seit langem davon ausgingen, dass Putin die Europäische Union «zerstören» (Merkel) will beziehungsweise ihre «Auflösung» (Scholz) anstrebt, wieso haben dann von Union und SPD gemeinsam geführte Bundesregierungen so lange blind auf Russland als den mit Abstand größten Energielieferanten gesetzt?

Olaf Scholz hat sich als Finanzminister in geheimen Verhandlungen mit der Trump-Regierung dafür eingesetzt, dass die amerikanischen Sanktionen gegen Nord Stream 2 aufgehoben werden und die Ostseepipeline in Betrieb genommen werden kann. Natürlich verändert sich die politische Beurteilung von internationalen Industrieprojekten, wenn sich die geopolitische Lage verändert. Salopp gesprochen: Hinterher ist man klüger.

Aber es fehlte nicht an Warnungen vor Putins aggressiven Absichten. Das Wissen, mit welch brutaler Entschlossenheit er seine Absichten umsetzt, lag allerspätestens seit der Annexion der Krim 2014 auf dem Tisch. Warum hielt auch Olaf Scholz hartnäckig an Nord Stream 2 fest?

Blicken wir kurz zurück in den Mai 2021, in die Frühphase des Bundestagswahlkampfes. Damals trafen sich Olaf Scholz und Annalena Baerbock in einem Berliner Fernsehstudio, Unionskandidat Armin Laschet wurde aus Düsseldorf zugeschaltet. Der WDR hatte zu einem Europaforum eingeladen, es ging um Außenpolitik. Moderatorin Ellen Ehni wollte auch über das Verhältnis zwischen Deutschland und Russland sprechen.

In dieser Phase des Wahlkampfs spielte die Energieversorgung in der deutschen Öffentlichkeit kaum eine Rolle. Dennoch wollte sie von Scholz wissen, wie er im Falle eines Wahlsiegs zu der neuen Ostseepipeline stehen würde: «Herr Scholz, Sie halten aber an Nord Stream 2 fest als deutscher Kanzler?»

Der SPD-Kandidat antwortete ruhig und ohne jedes Anzeichen von Unsicherheit: «Ja. Und die jetzige Regierung ja auch. Da hat sich ja nichts dran geändert. Wir haben das immer als ein wirtschaftliches Projekt betrachtet, das von Unternehmen auf den Weg gebracht wurde. Das einen kleinen Beitrag zur Energiesicherheit in Deutschland leisten kann. Und deshalb ist diese fast fertiggestellte Pipeline auch etwas, das am Ende fertiggestellt werden sollte.»

Dann wollte Olaf Scholz etwas grundsätzlicher werden und die Gaspipeline verteidigen. Der Vorwurf, Deutschland begebe sich in eine immer gefährlichere Abhängigkeit von Russland, stand seit Jahren im Raum. Er wurde längst nicht nur von den Grünen um Annalena Baerbock erhoben, sondern auch von Wolfgang Schäuble, auch von europäischen Nachbarn und amerikanischen Senatoren.

Scholz wischte die Bedenken kurzerhand weg: «Ich will das gerne sehr klar sagen: Es gibt in den USA die falsche Vorstellung, dass wir sehr abhängig wären von diesem russischen Gas. Das ist aber, wenn man den Energiemix in Deutschland insgesamt betrachtet, nicht richtig.»

Je nachdem, auf welche Statistik man blickt, mochte die Aussage von Scholz zutreffen. Der Anteil von Erdgas am Energiemix betrug laut der Statistik-Plattform Statista im Jahr 2020 26,6 Prozent, von 23,4 Prozent im Jahr 2018 anwachsend. Erdgas ist aber für die Wärmeerzeugung von herausragender Bedeutung. Und in Deutschland wird nur sehr wenig Erdgas gefördert. Ohne Importe würden die Bürgerinnen und Bürger in jedem Winter frieren, ganze Industriezweige müssten die Produktion einstellen.

Deutschland braucht also Lieferungen aus dem Ausland. Und bei diesen Lieferungen betrug der Anteil der Erdgasimporte aus Russland, ohne Flüssiggas, im Jahr 2020 laut Berechnungen des Ölkonzerns BP erdrückende 55 Prozent.

Natürlich hatte Olaf Scholz in einer Fernsehsendung keine Gelegenheit, all diese Zahlen vorzutragen. Dennoch war es irreführend, wenn er im Frühjahr 2021 sehr allgemein davon sprach, es sei eine «falsche Vorstellung, dass wir sehr abhängig wären von diesem russischen Gas».

Als Bundeskanzler würde Olaf Scholz heute vermutlich anders sprechen. Deutschland hat die Abhängigkeit von russischem Gas mit aller Macht zu spüren bekommen.

Angela Merkel, Frank-Walter Steinmeier, Sigmar Gabriel, Olaf Scholz und viele andere vertrauten darauf, dass Russland selbst in Zeiten schwerster Krisen Deutschland mit Öl und Gas versorgen würde. Sie wollten darauf vertrauen. Sie konnten sich nicht vorstellen, dass der russische Präsident den Befehl zum Überfall auf die Ukraine erteilen würde. Vielleicht wollten sie es sich auch nicht vorstellen.

Merkel, Scholz und die anderen waren eben doch: blauäugig.

Bilder und Botschaften

Im Sommer 2023 bin ich mit Annalena Baerbock zu einem langen Interview verabredet. Am Schluss des Gespräches frage ich sie, ob sie irgendetwas in ihrer bisherigen Amtszeit bereut. Sie denkt eine gefühlte Ewigkeit nach und sagt dann: «Vielleicht hätten wir frühzeitig mit mehreren Leuten in die Ukraine fahren sollen, als Teil dieser Regierung.» «Sie meinen im Frühjahr 2022?» «Ja.» Als ich wissen will, ob sie mit ihrer Kritik auch den Bundeskanzler meint, bittet sie mich, keine Nachfrage zu stellen. Annalena Baerbock selbst war schon am 10. Mai 2022 nach Kiew und Butscha gereist.

Mitte Juni 2022, nach über 100 Tagen Krieg und fünf Wochen nach der Außenministerin, fährt endlich auch Olaf Scholz nach Kiew. Zuvor hatte er sich hartnäckig geweigert, in die Ukraine zu reisen. Bei einer solchen Reise müsse es «darauf ankommen, dass konkret was vorangebracht wird». Der Besuch dürfe «nicht nur ein Fototermin sein».

Entsprechend groß sind die Erwartungen, als sich herumspricht, dass er doch die Fahrt nach Kiew antreten will. Um die Einzelheiten machen seine Leute ein großes Geheimnis. Noch wenige Stunden, bevor der Kanzler per Bahn in die Ukraine aufbricht, wird sein Sprecher gelöchert: «Herr Hebestreit, morgen ist Donnerstag. Können Sie vielleicht schon sagen, ob der Bundeskanzler morgen eventuell doch nach Kiew reist – ja, nein, vielleicht?»

Der Regierungssprecher ist geübt im Ausweichen. Bei anderer Gelegenheit nennt er diese Disziplin «BPA-Bullshit-Bingo», BPA steht für Bundespresseamt. Auch jetzt macht er sich einen Spaß daraus, Nebelkerzen zu zünden: «Ich kann Ihnen bestätigen, dass morgen Donnerstag ist, und ich gehe fest davon aus, dass übermorgen Freitag sein wird. Ansonsten habe ich keinen neuen Stand in dieser Angelegenheit.»

Bald darauf besteigt Olaf Scholz in Polen eine Art Orientexpress Richtung Kiew. Mit dabei sind auch der französische Präsident und der italienische Ministerpräsident. Für jede Delegation steht ein eigener Waggon zur Verfügung.

Auffallend ist die unterschiedliche Ausstattung: Während die Waggons der deutschen und der italienischen Delegation eher spärlich gehalten sind, berichten Augenzeugen davon, dass in den Wagen des französischen Präsidenten edle Speisen und Getränke verfrachtet werden.

In Kiew geht es dann weniger um die Sprache mit Worten als um Bildsprache. In Irpin wird das Trio durch Ruinen geführt. Neben einem Auto, das von Kugeln durchlöchert wurde, hält die Gruppe kurz an. In dem Wagen kamen eine Frau und ihre Kinder ums Leben. Mit der linken Hand berührt Scholz den Rahmen der zerborstenen Windschutzscheibe. Fast so, als wolle er die Schrecken des Krieges selbst spüren.

Dabei setzt er das ernsteste Gesicht seines mimischen Repertoires auf. Als ein Reporter wissen will, wie er sich fühlt, verweigert er einen Kommentar. Markige Sätze sind überflüssig. Menschen, die Scholz seit vielen Jahren kennen und ihn an diesem Tag begleiten, erzählen, dass sie ihn noch nie so bewegt gesehen hätten. Es ist das erste Mal, dass Olaf Scholz in einem Kriegsgebiet ist.

Als sich zu dem Trio noch der rumänische Staatspräsident Klaus Johannis gesellt, ergibt sich ein weiteres Bild für die Nachrichtensendungen in ganz Europa: das Signal der Solidarität, die Europäische Union steht zur Ukraine. Das Bild hilft Selenskyj; es hilft auch Emmanuel Macron, der in wenigen Tagen um die absolute Mehrheit bei der französischen Parlamentswahl bangen muss. Und es hilft Olaf Scholz. Ihm wurde wochenlang Feigheit vorgeworfen, auch weil er, anders als sein innenpolitischer Widersacher Merz und seine Außenministerin, mit einer Reise in die Ukraine so lange wartete.

Allein die Tatsache, dass der Besuch stattfindet, ist die wichtigste Botschaft. Politik auf diesem diplomatischen Niveau besteht wesentlich in der Schaffung von Zeichen.

Am Ende der Reise fällt kaum auf, dass Olaf Scholz nur wenig politischen Inhalt im Gepäck hat. Ja, er will, dass die Ukraine und auch Moldau EU-Beitrittskandidaten werden. Das vernimmt Selenskyj sicher gerne, aber das hat er Tage zuvor schon von Ursula von der Leyen gehört. Der Kandidatenstatus ist zudem keine verbindliche Zusage, eines Tages tatsächlich Mitglied der Union zu werden. Und die erhoffte Lieferung zusätzlicher schwerer Waffen will Scholz weiterhin nicht in Aussicht stellen.

Als die Reisegruppe nach ein paar Stunden wieder in den Zug Richtung Polen steigt, hat sie einen Tag lang sämtliche Nachrichtenmedien geflutet. In der Regierungszentrale in Berlin macht sich ein wohliges Gefühl breit, endlich wieder mit positiven Meldungen das Mediengeschehen zu bestimmen.

Der Krieg geht dennoch weiter. Und Wladimir Putin hat eine neue Gemeinheit für Deutschland parat.

Am Tag bevor Olaf Scholz Richtung Kiew aufbricht, drosselt Gazprom die Gaslieferung über die Ostseepipeline Nord Stream 1 um 40 Prozent. Kein Grund zur Beunruhigung, teilt der Konzern mit, es handele sich nur um eine Verknappung wegen anstehender Reparaturarbeiten. Er führt die Drosselung darauf zurück, dass ein Gasverdichteraggregat verspätet aus der Reparatur zurückgekommen sei, der zuständige Siemens-Konzern habe die benötigten Kompressoren nicht geliefert.

Die Antwort von Siemens Energy kommt schnell. Ja, eine Turbine für einen Verdichter zur Druckerhöhung des Erdgases werde gerade in Kanada gewartet. Wegen der von dort verhängten Sanktionen sei es dem Konzern derzeit nicht möglich, überholte Gasturbinen an den Kunden zu liefern. Man arbeite an einer tragfähigen Lösung.

Was auch immer der wahre Grund ist: Von den ursprünglich 167 Millionen Kubikmetern Gas werden plötzlich nur noch 100 Millionen Kubikmeter täglich durch die Pipeline gepumpt.

Als Robert Habeck von der Drosselung hört, reagiert er nach außen gelassen und lässt mitteilen, die Versorgungssicherheit sei weiter gewährleistet, man beobachte die Lage und prüfe den Sachverhalt. Sprechblasen im Beamten-Deutsch.

Schon am nächsten Tag bewerten Habeck und sein Ministerium die Lage anders. Sie haben sich inzwischen bei Siemens erkundigt. Der deutsche Technologie-Konzern winkt ab, an ihm würde die Reduktion der Gaslieferungen nicht liegen. Habeck ist außer sich und will jetzt seine Wut nicht verbergen: «Die Begründung der russischen Seite ist schlicht vorgeschoben. Es ist offenkundig die Strategie, zu verunsichern und die Preise hochzutreiben.»

Das ist aber erst der Anfang der neuen Runde im Gasstreit. Am nächsten Tag kündigt Gazprom an, nur noch höchstens 67 Millionen Kubikmeter Gas täglich durch Nord Stream 1 Richtung Deutschland zu pumpen. Insgesamt wird sich die aus Russland gelieferte Gasmenge somit um 60 Prozent verringern.

An diesem Donnerstag ist Robert Habeck in Bremen und Bremerhaven unterwegs. Von dort sind es nur ein paar Stunden zu seiner Heimatstadt Flensburg.

Habeck ist seit Monaten nur selten zuhause gewesen, jetzt hat er Gelegenheit, um kurz zu entspannen. Doch schon am frühen Abend gibt er ein Fernsehinterview, um die aktuelle Lage zu kommentieren. Die Nation ist verunsichert, Habeck will vermeiden, dass Panik aufkommt. Gleichzeitig will er die Botschaft verbreiten, dass die Lage ernst ist. Und er will die Deutschen auf einschneidende Maßnahmen vorbereiten. Keine einfache Kommunikationsstrategie.

Am Samstag eilt er 70 Kilometer weiter südlich zur Eröffnung der Kieler Woche, dann geht es zurück nach Flensburg. Am Sonntagmittag lässt er seine Presseabteilung eine Erklärung verschicken, die es in sich hat. Im Kern bedeutet sie eine radikale Abkehr von grünen Glaubensgrundsätzen: «Um den Gasverbrauch zu senken, soll weniger Gas zur Stromproduktion genutzt werden. Stattdessen werden Kohlekraftwerke stärker zum Einsatz kommen müssen.»

Der grüne Minister ist sich darüber im Klaren, welchen Sturm er an seiner grünen Basis und bei den zahllosen Klimaaktivisten ernten wird. Daher lässt er sich selbst mit einem Ausdruck des Bedauerns zitieren: «Das bedeutet, so ehrlich muss man sein, dann für eine Übergangszeit mehr Kohlekraftwerke. Das ist bitter, aber es ist in dieser Lage schier notwendig, um den Gasverbrauch zu senken.»

Man kann Habecks Entscheidung auf die von ihm bereits vor Wochen erprobte Formel reduzieren: Versorgungssicherheit ist ihm wichtiger als Klimaschutz.

In friedlicheren Zeiten würde ein solcher Kursschwenk jedes grüne Kabinettsmitglied politisch den Kopf kosten. Habeck weiß das. Und er weiß, dass er jetzt sein ganzes rhetorisches Talent aufbringen muss, um die Öffentlichkeit auf seine Seite zu ziehen. Noch am Sonntagmittag unterbricht er sein Wochenende in Flensburg ein weiteres Mal. Er will seinen Plan in einer spontanen Pressekonferenz erklären. Anschließend fährt er zurück nach Berlin und gibt dem «heute journal» ein Interview.

Moderator Christian Sievers konfrontiert Habeck mit dem Verdacht, dass er auf eine Laufzeitverlängerung deutscher Atomkraftwerke deshalb verzichtet, «weil es für Sie, Herr Habeck, und für die Grünen allgemein der ultimative Tabubruch wäre».

Der Minister hat sich so sehr mit den politischen Folgen seiner Zurück-zur-Kohle-Politik beschäftigt, dass er den Vorwurf abtropfen lässt: «Weiß ich nicht», antwortet er, «ob es ein größerer Tabubruch wäre als der, den ich heute begangen habe, dass wir nämlich Kohlekraftwerke wieder ans Netz nehmen.»

Dann legt er nach: «Ich versuche, mich von den Parteiprogrammen jetzt fernzuhalten und das zu tun, was für die Versorgungssicherheit in Deutschland an Notwendigem getan werden muss.»

Ein grüner Minister, der auf das Programm seiner Partei pfeift – die Reaktionen fallen erstaunlich wohlwollend aus. Einige repräsentative Umfragen führen Robert Habeck weiterhin als den beliebtesten Politiker. Die Deutschen mögen Robert Habeck vermutlich gerade deshalb, weil er auf Distanz zu seinen grünen Glaubensüberzeugungen geht. Das ganze Land ist im Ausnahmezustand.

Ganz andere Erfahrungen machen die Kabinettsmitglieder der FDP. Die Niederlagen bei den Landtagswahlen im Saarland, in Schleswig-Holstein und in Nordrhein-Westfalen nagen am Selbstbewusstsein von Christian Lindner und seinen Parteifreunden. Sie beleben alte Selbstzweifel neu: Stehen die Freidemokraten in Bundes- und Landesregierungen so sehr im Schatten von größeren Koalitionspartnern, dass sie zwangsläufig zermalmt werden? Wie kann der Ampel-Partner FDP diesen Kreislauf durchbrechen?

In ihrer Not bemüht sich die Parteispitze, den Markenkern der FDP zu schärfen – als Interessenvertretung des deutschen Mittelstands. In diese Rolle ist aber gerade auch der deutsche Wirtschaftsminister geschlüpft. Habeck tut alles, um den deutschen Unternehmen eine ausreichende Energieversorgung zu gewährleisten und sie schadensfrei durch den großen Schlamassel zu lotsen. Die Konkurrenz mit der neuen grünen Wirtschaftspartei treibt die FDP noch weiter weg vom Anfangsgeist der Ampelkoalition. In schneller Abfolge speisen Christian Lindner und seine Parteifreunde Vorschläge in die öffentliche Debatte ein, von denen sie wissen, dass sie vor allem die Grünen ärgern werden.

Atomenergie? Lindner: «Ich rate dazu, die Argumente vorurteilsfrei auf den Tisch zu legen.» Vize-Parteichef Wolfgang Kubicki fordert noch mehr: «Es ist dringend an der Zeit, den Weiterbetrieb der Atomkraftwerke für mindestens fünf Jahre zu gewährleisten.»

Fracking? Torsten Herbst, Parlamentarischer Geschäftsführer: «Es sollte ernsthaft geprüft werden, ob eine größere Schiefergasförderung unter wirtschaftlichen und technischen Gesichtspunkten in Deutschland machbar ist.»

Verbrennungsmotoren? Volker Wissing: «Wir wollen, dass auch nach 2035 Fahrzeuge mit Verbrennungsmotor neu zugelassen werden können, wenn diese nachweisbar nur mit E-Fuels betankbar sind.»

Auf jeden dieser Vorstöße reagieren die Grünen mit Schnappatmung. Das Selfie, mit dem Lindner, Wissing, Baerbock und Habeck nach der Bundestagswahl grün-gelbe Harmonie signalisierten, ist gerade mal neun Monate alt. Es wirkt wie ein verblichenes Foto in einem alten Familienalbum.

Zum Krach kommt es auch wegen des Tankrabatts. Die Debatte begann bereits in den ersten Wochen nach Kriegsbeginn, als die Energiepreise in die Höhe schossen. Sehr früh kursierten in der Koalition Überlegungen, wie man die galoppierenden Spritpreise mit staatlicher Hilfe unter Kontrolle bringen kann. Es ging nicht zuletzt um das Durchhaltevermögen des Landes im aufziehenden Wirtschaftskrieg.

In endlosen Runden stritten die Ampel-Partner über Lindners Vorschlag, alle Autofahrer über einen finanziellen Zuschuss an der Tankstelle zu entlasten. Der Spritpreis sollte dauerhaft unter zwei Euro pro Liter Diesel oder Benzin gesenkt werden. Robert Habeck nörgelte in der Sendung von Anne Will: «Das kann man noch ein bisschen besser machen.»

Eigentlich müssten die Grünen nicht unglücklich über die Preissteigerungen an den Tankstellen sein. Sie forderten ja seit langem, zuletzt im Bundestagswahlkampf, höhere Spritpreise zum Schutz des Klimas. Sie haben allerdings auch die Gelbwestenproteste in Frankreich in Erinnerung. In den Jahren 2018 und 2019 gingen im Nachbarland zigtausend Bürger auf die Barrikaden, um gegen hohe Energiepreise zu demonstrieren.

Jetzt, und mit der Erfahrung einer harten wirtschaftlichen Auseinandersetzung mit Russland, streiten die drei Ampelpartner, wie sie die stark angestiegenen Preise künstlich drücken können. Nach langem Gezerre einigen sie sich auf eine Absenkung der Energiesteuer. Für die Dauer von drei Monaten entgehen dem Bund damit Steuereinnahmen von etwa drei Milliarden Euro.

Von Anfang an ist die Maßnahme umstritten: Der Tankrabatt ist nicht sozial ausgewogen. Wohlhabende Fahrer von teuren, schweren Fahrzeugen profitieren von der Steuersenkung mehr als Fahrer von verbrauchsarmen Kleinfahrzeugen.

Ohnehin fällt die Wirkung der Maßnahme zunächst nicht so spürbar aus wie erhofft. Offensichtlich geben die Kraftstoffkonzerne anfangs die Preisdifferenz nicht in vollem Umfang an die Autofahrer weiter. Christian Lindner, der sich im Wahlkampf als Vorkämpfer gegen Steuererhöhungen profiliert hatte, bittet um Geduld. Die Maßnahme werde schon ihre volle Wirkung entfalten. Im Übrigen würden die Spritpreise ohne die Steuersenkung noch höher ausfallen.

Aber der Tankrabatt gilt schnell als Symbol einer zerstrittenen und funktionsschwachen Koalition. Die Partner schieben den Schwarzen Peter hin und her, überziehen die jeweils andere Partei mit Vorwürfen.

In das Gezerre der Koalition platzt eine Nachricht, die für noch mehr Aufregung sorgt. Robert Habeck ruft die Alarmstufe, die zweite Stufe, im Notfallplan Gas aus: «Es liegt eine Störung der Gasversorgung vor. Daher ist dieser Schritt erforderlich.» Und: «Gas ist von nun an ein knappes Gut. Die Preise sind jetzt schon hoch, und wir müssen uns auf weitere Anstiege gefasst machen.»

Es ist der 23. Juni, in vielen Gebieten Deutschlands klettert das Thermometer auf weit über 30 Grad. Die Gedanken der Bevölkerung kreisen üblicherweise um den nahen Sommerurlaub, um Freibäder und Biergärten.

Robert Habeck setzt sich mit Absicht als Spaßbremse in Szene. Er weiß, was dem Land bevorsteht, wenn es seinen Leuten und den deutschen Gasunternehmen nicht gelingt, die Gasspeicher in den nächsten drei, vier Monaten zu füllen. Das im Moment vorherrschende Gefühl der Sicherheit sei «trügerisch», mahnt er. «Aber der Winter wird ja kommen.»

Systemrelevanz

Am 29. Juni versendet der Energiekonzern Uniper SE wieder eine Ad-hoc-Mitteilung. Sie klingt ganz anders als die vom 21. Februar: «Uniper nimmt die Ergebnisprognose für das Geschäftsjahr 2022 in Bezug auf das bereinigte EBIT sowie den bereinigten Jahresüberschuss zurück.»

Der Konzern klagt darüber, dass er seit knapp zwei Wochen nur noch 40 Prozent der vertraglich zugesicherten Gasmenge von Gazprom erhält. Um Ersatzmengen zu beschaffen, müsse man deutlich höhere Preise bezahlen: «Da Uniper diese Mehrkosten bislang nicht weitergeben kann, entstehen hieraus signifikante finanzielle Belastungen.»

Dann wird es in der Mitteilung noch düsterer: «Uniper prüft, wie die Liquidität der Gesellschaft weiter gesichert werden kann.» Das klingt dramatisch. Der Konzern deutet an, die Bundesregierung um

Stabilisierungsmaßnahmen zu bitten. Sogar eine Beteiligung des Staates sei denkbar. Ein Hilferuf, laut und deutlich; Uniper kämpft ums Überleben und kann im schlimmsten Fall viele Unternehmen und Verbraucher mit in den Abgrund reißen. Mit Uniper steht die Gasversorgung zahlreicher Stadtwerke und somit unzähliger Firmen und Verbraucher vor dem Aus. Andere Unternehmen könnten in eine Existenzkrise rutschen, ein Dominoeffekt.

Im Wirtschaftsministerium macht ein Wort aus der Zeit der Bankenkrise um 2008 die Runde: Systemrelevanz. Wenn Uniper pleite geht, droht Deutschland und anderen Ländern Europas das Lehman-Brothers-Schicksal. Die Pleite der New Yorker Investmentbank löste eine weltweite Finanzkrise aus.

Also muss der Energiekonzern gerettet werden. Koste es, was es wolle. Und so schnell wie möglich. Nur wie?

Der Finanzbedarf von Uniper steigt Tag für Tag um viele 100 Millionen Euro. Die Ratingagentur Standard & Poor's droht jetzt offen: Sollte die Finanzierung des Energiekonzerns nicht dauerhaft gesichert werden, wird das Rating auf Ramschniveau heruntergesetzt. In einem solchen Fall müsste Uniper Unsummen auf dem Kapitalmarkt aufbringen, um geschäftsfähig zu bleiben.

Eine Beteiligung des Staates allein reicht der Ratingagentur aber nicht, das Geschäftsmodell muss dauerhaft tragfähig sein. Auch hier ist Uniper auf die Hilfe der Regierung angewiesen.

Seit Wochen arbeitet ein Team im Wirtschaftsministerium an einer Rettungsaktion. Die Beamten stehen im ständigen Austausch mit Unternehmensberatern, Juristen, mit Fachleuten anderer Ressorts, mit dem Kanzleramt, auch mit Standard & Poor's. Aber es kommt auf Habecks Leute an. Sie arbeiten viele Wochenenden durch, oft bis spät in die Nacht. Ein hoher Beamter stöhnt, man sei am Rand der Belastbarkeit.

Schließlich steht die Lösung: eine Gasumlage. Nicht nur die Kunden von Uniper sollen die Mehrkosten tragen, sondern alle Verbraucher in Deutschland. Die Maßnahme wird in der «Bunker-Runde» im Kanzleramt besprochen und findet die Zustimmung von allen Beteiligten, auch der Kanzler und Christian Lindner sind einverstanden.

Robert Habeck preist die Umlage als fair und als Akt der Solidarität. Aber natürlich ist ihm, dem Kanzler und den anderen klar, dass sie der Bevölkerung einiges zumuten werden. Für eine vierköpfige Familie würden Mehrkosten von mehreren 100 Euro jährlich entstehen. Als der Plan öffentlich wird, geht im Land der große Ärger los.

Um die Gemüter wieder zu beruhigen, verkündet die Regierung Tage später: Die Mehrwertsteuer auf Gas soll von 19 auf 7 Prozent gesenkt werden. Ein Trostpflaster.

Doch das Hin und Her verwirrt die Deutschen: Erst verlangt die Regierung von allen ein Opfer in Form einer Gasumlage. Dann erlässt sie den Bürgern die hohe Mehrwertsteuer. Der Eindruck setzt sich fest, dass die Regierung orientierungslos durch die Krise stolpert. Und das ist erst der Anfang.

In der großen Hektik der sich täglich überschlagenden Meldungen und in den vielen durchgearbeiteten Nächten haben Habecks Leute bei der Novelle des Energiesicherungsgesetzes einen weiteren Fehler gemacht.

Im eilig geschriebenen Gesetzestext heißt es unter Paragraf 26, Punkt 5: «Die Anspruchsberechtigten des finanziellen Ausgleichs sind die von der erheblichen Reduzierung der Gasimportmengen nach Deutschland unmittelbar betroffenen Energieversorgungsunternehmen (Gasimporteure).»

Eine weiche Formulierung. Viele Energieversorger fühlen sich irgendwie betroffen. In den Firmenzentralen sehen sich Juristen den Satz jetzt genau an. Nicht nur in Unternehmen, die ums Überleben kämpfen, sondern auch in Unternehmen, deren Geschäfte breiter aufgestellt sind und die weiterhin gute Gewinne machen. Diese Firmen freuen sich ebenfalls auf die Gasumlage.

Der Fehler im Gesetzestext fällt zunächst niemandem auf. Niemandem im Wirtschaftsministerium, niemandem im Finanzministerium. Und auch im Kanzleramt hat man keine Einwände gegen die Passage. Die eigentliche Sprengkraft entfaltet der Fehler erst viel später, nach der Sommerpause.

Sommerreisen

Auch im Juli, wenn sich die Bundespolitik allmählich in die Ferien verabschiedet, sorgen die Kabinettsmitglieder für reichlich Schlagzeilen und Bilder. Christian Lindner feiert auf Sylt seine Traumhochzeit und düst mit Braut im Porsche Targa über die Insel. Hyperventilierende Reporter jagen dem ersten Schnappschuss vom Brautpaar hinterher. Und sie stellen spitze Fragen: Wer bezahlt die Sause? Dürfen zwei Menschen, die keine Kirchensteuer bezahlen, in einer Kirche heiraten? Wie viel Flugbenzin verbraucht Hochzeitsgast Friedrich Merz, der per Privatflugzeug nach Sylt jettet?

Im medialen Windschatten des Großereignisses fliegt Annalena Baerbock nach Indonesien, um auf Bali am Treffen der G20-Außenminister und -Außenministerinnen teilzunehmen.

Dieses Meeting ist gleich mehrfach interessant. Zum einen bietet sich eine Gelegenheit, den chinesischen Außenminister Wang Yi zu treffen. Die strengen Corona-Regeln in China machen es der deutschen Chefdiplomatin gerade schwer, selbst nach China zu reisen. Ein noch größeres Hindernis sind die Meinungsverschiedenheiten wegen des Ukrainekrieges.

Und auch der russische Außenminister hat angekündigt, auf Bali dabei zu sein. Werden Baerbock und Lawrow aufeinandertreffen, miteinander reden?

Die Konferenz dient als eine Art Generalprobe für das geplante G20-Treffen der Staats- und Regierungschefs im November. Als die G7-Führer im Juni im bayerischen Elmau zusammenkamen, ließ Wladimir Putin mitteilen, dass er im Herbst selbstverständlich am Gipfeltreffen der wichtigsten Industrie- und Schwellenländer teilnehmen wolle. Scholz, Biden, Macron und die anderen berieten sich kurz, ob sie wegen der Ankündigung von Putin das Treffen boykottieren sollen. Aber dann entschieden sie anders. Es sei falsch, Russland die weltpolitische Bühne zu überlassen.

Hinter ihrer Verabredung verbirgt sich noch ein weiteres Kalkül. Die G7-Führer wissen, dass zwar sehr viele Staaten ihre Kritik an dem russischen Einmarsch teilen. Aber andere mächtige Player halten sich mit ihrer Kritik an Russland zurück oder unterstützen Moskau sogar.

Allen ist der 2. März in Erinnerung geblieben. An diesem Mittwoch, nur wenige Tage nach Kriegsbeginn, trafen in New York die Vereinten Nationen zusammen. Auf Initiative der USA sollte die Generalversammlung die russische Invasion «aufs Schärfste» verurteilen. Als die Resolution ES-11/1 aufgerufen wurde, stimmten zwar die Vertreter von 141 Nationen für eine Verurteilung Russlands. Aber fünf Nationen stimmten dagegen: Belarus, Eritrea, Nordkorea, Syrien und Russland selbst. Viel ernüchternder und folgenschwerer war, dass sich 35 Staaten bei der Abstimmung enthielten, darunter China, Indien, Südafrika, Iran, Irak und Bangladesch.

Zwar machten diese Länder bei der Generalversammlung nur gut 19 Prozent der Anwesenden aus. Doch gemeinsam mit den Staaten, die gegen die Resolution stimmten, repräsentieren sie weit mehr als die Hälfte der Weltbevölkerung. Dann gab es noch Nationen wie Äthiopien und Usbekistan, die es vorzogen, gar nicht erst bei der Abstimmung dabei zu sein. Dieser Tag offenbarte die zahlreichen Spannungen und Risse in den Vereinten Nationen.

Das ist auch der Grund, warum die westlichen Staats- und Regierungschefs das Format des G20-Treffens nutzen wollen, um zumindest auf den Debattenverlauf Einfluss zu nehmen. Die Vorstellung, dass Wladimir Putin im November den westlichen Staaten ungehindert die Schuld für die weltweite Wirtschafts-, Energie- und Nahrungskrise in die Schuhe schiebt, ist für deren politische Führer unerträglich.

Auch deshalb will Annalena Baerbock jetzt zum Treffen der G20-Außenminister und -Außenministerinnen nach Bali reisen. Immerhin werden dort auch die Abgesandten der russlandfreundlichen oder schwankenden Nationen China, Indien und Südafrika erwartet.

Baerbock steht vor kniffligen Entscheidungen: Soll sie ihrem russischen Amtskollegen Lawrow die Hand schütteln? Soll sie an einem gemeinsamen Abendessen teilnehmen? Soll sie mit ihm für das übliche «Familienfoto» posieren?

Vor ihrem Abflug legt sich Baerbock in kleinem Kreis fest: Auf keinen Fall will sie mit Lawrow unter vier Augen sprechen. Auf keinen Fall soll es gemeinsame Fotos geben. All das, darüber ist sich die deutsche Außenministerin im Klaren, würde dem Russen mehr nutzen als ihr. Seit Kriegsbeginn haben die beiden ohnehin kein Wort miteinander gewechselt. Baerbock legt keinen Wert auf einen weiteren Dialog mit diesem Mann.

Die Außenministerin verfolgt einen anderen Kurs gegenüber der russischen Regierung als Olaf Scholz. Öffentlich vermeidet der Kanzler allzu harte Worte, wenn er über den russischen Präsidenten spricht. Er will sich den Gesprächskanal offenhalten.

Baerbock hält nicht viel von den Telefonaten zwischen Scholz und Putin. Sie glaubt, sie würden zu nichts führen. Auch die hohe Anzahl der Telefonate findet Baerbock befremdlich. In den ersten Monaten des Krieges haben Scholz und Putin acht Mal miteinander telefoniert, mal nur zu zweit, mal gemeinsam mit Emmanuel Macron. Zwar verlaufen die Telefonate meistens nach dem gleichen Muster: Putin monologisiert, Scholz hört zu. Dennoch haben die Telefonate einen Wert. Der Kanzler achtet darauf, ob Wladimir Putin irgendeine Verhandlungsbereitschaft zur Beendigung des Krieges zu erkennen gibt. Bislang wartet er vergebens, aber er will die Hoffnung nicht aufgeben. Außerdem will Scholz, dass Putin nicht nur mit Informationen aus seinem eigenen Machtapparat versorgt wird, sondern auch abweichende Einschätzungen aus dem Westen zu hören bekommt.

Zwischen Annalena Baerbock und Sergej Lawrow gibt es keinen Gesprächskanal mehr, ihr Verhältnis ist irreparabel beschädigt.

Der russische Außenminister ist seit 2004 im Amt, im Vergleich zu den häufig wechselnden Ressortchefs der demokratisch regierten Nationen ist das eine halbe Ewigkeit. Er ahnt natürlich, dass Baerbock und andere ihm in Bali aus dem Weg gehen wollen. Also entschließt er sich, selbst die Initiative zu ergreifen.

Beim ersten G20-Meeting im Konferenzzentrum hört sich der Russe einige Wortbeiträge an, dann hält er seine Rede und schimpft anschließend auf die Amtskollegen aus dem Westen. Wenn die Europäische Union und die USA einen Sieg der Ukraine auf dem Schlachtfeld anstrebten, dann haben «wir wahrscheinlich mit dem Westen nichts zu besprechen».

Lawrow steigert sich noch: «Aggressor, Invasoren, Besatzer – wir haben heute eine Menge Dinge dieser Art gehört.» Er verwirft die Vorwürfe aus dem Westen als «rasende Kritik» und behauptet, im Westen gäbe es «eine geradezu fanatische Russophobie». Lawrow sieht sich als Opfer.

Nach seinem Wutanfall verabschiedet er sich, um nicht anhören zu müssen, was die nächste Rednerin zu sagen hat: Annalena Baerbock.

Die deutsche Ministerin empört sich ihrerseits. Dass Lawrow einen großen Teil der Verhandlungen außerhalb des Raumes verbracht habe, zeige, «dass es keinen Millimeter an Gesprächsbereitschaft der russischen Regierung derzeit gibt».

Vermutlich kommt Baerbock der diplomatische Eklat gelegen. Auch von ihr gibt es derzeit keinen Millimeter Gesprächsbereitschaft. Lawrows Abgang erlaubt es ihr immerhin, vor den Augen der übrigen Außenminister und Außenministerinnen der G20 und auch des Publikums in der Heimat als diejenige zu erscheinen, die geblieben ist und nicht gekniffen hat.

Annalena Baerbock ist erst wenige Monate im Amt. Aber sie hat schnell gelernt, wie man auf diplomatischem Parkett kleine Punktsiege erzielt.

Lawrows frühe Abreise und Baerbocks Gesprächsverweigerung zeigen auch, dass eine Beilegung des Ukraine-Konflikts am Verhandlungstisch und auch ein Ende des Wirtschaftskrieges augenblicklich höchst unrealistisch sind.

Wenn man sich in diesen Tagen auf den Fluren des Bundestages umhört, in den Ampelparteien und in den Ministerien, dann spürt man überall: Angst. Alle haben große Sorgen vor dem weiteren Kriegsverlauf. Man spürt die Furcht vor Engpässen bei der Energieversorgung, vor politischen Spannungen im eigenen Land. Die Angst frisst sich tief in die Gemüter der Regierungsmitglieder und ihrer Mitarbeiter.

In Berlin herrschen gerade sommerliche Temperaturen, bald beginnen die Schulferien. Aber in Gedanken sind die meisten im Regierungsviertel schon ein paar Monate weiter, im November und Dezember. Einen Satz hört man in der Hauptstadt gerade sehr häufig: «Der Winter wird hart.»

Olaf Scholz und seine Leute spüren die Unruhe, die sich seit Wochen in der Bevölkerung breitmacht. Schon länger hatte der Kanzler die Idee, den direkten Kontakt zu Bürgerinnen und Bürgern zu suchen, mit ihnen ins Gespräch zu kommen.

Julia Camerer, die für Medienberatung zuständige Referatsleiterin im Kanzleramt, entwickelte mit dem Bundespresseamt ein Format, in dem nicht Journalisten Fragen an den Kanzler richten, sondern Menschen aus allen Berufsgruppen, Schichten und Altersklassen. Olaf Scholz soll Gelegenheit erhalten, außerhalb von Konferenzräumen die Nöte der Deutschen in Erfahrung zu bringen. Viel wichtiger ist, dass die Deutschen ihren spröden Kanzler einmal anders kennenlernen sollen. Eine groß angelegte Kampagne, auch zur Imagekorrektur.

Für den Anfang haben sich Camerer und ihr Team Lübeck ausgesucht. Hier oben im Norden fühlt sich der aus Hamburg stammende Scholz heimisch. Und weil die sozialdemokratische Lichtgestalt Willy Brandt in Lübeck aufgewachsen ist, kann er sich beiläufig auf den bedeutenden Vorgänger berufen.

Der Kanzler soll in einer Strandbar auftreten, dort, wo man in Liegestühlen mit einem Cocktail in der Hand auf den Hafen blickt. Alles soll nahbarer wirken als beim G7-Gipfel in Schloss Elmau, keine dröhnenden Helikopter, keine Staatskarossen, keine Stacheldrahtwälle. Die BKA-Leute, die die Strandbar sichern, wirken etwas angespannter als üblich – drei Tage zuvor ist der ehemalige japanische Ministerpräsident Shinzo Abe von einem Attentäter bei einer Wahlkampfveranstaltung erschossen worden.

Als Scholz um 18 Uhr erscheint, blickt er in die Gesichter von 150 Menschen, die ihm überwiegend wohlgesonnen sind. Eine Vorauswahl nach politischen Gesichtspunkten, das versichert die Mannschaft des Kanzlers, fand nicht statt. Undenkbar, dass eine vergleichbare Veranstaltung in Moskau, Peking oder Ankara stattfinden würde.

Gänzlich störungsfrei verläuft der Scholz-Auftritt dennoch nicht. Auf dem gegenüberliegenden Ufer des Hafenbeckens hat sich eine Gruppe von Demonstranten versammelt, die mit Megafonen unermüdlich «Scholz muss weg!» brüllen. Man kann nur raten, welche inhaltlichen Einwände sie haben. Ab und zu spielt die Gruppe per Lautsprecher eine Textzeile des Nena-Klassikers «99 Luftballons» ein: «Neunundneunzig Kriegsminister, Streichholz und Benzinkanister, hielten sich für schlaue Leute, witterten schon fette Beute.» Der Protest richtet sich offenbar gegen die Unterstützung der Ukraine mit Waffen. Mehr ist nicht zu verstehen.

Eineinhalb Stunden lang muss Scholz gegen den Lärm der Demons-

tranten anreden. Dabei wirkt er auskunftswilliger als bei Pressekonferenzen. Der Eindruck drängt sich auf, dass er sich vor allem dann in
den Scholzomaten verwandelt, wenn er es mit Journalistinnen und
Journalisten zu tun hat. Nicht aber, wenn er auf Menschen trifft, die
keine professionellen Fragesteller sind. Der Ausdruck «Scholzomat»
ist Olaf Scholz wohl vertraut. Er muss schon sehr lange mit ihm leben
und erklärt ihn mir gegenüber so: «Er stammt aus meiner Zeit als
Generalsekretär und hat eigentlich in einer für mich nicht ganz glück-
lichen, aber doch treffenden Weise beschrieben, wie das so wirkt, wenn
man zwangsläufig auf immer wieder die gleichen Fragen die gleichen
Antworten gibt.»

Die andere, vielleicht wichtigere Beobachtung bei der Townhall-
Veranstaltung hängt mit der ersten zusammen: Die Bürgerinnen und
Bürger haben ganz andere Fragen als die, die Olaf Scholz von der
Presse gestellt werden. In Lübeck interessiert sich niemand dafür,
wann der Bundessicherheitsrat eine Lieferung von Panzern oder Hau-
bitzen genehmigt. Auch Fragen zu den Machtspielen innerhalb der
Koalition muss Scholz nicht abblocken.

In Lübeck interessieren sich die Menschen für andere Themen:
Wann werden die Pflegedienste endlich besser bezahlt? Wann fährt
die Deutsche Bahn wieder pünktlich? Woher beziehen wir künftig
unseren Strom? Warum gibt es in Schleswig-Holstein so wenig Ge-
burtskliniken? Was tut die Bundesregierung gegen den Fachkräftemangel? Wie geht es mit der Rente weiter?

Scholz bedankt sich artig für jede Frage und vermittelt zumindest
die Illusion, alle Probleme gleichermaßen ernst zu nehmen und «an-
zupacken».

Am Ende strahlt er in die Abendsonne und erklärt, er sei «begeistert, dass wir hier so schön diskutieren können». Dann fliegt er zurück nach Berlin.

Am nächsten Vormittag empfängt er im Kanzleramt den neuen
Ministerpräsidenten des Nato-Partners Slowenien – und die deutsche
Hauptstadtpresse. Die erste Frage der Journalisten lautet: «Herr Bundeskanzler, haben Sie heute auch über den Verkauf der Radpanzer
vom Typ ‹Boxer› gesprochen?»

Spätestens jetzt wird auch Olaf Scholz wieder daran denken: Der
Winter wird hart.

Robert Habeck hat auf seiner Sommerreise weniger Glück. Er will in Bayreuth mit Bürgern ins Gespräch kommen. Auf dem Ehrenhof wurde für ihn ein weißes Zeltdach aufgebaut, darunter eine kleine Bühne.

Als der Minister mit seiner gepanzerten Dienstlimousine vorfährt und anfängt, zu der Menge von etwa 200 Menschen zu sprechen, wird er von Pfiffen und Buhrufen empfangen. Es ist nicht die Mehrheit der Bürger, die gegen ihn demonstriert, aber doch eine erstaunlich große Gruppe.

Einige Demonstranten haben Plakate mitgebracht: «Friedensverhandlungen jetzt!» steht da. «Habeck, es reicht uns» und: «Ja zum Frieden». Auch «Kriegstreiber, Kriegstreiber» ist zu hören.

Robert Habeck hat sein dunkles Sakko ausgezogen und die Ärmel des weißen Hemdes hochgekrempelt. Für eine Weile ist er angesichts des Proteststurms sprachlos. Er wirkt perplex, wie ein Boxer, der von einem unerwarteten Schlag ausgeknockt wurde.

Er sammelt sich und geht dann auf den Protest ein: «Wenn da hinten gerufen wird ‹Kriegstreiber›, zu mir …» Habeck wundert sich, dass ihm plötzlich ein so böses Wort entgegengeschleudert wird.

Dann fährt er fort: «Stolz darauf sollte niemand sein. Das ist eine immer moralisch ambivalente Entscheidung.» Er meint die Entscheidung der Bundesregierung, Waffen in die Ukraine zu liefern. «Aber die andere Entscheidung wäre moralisch mindestens genauso ambivalent. Wenn wir die Ukraine alleine lassen würden, wenn wir die Leute alleine sterben lassen würden. Wir würden ja nicht unschuldig aus dieser Zeit herausgehen.»

So viel Mühe er sich auch gibt, er kann die aufgeheizte Stimmung nicht beruhigen. Er steht einer feindlichen Menge gegenüber, die Rufe «Kriegstreiber, Kriegstreiber» hallen weit über den Platz. So etwas hat der Grüne, der sich seit vielen Wochen in schmeichelhaften Umfragewerten sonnen kann, schon lange nicht mehr erlebt.

Ein paar Tage später erfährt Habeck von einem Vorfall, der noch viel besorgniserregender ist: Auf Facebook kursiert ein Video, in dem ihm Rechtsextreme wegen der Sanktionspolitik einen fiktiven Prozess machen. Auch seine Entführung wird in Szene gesetzt. Zu sehen ist ein Mann in einem rot-orangenen Gefangenenanzug, mit Handfesseln, ein Sack über den Kopf gestülpt. Dazu sagt ein Sprecher aus dem Off:

«Sie, Robert Habeck, werden vom Volk verurteilt zu 16 Wochen Pranger auf dem örtlichen Marktplatz.»

Das Ganze ist eine Spielhandlung, sie kann aber auch als Aufforderung verstanden werden. Das Wirtschaftsministerium verlangt von Facebook, das Video umgehend zu löschen, und prüft juristische Schritte.

In der Zentrifuge

Der Ton ändert sich. Anders als in den ersten Wochen nach Kriegsbeginn sprechen in den Sommerwochen nur noch wenige öffentlich vom Willen der Deutschen, Freiheit und Demokratie zu verteidigen. Stattdessen haben Untergangsfantasien Hochkonjunktur, Schreckensvisionen über den Zusammenbruch der Wirtschaft.

«Jetzt stehen Wohlstand und wirtschaftliches Wachstum auf der Kippe», warnt Christian Kullmann, der Präsident des Chemieindustrieverbandes VCI, gegenüber der SÜDDEUTSCHEN ZEITUNG. Und: Für den Fall eines vollständigen Gasembargos befürchte ich den Herzinfarkt der deutschen Wirtschaft, auch unserer Branche.»

Zehn Tage lang haben die Entscheidungsträger in Politik und Wirtschaft gebangt, ob Russland die Gaslieferungen durch Nord Stream 1 wieder aufnimmt. Als Grund für den vorübergehenden Stopp hatte Moskau routinemäßige Wartungsarbeiten angegeben. Am Donnerstag, den 21. Juli, herrscht schließlich Gewissheit: Es fließt wieder Gas. Aber lange nicht so viel wie üblich. Wieder strömen nur 40 Prozent der vertraglich zugesagten Liefermenge durch die Pipeline.

Im Schwarzer-Peter-Spiel drehen sich Moskau und Berlin im Kreis. Der Kreml verweist auf die immer noch nicht wieder installierte Gasturbine. Die Bundesregierung hält dieses Argument unverändert für «vorgeschoben». Die Schuldzuweisungen gehen hin und her, tagelang.

Deutschland bleibt der Willkür von Wladimir Putin ausgesetzt. Die mächtigste Wirtschaftsnation Europas ist erpressbar geworden.

Längst hat die Versorgungsunsicherheit die gesamte Europäische Union erfasst. Die Unruhe geht weit über Fragen der Energielieferung hinaus. Ursula von der Leyen fordert die Mitgliedsstaaten auf, nicht bis zum Auftreten von Energieengpässen im Winter zu warten, sondern bereits jetzt 15 Prozent des durchschnittlichen Gasverbrauchs zu senken. Außerdem sollen die Mitgliedsstaaten mehr Gas einspeichern und im Krisenfall mit notleidenden Nachbarländern teilen.

Ein gut gemeinter Vorstoß. Von der Leyen will die Debatte innerhalb der Europäischen Union rechtzeitig vor dem Wintereinbruch anstoßen. Doch nur wenige Stunden nachdem sie ihren Plan vorstellt, hagelt es Protest. Die spanische Energieministerin Teresa Ribera hält dagegen: «Wir wollen uns nichts aufzwingen lassen, zu dem man uns vorher nicht mal konsultiert hat und das gravierende Auswirkungen für uns hätte.»

Auch in Portugal, Griechenland, Polen, Ungarn und Zypern sperren sich die Regierungen gegen die Initiative aus Brüssel. Oft mischen sich in den Protest gegen die EU-Kommission Vorwürfe gegen Deutschland. Das Land sei wegen der falschen Energiepolitik in der Vergangenheit dafür verantwortlich, dass weite Teile der europäischen Wirtschaft von russischem Gas direkt oder indirekt abhängig sind.

Der Unmut ist verständlich, er ist mit Blick auf die Fehlentscheidungen mehrerer Merkel-Regierungen ja berechtigt. Aber die rückwärtsgewandten Diskussionen helfen in der aktuellen Lage nicht weiter.

Der ungarische Ministerpräsident Orbán nutzt die neuen Spannungen innerhalb der Europäischen Union für eine noch grundsätzlichere Diskussion. Bei einer von seiner Fidesz-Partei organisierten Veranstaltung im rumänischen Kurort Baile Tusnad holt er zum Rundumschlag aus. Die Sanktionen gegen Russland würden verpuffen, sie würden seinem eigenen Land zudem «fremde Werte» aufzwingen.

Orbáns Worte mögen von einem Rachebedürfnis getrieben sein. Die EU-Kommission hatte gegen sein Land wegen Korruption und Verschwendung von EU-Geldern erst im vergangenen April mehrere Verfahren in Gang gesetzt. Aber nun holt er die große Keule heraus und prangert das westliche Politikmodell und die westliche Lebensart an: «Die Kraft, die Leistung, das Ansehen und die Handlungsfähigkeit der westlichen Zivilisation sind im Schwinden begriffen.»

So spricht nicht der Führer Chinas oder Nordkoreas, sondern der

Ministerpräsident eines Landes, das Mitglied der Europäischen Union und der Nato ist. Wladimir Putin wird sich bestätigt fühlen.

Aber Putin braucht keine Hinweise aus Ungarn, um sich über den schlechten Zustand vieler westlicher Regierungen die Hände zu reiben. In Paris geht Emmanuel Macron geschwächt aus den Parlamentswahlen hervor, in London kündigt Boris Johnson unter dem Druck der eigenen Partei seinen Rücktritt an, in Rom kapituliert Mario Draghi vor den Ränkespielen seiner Koalitionspartner.

In Washington gibt es eine Diskussion über die geistige Frische des beinahe 80-jährigen Joe Biden. Die Führungsmacht des Westens ist zudem zwischen Republikanern und Demokraten tief gespalten und sehr mit sich selbst beschäftigt. Die Kongressanhörungen zum Sturm auf das Kapitol bringen täglich neue Details ans Licht, wie der damalige Präsident Donald Trump den Volksaufstand gegen das Zentrum der amerikanischen Demokratie anstachelte. Dieser Donald Trump bereitet gerade sein Comeback vor.

Die Turbulenzen treffen die demokratischen Staaten in einer heiklen Phase. Angeheizt durch den Krieg in der Ukraine und die wirtschaftliche Auseinandersetzung, gerät die Inflation in Nordamerika und der Eurozone außer Kontrolle. Der Euro verliert dramatisch an Wert und rutscht kurz unter die Dollarparität.

Die Europäische Zentralbank erhöht den Leitzins von null auf 0,5 Prozent. Ein erster Schritt, viele weitere werden folgen. Auch das ist eine kleine Zeitenwende, über ein Jahrzehnt lang hatte die EZB eine äußerst lockere Geldpolitik betrieben.

Die drastische Erhöhung des Refinanzierungssatzes ist eine Verzweiflungstat. Die Währungshüter haben zu lange die schleichende Inflation falsch eingeschätzt. Sie hatten gehofft, dass eine abebbende Pandemie und eine Erholung der globalen Lieferketten den Preisanstieg bremsen würden. Doch die Pandemie ebbte lange nicht ab, die Lieferketten blieben gestört.

Als infolge des Krieges die Handelsbeziehungen mit Russland einbrechen und die Energiepreise in die Höhe schnellen, setzt das eine Kettenreaktion in Gang. In den USA beträgt die Inflationsrate im Juli 9,1 Prozent, so viel wie seit 40 Jahren nicht. Vor allem Nahrungsmittelpreise sind betroffen. In der Hauptstadt muss man sieben Dollar für eine Kugel Eis bezahlen.

In der Eurozone liegt die Inflationsrate im Sommer bei ebenfalls beängstigenden 8,6 Prozent und wird in den nächsten Wochen auf über zehn Prozent steigen. Die Leitzinsanhebung der europäischen Währungshüter soll einen weiteren allgemeinen Preisanstieg verhindern. Einige Regierungen der Eurozone verfolgen die Kurskorrektur der EZB mit Sorge. Länder wie Italien und Portugal sind hoch verschuldet, wegen der Anhebung des Leitzinses steigen auch die Renditen für ihre Staatsanleihen, der Schuldendienst wird immer erdrückender.

Die Zentralbank hat daher ein neues Instrument entwickelt. Es nennt sich TPI («Transmission Protection Instrument») und soll in Not geratenen Eurozonen-Staaten zur Verfügung stehen.

Hinter TPI verbirgt sich jedoch ein altbekanntes Schreckgespenst. Um in den Genuss der Hilfen zu gelangen, müssen Staaten harte Reformen in ihrer Wirtschafts- und Finanzpolitik nachweisen. Wieder drohen Zerreißproben. Sowohl innerhalb der Krisenstaaten wie innerhalb der Gemeinschaft der Euroländer. Die Bevölkerung Griechenlands kann ein Lied davon singen. Viele Bürger sind wegen der Staatsschuldenkrise in soziale Not geraten, beinahe hätte ihr Land die Eurozone verlassen.

Man muss wieder an den Satz von Angela Merkel denken, den sie neulich über Wladimir Putin gesagt hat: «Er will die Europäische Union zerstören.»

Wenn man sich auf diesen Gedanken einlässt, wirkt die aktuelle Destabilisierung Europas wie der Teil eines diabolischen Plans. Das Zitat von Merkel ging so weiter: «Er will die Europäische Union zerstören. Weil er sie als Vorstufe zur Nato sieht.»

Da Putin befürchten muss, dass ein militärischer Angriff auf Länder der Europäischen Union mit der geballten Feuerkraft der Nato beantwortet werden würde, richtet sich seine Zerstörungswut auf ein anderes Schlachtfeld. Er hat die empfindlichen Stellen der Europäischen Union ausgemacht. Setzt er darauf, dass die Zentrifugalkräfte in Europa so entfesselt wirken, dass die Gemeinschaft daran zerbricht?

Doch sollte dies Putins Plan sein, geht er bislang nicht auf. Der Kreml-Herrscher wurde vom Widerstand der ukrainischen Armee und von der Unterstützung durch den Westen überrascht. Er hat es nicht geschafft, die Ukraine in einem Blitzkrieg zu besiegen. In der Europäischen Union knirscht und knackt es bedenklich, aber sie zerbricht nicht. Putin hat sich verrechnet.

Allerdings ging auch die Rechnung von Olaf Scholz bislang nicht auf. Am Ende des fünften Kriegsmonats muss er feststellen, dass die Sanktionen Russland nicht in die Knie gezwungen haben. Der Krieg tobt weiter, ohne dass ein Ende in Sicht ist. Scholz muss außerdem feststellen, wie schwer es ist, den Zusammenhalt in Europa zu organisieren.

Das Patt im Kräftemessen wirkt lähmend. Es fehlt an Ideen und Initiativen, um den Krieg zu beenden.

Das Versprechen

Überraschend unterbricht Scholz Ende Juli seinen Urlaub im Allgäu und eilt für einen Tag ins Kanzleramt. Er will selbst verkünden, dass die Bundesregierung als Gesellschafter beim Energiekonzern Uniper einsteigt. Ein Schritt voller Dramatik. Und er kündigt an, dass die Regierung eine Gasumlage einführen will.

Scholz' Vize Robert Habeck wählt Worte, die die Tragweite der staatlichen Notfallmaßnahmen verdeutlichen sollen: «Wir lassen nicht zu, dass ein systemrelevantes Unternehmen wie Uniper fällt.»

Aber Olaf Scholz hat bei seinem Spontanauftritt in Berlin noch mehr im Sinn. Er weiß, wie bedrohlich die Energiekrise für die Bevölkerung ist. Er spricht einen Satz aus, von dem er hofft, dass er sich im Bewusstsein der Deutschen ähnlich festsetzen wird wie der Merksatz «Whatever it takes», mit dem der damalige EZB-Präsident Mario Draghi während der Eurokrise die verunsicherten Finanzmärkte beruhigte. Scholz will die nun ebenfalls aufkeimende Panik im Keim ersticken. Also verspricht er: «You'll never walk alone.» So heißt auch die Stadionhymne des FC Liverpool und des FC St. Pauli. Über den Spruch hat er eine Weile nachgedacht, allein, ungestört von Ratgebern. Als er ihn Wolfgang Schmidt zuruft, ist der begeistert. Schmidt ist Pauli-Fan.

Jetzt steht der Satz fett und breit im Raum. Wie genau das Versprechen eingelöst werden kann, sagt Scholz nicht. Jeder und jede kann sich angesprochen fühlen, irgendwie. Scholz gefällt der Satz so gut, dass er ihn in den kommenden Wochen immer wieder in den Mund nehmen wird.

Aber an diesem Rundum-Versprechen wird der Kanzler künftig gemessen werden. Wird es ihm gelingen, die Auswirkungen des Ukrainekrieges so abzufedern, dass sich die Deutschen nicht von ihrer Regierung abwenden?

Annalena Baerbock wählt wieder eine andere Sprache. Öffentlich gesteht sie ihre Angst vor «Volksaufständen», sollte das Gas aus Russland ausbleiben. Das Wort rutscht ihr bei einer Podiumsdiskussion heraus. Schnell versucht sie, es wieder einzufangen, es sei wohl «überspitzt». Aber man spürt, dass der Regierung die Angst vor gewaltsamen Unruhen im Nacken sitzt.

Scholz' große Solidaritätshymne «You'll never walk alone» soll vordergründig der eigenen Bevölkerung gelten. Nur was ist mit den vielen befreundeten Ländern in der Europäischen Union? Vom mächtigsten Politiker der Gemeinschaft wird erwartet, dass er in den nächsten Wochen und Monaten auch die Bürger in anderen Ländern Europas nicht aus dem Blick verliert.

In Abstimmung mit der EU-Kommission und den anderen Mitgliedsstaaten müssen die Gasflüsse und die Geldflüsse so geleitet werden, dass die Funktionsfähigkeit aller Volkswirtschaften der EU sichergestellt ist. Die Ströme von Energie und Finanzmitteln müssen zudem so kanalisiert werden, dass sich niemand in den komplizierten Gebilden von Eurozone und Europäischer Union benachteiligt fühlt.

Eine herkulische Aufgabe.

Auf eine andere Dynamik haben die europäischen Politiker nur wenig Einfluss: Der Gazprom-Konzern kündigt an, die Gaslieferungen über die Pipeline Nord Stream 1 auf nur noch 20 Prozent abzusenken. Wegen der Turbine. Die Ankündigung lässt den Erdgaspreis weiter steigen. An der Energiebörse in Amsterdam klettert der Terminkontrakt TTF («Title Transfer Facility») um 7,7 Prozent auf 175 Euro je Megawattstunde. Zwei Tage später müssen Einkäufer für eine Megawattstunde niederländischen Erdgases zur Lieferung im August sogar 224 Euro bezahlen. An dem Preis dieses Terminkontrakts richtet sich das Gaspreisniveau in ganz Europa aus.

Der Energiekonzern Shell jubelt über satte Gewinne. Auch Gazprom und Wladimir Putin können sich freuen. Es wird lange dauern, bis der Gaspreis wieder auf ein niedriges Niveau fällt.

Rolle rückwärts

Robert Habeck hat noch sehr viel mehr Baustellen als Schweinswale, LNG-Terminals, Uniper und die Gasumlage. Fast überall sind die Zustände chaotisch, sogar gefährlich. An einer Baustelle haben schon Generationen von grünen Politikerinnen und Politikern sowie Umweltaktivisten vor ihm gewerkelt. Besonders Bewegte haben sich die Baustelle «Atomkraft» zu einer Art Lebensaufgabe gemacht. Eigentlich war es dort lange ruhig, doch jetzt gibt es wieder jede Menge Lärm.

In Brüssel hat Habeck Stimmen gehört, die ihn beunruhigen müssen. Einige Energieminister, die mit dem Notfallplan Gas der Europäischen Kommission nicht einverstanden sind oder ihn nur mürrisch mittragen, machen ihrem Ärger über den deutschen Kollegen Luft. Sie würden es nicht einsehen, dass ihre Länder ihren Gasverbrauch einschränken müssen, damit die Grünen in der deutschen Regierung an ihrem Nein zur Atomenergie festhalten können.

Die Debatte zur Atomkraft war nach Kriegsbeginn eher beiläufig geführt worden. Doch die Oppositionspolitiker von CDU, CSU und AfD treiben Robert Habeck nun mit immer lauteren Forderungen nach einer Laufzeitverlängerung vor sich her.

Auch Christian Lindner ärgert seinen Koalitionspartner unerbittlich. Über die Atomenergie müsse in der augenblicklichen Situation vorurteilsfrei gesprochen werden, fordert er immer wieder. Eine fiese Spitze gegen die Grünen. Er unterstellt ihnen, sich von Vorurteilen leiten zu lassen.

Vielleicht hat Lindner recht mit seiner Unterstellung. Andererseits: Möglicherweise sind die Vorurteile berechtigt. Eine uralte Diskussion, die ihre Wurzeln tief in den 1970er Jahren hat, bricht wieder auf. Man muss den Älteren nur bestimmte Ortsnamen zurufen, um Flashbacks zu hitzigen Debatten und gewaltsamen Auseinandersetzungen zu provozieren: Brokdorf, Wackersdorf, Mülheim-Kärlich,

Gorleben – all diese Orte stehen für einen tiefen Riss in der Gesellschaft, der erst vor einem Jahrzehnt mühsam zugeschüttet wurde.

Christian Lindner weiß genau, in welche Nöte er Habeck und die anderen Grünen mit seiner Forderung nach einer Laufzeitverlängerung stürzt. Gerade deshalb wiederholt er sie genussvoll.

Noch Anfang Juni hat sich Habeck reichlich genervt gewehrt: «Zur Atomenergie ist nicht mehr viel zu sagen.» Aber jetzt steigt der Druck nicht nur in Deutschland, sondern auch im Ausland. Und Habeck erlebt, wie die Spitzen der europäischen Partner zu giftigen Pfeilen im eigenen Land weiterverarbeitet werden. In den nächsten Wochen werden sie aus allen Richtungen auf ihn zufliegen. Also suchen Habeck und Steffi Lemke, die zuständige Ministerin, nach einem Ausweg.

Auch Olaf Scholz ist klar, was ein «gestreckter» oder «verlängerter» Betrieb von einzelnen Atomkraftwerken für die Grünen bedeuten würde. Das «Atomkraft? Nein danke»-Zeichen mit der lächelnden Sonne gehört zur Kultur der Partei wie ein Brandzeichen.

Eine Abkehr würde von der grünen Bewegung als Verrat empfunden werden. Der Wirtschaftsminister würde einen Weiterbetrieb politisch nicht überleben, ist einer von den Scholz-Leuten überzeugt. So viel Selbstverleugnung ist nicht auszuhalten, dieser Opfergang ist von Robert Habeck nicht zu erwarten.

Oder doch? Die Grünen waren auch einmal eine pazifistische Partei. Bis ihr Außenminister Joschka Fischer im Kosovokonflikt dem ersten deutschen Kampfeinsatz nach dem Zweiten Weltkrieg zustimmte – und dafür auf dem Bielefelder Parteitag 1999 von einem erzürnten Parteifreund mit einem Farbbeutel beworfen wurde. Die Partei folgte Fischer dennoch.

Wird Robert Habeck seinen Farbbeutel-Moment erleben? Oder ist die ehemalige Protestpartei Bündnis 90/Die Grünen so sehr zur realpolitischen Machtpartei mutiert, dass ihre Basis auch diesen Kursschwenk mitmacht?

Vielleicht ist die Sorge um die bevorstehende Zerreißprobe bei den Grünen ein weiterer Grund, warum Olaf Scholz vor wenigen Tagen seinen Urlaub unterbrach, um in Berlin eine Pressekonferenz zu geben.

Zwar sprach er im Kanzleramt ausführlich über den Einstieg bei Uniper. Aber gleich zwei Mal erwähnte er, dass sich das Bundeswirtschaftsministerium gerade mit der Frage der weiteren Nutzung der Atomenergie beschäftige. Er verwies darauf, «dass sehr, sehr harte Worst-Case-Szenario-Berechnungen in Auftrag gegeben worden sind. Diese schauen wir uns an.»

Ein paar Minuten später wiederholte Scholz, damit es auch wirklich jeder und jede mitbekommt: «Ich habe eben schon berichtet, dass der Bundesminister für Wirtschaft und Klimaschutz eine verschärfte Worst-Case-Szenario-Berechnung in Auftrag gegeben hat. Die gucken wir uns einmal an.»

Es war also zunächst nicht Habeck, der die Öffentlichkeit vorsichtig auf einen möglichen Kurswechsel vorbereitete. Es war der Kanzler selbst. Dann flog Scholz in seinen Urlaubsort zurück. Und Robert Habeck muss seitdem die Kommunikation in der Atomkraftdebatte weiterführen.

Noch hält sich der grüne Wirtschaftsminister bedeckt und spielt über Bande. Eine Art Doppelpass mit einem Parteifreund in Bayern, den Habeck gar nicht näher kennt.

Der Grüne, der den historischen Schwenk seiner Partei verkündet, hat die Grundsatzdebatten der 1970er Jahre nicht selbst erlebt. Dominik Krause ist erst 31 Jahre alt und seit wenigen Monaten Fraktionschef der Grünen im Münchner Stadtrat. Er lebt weit weg von den Aufregungen in der Hauptstadt. Wegen der «sehr angespannten Versorgungslage» sei es notwendig, sagt Dominik Krause jetzt, «dass die Bundesregierung eine erneute Bewertung eines Streckbetriebes von Isar 2 vornimmt». Christian Lindner hätte es nicht schöner formulieren können.

Krause will sein Unbehagen nicht verhehlen und klingt dabei wie Robert Habeck: «Die Verlängerung des Betriebs von AKWs, wenn auch nur für wenige Monate, widerspricht unseren politischen Zielen als Grüne. Doch wir stehen auch in der Verantwortung, die Energieversorgung für alle sicherzustellen.»

Den Vorstoß der Münchner Grünen, vermutlich auch die Wortwahl, stimmt der junge Münchner mit der Parteispitze in Berlin ab und auch mit dem Team von Habeck im Bundeswirtschaftsministerium.

Die Parteispitze verschickt in diesen Tagen auch eine interne Rundmail mit Formulierungsvorschlägen: «Als Vorschlag folgende Linie:

Derzeit prüft das Wirtschaftsministerium in einem zweiten, weiterreichenden Stresstest die Versorgungssicherheit beim Strom», heißt es in dem Wording. «Sobald die Ergebnisse vorliegen, wird – wie auch zuvor – anhand der Sachlage über mögliche weitere Maßnahmen beraten. Eine Laufzeitverlängerung, sprich die Beschaffung neuer Brennstäbe, lehnen wir ab.»

Die Formulierungshilfe wird konkret: «Wenn Ihr andere Anfragen und Gespräche habt, lohnt es sich immer wieder darauf zu verweisen, dass es mit Blick auf Herbst und Winter um Wärme geht – also auch um Diversifizierung und Energiesparen.»

Katrin Göring-Eckardt, Jahrgang 1966, ist zwar in der DDR aufgewachsen. Aber anders als der viel jüngere Dominik Krause in München hat sie die hitzigen Debatten um die Atomkraft in der Bundesrepublik und später im wiedervereinten Deutschland intensiv verfolgt. Die Vizepräsidentin des Bundestages geht Ende Juli in die Sendung von Anne Will und bereitet das Publikum bewusst umständlich und vorsichtig auf etwas vor, was noch vor wenigen Monaten als völlig ausgeschlossen galt: Die Grünen sind bereit, ihre angeblich unverrückbare Position zu räumen.

Göring-Eckardt spricht von einer Ausnahme: «Wenn es dazu kommt, dass wir eine wirkliche Notsituation haben, dass Krankenhäuser nicht mehr arbeiten können, wenn eine solche Notsituation eintritt, dann müssen wir darüber reden, was mit den Brennstäben ist.» Wer zulässt, dass Krankenhäuser ihre Patienten nicht mehr versorgen können, ist herzlos – das ist der rhetorische Hebel von Göring-Eckardt.

Mithilfe des Bundeskanzlers, dem Münchner Stadtrat und dem Hinweis auf notleidende Krankenhäuser wird die deutsche Öffentlichkeit auf eine spektakuläre Kurskorrektur vorbereitet. Offiziell warten alle nur auf das Ergebnis der von Scholz angekündigten «sehr, sehr harten Worst-Case-Szenario-Berechnungen». Aber ist die Prüfung wirklich noch offen?

Der aufwendig orchestrierte Versuch, nach einer Laufzeitverlängerung für Kohlekraftwerke der grünen Basis auch ein «Atomkraft – vielleicht doch» schmackhaft zu machen, stößt bei denjenigen auf Widerstand, die jahrzehntelang für den Ausstieg aus der Atomenergie gekämpft haben. Auch bei den Politikerinnen und Politikern, die einst in der rot-grünen Koalition von Gerhard Schröder selbst in Regierungsverantwortung waren. Wie Jürgen Trittin. Als Bundesumweltminister handelte er den Atomkonsens aus, mit dem der Ausstieg geregelt wurde. Olaf Scholz, der früher auch gegen Atomkraft auf die Straße gegangen war, saß frisch als Abgeordneter im Bundestag und freute sich.

Zehn Jahre später stieg die schwarz-gelbe Koalition von Angela Merkel und Guido Westerwelle aus diesem Ausstieg wieder aus. Jürgen Trittin, der sich so vehement für das Ende der Atomkraft in Deutschland eingesetzt hatte, schäumte. Doch nach dem GAU von Fukushima 2011 machte die damalige Regierung den Ausstieg aus dem Ausstieg wieder rückgängig. Als neues Ausstiegsdatum gilt seitdem der 31. Dezember 2022.

Und jetzt? Trittin wütet erneut. Als ihn der SPIEGEL fragt, wie er über die aktuelle Diskussion in seiner Partei denkt, watscht er seine Parteifreundin Katrin Göring-Eckardt wegen ihrer Krankenhaus-Äußerungen ab. Eine Familien- und Sozialpolitikerin wie sie wisse ja wohl, dass es in jedem Krankenhaus und in den großen Münchner Kliniken Notstromaggregate für plötzliche Stromausfälle gebe.

Und gegen die Grünen im Münchner Stadtrat, die den Betrieb von Isar 2 ein wenig strecken wollen, poltert er: «Was sie dazu motiviert hat, müssen Sie die fragen. Ich kann Ihnen sagen, dass – selbst wenn ein Gutachten zum Ergebnis eines hausgemachten bayerischen Problems käme – ich dazu rate, dass dieses bayerische Problem in Bayern gelöst wird. Dafür zu sorgen, dass dort Netzstabilität herrscht, heißt sparen.»

Dominik Krause wundert sich über die Aufregung in Berlin. Er hatte sich doch sorgfältig mit der Parteiführung abgestimmt.

Aber Jürgen Trittin schießt nicht nur gegen seine eigene Partei, sondern auch gegen die CSU. Die Christsozialen regieren in Bayern seit einer gefühlten Ewigkeit und haben unter den Ministerpräsidenten Seehofer und Söder den Ausbau von wichtigen Stromtrassen von Nord- nach Süddeutschland und den Ausbau von Windenergie verschleppt. Die Parteigranden verweisen zu Recht darauf, dass der Ausbau der Windkraft auch im von den Grünen regierten Nachbarland Baden-Württemberg stockt. Das Argument ist talkshowfähig, hilft aber bei den akuten Problemen nicht weiter. Bayern ist stark von russischem Gas abhängig – und von Atomkraft.

Robert Habeck und Steffi Lemke stecken in einer unbequemen Lage. Gegen ihre Überzeugung und gegen Teile ihrer Parteibasis lassen sie einen Streckbetrieb von Isar 2 prüfen, weil CSU-Politiker Bayern in die schwierige Situation manövriert haben.

Die neue Atomkraftdebatte bekommt auch Stephan Weil zu spüren. Der niedersächsische Ministerpräsident fürchtet das Thema, weil er Anfang Oktober bei der Landtagswahl seine Macht verteidigen will. In seinem Bundesland steht das dritte deutsche Atomkraftwerk, das noch im Betrieb ist und Ende des Jahres abgeschaltet werden soll. Wie steht der SPD-Politiker zu den Forderungen, den Atommeiler im Emsland weiterlaufen zu lassen?

Ende August wird er sich festlegen und der Frankfurter Rundschau sagen: «Die Brennstäbe im AKW in Lingen sind niedergebrannt, ein Streckbetrieb findet bereits ab November statt, weil die Brennstäbe sozusagen so gut wie ausgebrannt sind – da ist einfach nicht mehr rauszuquetschen.»

Mit anderen Worten: Der Atommeiler im Emsland soll gefälligst aus der Diskussion herausgehalten werden. So ganz wird Stephan Weil damit nicht durchkommen.

Noch konzentriert sich die Debatte auf Bayern. Den ganzen Sommer über treibt Markus Söder die grünen Ampelpolitiker Robert Habeck und Steffi Lemke vor sich her. Und er setzt ein neues Ausstiegsdatum in die Welt: 2025. Söder hat sein Wadenbeißer-Thema gefunden, so schnell will er nicht von ihm lassen. Die Atomkraftdebatte ist zu schön, sie garantiert immer ein paar Punkte im öffentlichen Schlagabtausch. Im Herbst 2023 stehen in Bayern Landtagswahlen an.

Am 28. Juli schrecken die Deutschen kurz auf. In den Nachrichten wird vermeldet, dass heute «Weltüberlastungstag» ist. Die Umwelt-Organisation Global Footprint Network rechnet in jedem Jahr den Tag aus, ab dem die Menschheit mehr nachwachsende Rohstoffe verbraucht, als die Erde auf natürliche Weise reproduzieren kann. Es ist ein globales Zeugnis und soll der Menschheit vor Augen führen, wie schlecht sie den eigenen Planeten behandelt.

Während der Corona-Pandemie und des weltweiten Einbruchs von Industrieproduktion und Reiseverkehr war der «Weltüberlastungstag» auf einen späteren Zeitpunkt gerutscht. Im ersten Coronajahr 2020 lag er auf dem 22. August. Aber die Erde hatte kaum Zeit, sich zu erholen, der Ressourcenverbrauch beschleunigt sich wieder. Germanwatch, eine andere Umweltgruppe, gibt an, dass die Menschheit aktuell 1,75 Erden verbraucht.

In diesem Sommer ist an vielen Orten Europas zu sehen, wie die Natur und die Menschen leiden. Wochenlang herrschen Temperaturen von weit über 30 Grad, an einigen Stellen erreicht das Thermometer sogar 40 Grad. In Ostdeutschland fällt es der Feuerwehr schwer, die Waldbrände unter Kontrolle zu bringen. Mehrere Flüsse trocknen aus.

In Frankreich reicht vielerorts das Flusswasser nicht mehr, um die zahlreichen Atomreaktoren zu kühlen. Auf dem Rhein kann kaum noch Kohle zu den deutschen Kraftwerken transportiert werden.

Das Taiwan-Problem

Seit ein paar Tagen herrscht in der Spitzendiplomatie neue Aufregung. Nancy Pelosi, die 82-jährige Vorsitzende des US-Repräsentantenhauses, hat signalisiert, dass sie in den nächsten Tagen Taiwan besuchen will. Das bringt die Regierung in Peking auf die Palme. Die Machthaber betrachten Taiwan nicht als souveränen Staat, sondern als Teil der Volksrepublik. Seit langem besteht die Gefahr, dass die Chinesen die aus ihrer Sicht abtrünnige Insel überfallen und sich politisch wieder einverleiben werden. Besuche von ausländischen Staatsgästen in Taipeh betrachtet die Führung in Peking als Provokation.

Das alles weiß Pelosi, und genau deshalb will sie nach Taipeh fliegen. Der Eklat ist Teil ihres Reiseprogramms.

In dieser Situation trifft Annalena Baerbock in New York ein. Sie ist gekommen, um an einer UN-Konferenz zur Überprüfung des Atomwaffensperrvertrages teilzunehmen und dort eine Rede zu halten. Eine Herzensangelegenheit. Es geht ihr um die Notwendigkeit nuklearer Abrüstung und um den russischen Angriffskrieg. So weit, so erwartbar.

Doch bevor Baerbock das UN-Gebäude betritt, will sie den wartenden Journalisten noch ein paar O-Töne in die Mikrofone sprechen. Es
ist schwül in New York, es nieselt, im Hintergrund machen Touristen
Selfies.

Nach ein paar Minuten will ein Journalist von Baerbock wissen, ob
sie im Taiwan-Konflikt in den nächsten Tagen eine Eskalation befürchtet. Ohne langes Nachdenken verpasst sie Peking einen Seitenhieb:
«Wir akzeptieren nicht, wenn das internationale Recht gebrochen
wird und ein größerer Nachbar völkerrechtswidrig seinen kleineren
Nachbarn überfällt – und das gilt natürlich auch für China, gerade in
diesen Tagen.»

Baerbocks Worte verärgern die Regierung in Peking. Die deutsche
Diplomatin Patricia Flor, die erst seit wenigen Tagen Botschafterin in
Peking ist, muss sich den Protest von Wang Lutong anhören, dem Ab-
teilungsleiter für Europa im chinesischen Außenministerium. Die
deutsche Außenministerin habe in New York «falsche Kommentare»
von sich gegeben, beschwert er sich, sie solle sich nicht in die inneren
Angelegenheiten seines Landes einmischen.

Eigentlich hat Baerbock vor, bald zu einem Antrittsbesuch nach
Peking zu reisen. Doch daraus wird erstmal nichts. Offiziell heißt es,
eine solche Reise sei wegen der Corona-Beschränkungen zu kompliziert. Aber das ist nicht der alleinige Grund. Anfang Oktober findet
im chinesischen Chengdu die Tischtennis-Weltmeisterschaft statt –
mit der deutschen Mannschaft. Und Olaf Scholz lässt eine eigene
Chinareise im November vorbereiten.

Die deutsche Außenministerin ist in China gerade nicht sonderlich willkommen. Dabei wäre es ihre Aufgabe, die Bemühungen um
ein gutes Verhältnis zu China nicht allein Wladimir Putin und Sergej
Lawrow zu überlassen.

Der Geheimplan

Während viele Regierungspolitiker in Berlin, Paris und anderen europäischen Hauptstädten im Urlaub weilen, entwickelt ein kleiner Kreis von Generälen um Wolodymyr Selenskyj einen gewagten militärischen Plan. Die Front, die zwischen den russischen und den ukrainischen Truppen durch den Osten und den Süden der Ukraine verläuft, ist inzwischen viele hundert Kilometer lang. Es ist unmöglich, die Russen auf breiter Front zurückzuschlagen, zu sehr haben sie sich im Hinterland eingenistet, Truppen umorganisiert und Waffendepots angelegt. Was aber, wenn es der ukrainischen Militärführung gelingt, die Russen zu täuschen, an einer strategisch wichtigen Stelle zu schlagen und von ihren Versorgungslinien abzuschneiden? Die Berater von Selenskyj wägen Chancen und Risiken eines Gegenschlags ab.

Die Militärs sind skeptisch. Zu ungleich sind die Kräfteverhältnisse, außerdem fehlen handfeste Informationen über die wahre Truppenstärke der Russen in den jeweiligen Frontabschnitten.

In ihrer Not ringen sich Selenskyj und seine Militärführer zu einem ungewöhnlichen Schritt durch: Sie weihen einige Vertrauenspersonen in der amerikanischen und der britischen Regierung in ihre Überlegungen ein. Von Washington und London erwarten sich die Ukrainer weitere Waffen, vor allem erhoffen sie sich Informationen über Standorte und Stärke der russischen Truppen.

Laut New York Times sind US-Sicherheitsberater Jake Sullivan und Generalstabschef Mark A. Milley in die Absichten der Ukrainer eingeweiht. In Kiew stehen Brigadegeneral Garrick Harmon und britische Geheimdienstler im ständigen Austausch mit Generälen der ukrainischen Armee.

Ein Plan gewinnt an Konturen, der auf eine spektakuläre Täuschung der Russen hinausläuft. Unabdingbar für den Erfolg ist, dass die Operation nur einem äußerst kleinen Kreis bekannt bleibt, jedes noch so kleine Leak würde sie gefährden.

Die Geheimdienste der USA und Großbritanniens sind seit 1946 mit den Diensten aus Kanada, Australien und Neuseeland in der Gruppe «Five Eyes» miteinander verbunden. Ein Bündnis, das einige nachrichtendienstliche Informationen austauscht. Der Bundesnachrichtendienst ist zwar Kooperationspartner der Allianz, er gehört aber nicht zum Inner Circle. So erfährt der BND nichts von der bevorstehenden Gegenoffensive der Ukrainer. Und auch die Ukrainer selbst wollen Berlin nicht vorab informieren. Misstrauen die Ukrainer den Deutschen?

Die Kommunikation zwischen Kiew und Berlin war in den letzten Monaten selten unkompliziert. Frank-Walter Steinmeier wurde ausgeladen, das lange Warten von Scholz mit einer Kiew-Reise, die Verzögerungen bei den Waffenlieferungen – all das lastet auf den Beziehungen.

Dass die Ukrainer die deutschen Geheimdienstler nicht in ihre Planungen einbezogen haben, erweist sich später als glückliche Fügung. Während die Vorbereitungen auf die Gegenoffensive laufen und auch als die ukrainischen Soldaten die gegnerischen Einheiten zurückdrängen, beginnt in Deutschland der hochrangige BND-Mitarbeiter Carsten L. seine Tätigkeit als Doppelagent – für den russischen Geheimdienst FSB.

Aber auch die geheimdienstliche Zusammenarbeit zwischen den USA und der Ukraine wird sich im nächsten Frühjahr als außerordentlich problematisch erweisen. Dutzende streng geheime Dokumente über Militäroperationen und Pläne in der Ukraine und Russland werden von einem 21-jährigen amerikanischen Nationalgardisten verraten und sind wochenlang in Chatgruppen im Internet einsehbar. Der Vertrauensbruch ist überaus peinlich und erschüttert die Geheimdienstwelt der gesamten Nato und befreundeter Staaten.

Im Sommer 2022 ist das Verhältnis zwischen den Nachrichtendiensten und Militärs in der Ukraine und den USA allerdings noch intakt. Die Planungen für die große Gegenoffensive laufen streng geheim.

House of Kahrs

Die folgende Geschichte führt weit weg von der Ukraine, sie ist aber erzählenswert, weil sie viel über Olaf Scholz verrät. Blicken wir zunächst kurz in den Herbst des Vorjahres, auf Dienstag, den 28. September 2021.

Zwei Tage nach der Bundestagswahl stoppt eine Zivilstreife vor einem viergeschossigen Mehrfamilienwohnhaus im Hamburger Stadtteil St. Georg. Drei Ermittler steigen aus ihrem Audi aus und klingeln bei einer Wohnung. Hier wohnt Johannes Kahrs.

Der SPD-Politiker hat nicht den allerbesten Ruf. In Hamburg und Berlin gilt er als Strippenzieher, Freunde beschreiben ihn als leidenschaftlich, Gegner nennen ihn skrupellos. Jetzt ist er auch noch eine Nebenfigur im Cum-Ex-Skandal.

Er ist fünf Jahre jünger als Olaf Scholz. Beide kennen sich gut, sie stiegen etwa parallel bei den Hamburger Sozialdemokraten auf und zogen 1998 zeitgleich in den Deutschen Bundestag ein. Kahrs schaffte es bis zum haushaltspolitischen Sprecher seiner Fraktion.

Im Jahr 2020 endete seine Karriere abrupt. Er hatte sich Hoffnungen gemacht, zum Wehrbeauftragten des Bundestages gewählt zu werden. Doch die Führung der SPD-Fraktion hatte andere Pläne, Kahrs schmiss hin.

Wenige Wochen vor seinem abrupten Abgang wurden Tagebucheinträge von Christian Olearius, dem Aufsichtsratsvorsitzenden der Hamburger Warburg-Bank, aus den Jahren 2016 und 2017 bekannt. In den Notizen taucht auch der Name Johannes Kahrs auf, offenkundig beriet er den Banker. Die Privatbankiers bangten in diesen Jahren um ihren guten Ruf. Und um 47 Millionen Euro. Warburg war tief in Cum-Ex-Geschäfte verstrickt.

Die Bank hatte sich viele Millionen Euro vom Hamburger Finanzamt erstatten lassen, obwohl diese dem Finanzamt nie gezahlt wurden. 2016 wollte die Hamburger Steuerbehörde die Steuerschuld überraschend in die Verjährung laufen lassen. Die Banker waren erleichtert.

Doch ihre Freude hielt nicht lange. Das von CDU-Minister Schäuble geführte Bundesfinanzministerium sah nicht ein, warum Hamburg die Bank mit der hohen Steuerschuld davonkommen lassen wollte. Die Berliner forderten die Kollegen auf, die millionenschwere Steuerschuld einzutreiben.

Inzwischen hat die Warburg-Bank ihre Steuerschuld beglichen. Doch der Frage, ob Hamburger Politiker im Jahr 2016 unerlaubt ihre Finger in dieser Angelegenheit im Spiel hatten, geht längst ein Untersuchungsausschuss in der Hansestadt nach.

Bundesweit ist die Sache vor allem deshalb von Interesse, weil es auch um Olaf Scholz geht. Auch er ist nur eine Nebenfigur, aber die mit Abstand prominenteste. Der Ausschuss prüft, ob Scholz in seiner Zeit als Bürgermeister Einfluss auf die steuerliche Behandlung der Bank genommen hat. Verdächtig war, dass er sich drei Mal mit dem Miteigentümer der Bank traf, die Treffen aber erst mit großer Verzögerung zugab.

In einer ersten Vernehmung stritt Scholz alle Vorhaltungen ab, an konkrete Inhalte seiner Gespräche mit dem Bankier könne er sich zudem nicht mehr erinnern.

Aber im Sommer 2022 drängt der Warburg-Skandal mit Wucht wieder ins Bewusstsein der Öffentlichkeit, weil die Fahnder bei Johannes Kahrs einen Schlüssel zu einem Schließfach gefunden hatten. Die Beamten öffneten es und entdeckten eine große Menge Bargeld: 214 800 Euro sowie 2400 US-Dollar. Woher stammt das Geld? Warum hat Kahrs die Scheine versteckt? Kahrs schweigt.

Jetzt ist die Sache auch ein Thema für die Boulevardpresse. Die vielen Spekulationen über das Geld im Schließfach lenken die Aufmerksamkeit wieder auf Olaf Scholz. Nicht, dass ihm unterstellt wird, etwas mit dem Geld zu tun zu haben. Aber in zwei Wochen soll er erneut vor dem Untersuchungsausschuss aussagen. Was für ein Timing! Der Kanzler muss sich penibel auf seine Aussage vorbereiten.

Zunächst vergaloppiert sich Scholz auf einem anderen Feld. Palästinenserpräsident Mahmud Abbas hat sich zu einem Besuch im Kanzleramt angekündigt. Das Treffen wird in einem Eklat enden. Vielleicht hat das damit zu tun, dass der sonst so diszipliniert wirkende Olaf Scholz für einen Moment mit den Gedanken woanders ist und nicht alles unter Kontrolle hat, auch sich selbst nicht.

Der Kanzler hat an diesem Tag einen prall gefüllten Kalender. Vormittags ist er in Stockholm, mit der schwedischen Ministerpräsidentin besucht er das Werk des Automobilherstellers Scania und gibt mit ihr eine Pressekonferenz.

Anschließend eilt er zum Flughafen und fliegt nach Berlin zurück. Außerdem steht noch ein Telefonat mit dem saudischen Kronprinzen Mohammed bin Salman auf dem Programm, ein höchst umstrittener Gesprächspartner. Scholz will demnächst nach Saudi-Arabien reisen.

Dann findet er endlich Zeit für Mahmud Abbas. Nach dem Gespräch in kleiner Runde fahren beide mit dem Fahrstuhl hinunter in den ersten Stock des Kanzleramts, um sich den Fragen der Journalisten zu stellen. Es ist seine zweite Pressekonferenz an diesem Tag, außerdem steht ihm am Freitag die Aussage vor dem Ausschuss in Hamburg bevor.

Die Veranstaltung ist fast zu Ende, da will ein Reporter von Abbas wissen, ob dieser sich vor dem Jahrestag des Überfalls von Palästinensern auf das olympische Dorf 1972 in München entschuldigen will. Abbas wischt die Frage barsch beiseite. Er holt zu einem verbalen Rundumschlag aus und beschuldigt Israel, seit 1947 verantwortlich für «50 Holocausts» gewesen zu sein.

Regierungssprecher Hebestreit erlebt den bislang schwärzesten Tag seiner Amtszeit. Er steht ein paar Schritte neben den beiden Politikern und beendet die Pressekonferenz. Auch Scholz sieht keinen Grund, auf die Aussagen seines Gastes einzugehen. Mit dunkler Miene reicht er Abbas vor den Fotografen die Hand. Dann geht der Palästinenser zu seiner Dienstlimousine und Scholz wieder zum Fahrstuhl, der ihn zurück in sein Büro bringt.

Kurz darauf fegt ein medialer Sturm über Berlin, wie ihn die Hauptstadt nur selten erlebt. Hebestreit und Scholz haben alle Hände voll zu tun, sich nachträglich von den Holocaust-Äußerungen zu distanzieren.

Das Ganze war ein Fehlverhalten auf großer Bühne. Keine Absicht, natürlich nicht, aber eine sehr unglückliche Kettenreaktion. Olaf Scholz war schlicht nicht aufmerksam genug. Am Ende dieses langen Tages war er in den letzten Minuten der gemeinsamen Pressekonferenz mit Mahmud Abbas im politischen Sekundenschlaf. Der Scholzomat war anders programmiert, auf Abgang, nicht auf Reaktion. Für einen kurzen Moment war Olaf Scholz überfordert.

Zwei Tage später sitzen Scholz, Wolfgang Schmidt, Steffen Hebestreit und Jeanette Schwamberger, die Leiterin des Kanzlerbüros, und ein Rechtsanwalt zusammen. Die Vertrauten des Kanzlers bereiten ihn auf seine Aussage vor dem Hamburger Cum-Ex-Ausschuss vor.

Als Scholz am Freitag pünktlich um 14 Uhr den großen Plenarsaal des Hamburger Rathauses betritt, blickt er in eine Reihe altbekannter Gesichter. Einige Abgeordnete kennt er noch aus seiner Zeit als Erster Bürgermeister. Die Sitzordnung des Untersuchungsausschusses sieht vor, dass sich Zeugen auf den Platz des Bürgermeisters setzen. Also macht es sich Scholz auf seinem alten Stuhl bequem und lächelt verschmitzt.

Richtig unbehaglich wird es auch in den kommenden drei Stunden nicht für ihn werden. Der Kanzler bleibt beinhart bei seiner Linie: Zu seinen Treffen mit dem Warburg-Banker Christian Olearius könne er nichts sagen, er habe an den Inhalt der Gespräche keine Erinnerung mehr. Nur so viel: Es gab keine Einflussnahme von ihm auf die Entscheidung der Finanzverwaltung. Mit der beabsichtigten Verjährung der Millionenforderung an Warburg habe er nichts zu tun gehabt: «Da war nichts.»

Ansonsten: «Ich kann mich nicht erinnern», «ich weiß das nicht mehr», «keine Ahnung», «daran habe ich keine Erinnerung mehr».

Ob es den Abgeordneten und den beobachtenden Journalisten gefällt oder nicht: Sie erleben an diesem Tag den Defensivspezialisten Scholz in Hochform. Der Kanzler hat seinen Gefühlshaushalt so tief heruntergedimmt, dass er mit Eiseskälte regungslos drei Stunden lang die Fragen der Ausschussmitglieder parieren kann.

Mit seiner hanseatischen Art wirkt er heute so arrogant wie Markus Söder im Süden mit seiner bajuwarischen Kraftmeierei.

Die Rolle des staubtrockenen Zeugen kommt seinem Naturell entgegen. Aber Scholz hat in seinem langen politischen Leben auch dazugelernt und seine Auftritte perfektioniert. Vor vielen Jahren hatte er einmal Gelegenheit, aus nächster Nähe einen anderen Vollprofi in einer ähnlichen Situation zu studieren.

Im Jahr 2005 ging ein Untersuchungsausschuss des Bundestages der Frage nach, warum in verschiedenen deutschen Auslandsvertretungen zu leichtfertig Visa vergeben wurden. Es gab Tausende Fälle von Schlamperei. Vorgeladen war auch Außenminister Joschka Fischer. Er war für die Opposition ein lohnendes Ziel, weil seine Befragung im aufziehenden Bundestagswahlkampf stattfand.

Ich saß damals auf der Pressetribüne und verfolgte gebannt, wie Fischer neun Stunden lang den hartnäckigen Fragen der Abgeordneten widerstand. Dabei half Fischer, dass er sich an konkrete Gesprächsinhalte partout nicht erinnern konnte. Ein schlechtes Gedächtnis kann politisch vorteilhaft sein.

Fischer hatte sich außerdem vorgenommen, die Geduld der Ausschussmitglieder zu strapazieren. Sein Auftaktstatement dauerte sagenhafte 2 Stunden und 18 Minuten und endete mit der Aufforderung: «Schreiben Sie in Ihren Bericht rein: Der Fischer war schuld.»

Im anschließenden Kreuzverhör schaffte er es, sich den brenzligen Gesprächssituationen vor allem dadurch zu entziehen, dass er sich auf seine Erinnerungslücken berief. Irgendwann wurde es dem Ausschussvorsitzenden von der CSU zu bunt, er wollte vom Außenminister wissen, warum er sich nicht erinnere. Daraufhin Fischer: «Ich bin doch hier nicht beim Arzt.»

Olaf Scholz war damals SPD-Obmann im Untersuchungsausschuss. Er konnte alle Kniffe und Spielzüge lernen, wie man bei einer lästigen Befragung sein politisches Überleben sichern kann.

17 Jahre später verhält sich der amtierende Bundeskanzler genauso wie damals der Außenminister: «Ich kann mich nicht erinnern.»

Die Fischer-Strategie bringt Scholz allerdings in eine nur schwer auflösbare Lage. Die beiden zentralen Sätze «Es gab keine Beeinflussung durch die Politik» und «Ich kann mich nicht erinnern» passen nur schwer zusammen. Wie kann der Kanzler fest behaupten, dass es keine Beeinflussung gab, wenn er sich an den Inhalt seiner Gespräche nicht erinnern kann?

Um aus dieser Klemme zu kommen, greift Scholz zu einem Trick: Bei seiner Behauptung «Es gab keine Beeinflussung durch die Politik» stützt er sich in der Befragung auf Presseartikel und die Aussagen anderer Zeugen. Wiederholt erklärt er den Abgeordneten, dass die Vernehmung von Personen aus der Hamburger Finanzverwaltung und Politik bislang «kein Indiz», «keinen Anhaltspunkt» erbracht hätte, dass es eine unbotmäßige Beeinflussung durch den Hamburger Senat gegeben hatte.

Der unter Druck geratene Scholz verschafft sich mit seiner Um-die-Ecke-Argumentation tatsächlich Luft. Zahlreiche Nachrichtenmedien bringen in den Überschriften ihrer Meldungen ein Zitat des Kanzlers: «Da war nichts.»

Übrig bleibt ein doppeltes Ärgernis: Die Mitglieder des Hamburger Untersuchungsausschusses sind auf die Befragung des Bundeskanzlers peinlich schlecht vorbereitet. Sie haben keinen wesentlich neuen Sachstand, den sie ihm vorhalten können, keine Zeugenaussage, kein Schriftstück, womit sich beweisen ließe, dass Olaf Scholz im Jahr 2016 Einfluss auf die steuerliche Behandlung von Warburg genommen hat.

Die Hamburger Bürgerschaft ist ein Feierabendparlament, und entsprechend verhalten sich die meisten Ausschussmitglieder – amateurhaft. Womöglich steckt genau darin das Kalkül der auch in der Hansestadt regierenden SPD: Olaf Scholz zur Befragung vorzuladen, ohne ihn mit erdrückenden Beweisen konfrontieren zu können. Ein machtpolitischer Doppelpass zwischen der SPD in Berlin und Hamburg. So hat Scholz tatsächlich leichtes Spiel.

Der CDU-Obmann des Ausschusses schlägt sogar eine forensische Methode zur Behandlung von Amnesien vor. Der Kanzler könne sich ja einer Hypnose stellen. Scholz tut die Idee als «Karikatur des Zustands der Befragung» ab. Damit hat er recht.

Aber es bleibt ein Ärgernis. Immerhin geht es um den Vorwurf einer schweren Straftat. Der Staat sollte, so der Verdacht, um 47 Millionen Euro betrogen werden, im Jahr 2016 ermittelte bereits die Staatsanwaltschaft. Es ist unverständlich, warum Olaf Scholz in seiner Zeit als Bürgermeister den damaligen Gesellschafter und Aufsichtsrat der Warburg-Bank überhaupt empfing. Im Dezember 2019 schrieb Olaf Scholz selber auf Twitter: «Ich halte Cum-Ex für eine Riesenschweinerei. Und ich frage mich, wie irgendjemand diese Steuertricks für legal und legitim halten konnte.»

Was Scholz zur Aufklärung dieses Skandals beiträgt, ist: nichts. Er mag gewieft sein. Wie Joschka Fischer 2005 hält auch er sich erfolgreich an der Macht. Aber eines Bundeskanzlers ist sein Verhalten im Hamburger Rathaus unwürdig.

Viele Monate später will die Unionsfraktion im Bundestag einen Untersuchungsausschuss beantragen und die Affäre neu durchleuchten. Zwischen den Fraktionen der Regierung und der Opposition wird hart um die Einsetzung gerungen. Sollte der Ausschuss tatsächlich seine Arbeit aufnehmen, müsste Olaf Scholz sein Erinnerungsvermögen nicht vor Teilzeitparlamentariern bemühen, sondern vor ehrgeizigen Fulltime-Abgeordneten.

Moskaus langer Arm

Am Dienstagmorgen, 9. August, landen in der malischen Hauptstadt Bamako fünf Kampfflugzeuge und ein Militärhubschrauber. Sie kommen nicht aus Deutschland und nicht aus Frankreich, sie haben den langen Weg aus Russland hinter sich. Am Rand der Landebahn wird ein schattenspendendes Zelt errichtet, unter dem sich malische Würdenträger versammeln. Feierlich wird das russische Militärgerät an die malische Regierung übergeben.

Christine Lambrecht kann das nur als Schlag ins Gesicht empfinden. Annalena Baerbock wird sich ähnlich fühlen.

Die beiden Frauen waren im Frühjahr jeweils nach Bamako gereist, um mit der Militärregierung von Assimi Goïta über die weitere Präsenz der Bundeswehr zu sprechen, ein Engagement im Rahmen einer seit Jahren laufenden UN-Mission. Die deutschen Soldaten und Soldatinnen sollen die malische Bevölkerung vor allem vor den Angriffen von Islamisten schützen.

Natürlich geht es der Bundesregierung auch darum, dass Mali nicht weiter unter den Einfluss Russlands gerät. Baerbock hatte sich bei ihrem Besuch besorgt darüber geäußert, dass russische Söldner im Land seien. Dass die Regierung in Bamako jetzt ausgerechnet aus Russland Kampfjets erhält, wird in Berlin als Affront verstanden.

Am nächsten Tag dann der nächste Schreck für Berlin: Assimi Goïta und Wladimir Putin telefonieren miteinander. Obwohl der russische Präsident mit der Kriegsführung gegen die Ukraine eigentlich alle Hände voll zu tun hat, findet er Zeit für einen freundlichen Plausch mit Goïta. Der bedankt sich artig für die Unterstützung aus Moskau, die Partnerschaft mit Russland sei «respektvoll».

Putin gibt sich reichlich Mühe, den Malier zu umgarnen. In einem weiteren Telefonat einige Wochen später vereinbaren beide, die Zusammenarbeit «in Sicherheitsfragen» zu vertiefen. Putin lädt Assimi Goïta sogar nach St. Petersburg ein. Das alles muss Berlin mächtig ärgern.

Ohnehin ist das Verhältnis zwischen Bamako und Berlin gerade gereizt. Weil das französische Militär aus dem Land abzieht, kommt der Bundeswehr eine immer größere Bedeutung zu. Der Einsatz in der Subsahara ist enorm anstrengend, turnusgemäß sollen in diesen Tagen

140 deutsche Soldatinnen und Soldaten durch frische Kräfte ausgetauscht werden. Um das zu organisieren, muss ein Flugzeug von Deutschland aus nach Mali starten, neue Soldaten und Soldatinnen bringen und die anderen wieder mitnehmen.

Doch die malische Regierung blockiert tagelang die Überflugrechte. Genervt telefoniert Lambrecht mit ihrem Amtskollegen in Bamako. Der Malier sagt ihr eine unbürokratische Lösung des Problems zu, doch die Genehmigung zum Überflug wird weiterhin verwehrt.

Schließlich reißt der deutschen Ministerin der Geduldsfaden. Sie erklärt, dass Deutschland den Aufklärungseinsatz der Bundeswehr bis auf Weiteres aussetzen werde.

Das Verteidigungsministerium und das Auswärtige Amt sind jetzt in der Klemme. Die Sicherheit der Bundeswehreinheiten kann nicht mehr dauerhaft gewährleistet werden. Die Islamisten verüben immer mehr Anschläge, oft rücken sie bis an den Rand der Hauptstadt vor.

Auch kann die Verteidigungsministerin den Bundeswehrangehörigen, die seit Monaten Dienst in den Lagern tun, nicht mehr zumuten, noch länger im Land zu verweilen. Nach vielen zermürbenden Tagen gibt es einen Ausweg: Ein deutsches Zivilflugzeug darf nach Bamako fliegen und einen Teil der Mannschaft austauschen.

Das ändert jedoch nichts an der Kernfrage, die zwischen dem Berliner Verteidigungsministerium und dem Auswärtigen Amt kontrovers diskutiert wird: Soll die Bundesregierung am Engagement in Mali festhalten, oder soll sie es beenden? Entscheidet sich die Regierung, die deutschen Soldaten im Land zu lassen, riskiert sie deren Sicherheit. Zieht die Regierung ihre Einheiten ab, wäre das ein fatales Signal an die übrigen Nationen, die an der UN-Mission in Mali beteiligt sind. Die gesamte Mission der Vereinten Nationen stünde vor dem Aus.

Das Wichtigste aber ist: Bei einem kompletten Abzug der Bundeswehr würde der Westen seinen Einfluss in Mali einbüßen – und das Land Russland überlassen. Deutschland und seine Partner laufen Gefahr, das geopolitische Kräftemessen im Westen Afrikas zu verlieren.

Von der Rolle

Den ganzen Sommer lang hat die Koalition über der Frage gebrütet, wie sie die Ukraine weiter mit Waffen und Geld unterstützen, den Krieg aber von der eigenen Bevölkerung fernhalten kann.

Schon früh und nach langem Tauziehen kamen Scholz, Habeck, Lindner und Verkehrsminister Wissing auf die Idee, die Bevölkerung mit einem Tankrabatt und einem 9-Euro-Ticket für Regionalbusse und -bahnen zu entlasten. Neben dem wirtschaftlichen Effekt verspricht sich die Regierung auch eine besänftigende Wirkung.

Die Maßnahmen sind teuer. Das 9-Euro-Ticket kostet den Staat 2,5 Milliarden Euro, der Tankrabatt über 3 Milliarden Euro. Finanzminister Lindner schmerzen die Maßnahmen mehrfach. Zum einen reißen die Subventionen neue Löcher in seinen ohnehin strapazierten Bundeshaushalt. Zum anderen ist Lindner Fan eines schlanken Staates, der auf die Selbstheilungskräfte der Wirtschaft setzt. Dass ausgerechnet der FDP-Chef die staatlichen Eingriffe organisieren muss, ist für ihn eine unangenehme Erfahrung.

Aber die Regierung hat ein noch größeres Problem als die Verteilung von teuren Beruhigungspillen. Die Versorgung von Industrie und Bevölkerung mit Energie, vor allem mit Gas, ist immer noch unsicher.

Der Einstieg bei Uniper geschah gegen die von Lindner sonst so gepriesene volkswirtschaftliche Lehre vom freien Spiel der Kräfte. Das Hauptproblem bleibt auch nach dem Einstieg des Staates. Der Energiekonzern muss wegen der stark gedrosselten Gaslieferungen aus Russland den Rohstoff zu ungleich teureren Preisen von anderen Liefcranten in anderen Ländern einkaufen. Das Unternehmen meldet weiter einen wachsenden Finanzbedarf an, Milliardenbeträge laufen auf.

Andere Gasimporteure sind in einer ähnlich heiklen Lage. In vielen Unternehmen schnellen die Einkaufspreise nach oben. Einige Konzerne, die noch vor wenigen Monaten hohe Gewinne erwirtschaftet haben, bangen um ihre Existenz. Wenn sie ihren eigenen Lieferverpflichtungen nicht mehr nachkommen können, werden die Deutschen demnächst frieren. Im schlimmsten Fall müssten die von Gas abhängigen Fabriken ihre Produktion einstellen.

Der Bevölkerung droht der Nervenzusammenbruch, dem Indust-
riestandort Deutschland der wirtschaftliche Kollaps.

Um die Gasimporteure arbeitsfähig zu halten, gestattet ihnen die
Regierung, ihre erheblichen Mehrkosten an die Kunden weiterzulei-
ten. Die Gasumlage war vor Wochen hastig zurechtgezimmert worden.
Ab Anfang Oktober sollen alle 2,4 Cent pro Kilowattstunde mehr bezahlen. Dass der Staat wie beim Tankrabatt oder dem 9-Euro-Ticket
für diese Kosten aufkommt, diesen Gedanken hatte die Regierung
schnell verworfen. Gegen eine Neuverschuldung des Staates sperrt
sich Christian Lindner, Steuererhöhungen hat er mehrfach öffentlich
ausgeschlossen.

Die Einführung der Gasumlage erfolgt unter großem Zeitdruck,
Robert Habeck und seine Fachleute im Ministerium arbeiten im Dau-
erstress. Vor allem arbeiten sie im politischen und gesetzgeberischen
Neuland. Jetzt, mit großem Zeitverzug, entfaltet der Formulierungs-
fehler, der ihnen bei der Gesetzesnovelle unterlaufen ist, seine volle
Wirkung.

Es spricht sich herum, dass auch Unternehmen von der Gasumlage
profitieren können, die weiter sehr rentabel arbeiten. Die Verordnung
gilt für alle Firmen – wie soll das Ministerium entscheiden, welche Firmen bezugsberechtigt sind und welche nicht? Das Klagerisiko ist hoch.

In der hastig entworfenen Umlage steckt ein gewaltiges Potential
für gesellschaftliche Proteste. Wenn Verbraucher merken, dass sie mit
ihren erhöhten Überweisungen die Gewinne von Energiekonzernen
steigern, dann wird sich ihr Unmut nicht nur bei den Konzernen entladen, sondern vor allem bei der Bundesregierung. Man kann sich
leicht ausrechnen, dass der Mann, dessen Ministerium die Gasumlage
falsch und ungerecht konstruiert hat, die meisten Prügel einstecken
wird: der Wirtschaftsminister.

Robert Habeck hat ein paar anstrengende Reisetage hinter sich. Mit
Olaf Scholz tourt er 6500 Kilometer und mehrere Zeitzonen weit nach
Kanada. Es geht um Energiepartnerschaften. Überall Händeschütteln,
Ansprachen, Hintergrundgespräche, Weiterflug, dann wieder Hände-
schütteln. Irgendwann ist Habeck erschöpft. Eine Reporterin der BILD-
Zeitung beobachtet ihn aus der Nähe. Kurz darauf titelt ihr Blatt: «Wäh-
rend Scholz redet, gähnt Habeck».

Am Mittwochmorgen landen der Kanzler und sein Vize wieder in Berlin, Kabinettssitzung, Pressestatements. Schon am nächsten Tag rast Habeck weiter ins Ruhrgebiet. In Gelsenkirchen besucht er eine Verzinkerei. Zwischendurch prasseln Nachrichten und Presseanfragen auf ihn ein: Die Gasumlage ist ungerecht! Wie konnte Ihnen ein solcher Fehler unterlaufen?

Habeck schwirrt der Kopf. Er verabschiedet sich höflich bei der Unternehmensleitung des Gelsenkirchener Betriebs, dann lässt er sich in hohem Tempo 60 Kilometer weiter nördlich nach Münster fahren. Auf dem Westfälischen Wirtschaftstag ist er als Hauptredner angekündigt, den Auftritt kann er unmöglich absagen.

Aber erst will er Krisenmanagement in eigener Sache betreiben, die Unternehmer müssen sich gedulden. Um den etwa 100 Gästen in der Industrie- und Handelskammer die Zeit zu vertreiben, trägt eine Sängerin mit Gitarrenbegleitung sanfte Lieder vor.

Dann rauscht der Minister mit reichlich Verspätung an, er ist verschwitzt und hat die Ärmel seines weißen Hemdes hochgekrempelt. Die Wirtschaftsvertreter im Saal werden kaum mitbekommen haben, in welch schwieriger Situation der Gast aus Berlin gerade steckt.

Als Habeck die kleine Bühne besteigt, ignoriert er das Rednerpult rechts neben sich und beginnt, ganz ohne Manuskript frei zu reden. Es gibt warmen Applaus. Der gestresste Minister freut sich darüber, dass ihm an diesem Tag etwas Sympathie entgegenschlägt.

Der SPIEGEL hat sich gerade in einer Titelgeschichte («Die Leidfigur») ausführlich mit Habecks Kommunikationsverhalten, mit seiner öffentlichen Sprache beschäftigt. Eigentlich müsste ihm eine so breite und prominente Darstellung schmeicheln. Aber der Mann, der jetzt seit neun Monaten die Nummer zwei der Bundesregierung ist, wittert die Gefahr.

In angespannten Zeiten kann ihm sein Talent, Zweifel und Sorgen elegant auszudrücken, als Selbstverliebtheit ausgelegt werden. Habeck hat natürlich mitbekommen, dass seine lockeren Auftritte mit der steifen Art des Bundeskanzlers verglichen werden und dass er seit vielen Wochen die Beliebtheitsumfragen anführt. Er ist der Posterboy der Ampelregierung – und als solcher muss er die Missgunst seiner Kabinettskollegen fürchten.

Also beginnt er seine Rede in Münster mit ein paar persönlichen Be-

merkungen und tut den Wirbel um seine Person als lästige Begleiter-
scheinung ab: «Ja, ich bin auf so einem Titel von einer deutschen Zeitung drauf. Sie wissen, dass bevor ich Politiker wurde, da hatte ich
einen vernünftigen Beruf, da war ich Schriftsteller.» Heiterkeit im Saal.

Dann wird er grundsätzlich: «Stilfragen und die Art, wie Kommunikation läuft», seien «nicht das Eigentliche», sie seien nur «Trans-
portmittel». Habeck richtet sich gegen einen Vorwurf, den heute
Abend niemand erhoben hat, aber den er dennoch wahrzunehmen
glaubt: Er sei ja nur ein Schönredner, ein Schwätzer.

Nach diesem Einstieg kommt er auf das, was er als «das Eigentliche» bezeichnet, auf den Inhalt seiner politischen Entscheidungen.
In halbwegs normalen Zeiten würde er vielleicht eine Leistungsbilanz
seiner bisherigen Amtszeit aufblättern. Aber heute, an diesem schwü-
len Spätsommerabend, muss Habeck auf den großen Fehler zu sprechen kommen, der ihm und seinen Leuten unterlaufen ist, auf die
Gasumlage.

Noch einmal ruft er in Erinnerung, warum Uniper gerettet werden
musste. Die Gasumlage sei als solidarischer Akt konzipiert worden,
alle Gaskunden sollen in schwierigen Zeiten für die Sicherung der
Energieversorgung bezahlen. Das, so Habeck, habe er richtig und fair
gefunden. Im Übrigen: «Eine Legion von Juristen hat mir das so erklärt, dass es nicht anders gehen kann.»

Dann kommt er zum Fehler: «Weil wir aber nicht wussten – und
das muss man ehrlicherweise sagen, und niemand wusste das –, wie
dieser Gasmarkt verflochten ist, welche Firmen irgendwelche Anteile
an Töchtern und so weiter haben, ist durch diese im Prinzip richtige
Entscheidung ein Problem entstanden, dass sich da nämlich ein paar
Unternehmen reingedrängelt haben, die nun wirklich viel Geld verdient haben.»

Etwas später nimmt der erzürnte Habeck sogar das Wort «Schweinegeld» in den Mund. Im Kreis der Unternehmer ist die Heiterkeit
jetzt verflogen.

Die Zuhörer werden Zeugen eines erstaunlichen Bekenntnisses:
Der Wirtschaftsminister hat die Zeit, mit einer «Legion von Juristen»
zu sprechen, aber er hat nicht ausreichend Zeit, mit Experten zu reden, die ihm die Beschaffenheit des deutschen Gasmarktes erklären.
Hat Habeck noch den Überblick?

Die Erkenntnis über die Fehlkonstruktion der Umlage hat den Minister kalt erwischt, irgendwo zwischen dem Rückflug von Kanada, der Kabinettssitzung in Berlin und der Reise nach Nordrhein-Westfalen. «Das politische Problem», redet er jetzt reumütig, «hat mir die letzten 48 Stunden ganz schön versauert.» Er endet mit der Ankündigung, sich die Gasumlage «noch einmal genau anzuschauen».

Insgesamt arbeiten 40 Leute vier Wochen lang jeden Tag daran, das Problem mit den Trittbrettfahrern rechtssicher zu lösen. Auch Beratungskanzleien werden eingeschaltet. Der politische Druck und der Zeitdruck sind immens. Der Gaspreis steigt immer höher, die Situation von Uniper verschlechtert sich mit jedem Tag. Den Leuten im Wirtschaftsministerium dämmert: Das Rettungspaket für den Energiekonzern reicht nicht. Erste Überlegungen werden angestellt, Uniper zu verstaatlichen.

Das Eingeständnis, bei der Gasumlage einen schweren handwerklichen Fehler gemacht zu haben, spricht sich in Berlin herum wie ein Lauffeuer. Am nächsten Tag wird Habecks Sprecherin in der Bundespressekonferenz gelöchert. Halten Sie an der Gasumlage fest? Die Sprecherin rettet sich in das Eingeständnis: «Der Druck ist groß.»

Dass sich Friedrich Merz die Gelegenheit nicht entgehen lässt, den grünen Wirtschaftsminister anzugreifen («seine erste große Niederlage»), gehört zum politischen Geschäft. Habeck muss allerdings feststellen, dass auch aus den Reihen der eigenen Verbündeten gegen ihn geschossen wird.

FDP-Fraktionschef Christian Dürr: «Wir müssen aufpassen, dass gut gemeinte Regelungen sich nicht ins Gegenteil verkehren.» Gut gemeint? Das klingt nach Naivität.

SPD Chef Lars Klingbeil bemerkt im Interview mit ZEIT ONLINE, ohne Zweifel habe Robert Habeck einen interessanten Kommunikationsstil, «und natürlich merken wir, dass das in der Öffentlichkeit gut ankommt». Aber «am Ende zählen in der Politik nicht nur schöne Worte, es muss vor allem die Substanz stimmen».

Klingbeils Kritik stimmt beinahe wortgleich mit der Kritik von Merz überein. Der sagt dem FOCUS über Habecks Stil: «Das ist für einen Teil der Bevölkerung ganz interessant. Am Ende des Tages zählen Substanz und Ergebnisse.» Der Chef der größten Regierungspartei klingt genauso wie der Chef der größten Oppositionspartei.

Ist es Eifersucht? Leidet der Sozialdemokrat unter Minderwertigkeitskomplexen? Beides kann man dem selbstbewussten Klingbeil nicht unterstellen. Dass Vizekanzler Habeck – und nicht Kanzler Scholz oder Finanzminister Lindner – Liebling vieler Deutscher ist, macht den Spitzen von SPD und FDP mächtig zu schaffen. Habecks rhetorische Fähigkeiten und seine menschelnde Kommunikation in sozialen Medien lassen andere Kabinettsmitglieder alt und steif aussehen. Die Wahlergebnisse bei Landtagswahlen sind die Währung, die Klingbeil und Dürr interessieren. Und da sahen SPD und FDP zuletzt schlecht aus, die Grünen triumphierten. Robert Habeck kann eines Tages als Kanzlerkandidat antreten – gegen Olaf Scholz. Das macht die Sache besonders pikant.

Lars Klingbeil bläst sogar öffentlich zum Angriff auf Habecks Markenzeichen, seine Sprachgewandtheit, und stellt ihn als inhaltsschwachen Schöngeist dar. Es sei jetzt wichtig, «dass wir die handwerklichen Fehler, die bei der Gasumlage passiert sind, gemeinsam ausräumen». Das Wort «gemeinsam» ist besonders vergiftet. Es soll nach Solidarität klingen, in Wirklichkeit bedeutet es: Wir müssen helfen, Habeck kann es nicht.

Der Wirtschaftsminister fühlt sich zutiefst ungerecht behandelt, die Gasumlage war doch mit allen wichtigen Akteuren abgestimmt, auch mit Lindner und Scholz. Öffentlich hält sich Habeck mit Revanchefouls zurück. Dafür poltern andere.

Konstantin von Notz, der stellvertretende Fraktionschef der Grünen im Bundestag, schimpft auf Twitter. «Die schlechte Performance des Bundeskanzlers, seine miesen Umfragewerte, Erinnerungslücken bei #Warburg und seine Verantwortung bei #Northstream2 werden durch unloyales Verhalten und Missgunst in der Koa nicht geheilt werden.»

Von Notz und Habeck sind etwa gleich alt, beide kommen aus Schleswig-Holstein, sie sind 30 Kilometer voneinander entfernt aufgewachsen. In politischen Fragen denken sie ähnlich. Zwar ist ihr Verhältnis nicht unkompliziert, auf dem Weg in die Spitze der Bundespolitik standen sie sich schon mal gegenseitig im Weg. Dennoch mögen sich die beiden. In seinem Buch «Wer wagt, beginnt» von 2016 nennt Habeck Konstantin von Notz «mein Freund», und auch später schwärmt er von ihrer guten Beziehung.

Man muss davon ausgehen, dass von Notz in seinem Tweet etwas formuliert, was sich sein Freund Robert als Vizekanzler verkneifen muss.

Die Klassenschlägerei innerhalb des Regierungslagers legt offen, was von dem Versprechen eines neuen, vertrauensvollen Umgangstons übriggeblieben ist, mit dem die neue Koalition vor neun Monaten gestartet ist. Der Druck, der auf den Ampelpartnern lastet, ist so groß, dass er nicht nach außen weicht, sondern nach innen.

Robert Habeck bekommt den Druck zu spüren wie kein Zweiter. Der Mann, der so souverän, fast fröhlich im vergangenen Dezember mit der Regierungsarbeit begann, sieht jetzt immer häufiger unausgeschlafen, fahrig und dünnhäutig aus. Die massive Kritik und auch das Wissen um die eigenen Fehler nagen an ihm.

Dass er einmal in eine schwere persönliche Krise geraten kann, damit hat sich Robert Habeck schon früh beschäftigt. Als er den Sprung von Schleswig-Holstein in die Hauptstadt wagte und sich um das Amt als Co-Parteivorsitzender bewarb, stiegen die Chancen, dass er eines Tages Mitglied der Bundesregierung werden würde. Eine Aussicht, die ihn antrieb wie sonst nichts. «Was bedeutet Ihnen ein Ministeramt?», habe ich ihn am Tag vor der letzten Bundestagswahl gefragt. Habeck musste nicht lange nachdenken: «Im politischen Leben alles».

Längst war er mögliche Kollateralschäden durchgegangen. Ihm war klar, dass ihn die Arbeit als Bundesminister verändern würde. Er dachte darüber nach, was ein solches Spitzenamt für seine Ehe bedeuten würde. Er sah, wie andere Bundespolitiker unter der Last des Amtes fett, grauhaarig und alkoholsüchtig werden. Ihm war auch die Gefahr bewusst, bei einem Attentat erschossen zu werden oder an einem Herzinfarkt zu sterben.

Bin ich bereit, das alles zu riskieren, fragte er sich. Bin ich hart genug für schwere Entscheidungen? Robert Habeck hat diese Fragen mit Ja beantwortet und sich mit vollem Herzen für eines der wichtigsten Ämter in der neuen Regierung entschieden.

Das heißt, eigentlich hatte er nicht vor, Minister für Wirtschaft zu werden. Ursprünglich wollte er Finanzminister werden. Doch das wollte auch Christian Lindner und bestand darauf. Dann dachte Robert Habeck darüber nach, Innenminister zu werden. Aber diesen Posten hatte die stärkere SPD für Nancy Faeser vorgesehen.

Am Ende blieb Habeck das Wirtschaftsressort. Nicht gerade die wichtigste und schillerndste Aufgabe im Kabinett. Zahlreiche Minister von Union und FDP waren in den letzten Jahren im Schatten anderer Kabinettsmitglieder unscheinbar geblieben. Aber Robert Habeck erweiterte seinen Zuständigkeitsbereich um die Klimapolitik und durfte sich Vizekanzler nennen.

Dieser Zuschnitt gefiel ihm. In Friedenszeiten hätte er seine Kraft ganz der Gestaltung einer klimaneutralen Industriegesellschaft widmen können. Gibt es eine wichtigere Aufgabe, zumal für einen Grünen? Robert Habeck hätte als kreativer Superminister Geschichte schreiben können.

Mit der Invasion Russlands in der Ukraine haben sich die Herausforderungen für den Hoffnungsträger fundamental verändert. Seit dem 24. Februar ist er nicht im Gestaltungs-, sondern im Abwehrmodus, er ist eine Art Verteidigungsminister des deutschen Wohlstands. Solange er Erfolg hat und die Energieversorgung des Landes sichert, wird er sich an der eigenen Bedeutung erfreuen.

Aber die Schreckensbotschaften der letzten Wochen, die rasende Inflation, die Firmenzusammenbrüche, die eigenen handwerklichen Fehler bedrücken ihn. Und er weiß, dass die größten Probleme noch vor ihm liegen.

Die Aufregung um die Gasumlage überdeckt die Sorge, die Robert Habeck bei seiner Rede in Münster eigentlich beschäftigt. Er hat sich vorgenommen, die Unternehmer auf ein paar harte Monate einzustimmen, und sagt daher: «Die Gasumlage von 2,4 Cent wird uns am Ende dieses Winters als das kleinere Problem erscheinen.» Er spricht eine Prognose aus, die wie eine Warnung klingt. Deutschland stehe vor ganz anderen Preissteigerungen: «Das, was sich im Moment als Unmut, als Zorn entlädt – verständlicherweise in Teilen –, wird nichts sein gegen das, was diese Gesellschaft und auch Sie in Ihren Unternehmen aushalten müssen.»

Schwarzmalerei gehört auch in Habecks Trickkiste. Wenn es schlimm kommt, hat er gewarnt. Wenn es nicht so schlimm kommt, hat er gut gearbeitet. Zunächst ist das Publikum beeindruckt, absichtsvoll eingeschüchtert.

Was den Zuhörern im Saal der Industrie- und Handelskammer an diesem Abend vielleicht ein wenig Hoffnung macht, ist die Tatsache,

dass Robert Habeck fast während des gesamten Vortrags die linke
Hand in der Hosentasche hält. Auch dass er in seine volkswirtschaft-
lichen Ausführungen immer wieder Straßenjargon einstreut («Schweinegeld»), beruhigt die Gemüter.

Wer so lässig ist, sollen Körpersprache und Umgangssprache des
Ministers ausdrücken, ist souverän und hat die schwierige Lage im
Griff. Der Politiker Robert Habeck hat zwar gerade schwere Fehler gemacht. Aber die Kunst der politischen Kommunikation beherrscht er
unverändert.

Was bleibt, ist das Problem mit der Umlage. Und der nahe Winter.
Habeck wirkt lässig. Aber er ist es überhaupt nicht.

Im Kanzlerbüro

Es ist ein Montagnachmittag. Olaf Scholz hat schon eine Auslandsreise
hinter sich. Am Morgen war er nach Prag geflogen, um an der Karlsuniversität eine Grundsatzrede zur Europapolitik zu halten. Anschließend traf er sich mit dem tschechischen Ministerpräsidenten und
musste feststellen, dass der nicht über alle seine Reformvorschläge
jubelt. Dass der Kanzler das Einstimmigkeitsprinzip in der Europäischen Union abschaffen will, stößt auf Widerstand. Die kleinen Länder Europas wollen sich ihr Vetorecht nicht nehmen lassen, das gibt
ihnen ja etwas Macht im Konzert der Großen.

Gleich im Anschluss flog er nach Berlin zurück. Normalerweise lässt
sich Scholz mit dem gepanzerten Dienstwagen vom Hauptstadtflughafen zum Kanzleramt fahren. Jetzt aber hat er es eilig und steigt in einen
Helikopter, der ihn in knapp zehn Minuten in die Innenstadt fliegt.

Oben, im Trakt des Bundeskanzlers, wartet bereits Wolfgang
Schmidt. Er ist seit vielen Jahren der engste und wichtigste Wegge-
fährte von Scholz. Die beiden sehen sich erstaunlich selten, sie kom-
munizieren vor allem telefonisch oder per SMS. Jetzt tauschen sie sich
kurz über die Prag-Reise aus und gehen dann die wichtigsten Themen
der kommenden Tage durch.

Ich bin bereits früher in diesem Büro gewesen, als Angela Merkel
zum Gespräch empfing. Nur wenig hat sich seitdem verändert. Und
darauf weist mich Olaf Scholz auch selbst hin, nachdem er Wolfgang

Schmidt verabschiedet hat. Will der Kanzler besonders sparsam wirken? Tatsächlich fällt auf, dass einige Gegenstände aus dem Büro entfernt wurden – Merkels große Schachfiguren, das Bild von Katharina der Großen, auch viele Bücher im Regal.

Als einzigen Wandschmuck gönnt sich Merkels Nachfolger karge Architektur-Fotografien. «Erkennen Sie sie wieder?», will er wissen. Ich muss einen Moment lang nachdenken. Dann löst er auf: «Die hingen schon in meinem Büro im Finanzministerium.»

Nur mal angenommen, Armin Laschet würde als Bundeskanzler hier residieren, dann würde es überall nach abgestandenem Rauch riechen, irgendwo würden Zigarillo-Schachteln herumliegen. Bei Olaf Scholz liegt nichts herum. Im Regal steht der mehrbändige Brockhaus noch aus Merkels Zeiten, auf dem Schreibtisch das rote Telefon für verschlüsselte Gespräche, daneben warten, sauber geordnet, ein paar Akten, davor ein Fernseher, eine Sofaecke, ein Besprechungstisch, darauf drei Flaschen Wasser, laut und leise. Das ist alles. Ansonsten wirkt das Büro wie der Mann, der hier arbeitet: nüchtern.

Ein Mitarbeiter, der schon seit vielen Jahren im Kanzleramt tätig ist, erzählt, dass nach Merkels Auszug die Wände getüncht und der graue Teppichboden schamponiert worden seien. Olaf Scholz, das hat er mit seiner Vorgängerin gemein, ist, was Statussymbole betrifft, ein eher bescheidener Mensch.

Vor Jahren war ich einmal im Büro der italienischen Ministerpräsidenten in Rom. Alles dort sieht golden aus, die Lampen, die Bilderrahmen, die schweren Vorhänge, der verzierte Schreibtisch. Auch die Büroeinrichtung von Emmanuel Macron in Paris wirkt, als wenn er sie von Ludwig XIV., dem Sonnenkönig, geerbt hätte.

Olaf Scholz hält sich nicht lange mit Nebensächlichkeiten auf, auch im Gespräch nicht.

Welche Phase des Krieges erleben wir gerade, will ich von ihm wissen. «Das ursprüngliche Ziel von Putin war vermutlich, die ganze Ukraine in kurzer Zeit zu erobern. Das hat nicht geklappt», antwortet er. «Jetzt konzentriert er sich auf den Osten der Ukraine, und auch dort steckt die russische Offensive fest. Das kann man sicher so sagen. Aber leider kann man auch nicht sagen, dass der Krieg bald zu Ende sein wird. Ich bin sehr betrübt über die Situation.»

Am Vormittag, wenige Stunden vor unserem Gespräch, meldeten

Nachrichtenmedien ein Zitat des Kanzlers. Bei seiner Rede in der Pra-
ger Karlsuniversität hatte er gesagt: «Putins Russland definiert sich
auf absehbare Zeit in Gegnerschaft zur Europäischen Union.» Dieser
Satz erinnert stark an Merkels Auftritt im Berliner Ensemble Anfang
Juni: «Ihr wisst, dass er Europa zerstören will.»

Wie hat Scholz seinen Satz von Putins Gegnerschaft zur EU gemeint? Er sagt: «Putin will erkennbar zurück in die imperialistischen
Szenarien des 17., 18. und 19. Jahrhunderts, des beginnenden 20. Jahrhunderts.»

Der Kanzler ist zutiefst überzeugt, dass sich Geschichte nicht zu-
rückdrehen lässt. Vor vielen Jahren hat er das Buch «Aufstieg und Fall
der großen Mächte» gelesen. Der britische Historiker Paul Kennedy
legt darin überzeugend dar, dass Imperien nicht ewig existieren können. Da sie zur Absicherung der Außengrenzen ihrer Reiche immer
mehr Energie und Geld an die Ränder pumpen müssen, überdehnen
sie ihre Möglichkeiten irgendwann und werden von anderen Imperien
zurückgedrängt. Paul Kennedy hat sein Buch 1987 geschrieben. Wer
wollte, konnte darin auch eine Prognose für den Zusammenbruch des
Sowjetreiches lesen.

Für Olaf Scholz ist Wladimir Putin ein Mann, der die Zeichen der
Zeit nicht erkannt hat und der die Grenzziehung in Europa gegen jede
Vernunft korrigieren will. Allerdings, wer sich auf einer historischen
Mission wähnt, der ist auch bereit, einen Konflikt sehr lange auszutra-
gen, bis er sein Ziel erreicht. Notfalls viele Jahre lang.

Scholz sagt: «Er gefährdet die europäische Sicherheits- und Friedensordnung. Aber er will eigentlich auch nicht, dass dort eine Gemeinschaft demokratischer Staaten zusammenwächst und stärker und
souveräner wird in seiner unmittelbaren Nachbarschaft. Ihm schwebt
eigentlich eine Welt vor, in der er mit wenigen anderen Mächten
Europas, Deutschland, Frankreich, Großbritannien, vielleicht noch
irgendwem sonst, die Dinge ausmachen kann.»

Der Kanzler sieht sich als Verteidiger Europas. Er bietet dem ge-
walttätigen Diktator im fernen Moskau die Stirn. Dem Mann, der als
Wladimir der Große in die Geschichte eingehen will.

Dann gibt er sich kämpferisch: «Das werden wir nicht akzeptieren.
Wir werden weiter daran arbeiten, dass Europa zusammenwächst und
zusammenhält.»

Wenn man das Buch von Paul Kennedy weiterdenkt, dann lassen sich seine Thesen jedoch auch auf die vielen inneren und äußeren Krisen der USA übertragen: Eine verunsicherte Nation, die ihren besten Zeiten hinterhertrauert – diesen Befund hat sich Donald Trump mit seiner «Make America Great Again»-Bewegung zunutze gemacht. Die USA stemmen sich so verzweifelt gegen ihren Niedergang, weil sie sich zwar nach ihrem Sieg gegen die Sowjetunion im Kalten Krieg als unangefochtene Weltmacht Nummer eins fühlen konnten. Aber von dem neuen Rivalen China werden sie aufreizend selbstbewusst in die Defensive gedrängt.

Eigentlich ist Wladimir Putin in diesem Spiel der Weltmächte längst keine dominierende Größe mehr. Aber er verfügt über zwei Trümpfe, die es ihm ermöglichen, sich im Ringen der Supermächte zu behaupten: die Abhängigkeit Europas von russischen Rohstoffen und ein erschreckendes Arsenal von Atomwaffen. Den ersten Trumpf können ihm die Europäer unter großen eigenen Schmerzen aus den Händen schlagen. Den zweiten Trumpf wird Putin sich nicht nehmen lassen.

Olaf Scholz wirkt an diesem Nachmittag nicht so, als glaube er an ein baldiges Ende des Krieges. Er stellt sich auf einen langen Krieg ein, auf einen Abnutzungskampf auf vielen Ebenen: «Mir macht der brutale Bruch mit den Verständigungen, die wir über die Friedens- und Sicherheitsordnung in Europa hatten, Sorgen. Große Sorgen. Denn das darf keine Schule machen. Und das ist natürlich etwas, was unsere eigene Sicherheit wirklich gefährdet.»

Zum Schluss sprechen wir noch darüber, dass dieser Krieg als Kräftemessen längst auch in Deutschland ausgetragen wird. Wie steht es um unsere Kraftreserven?

Scholz beginnt aufzuzählen: Pipelines, Terminals, Gesetze, Gaseinlagerungen: «Wir haben jetzt schon Speicherstände erreicht, weit über denen, die wir das letzte Jahr hatten. Wir haben Kohlekraftwerke wieder in Betrieb genommen. Und nehmen noch weitere in Betrieb, um Gas zu sparen.» Dann fasst er zusammen: «Durch all die Maßnahmen, die wir ergriffen haben, sind wir ganz gut vorbereitet auf die Situation im Winter und können hoffen, dass wir da durchkommen.»

Es ist ein ruhiges, konzentriertes Gespräch. Er hört aufmerksam zu, nimmt sich Zeit für seine Antworten. Vor mir sitzt ein anderer Olaf

Scholz als Tage zuvor im Hamburger Cum-Ex-Untersuchungsaus-
schuss. Auch ein anderer Olaf Scholz als vor genau einem Jahr, als ich
ihm acht Mal dieselbe Frage stellen musste und doch keine echte Antwort erhielt.

Olaf Scholz hat heute vor allem eine Botschaft: Die Lage ist ernst,
aber wir haben alles dafür getan, um die Kontrolle zu behalten. Da ist
er wieder, der Mann, der Olaf Scholz am liebsten vorgibt zu sein –
diszipliniert, rational, nervenstark.

Ein enger Mitarbeiter des Kanzlers gibt mir an diesem Tag allerdings einen anderen Eindruck mit auf den Weg. In wenigen Tagen
wird der Tankrabatt auslaufen und auch das 9-Euro-Ticket. Die Inflation wächst weiter. Die Bevölkerung wird die Auswirkungen des Ukrainekrieges wieder am eigenen Geldbeutel spüren. Wie weit reichen
Verständnis und Geduld der Deutschen mit ihrer Regierung?

Dem Kanzleramt liegt seit Tagen eine Analyse des Bundesamtes
für Verfassungsschutz vor. Angesichts der zahlreichen Krisen – Krieg,
Energie, Inflation – trommeln die AfD und andere Gruppen am äu-
ßersten rechten Rand für Demonstrationen gegen die Regierung. Auch
der Plan, Karl Lauterbach zu entführen, und das Video mit Gewalt-
fantasien gegen Robert Habeck versetzen die Verfassungsschützer in
Alarmbereitschaft.

Es ist nicht nur die Radikalisierung an den Rändern der Gesellschaft, die Regierungsmitglieder besorgt. Schon melden erste Unternehmen, dass sie die gestiegenen Energiepreise nicht mehr schultern
können und Insolvenz anmelden müssen. Auch mehrere Fabriken
werden den Betrieb einstellen.

Der enge Mitarbeiter von Olaf Scholz sagt vertraulich: «Wir haben
hier alle eine Scheißangst.»

Gruppentherapie

Es hat sich viel aufgestaut in den letzten Wochen. Der Dauerkonflikt
mit Russland, die Inflation, die Fehler bei der Gasumlage, die Schmut-
zeleien zwischen den Ampelparteien. Jeder gegen jeden und alle gegen den Schöngeist Robert Habeck. Dazu die dumpfe Angst vor Kra-
wallen.

Da trifft es sich gut, dass Olaf Scholz sein Kabinett ins Schloss Meseberg zur Klausur bittet. Es ist bereits das zweite Treffen dieser Art innerhalb weniger Monate.

Das Gebäude, eine Autostunde von Berlin entfernt, ist 300 Jahre alt, ein preußischer Graf ließ es einst errichten. Seit ein paar Jahren nutzt es die Bundesregierung als Gästehaus. Es hat so viele Zimmer, dass hier alle Kabinettsmitglieder bequem übernachten können.

Hier, so will es der Kanzler, sollen sich die Minister und Ministerinnen gründlich aussprechen. Tagsüber gibt es Vorträge, Arbeitssitzungen, in Pausen kann man im Park spazieren. Etwas Entspannung bei spätsommerlichem Wetter. Spätabends sitzen einige beim Grillen im Garten zusammen. Weil die Nächte frisch sind, werden Wolldecken verteilt.

Um 22:30 Uhr platzt eine Eilmeldung in die Runde. Sie kommt aus Moskau. Diesmal betrifft sie nicht Wladimir Putin, sondern seinen Vorvorgänger. Michail Gorbatschow ist gestorben. Plötzlich weht ein Hauch von Weltgeschichte durch den Schlosspark, und zwar eiskalt.

Die meisten Deutschen haben «Gorbi» wegen seiner Rolle bei der friedlichen Wiedervereinigung in ihr Herz geschlossen. In Russland gilt er vielen als Verräter, als Hauptverantwortlicher für den Zerfall der Sowjetunion. Waldimir Putin leidet bis heute unter dem Bedeutungsverlust.

Die Nachricht führt der Abendgesellschaft in Meseberg wieder vor Augen, wie freundschaftlich die Beziehungen zwischen Bonn beziehungsweise Berlin und Moskau einmal waren. Und wie offen feindselig sie inzwischen sind. Der Tod Gorbatschows erinnert auch daran, wie sehr das Schicksal von Völkern an einigen wenigen Menschen hängen kann. Sinnvoll genutzte Macht kann friedensstiftend sein, missbrauchte Macht kann eine gewaltige zerstörerische Wirkung entfalten.

Gegen 9 Uhr am nächsten Morgen spricht Robert Habeck in die Kameras, wenn Russland mehr Staatsmänner wie Gorbatschow gehabt hätte, dann hätte es wohl eine andere Entwicklung gegeben. Noch deutlicher wird Olaf Scholz. Er spricht von neuen Gräben, die Putin durch Europa zieht.

Das Verhältnis zwischen Deutschland und Russland war seit vielen Jahrzehnten nie so schlecht wie in diesen Tagen. Die Mitglieder der Bundesregierung müssen sich nicht nur mit Gasumlagen, Übergewinnsteuern und der Finanzierung billiger Bahntickets herumschlagen. Sie tragen auch das Gewicht einer historischen Fehlentwicklung auf ihren Schultern.

Als nach Abschluss der Klausur Olaf Scholz, Robert Habeck und Christian Lindner vor die Presse treten, ist mal wieder ein besonderer Versuch politischer Kommunikation zu bestaunen. Einerseits wollen die drei Männer vermitteln, dass sie sich der Schwere der Situation bewusst sind. Andererseits wollen sie Zuversicht verbreiten.

Einerseits haben sie tagelang zugelassen, dass ihre Adjutanten auf die anderen Ampelpartner einprügeln. Andererseits tun Scholz, Habeck und Lindner jetzt so, als hätten sie gerade ein Fest der Harmonie gefeiert. Sie sind so voll des Lobes füreinander, dass die Beobachter, die der Koalitionsshow beiwohnen, sich die Augen reiben.

Einer Korrespondentin fällt es schwer, den widersprüchlichen Signalen aus dem Regierungslager zu folgen. Daher richtet sie eine Frage an Olaf Scholz und konfrontiert ihn mit dem Tweet des Habeck-Freundes von Notz: «Herr Bundeskanzler, in der Grünenfraktionsspitze heißt es, Sie hätten Erinnerungslücken im Cum-Ex-Skandal und gäben ansonsten eine schlechte Performance ab. War Meseberg jetzt so etwas wie ein Neuanfang?»

Versteinerte Mienen. Aber nicht Olaf Scholz reagiert auf die spitze Frage. «Erlauben Sie mir, ganz kurz auf die, wie ich sagen würde, Unterstellung einzugehen, die die Frage an den Bundeskanzler grundiert hat», beginnt Robert Habeck vorsichtig. Diese Klausur habe doch gezeigt, «wie gut es ist, dass Olaf Scholz diese Regierung führt. Mit seiner Erfahrung, mit seiner Umsicht und mit seiner Ruhe führt er dieses Land sicher, und ich bin froh, dass es genauso ist.»

Der Vizekanzler wirft sich dem Kanzler an den Hals. Der steht wenige Zentimeter neben ihm und weiß nicht, ob er lachen oder genervt schauen soll. Also entscheidet er sich dafür, seine Ich-weiß-gar-nicht-was-Sie-wollen-Mimik beizubehalten. Die passt fast immer.

Die Hauptstadtjournalisten freuen sich über das Wort «grundiert» aus Habecks Mund. Das haben sie in vielen Jahren nur sehr selten von einem Politiker gehört.

Als alle Kabinettsmitglieder ihre Sachen packen und sich in ihren Dienstlimousinen zurück in die Hauptstadt fahren lassen, treffe ich im Schlosspark noch Wolfgang Schmidt. Der Kanzleramtsminister hat das

Koalitionstreffen mitvorbereitet und wirkt jetzt zufrieden. Er lobt die gute Atmosphäre, überhaupt arbeite die Koalition besser zusammen, als das nach außen oft dargestellt werde. Noch liegt der große Streit um die Laufzeit der Atomkraftwerke vor der Koalition, noch kann Schmidt Zuversicht verbreiten.

Dann müssen wir darüber sprechen, was dem Land in den nächsten Wochen und Monaten bevorsteht. Schmidt berichtet davon, wie jeder in der Regierung die Sorgen in der Bevölkerung spürt. Er erzählt von den Nöten der kleinen Unternehmen, von den Bäckereien, den Wäschereien, den Gärtnereien und so weiter. «Die kommen und sagen: Wie sollen wir das hinkriegen?»

Er beschreibt die Stimmung in der Bevölkerung ungeschönt. Und wie ist die Stimmung in der Regierung? «Es ist eine große Ernsthaftigkeit da. Alle wissen, dass das eine ziemlich große Nummer ist, die hier gerade läuft.»

Nach ein paar Minuten wird Schmidt ungeduldig, sein Chef will aufbrechen. Er geht durch den Schlosspark und sucht den Ausgang, vorbei an sorgsam gepflegten Blumen und fein geschnittenen Hecken. Auf einem Kiesweg trifft er Olaf Scholz. Gemeinsam mit Steffen Hebestreit und Büroleiterin Schwamberger eilen sie zum wartenden Hubschrauber. Kurz darauf hebt die Gruppe mit gewaltigem Getöse ab und fliegt zur Regierungszentrale in Berlin. Das Krafttanken in der brandenburgischen Provinz ist vorbei. Zurück bleibt ein Satz: «Das ist eine ziemlich große Nummer, die hier gerade läuft.»

Stress und Test

Zu den guten Vorsätzen der neuen Koalition aus der Anfangszeit gehört: nie wieder lange Nachtsitzungen. Der Vorsatz hat nur ein paar Monate gehalten, der Ukrainekrieg zwingt der Regierung eine andere Taktung auf. Am ersten Septemberwochenende treffen sich die Spitzen der Ampelpartner zum Koalitionsausschuss. Sie wollen zum dritten Mal Maßnahmen beschließen, um die Folgen des Konflikts mit Russland abzudämpfen.

Bei den früheren Treffen hatte man einen Heizkostenzuschuss, Einmalzahlungen für Empfänger von Sozialleistungen, den Tankrabatt und das 9-Euro-Ticket beschlossen. Aber die Koalition hatte sich einen großen Schnitzer geleistet, wie Lars Klingbeil später einräumte: «Wir haben die Rentner und Rentnerinnen vergessen.» Wie kann man 21 Millionen Deutsche einfach vergessen?

Ein solcher Fehler darf der Regierung nicht wieder passieren. Auch das Debakel um die Gasumlage soll sich nicht wiederholen. «Wir haben hier alle eine Scheißangst» – dieser Satz eines Scholz-Vertrauten trifft auf alle Regierungsmitglieder zu. Sie haben nicht nur Angst vor einem Wutwinter. Sie haben auch Angst vor dem eigenen Versagen, davor, dass sie die Kontrolle über das eigene Land verlieren. Jetzt wollen sie zeigen, dass sie voll handlungsfähig sind. Sie wollen nicht kleckern, sondern klotzen.

Am Samstagvormittag treffen die Koalitionäre im Kanzleramt ein. Die meisten haben sich geschäftsmäßig gekleidet. Nur der Kanzler macht eine Ausnahme. Er erscheint in Jeans und blauem Polohemd.

Die Verhandlungen dauern den ganzen Tag und die ganze Nacht. Am nächsten Vormittag, nach 22 Stunden, verkündet Olaf Scholz die Einigung. Die wichtigsten Ergebnisse betreffen Rentner und Studierende, sie sollen eine einmalige einkommensteuerpflichtige Energiepreispauschale in Höhe von 300 Euro erhalten. Außerdem sollen der Kreis der Wohngeldberechtigten massiv ausgeweitet und eine Strompreisbremse eingeführt werden. Auch eine Nachfolgelösung für das populäre 9-Euro-Ticket soll es geben. Olaf Scholz will dem Volk vor allem eine Zahl zurufen: 65 Milliarden Euro. Das ist das Volumen der staatlichen Hilfsmaßnahmen.

Die Zahl soll ein Eigenleben entfalten, die besorgten Bürger beruhigen und die Kritiker verstummen lassen. 65 Milliarden – um die ungeheure Größenordnung zu veranschaulichen, erklärt Scholz gleich noch, dass diese Zahl etwa der Summe aus dem ersten und zweiten Entlastungspaket entspricht. Die Zahl taucht dann auch in vielen Überschriften der Nachrichtenmedien auf.

Olaf Scholz hatte als Finanzminister einmal davon gesprochen, «mit Wumms» aus der Coronakrise kommen zu wollen. Politik mit all den verschiedenen Verordnungen, Maßnahmen und Zahlen ist längst so komplex geworden, dass sich Politiker gerne einer Cartoon-Sprache bedienen. Auch Christian Lindner hatte von «wuchtigen» Entlastungen gesprochen. Rumms, wumms, Schweinegeld, wuchtig, irgendwie müssen die Botschaften ja unters Volk.

Dabei bleiben einige Gedanken auf der Strecke. Mit etwas Abstand fällt auf, dass immer mehr Deutsche in eine Abhängigkeit von staatlichen Leistungen geraten. So verständlich es ist, dass der Staat seine Bürger in dieser dramatischen Lage nicht allein lässt («you'll never walk alone»), so problematisch ist es, dass eine schnell wachsende Zahl von Bürgern auf Hilfsleistungen des Staates angewiesen ist.

Diese Entwicklung kann keinem der Koalitionäre gefallen. Insbesondere die fanatischen Anhänger eines schlanken Staates von der FDP spüren, dass sie sich weit von ihrer reinen Lehre entfernen.

Auch deswegen sendet Christian Lindner noch ein Signal an die eigene Wählerschaft: Das 65-Milliarden-Paket könne sich die Regierung ohne Neuverschuldung und ohne Aushebeln der Schuldenbremse leisten. Das ist der Big Point für die FDP-Politiker.

Was Scholz und sein Finanzminister allerdings nur leise aussprechen, ist die Tatsache, dass die 65 Milliarden noch nicht komplett finanziert sind. Das neue Sparticket für den öffentlichen Nahverkehr – irgendwo zwischen 49 und 69 Euro – soll nur dann vom Bund bezahlt werden, «wenn die Länder mindestens den gleichen Betrag zur Verfügung stellen». Hat eigentlich mal jemand mit den Ländern darüber gesprochen? Nein, man suche nach einem Termin, heißt es.

Und die Strompreisbremse soll indirekt von der Industrie finanziert werden. Bei Stromkonzernen, die von den hohen Energiepreisen profitieren, obwohl sie kein Gas importieren, wolle man sogenannte «Zufallsgewinne» abschöpfen. Aber noch weiß niemand, wie hoch diese Gewinne ausfallen. Ob die betroffenen Konzerne das Abschöpfen ihrer Gewinne klaglos hinnehmen werden, ist ebenfalls unklar.

Wichtige Elemente der Entlastungen stehen also auf wackligen Füßen. Kümmert das jemanden außer ein paar fachkundigen Journalisten und Haushaltexperten der Opposition? Es kommt auf die Zahl an: 65 Milliarden. Und die ist jetzt in der Welt.

Die Koalitionäre können wieder fröhliche Selfies posten. Um sechs Uhr am Sonntagmorgen tritt Omid Nouripour mit seinem Verhandlungsteam auf die Terrasse ganz oben im Kanzleramt und knipst ein Foto. Britta Haßelmann, die grüne Fraktionsvorsitzende, twittert das Bild, auf dem auch Habeck und Baerbock übermüdet in die Handykamera schauen, stolz mit dem Zusatz: «Es ist geschafft.» Im Hintergrund drängt die Morgenröte ins Bild. Es gibt nicht viele Bilder, die mehr Zuversicht und Aufbruch transportieren.

Nur Robert Habeck wirkt angespannt. In seinem Gesicht mischen sich die Erleichterung über das gerade Erreichte und das Wissen über das, was ihm bevorsteht.

Die Zeit zwischen zwei Krisen wird immer kürzer. Noch hat der Koalitionsausschuss nicht über die lästige Atomfrage verhandelt. Sollen die verbliebenen deutschen Atomkraftwerke länger betrieben werden? Wenn ja, wie lange?

Schon am vergangenen Donnerstag flüsterte mir ein Mitarbeiter von Robert Habeck zu: «Die nächste Woche wird chaotisch.» Tatsächlich verläuft diese Woche alles andere als geordnet.

Während der Regierungspressekonferenz wird eine Sprecherin des Wirtschaftsministeriums gefragt, wann denn nun endlich mit Ergebnissen des Stresstests zu rechnen sei. Die Sprecherin weicht aus und bittet um Geduld. Nahezu zeitgleich geht in den E-Mail-Postfächern der Hauptstadtjournalisten eine Einladung ein: 18:00 Uhr, Vorstellung der Testergebnisse.

Christian Lindner geht das alles nicht schnell genug. Er will sich nicht an die verabredete Linie halten und erklärt Journalisten der SÜDDEUTSCHEN ZEITUNG schon am Vormittag, «dass zur Netzstabilität die drei Atomkraftwerke weiterbetrieben werden sollten».

Es gehe ihm nicht um einen Streckbetrieb von ein paar Monaten, die Kernkraftwerke sollten bis in das Jahr 2024 weiterlaufen, «mindestens». Die Reporter wollen wissen, ob er auch unabhängig von der Empfehlung des Stresstests für den Weiterbetrieb plädiere. Lindner antwortet knapp: «Exakt.»

Die Meldung geht um 14:56 Uhr online, drei Stunden vor der Verkündigung der Stresstestergebnisse. Die Aussagen von Christian Lindner setzen seinen Koalitionspartner Robert Habeck unter Druck. Und genau das ist das Ziel. Lindner will Habeck die Schlagzeilen zur AKW-Verlängerung nicht überlassen. Er will sich als Opposition in der Regierung profilieren.

Als Robert Habeck in die Bundespressekonferenz kommt, bringt er Verstärkung mit. Sein Staatssekretär Patrick Graichen, der Monate später eine mittelschwere Affäre auslösen wird, und gleich vier Vertreter von Netzbetreibern flankieren ihn. Ihre Aufgabe bestand darin, zu errechnen, ob im kommenden Winter immer und überall in Deutschland ausreichend Strom fließen wird.

Habeck wirkt gehetzt, er hat immer noch die durchgearbeitete Nacht vom Koalitionsausschuss in den Knochen. Am Nachmittag war er in seiner eigenen Fraktion, um sie vorab zu unterrichten und Zweifler zu beruhigen. Auch die FDP-Fraktion besuchte er, um den Koalitionspartner einzustimmen und von seiner Entscheidung vielleicht sogar zu überzeugen. Groß war seine Hoffnung nicht, natürlich waren ihm in der Zwischenzeit die gegen ihn gerichteten Zitate von Christian Lindner zugetragen worden.

Als der grüne Minister die letzten paar Meter über den Bürgersteig zur Bundespressekonferenz kommt, wird er von Anti-AKW-Demonstranten von Greenpeace erwartet. Sie haben große gelbe Fässer, die an Atommüll erinnern sollen, auf den Gehweg gestellt. Auf ihren Transparenten heißt es: «Atomkraft? Keinen Tag länger». Habeck grüßt freundlich und geht vorbei. Vorbei an dem Milieu, das seine Partei einst groß gemacht hat.

Im Saal reißt sich der Wirtschaftsminister die lästige Coronamaske vom Gesicht, gießt sich ein Glas Wasser ein, erträgt die Fotografen vor sich und hört dann erstmal zu, was die vier streng aussehenden Herren links neben ihm auf dem Podium zu sagen haben.

Die Netzbetreiber machen sich Sorgen. Noch sind ihre Bedenken eher theoretischer Natur. Aber sie wissen, dass die Stromerzeugung in Europa gerade extremen Belastungen ausgesetzt ist. Da ist die Drosselung der Gaslieferungen aus Russland, da sind die Probleme der französischen Atomkraftwerke, die niedrigen Pegelstände der Flüsse, die einen Kohletransport zu den Kohlekraftwerken erschweren. Da ist der heiße Sommer mit seinen langen Dürreperioden. Was passiert, wenn der Winter lang und hart ausfallen und der Strombedarf dauerhaft hoch sein wird?

Die Netzexperten tasten sich an das Worst-Case-Szenario heran und erklären, dass im Stromsystem stundenweise krisenhafte Situationen nicht vollständig ausgeschlossen werden können. Am liebsten wäre es ihnen, diesen Eindruck erwecken sie, wenn die drei Atomkraftwerke noch ein wenig weiterlaufen würden.

Der Regisseur Alexander Kluge drehte 1974 einen halbfiktionalen Film. Die Dreharbeiten führten ihn in den Keller eines besetzten Hauses in Frankfurt am Main. An der Wand entdeckte er ein Graffito: «In Gefahr und größter Not bringt der Mittelweg den Tod.» Kluge war so angetan von dem Spruch, dass er ihn als Titel nutzte. Seitdem gilt der Satz als Mahnung, in scheinbar ausweglosen Situationen keine halben Sachen zu machen, sondern sich beherzt für einen Ausweg zu entscheiden.

Robert Habeck dürfte den Spruch kennen. Vielleicht hat er in den letzten Tagen mit dem Gedanken geliebäugelt, den Deutschen eine klare, eindeutige Antwort auf die offene Atomfrage zu präsentieren.

Aber bei längerem Überlegen hat er festgestellt, dass alle gedanklichen Auswege versperrt sind: Zunächst muss er physikalische und ökonomische Aspekte bedenken. Der Stresstest wurde schließlich nicht von Parteipolitikern durchgeführt, sondern von Netzbetreibern.

Aber Habeck ist kein Techniker, sondern Politiker. Er weiß um die Fallstricke: Bei einem Verzicht auf eine Laufzeitverlängerung steigen ihm die Opposition außerhalb und innerhalb der Regierung aufs Dach, außerdem große Teile der Presse, angeführt von den Zeitungen des Springer-Verlags. Bei einem wie lange auch immer gestreckten Weiterbetrieb droht ihm hingegen ein Aufstand der grünen Basis.

Robert Habeck sitzt zwischen mehreren Stühlen, irgendwo zwischen Atomkraftbefürwortern und Atomkraftgegnern.

Der Aufstand der eigenen Basis könnte – offen oder verdeckt – ausgerechnet von Annalena Baerbock angeführt werden. Ende August hat die Außenministerin der BILD AM SONNTAG gesagt: «Wir haben für das Hin und Her beim Atomausstieg im letzten Jahrzehnt viele Milliarden bezahlt. Das jetzt wieder umzuwerfen, wäre Irrsinn und würde uns noch teurer zu stehen kommen.»

Habeck und Baerbock haben im vergangenen Jahr, nachdem sich Baerbock im Ringen um die Kanzlerkandidatur durchsetzte, einen Burgfrieden geschlossen: öffentlich kein böses Wort übereinander. In kleinen Runden ließen Robert Habeck und seine Leute dennoch immer wieder durchsickern, wie verletzt er war und dass sie seine Konkurrentin für überfordert hielten. Die Bundestagswahl hat die Karten auch zwischen den grünen Rivalen neu gemischt – beide fanden einen wichtigen Platz am Kabinettstisch. Nicht nur die Umfragewerte von Habeck schnellten in die Höhe, auch die der Außenministerin.

Ob Annalena Baerbock bei der nächsten Kanzlerkandidatur freiwillig Robert Habeck das Feld überlassen wird, ist keineswegs ausgemacht. Diese Frage soll, anders als im Frühjahr 2021, nicht unter vier Augen in einem Hinterzimmer entschieden werden, sondern durch eine Urwahl unter den 125 000 Parteimitgliedern. Darauf hat sich der Parteivorstand ein Jahr nach der für die Grünen enttäuschenden Bundestagswahl verständigt. Sollte Robert Habeck beim nächsten Mal als Nummer eins antreten wollen, muss er sich rechtzeitig die Sympathien der Basis sichern. Und das ist sein Problem: Wenn er die verbliebenen Atomkraftwerke gegen den Willen von Baerbock («Irrsinn») und anderen länger laufen lässt, verspielt er womöglich die künftige Unterstützung seiner Partei in der K-Frage.

Also entscheidet er sich, Kluges Sinnspruch zu ignorieren und einen Mittelweg einzuschlagen. In der Pressekonferenz erklärt er, dass er als Wirtschaftsminister für die Energieversorgung des Landes verantwortlich sei und daher ausschließlich pragmatisch handele. Sein Zauberwort lautet «Reserve». Zwei Atomkraftwerke sollen bis zum nächsten April bereitstehen: Neckarwestheim 2 in Baden-Württemberg und Isar 2 in Bayern.

Erst im Winter, wenn sich die Stromlage abzeichne, solle darüber entschieden werden, ob die beiden AKW tatsächlich bis ins nächste Frühjahr hinein weiterlaufen sollen oder nicht. Habeck selbst nennt diese Lösung «ausgewogen und klug».

Politisch klug, oder besser raffiniert, ist sie in jedem Fall. Der grüne Minister will die endgültige Entscheidung für einen Weiterbetrieb bis tief in den Winter hinein verschieben – und somit auf die Zeit nach dem Oktober. Nach der Landtagswahl in Niedersachsen. Und nach dem Bundesparteitag der Grünen.

Dass ihm Friedrich Merz, Markus Söder und Christian Lindner Hasenfüßigkeit vorhalten werden, das weiß er. Dieser Mittelweg bringt ihm zwar Prügel ein, aber nicht den politischen Tod. Robert Habeck schiebt ein gewaltiges Problem vor sich her.

Sonderlich lange verschafft er sich jedoch nicht Luft. Auch das Management des Isar-2-Betreibers Preussen Elektra hat die Ausführungen des Wirtschaftsministers verfolgt. Die Unternehmensführer sind mit dem vorgeschlagenen Weg, ihr Atomkraftwerk demnächst in eine Notreserve zu versetzen, überhaupt nicht einverstanden.

Der Vorsitzende der Geschäftsführung, Guido Knott, setzt ein
Schreiben an Staatssekretär Patrick Graichen auf und schickt es gleich
ab. Der zentrale Satz lautet: «Zwei der drei laufenden Anlagen zum
Jahreswechsel in die Kaltreserve zu schicken, um sie bei Bedarf hoch-
zufahren, ist technisch nicht machbar.» Dann folgt eine eindringliche
Warnung: «Das Austesten einer noch nie praktizierten Anfahrproze-
dur sollte nicht mit einem kritischen Zustand der Stromversorgung
zusammenfallen.»

Am nächsten Abend stolpert Robert Habeck durch die Sendung von
Sandra Maischberger. Die Moderatorin befragt ihn zu drohenden
Firmenzusammenbrüchen und ob er mit einer Insolvenzwelle im kommenden Winter rechne. «Nein», antwortet er, «das tue ich nicht. Ich
kann mir vorstellen, dass bestimmte Branchen einfach erstmal aufhören zu produzieren.» Er zählt dann auf. Blumenläden, Bioläden und
Bäckereien stünden beispielsweise wegen einer zu erwartenden Kauf-
zurückhaltung vor Problemen. So ähnlich hatte das auch Wolfgang
Schmidt in Meseberg aufgezählt. Dann aber sagt Habeck: «Dann sind
die nicht insolvent automatisch, aber sie hören vielleicht auf zu verkaufen.»

Es dauert nur wenige Sekunden, bis sich in den sozialen Medien
Spott entlädt: Versteht der Wirtschaftsminister die einfachsten be-
triebswirtschaftlichen Gesetzmäßigkeiten nicht? Sind ihm die Sorgen
der vielen Kleinunternehmer gar egal?

Das geht alles an der Sache vorbei. Wirtschaftsexperten springen
dem Minister am nächsten Tag in erklärenden Artikeln zur Seite. Aber
es hilft nicht: Habeck hängt ab sofort wieder ein übler Verdacht an:
Ahnungslosigkeit. Der sonst so wortgewandte Politiker hat sich das
Kommunikationsdesaster selbst eingebrockt. Er hat es nicht geschafft,
die Sorge vor den anwachsenden Problemen vieler Unternehmen in
knappe, mitfühlende Worte zu packen. Vielleicht, weil er nach den
Anstrengungen der letzten Tage übermüdet war. Vielleicht, weil er in
Gedanken immer noch bei der Atomkraft war und nicht bei den Bäcke-
reien. Habeck bewegt sich gerade in einem körperlichen und seelischen
Grenzbereich. Die BILD greift den Sturm genüsslich auf und titelt:
«Nach TV-Peinlich-Auftritt: AUFSTAND GEGEN HABECK».

Die Aufregung um den verunglückten Auftritt verdeckt kurzzeitig

das viel größere Problem, das den Minister gerade plagt: das Schreiben von Preussen Elektra. Patrick Graichen, Habecks wichtigster
Mann bei energie- und klimapolitischen Themen, ist entsetzt. Sein
Unmut steigt noch, als Teile des Briefes öffentlich werden. Der Konzern verweist darauf, bereits zwei Wochen zuvor auf seine Bedenken
hingewiesen zu haben. Plötzlich sehen Graichen und sein Chef wie
Schuljungen aus, die ihre Hausaufgaben nicht gemacht haben. Wie
kann es sein, dass ihr Notreserve-Plan nicht mit dem Betreiber des
Atomkraftwerks abgestimmt ist?

Als sich im Wirtschaftsministerium erste Anfragen zu dem Vorgang häufen, sitzt Robert Habeck auf der Regierungsbank im Bundestag, um der Generaldebatte zum neuen Haushalt zu folgen. Friedrich
Merz geht den Bundeskanzler wegen des Reserveplans für nur zwei
Atomkraftwerke hart an: «Herr Kanzler, stoppen Sie diesen Irrsinn!»
Natürlich versteht er den vermeintlichen Irrsinn ganz anders als zwei
Wochen zuvor Annalena Baerbock. Aber Robert Habeck steckt fest:
zwischen dem Irrsinn-Vorwurf von Baerbock und dem Irrsinn-Vorwurf von Merz.

Olaf Scholz springt seinem Wirtschaftsminister zur Seite und wirft
der Union ungewohnt laut, geradezu bebend vor, in der Vergangenheit
den Ausbau der erneuerbaren Energien verschleppt zu haben: «Sie haben Abwehrkämpfe geführt gegen jede einzelne Windkraftanlage.»

Rednerinnen und Redner der anderen Fraktionen melden sich zu
Wort. Statt über den Haushalt zu diskutieren, streitet das Parlament
über Energiepolitik. Robert Habeck ist der Mann, auf den jetzt alle
Vorwürfe der Opposition zielen. Er müsste jetzt aufmerksam zuhören
und eine Erwiderung vorbereiten. Aber er ist damit beschäftigt, Meldungen auf seinem Smartphone zu lesen und Kurznachrichten zu verschicken.

Dann hält es ihn nicht mehr auf seinem Platz neben dem Kanzler,
er zieht seine Lesebrille ab, steht auf und verlässt minutenlang das
Plenum. Er muss jetzt einen Abwehrkampf gegen einen Gegner organisieren, der nicht im Parlament sitzt: Preussen Elektra.

Am Nachmittag bietet sich ihm eine Gelegenheit zum Konter. Habeck tritt bei einer Pressekonferenz auf, in der es um ein ganz anderes
Thema geht: Fachkräftemangel. Doch der Streit um seinen Atomplan
arbeitet in Habeck: «Ich habe den Brief von Preussen Elektra mit eini-

ger Verwunderung zur Kenntnis genommen.» Sein Konzept sei offensichtlich nicht verstanden worden. Es ginge bei der Einsatzreserve nicht darum, die Atomkraftwerke hoch- und runterzufahren, sondern anhand der Stresstestszenarien einmal zu entscheiden, ob man die Kraftwerke braucht oder nicht. Genervt wiederholt er: «Das ist offensichtlich so nicht richtig verstanden worden.»

Aussage steht gegen Aussage. In aller Öffentlichkeit. Habecks Mitarbeiter hatte ganz recht, als er vor ein paar Tagen vorhersah: «Die nächste Woche wird chaotisch.» Der Wirtschaftsminister erlebt die für ihn schwersten Tage seiner noch jungen Amtszeit.

Wladimir Putin wird aus der Ferne vermutlich genau beobachten, wie es wegen der sich verschärfenden Wirtschaftskrise in der deutschen Regierung kracht. Er kann auch darauf vertrauen, dass das Reiz-Reaktions-Schema des politischen Betriebs in Deutschland die Teilnehmer öffentlicher Debatten in einen Zustand der Hysterie versetzt.

Handwerkliche Fehler werden zu überproportional großen Skandalen aufgeblasen. Der Koalition gelingt es kaum noch, überzeugend auf die eigentlichen Ursachen der aktuellen Probleme hinzuweisen – auf den Krieg Putins gegen die Ukraine und gegen die Stabilität Europas. Der Kriegsherr im Kreml sitzt gerade an einem langen Hebel. Wenn die deutsche Regierung nicht bald wieder Tritt fasst und die Deutungshoheit über die Krise zurückgewinnt, wird Putin den Zusammenhalt der deutschen Gesellschaft brechen.

Nicht nur der Druck auf die deutsche Regierung wächst, auch der Druck auf die westlichen Alliierten, die sich im Wirtschaftskrieg gegen Russland zusammengeschlossen haben. Hält die Allianz?

Am Donnerstag, den 8. September, haben sich mehrere Staats- und Regierungschefs wieder für eine Videoschalte verabredet: Joe Biden ist dabei, Emmanuel Macron, Olaf Scholz, außerdem die Regierungschefs aus Japan, Italien, Kanada, Polen, Rumänien und Nato-Generalsekretär Jens Stoltenberg.

Zum ersten Mal ist Liz Truss dabei, sie ist erst seit zwei Tagen britische Premierministerin. Truss kommt aus einer Sitzung des britischen Unterhauses und wirkt gehetzt. Die anderen in der Runde haben kaum Zeit, die Neue zu ihrem Amt zu beglückwünschen. Sie winkt nur kurz in die Kamera der Videokonferenz, verabschiedet sich und verschwindet dann ohne weitere Erklärung. Überraschte Staats- und Regierungschefs bleiben zurück – und ein leerer Stuhl in London. Etwa zwei Stunden später verstehen die Mitglieder der Videoschalte, warum sich Truss so merkwürdig verhielt: Sie hatte unmittelbar vorher die Nachricht erhalten, dass Elisabeth II. gestorben ist.

Mit der englischen Königin stirbt auch ein Kommunikationsstil («never complain, never explain»), der sich bewusst den Aufregungen der Medienöffentlichkeit entzieht. Menschen, die es gut mit Olaf Scholz meinen, behaupten, der erste Teil des Mottos träfe auch auf ihn zu, öffentliche Beschwerden höre man von ihm ja selten. Menschen, die ihn kritischer sehen, fügen hinzu, dass auch der zweite Teil des Leitsatzes für ihn gelte, der Kanzler erkläre seine Entscheidungen unzureichend.

Weil die Queen nicht auf Wahlen achten musste, dachte sie nie kurzfristig, sondern in Dekaden. Das machte ihre einzigartige Stellung im Leben vieler Menschen aus, weit über Großbritannien hinaus.

Die Nachricht vom Tod der Königin verdrängt ein paar Tage lang sämtlichen Streit über Notreserven von deutschen Atomkraftwerken, über einen missratenen Talkshowauftritt und Spannungen in der Koalition. Die Medien sind randvoll mit Sendungen und Sonderausgaben zum Königshaus. Auch die Deutschen verlieren vorübergehend das politische Tagesgeschäft aus den Augen. Für Robert Habeck ist plötzlich kaum noch Platz an den medialen Stammtischen. Er wird darüber nicht traurig sein.

Gegenschläge

Die Nachricht aus England wird schon nach wenigen Tagen wieder von Meldungen über den Kriegsverlauf verdrängt. Sie geben der Regierung in Kiew und ihren Verbündeten im Westen Anlass zur Hoffnung, zum ersten Mal seit langer Zeit.

Olaf Scholz hat noch vor kurzem mit Wolodymyr Selenskyj telefoniert, der ukrainische Präsident wirkte nicht mehr so energiegeladen

wie sonst. Der Krieg schien festgefahren, auch Selenskyj hat wohl zunehmend Mühe, die Widerstandskraft seines Volkes hochzuhalten.
Doch das war eine Fehleinschätzung. Selenskyj ist nicht niederge-
schlagen, sondern hochkonzentriert. Seit einigen Tagen läuft die militärische Operation an, die er und seine Generäle seit Wochen mit den
amerikanischen und britischen Geheimdiensten vorbereitet haben,
die Gegenoffensive.

Zunächst greifen ukrainische Truppen, wie angekündigt, im
Süden bei Cherson an. Das ist nur ein Trick, ein wichtiges Element
eines Verwirrspiels. Weitaus mehr konzentrieren sich die ukrainischen Einheiten darauf, im Nordosten, in der Region um Charkiw,
einen Durchbruch zu erzwingen. Von den Russen nicht bemerkt, haben sie dorthin drei Brigaden, einige tausend Soldaten, verlegt. Das
sind etwa vier Mal so viele Soldaten, wie auf der russischen Seite der
Front stehen.

Dann schlagen die ukrainischen Einheiten zu. An diesem Front-
abschnitt haben die Russen nicht mit einem Gegenschlag gerechnet,
die eigenen Truppen sind ausgedünnt.

Für das ukrainische Militär machen sich die Zusammenarbeit mit
den Amerikanern und Briten sowie die strikte Geheimhaltung bezahlt. Die ukrainische Gegenoffensive erfolgt nach Lehrbuch. Schon
im Jahr 2006 haben die «Army Special Operation Forces» der USA in
einem Handbuch niedergeschrieben, wie eine Armee stark überlegene
Gegner in die Knie zwingen kann.

Im Kapitel «Prinzipien des Kriegs» heißt es: «In einigen Missionen
von Spezialeinheiten können Überraschungseffekte, die durch Geschwindigkeit, Geheimhaltung, Mut, Täuschung und neue Taktiken
erzielt werden, viel effektiver als traditionelle Taktiken sein, die auf
Waffenkraft und taktischen Manövern basieren.» Im Handbuch steht
auch: «Schlage den Feind zu einer Zeit, an einem Ort oder auf eine Art,
worauf er nicht vorbereitet ist.» Dann werden Tipps zum Täuschen
aufgelistet.

Was auf dem Papier leicht wirkt, ist im Feld alles andere als banal
und nur unter Inkaufnahme von hohen eigenen Verlusten zu erreichen. Aber die Abstimmung zwischen der ukrainischen Militärführung und den beiden Geheimdiensten funktioniert. Zudem können
die Ukrainer auf die wirkungsvollen Waffen zurückgreifen, die ihnen

von ihren westlichen Unterstützern, auch von Deutschland, in den letzten Wochen geliefert wurden.

Die russischen Einheiten sind vom gut koordinierten Angriff der Ukrainer überrascht. Sie lassen unzählige Panzer und anderes Militärmaterial zurück. Einige Einheiten setzen ihre Unterkünfte in Brand. Dann ergreifen sie die Flucht.

Die ukrainischen Soldaten wundern sich, wie leicht es ihnen gelingt, in Regionen vorzustoßen, in denen sich ihre Feinde monatelang eingenistet hatten. In einigen Unterkünften steht noch das Essen auf dem Tisch. Die ukrainischen Truppen erobern 500 Quadratkilometer, dann 1000. Schließlich meldet das ukrainische Oberkommando die Einnahme von 3000 Quadratkilometern, bald darauf 9000 Quadratkilometern. Weite Landstriche sind wieder unter ukrainischer Kontrolle. Die Front wird 65 Kilometer weit zurück nach Osten verschoben. Militärhistoriker bejubeln den Durchbruch als «strategische Meisterleistung» und «eine der besten Gegenoffensiven seit dem Zweiten Weltkrieg».

Auf Rathäusern und Marktplätzen, auf denen vor wenigen Tagen noch weiß-blau-rote Fahnen wehten, flattern jetzt blau-gelbe Fahnen.

Der deutsche General Christian Freuding hat eine Menge Erfahrungen bei Auslandseinsätzen gesammelt. Er war Kompaniechef einer UN-Friedenstruppe in Bosnien und Stabschef beim Bundeswehreinsatz in Afghanistan. Jetzt leitet er den Sonderstab Ukraine der Bundeswehr – ein halbes Jahr später wird er aufrücken und den Planungs- und Führungsstab des Verteidigungsministeriums leiten. Als die Ukrainer ihre Gegenoffensive im Osten des Landes starten, hält sich Freuding gerade in Kiew auf. Er erfährt, wie geschickt die ukrainischen Einheiten und wie ungeschickt die russischen Einheiten an der Front agieren.

Freuding unterscheidet zwischen Auftragstaktik und Befehlstaktik: Bei einer Auftragstaktik gibt die Militärführung ein Ziel vor und überlässt es den Einheiten an der Front, wie sie dieses Ziel erreichen. Bei der Befehlstaktik fordert die Militärführung von den Soldaten, ihren Anweisungen zu folgen, «koste es, was es wolle».

Bei der Auftragstaktik setzt die Militärführung auf Ausbildung und die Moral der Truppe, bei der Befehlstaktik vertraut die Militärführung nur ihrer eigenen Expertise. Aus Sicht des Generals zeigen sich an der ukrainischen Ostfront grundsätzliche Unterschiede zwischen der Kriegsführung der Ukrainer und der Russen. Putins Truppen mögen zwar zahlenmäßig überlegen sein, aber ihre stumpf auf die Umsetzung von Befehlen fixierte Ausbildung ist veraltet. Das erklärt auch, warum die Ukrainer innerhalb weniger Tage enorme Geländegewinne verzeichnen.

Neben der Befreiung der ukrainischen Bevölkerung in dem Gebiet und der Frontverschiebung gibt es einen weiteren Effekt der Gegenoffensive: Die Ukrainer sehen plötzlich eine realistische Chance, diesen Krieg zu gewinnen und die verhassten Besatzer aus dem Land zu jagen. Auch die Unterstützer im westlichen Ausland spüren, dass sich die eigenen Anstrengungen lohnen.

Innerhalb weniger Tage, ja Stunden, kommt Euphorie in vielen westlichen Hauptstädten auf. Ist das der Wendepunkt? Niemand kann das wissen. Aber das Momentum ist vorübergehend auf Seiten der Ukraine – und des Westens. In den Regierungen der Alliierten wird über weitere Waffenlieferungen diskutiert. Alle wollen auf der Seite der Sieger stehen. Kampfpanzer vom Typ Leopard schickt die Bundesregierung dennoch nicht. Noch nicht.

Am Nachmittag des 13. September lassen sich Olaf Scholz und Wladimir Putin telefonisch verbinden. Es ist das erste Gespräch der beiden seit vier Monaten.

Olaf Scholz ist nicht bekannt dafür, viel Zeit mit unnützen Gesprächen zu verlieren. In den letzten Monaten machten Telefonate mit dem russischen Präsidenten aus seiner Sicht nicht viel Sinn. Das hat sich durch den Überraschungserfolg der ukrainischen Armee schlagartig geändert. Scholz will herausfinden, ob es eine Chance für Verhandlungen gibt, und sei sie noch so klein.

Die beiden sprechen über die veränderte militärische Lage. Der Kanzler nutzt den Frontdurchbruch, um auf einen Waffenstillstand zu drängen. Nach einem vollständigen Rückzug der russischen Truppen und der Achtung der ursprünglichen Landesgrenzen der Ukraine müsse man schnell zu einer diplomatischen Lösung des Konflikts kommen.

Olaf Scholz hat seine Gesprächsstrategie zuvor mit Wolodymyr Selenskyj abgestimmt. Offensichtlich will sich der Bundeskanzler in

Position bringen, sollten ernsthafte Verhandlungen zur Beendigung des Krieges geführt werden können.

Es wird ihn nicht überraschen, dass Putin die Situation in der Ostukraine ganz anders darstellt. Der Kremlchef beschwert sich darüber, dass ukrainische Einheiten Städte im Donbass beschießen, Zivilisten töten und zivile Infrastruktur beschädigen. Das alles verstoße gegen das Völkerrecht.

Insgesamt 90 Minuten lang geht das so. Olaf Scholz benötigt viel Gleichmut in dem Gespräch.

Die beiden sprechen dann noch über die hochgefährliche Situation rund um das erneut umkämpfte Atomkraftwerk Saporischschja, über die globale Lebensmittelkrise wegen des Krieges. Aber es gibt ein Thema, das Olaf Scholz absichtsvoll nicht anspricht. Denn auch er hat einen Plan, mit dem er Putin überraschen will.

Drei Tage nach dem Telefonat, um 6:16 Uhr am frühen Morgen, verschickt die Sprecherin des Wirtschaftsministeriums eine Mitteilung: «Bundesregierung stellt Rosneft Deutschland unter Treuhandverwaltung». Es ist eine ungewöhnliche Uhrzeit für das Versenden von aktuellen Pressemitteilungen.

Offensichtlich will Habecks Pressestelle vermeiden, dass sich Gerüchte darüber verbreiten, was er und Olaf Scholz schon vor Wochen beschlossen und seine Leute im Ministerium unter strengster Geheimhaltung vorbereitet haben – die Entmachtung des bisherigen Managements, die Installation eines neuen Geschäftsführers und somit die Loslösung des Unternehmens aus dem Einflussbereich Putins. Die Maßnahme soll zunächst für sechs Monate gelten, die deutsche Regierung muss über den Winter kommen, irgendwie.

Es war höchste Zeit für die wirtschaftspolitisch spektakuläre Aktion. Seit dem russischen Überfall auf die Ukraine wuchs die Gefahr, dass die von Rosneft betriebenen deutschen Raffinerien, vor allem in Schwedt, ihren Geschäftsbetrieb einstellen. Immer mehr Zulieferer, Banken, Versicherungen, IT-Unternehmen und Verbraucher wollten nichts mehr mit Rosneft zu tun haben. Außerdem hat die Bundesregierung schon vor Wochen beschlossen, ab dem Jahreswechsel auf russisches Öl zu verzichten.

Robert Habeck hat bereits Erfahrung mit einem solchen Schritt.

Schon im Frühjahr hatte er verfügt, den Energiekonzern Gazprom Germania unter die Treuhandverwaltung der Bundesnetzagentur zu stellen.

Ein paar Stunden nach der frühmorgendlichen Pressemitteilung treten Scholz, Habeck und der brandenburgische Ministerpräsident Dietmar Woidke vor die Presse, um ihre Entscheidung zu erklären. Dem Anlass entsprechend sehen sie sehr ernst aus. Die drei sind Krieger in einem Wirtschaftskrieg.

Die eigentliche Botschaft ihres Auftritts lautet: Wir sichern die Überlebensfähigkeit der deutschen Industrie. Und: Wir hören auf die Ängste der Bevölkerung, auch der Belegschaft der brandenburgischen Raffinerie in Schwedt.

Robert Habeck kann für den Moment zufrieden sein. Nach einigen fürchterlichen Wochen voller Fehler will er signalisieren, dass er sein Krisenmanagement wieder im Griff hat.

Aber da ist noch der Gegner in Moskau, und den kann Habeck weder kontrollieren noch ausrechnen. Es vergehen drei, vier Stunden, in denen alles ruhig bleibt. Das Management von Rosneft und der Kreml sind tatsächlich überrascht und müssen erst ihre Taktik abstimmen.

Das ist allerdings nicht so leicht. Wladimir Putin ist am frühen Morgen des Vortages von Moskau aus 4700 Kilometer südöstlich in die usbekische Stadt Samarkand geflogen. Dort will er sich mit Xi Jinping treffen, der einige Stunden vorher mit der chinesischen Version der Airforce One, einer umgebauten Boeing 747, in Samarkand gelandet ist.

Es ist das erste Treffen des russischen und des chinesischen Präsidenten seit ihrer Begegnung kurz vor der Invasion der Ukraine im Februar. Putin braucht Xi dringend, vor allem jetzt, da er herbe militärische Rückschläge verkraften muss. Er braucht China als Abnehmer all der Waren und Rohstoffe, die Russland nicht mehr an den Westen verkaufen kann. Vor allem braucht er ein Zeichen, dass China weiter an der Seite Russlands steht.

Dass Xi überhaupt zu dem Treffen anreist, verschafft Putin Rückenwind. Auch der indische Premierminister Narendra Modi, den Scholz noch im Juni als Gast des G7-Gipfels in Elmau umworben hatte, fliegt nach Usbekistan. Zwar muss sich Putin von Xi und Modi auch Kritik und Sorgen wegen des Ukrainekrieges anhören. Aber die Unmutsäußerungen fallen sanft und allgemein aus. Der Krieg möge bitte bald beendet werden, meint der indische Regierungschef. Da stimme er ihm zu, entgegnet Putin, aber nur die Ukraine sei schuld, dass sich der Konflikt in die Länge ziehe.

Für Putin kommt es auf jedes freundliche Wort der mächtigen Männer aus Peking und Neu-Delhi an. In China und Indien leben etwa drei Milliarden Menschen, mehr als ein Drittel der Erdbevölkerung. Putin braucht solche Zahlen, um zuhause erzählen zu können, dass Russland nicht global isoliert ist.

In dieser Lage ist das Problem mit der unfreundlichen Übernahme von Rosneft weit weg. Erst am späten Freitagabend veröffentlicht die Konzernzentrale in Moskau eine Stellungnahme, in der sie die «Zwangsenteignung» als «illegal» verurteilt. «Rosneft sieht darin eine Verletzung aller grundlegenden Prinzipien der Marktwirtschaft, der zivilisierten Grundlagen einer modernen Gesellschaft, die auf dem Prinzip der Unantastbarkeit von Privateigentum aufbauen.»

Es ist bizarr, dass sich der russische Konzern während des brutalen Angriffskrieges mit unzähligen Toten und zerstörten Gebäuden auf die Unantastbarkeit von Privateigentum beruft.

Noch sind das ohnehin nur Worte. Habeck und Scholz ist klar, dass Moskau es nicht dabei belassen wird. Der Wirtschaftskrieg geht in eine neue Runde.

Führungsanspruch

Mitte September lädt die feine Deutsche Gesellschaft für Auswärtige Politik, ein Berliner Thinktank, zu einer Rede von Christine Lambrecht ein. Die Verteidigungsministerin hat angekündigt, die neue deutsche Sicherheitsstrategie zu erläutern. Im Publikum sitzen hohe Militärs, einige Diplomaten sowie zivile Wehrexperten. Lambrecht ist politisch schwer angeschlagen, in den vergangenen Monaten hatte sie nur miese Presse. Die Geschichte mit ihrem Sohn, die schleppenden Waffenlieferungen, die zögerliche Aufrüstung – all das lastet auf der Ministerin. Jetzt will sie einmal anders in die Schlagzeilen kommen, als Vordenkerin.

Als Lambrecht ans schmale Pult des Saales tritt, beginnt sie überhaupt nicht schneidig und bestimmend im Ton, sondern um Verständnis werbend und ein wenig sanft. Was sie ihrem Publikum mitzuteilen hat, hat es allerdings in sich.

Die Ministerin räumt mit der Verteidigungsphilosophie Deutschlands der letzten Jahrzehnte auf: «Allein mit Bedächtigkeit, allein mit dem Rückgriff auf bewährte bundesrepublikanische Traditionen werden wir in Zukunft nicht mehr sicher leben können.»

Die Traditionen, die sie meint, gründen in der Skepsis gegenüber dem Militärischen wegen der Verbrechen in der Zeit des Nationalsozialismus und des deutschen Vernichtungskrieges. Soll das eine Schlussstrich-Debatte sein, muss die Skepsis wirklich überwunden werden? Lambrecht sagt: Ja, Deutschland habe sich seit dem Zweiten Weltkrieg genügend gewandelt.

Was aber soll an die Stelle des alten Denkens treten? Lambrecht redet nicht drumherum und sagt, dass es ihr «im Kern um das Rollenverständnis Deutschlands als Nation, als Nachbar, als Demokratie, als Verbündeter geht. Kurz gesagt, was oft als ‹Führungsmacht› bezeichnet wird.»

Jetzt ist das Wort ausgesprochen, um das es ihr geht: «Führungsmacht». Führung und Macht – um diese beiden Begriffe haben bundesdeutsche Regierungen seit dem Zweiten Weltkrieg eher einen Bogen gemacht.

«Führungsmacht», das klingt nicht mehr nach Deutschland als europäisches Partnerland, sondern nach einem Deutschland, das vorangehen will, nach einer Nation, an der sich andere orientieren sollen. Lambrecht belässt es nicht bei allgemeinen Formulierungen. Am Beispiel Waffenexporte will sie deutlich machen, wie Deutschland mit alten, aus ihrer Sicht überkommenen Grundsätzen brechen soll: «Mit unserem Wertevorbehalt stellen wir uns über unsere europäischen Partner.»

Wenn man Christine Lambrecht richtig versteht, will sie die bisherigen Prinzipien der deutschen Waffenexportgenehmigungen kippen. Im Koalitionsvertrag hatten die Ampelpartner noch festgelegt, dass sie eine «restriktive Rüstungsexportpolitik» anstreben. Eine abrüstungspolitische Offensive hatten sie sich vorgenommen.

Die Grundsatzrede von Christine Lambrecht steuert jetzt in eine entgegengesetzte Richtung: «Wir müssen also an die deutschen Exportregeln ran, um der Kooperation bei wehrtechnischen Gütern einen mächtigen europapolitischen Schub zu verleihen.» Lambrechts Vision geht weit über die Unterstützung der Ukraine mit Waffen hinaus. Sie nutzt den aktuellen Krieg, um Deutschland international völlig neu zu positionieren. Der Begriff Zeitenwende wird weiter aufgepumpt.

Man muss davon ausgehen, dass Christine Lambrecht die Richtung ihrer Rede mit Olaf Scholz und auch mit ihrer Parteiführung abgestimmt hat. Schon zuvor hat SPD-Chef Lars Klingbeil öffentlich gefordert: «Deutschland muss den Anspruch einer Führungsmacht haben.» Christine Lambrecht verkündet also den künftigen außen- und sicherheitspolitischen Kurs der Sozialdemokraten. Als sie ihren Vortrag beendet, brandet im Saal höflicher Applaus auf.

Auch ihr Nachfolger Boris Pistorius wird mir viele Monate später sagen, dass er mit einem militärischen Führungsanspruch kein Problem habe. Er formuliert es weniger offensiv als Lambrecht, meint aber dasselbe: «Eine Führungsrolle sehe ich auf jeden Fall für Deutschland schon deshalb, weil wir die größte Volkswirtschaft in Europa sind. Wir sind auf dem europäischen Kontinent das größte Nato-Mitglied demzufolge.» Dann verweist er auf die Mitverantwortung der Bundeswehr für die Ostflanke der Nato. «Das ist eine besondere Rolle. Aber auch, weil wir eben als große Volkswirtschaft und weltpolitisch einflussreicher Akteur auch eine Verantwortung haben, uns an diesen Fragen zu beteiligen.»

Nicht jedem in Deutschland und Europa wird der neue Führungsmachtanspruch gefallen. Es wäre ein großes Unheil, wenn sich eines Tages, am Ende der von führenden Sozialdemokraten betriebenen Entwicklung, wieder andere europäische Nationen vor Deutschland fürchten.

Eskalation

Am 20. und 21. September überschlagen sich die Ereignisse wieder.

Der erste Schauplatz ist Düsseldorf. Am Mittwoch um 16:16 Uhr veröffentlicht der Energiekonzern Uniper eine erneute Ad-hoc-Mitteilung, wonach der Bund die bislang vom finnischen Mutterkonzern Fortum gehaltenen Aktien erwerben soll. Die Bundesregierung hatte im Juli angekündigt, bei Uniper einzusteigen. Wenn der Staat auch noch die verbliebenen Anteile von Fortum übernimmt, kommt das einer Verstaatlichung gleich.

Sofort taucht eine unangenehme Frage auf: Wenn Uniper künftig dem deutschen Staat gehört, ist die geplante Gasumlage dann überhaupt zulässig? Das Geld der Umlage würde über Umwege in die Taschen des Fiskus fließen, was einer Steuer gleichkäme. Ein verfassungsrechtlich bedenklicher Vorgang. Robert Habeck ist die Problematik bewusst, aber noch sieht er keinen Ausweg. Er hat sich vorgenommen, erst einmal zu schweigen. Er will sich nicht schon wieder die Finger verbrennen. Doch lange kann er eine Stellungnahme nicht herauszögern.

Der zweite Schauplatz dieser Tage ist Moskau. Russische Agenturen melden, dass sehr bald Volksabstimmungen in den von Russland besetzten Regionen Donezk, Luhansk, Cherson und Saporischschja abgehalten werden. Eigentlich waren die Referenden für einen späteren Zeitpunkt geplant, und sie können nicht nach demokratischen Standards organisiert werden. Aber Wladimir Putin ist wegen der vorrückenden ukrainischen Armee im Nordosten so in Bedrängnis geraten, dass er schnell Fakten schaffen will.

Dann könnte er Angriffe der ukrainischen Armee auf diese Regionen stets als Angriffe auf russisches Staatsgebiet darstellen. Verfassungsrechtlich würde ihm das einen größeren Handlungsspielraum verschaffen als bislang. Sogar der Einsatz von Nuklearwaffen wäre dann denkbar. In Moskau wird eine Rede von Wladimir Putin für den Abend angekündigt. Doch es bleibt bei der Ankündigung. Für den Kreml laufen die Dinge nicht wie geplant.

Der dritte Schauplatz ist New York. Olaf Scholz ist gekommen, um seine erste Rede als Bundeskanzler vor der Vollversammlung der Vereinten Nationen zu halten. Es ist das erste Mal, dass er in New York ist. Am Mittag gibt es noch eine Lücke in seinem Zeitplan. Er könnte jetzt joggen oder sich in seinem Hotelzimmer vom langen Flug erholen, aber Scholz nutzt die Zeit, um sich mit dem deutschen Schriftsteller Daniel Kehlmann zu treffen. Der Autor lebt seit vielen Jahren hier und will dem Kanzler ein wenig Uptown Manhattan zeigen, die Public

Library an der 5th Avenue, den Bryant Park zwischen der 40. und der 42. Straße. Es gibt Sandwiches und Coffee to go, dann geht es hinüber zur Central Station. Nach einer Stunde ist Schluss mit der Sightseeing-Tour.

Als der Kanzler auf dem Weg zum UN-Gebäude ist, macht er am Eingang halt, um vor den ihn begleitenden Journalisten die jüngsten Nachrichten aus Moskau zu kommentieren. Es ist dieselbe Stelle, an der Anfang August Annalena Baerbock die chinesische Führung wegen deren Taiwan-Politik kritisiert hatte. Offenbar ist das hier ein guter Platz für Kameras. «Das ist alles nur der Versuch einer imperialistischen Aggression, die dadurch verbrämt werden soll», schimpft Scholz über die Scheinreferenden.

Am nächsten Morgen ist Putin wieder am Zug. Er hält die Rede, die er am Vorabend ohne Angabe von Gründen verschoben hatte. Und er kündigt an, wovor sich viele Menschen in der Ukraine, aber auch viele Familien und wehrfähige Männer in Russland gefürchtet haben: eine sofortige Teilmobilmachung, 300 000 Reservisten werden zu den Waffen gerufen. Im Internet explodiert die Zahl der Suchanfragen nach Flügen – raus aus Russland, irgendwie, irgendwohin.

Putin verknüpft seine Ankündigung mit einer neuen Drohung. Zunächst spricht er davon, einige hochrangige Vertreter führender Nato-Länder würden Überlegungen anstellen, «ob es möglich und zulässig ist, Massenvernichtungswaffen, Atomwaffen, gegen Russland einzusetzen». Bei der Nato wird man sich am Kopf kratzen und fragen, auf welcher Grundlage Putin solche Schauergeschichten erzählt.

Dann spricht er davon, möglicherweise selbst Atomwaffen einzusetzen: «Diejenigen, die solche Äußerungen gegenüber Russland erlauben, möchte ich daran erinnern, dass auch unser Land über verschiedene Zerstörungsmittel verfügt.» Der entscheidende Satz folgt: «Wenn die territoriale Integrität unseres Landes bedroht ist, werden wir natürlich alle uns zur Verfügung stehenden Mittel einsetzen, um Russland und unser Volk zu verteidigen.» Und: «Dies ist kein Bluff.»

Robert Habeck hat die Nachrichten aus Moskau gehört. Um 7:13 Uhr verschickt sein Team wieder eine kurzfristige Einladung. Wenn Habeck etwas Ernstes zu vermelden hat, so viel konnte man in den letzten

Monaten beobachten, dann trägt er eine dunkle Krawatte über einem
weißen Hemd, so wie heute. Eigentlich trägt er Anzüge nicht sonderlich gerne, aber er kennt natürlich die Regeln der politischen Bildsprache.

Gleich am Anfang seines Statements verdammt der Vizekanzler die
russische Teilmobilmachung. Doch deswegen ist er nicht gekommen.
Er will über die Verstaatlichung von Uniper reden und über das Problem mit der Gasumlage.

Habeck bestätigt, dass es bei einer Umlage, von der ein Staatskonzern profitiert, grundsätzliche rechtliche Probleme gibt. Aber die Verstaatlichung von Uniper würde ja nicht sofort, sondern erst in ein
paar Monaten wirksam werden. Daher würde die Gasumlage zum
1. Oktober eingeführt werden.

Je länger Habeck redet, desto klarer wird, dass er und Christian
Lindner auch in dieser Angelegenheit tief zerstritten sind. Habeck hat
in den letzten Wochen erleben müssen, wie sich der Unmut der Bevölkerung wegen der schief aufgesetzten Umlage gegen ihn als Person
richtet. Am liebsten würde er wohl die Verstaatlichung von Uniper
zum Anlass nehmen, um die Pläne für die Gasumlage zurückzuziehen.

Doch das Problem mit den Gaspreisen würde nicht verschwinden,
auch das weiß er. Wenn diese Preise nicht über eine Umlage bezahlt
werden, bleiben nur eine Steuererhöhung oder eine weitere Staatsver-
schuldung. Beides will Christian Lindner auf jeden Fall vermeiden. Er
setzt sich ja seit Beginn der Koalition als Wächter der Haushaltsdisziplin in Szene.

Robert Habeck ist die Lage sichtlich unangenehm. Deshalb berichtet er, dass im Bundesfinanzministerium eine rechtliche Prüfung zur
Gasumlage läuft. Er schiebt den Schwarzen Peter damit dem Kabinettskollegen Lindner zu. Solange das Ergebnis der Prüfung nicht
vorliege, gelte: «Die Gasumlage kommt.»

Zwei Tage später hat Habeck einen Termin, der auf den ersten Blick
nicht zwingend erforderlich ist in dieser turbulenten Zeit, den er aber
dennoch wahrnehmen will. Er ist beim Bundesverband der Deutschen
Industrie geladen. Habeck braucht die Sympathien der Unternehmer,
ohne sie hat er als Wirtschaftsminister keine Chance.

Der Auftritt im Kongresssaal ist ein Ohne-Krawatte-Auftritt, er will jetzt etwas persönlicher rüberkommen als am Tag zuvor. Eine halbe Stunde lang referiert er über die Weltlage, über die Herausforderungen für die deutsche Wirtschaft und dass man sie gemeinsam meistern werde. Was man eben erwartet von einem Krisenminister. Dann nimmt er in einer Sitzecke auf der Bühne Platz und wird dort von einer Moderatorin befragt.

Ganz unvermittelt bricht es aus ihm heraus. Er stöhnt über den ungeheuren Stress, dem die Mitarbeiter seines Hauses seit Monaten ausgesetzt sind, von der hohen Frequenz, mit der Gesetze entworfen und ins Gesetzgebungsverfahren eingespeist werden. Und nun, vor Hunderten hartgesottenen Industriellen, leistet er sich etwas, was Politiker üblicherweise meiden. Er erzählt von der Überlastung seines Teams: «Die Leute, irgendwann müssen die auch schlafen und essen.» Und noch mehr: «Es ist jetzt kein Scheiß, den ich erzähle: Die Leute werden krank. Die haben Burnout, die kriegen Tinnitus. Die können nicht mehr.»

Robert Habeck spricht von den anderen, von seinen Mitarbeiterinnen und Mitarbeitern. Aber man bekommt den Eindruck: Er meint auch sich selbst.

Die Golfreise

Zwei Tage nach seiner Rückkehr aus New York bricht Olaf Scholz schon wieder auf. Ein großer körperlicher Stress, diesmal geht es viele tausend Kilometer Richtung Südosten. Er will nach Saudi-Arabien, in die Vereinigten Arabischen Emirate und nach Katar. Es geht morgens um 6:10 Uhr los, in die Regierungsmaschine «Konrad Adenauer» steigen übermüdete Manager deutscher Konzerne und eine Gruppe von Journalistinnen und Journalisten.

Auf dem Flug nach Dschidda, dem Urlaubssitz der saudischen Königsfamilie am Roten Meer, wird unter den mitreisenden Reportern diskutiert, was vom Besuch beim saudischen Kronprinzen zu halten ist. Mohammed bin Salman gilt als Auftraggeber des bestialischen Mordes an dem saudischen Journalisten Jamal Khashoggi. Im Jahr 2018 wurde er im saudischen Konsulat in Istanbul von einem Terror-

kommando ermordet. Die Killer zersägten den Leichnam und schaff-
ten die Einzelteile heimlich aus dem Gebäude.

Die Bluttat von Istanbul ist keine Ausnahme. In Saudi-Arabien
herrscht die Königsfamilie seit langem mit zum Teil mittelalterlichen
Methoden, Steinigungen, Enthauptungen. Oppositionelle müssen damit rechnen, jahrelang inhaftiert zu werden.

Der ebenso mächtige wie brutale Kronprinz ist das erste Reiseziel
von Olaf Scholz. STERN-Autor Nico Fried urteilt über den Besuch vor
dem Hintergrund des Wirtschaftskriegs mit Russland: «Gas gibt es
nicht mehr, Öl wird eingestellt, Kohle wird eingestellt. Da muss man
sich natürlich in anderen Ländern umtun. Es ist leider eine Realität
der Weltpolitik, dass auf den größten fossilen Energiereserven fast ausschließlich Potentaten, Diktatoren und autoritäre Herrscher sitzen.»

Kerstin Münstermann von der RHEINISCHEN POST meint, dass der
Kanzler mit dieser Reise die im Koalitionsvertrag vereinbarte «wertebasierte Außenpolitik» weit verlässt: «Es ist eine Rückkehr zum tota-
len Realismus, Pragmatismus.»

Olaf Scholz kennt all diese Einwände. Doch Saudi-Arabien ist das
Land mit den zweitgrößten Erdölvorkommen der Welt. Kann man in
Zeiten der Energieknappheit auf einen solchen Partner verzichten?
Nachdem erst Boris Johnson und Joe Biden nach Saudi-Arabien reis-
ten und Emmanuel Macron bin Salman in Paris empfing, wird sich
Scholz gedacht haben: Da muss ich auch hin.

Als der Kanzler in der glühenden Mittagshitze aus dem Regierungsflugzeug steigt, wird er zunächst vom Gouverneur des Bezirks
Mekka empfangen.

Nach endlosen Höflichkeitsfloskeln beim Tee verabschiedet er sich
höflich und wird zu einer tiefschwarzen Maybach-Limousine mit
deutscher Standarte geführt. Auf der Seitentür ist das Staatswappen
aufgeklebt, eine Palme und zwei gekreuzte Säbel. Saudi-Arabien ist
nicht die friedliebendste Nation der Welt.

Eine halbe Stunde später fährt der Kanzler vor dem Königspalast
vor, der Kronprinz wartet am Eingang. Wie wird Scholz diesen Mann
begrüßen? Mit einem tiefen Diener, so wie sich Robert Habeck vor
dem Emir von Katar verbeugte? Oder wie Joe Biden, der dem Kronprinzen zur Begrüßung nur die Faust entgegenstreckte?

Scholz reicht bin Salman selbstbewusst die Hand und lächelt ein wenig. Soll er das, darf er das? Auf dem glatten internationalen Parkett zählt jede Geste. Aber Scholz deutet sein Lächeln nur an, das kann er gut. Dann ziehen sich die beiden Staatsmänner mit ihren Delegationen zurück.

Es geht um langlaufende Kooperationen. Die Deutschen brauchen dringend – und zwar sehr schnell – mehr Öl und mehr Gas. Das Gas erhoffen sie sich von Katar und Abu Dhabi. Das Öl aus Saudi-Arabien soll vor allem billiger werden, bittet der Kanzler. Dies ist vielleicht schon der wichtigste Punkt auf seiner Liste.

Scholz will die Saudis dazu bewegen, die Fördermenge auszuweiten, um den Ölpreis zu senken. Schon Joe Biden hatte bei seinem Besuch in Riad im Juli darauf gedrängt. Der amerikanische Präsident steht wegen der bevorstehenden Kongresswahlen unter erheblichem innenpolitischem Druck. Um den Benzinpreis im eigenen Land zu drücken und so die hohe Inflation in den Griff zu bekommen, gab er sogar erhebliche Teile der strategischen Ölreserven der USA frei. Die Maßnahme hatte kurzfristig Erfolg. Der Ölpreis sank tatsächlich ein wenig, aber nicht so weit, dass sich die Märkte und Bürger in den USA und Europa dauerhaft beruhigten.

Jetzt also versucht Olaf Scholz sein Glück. Bitte tut etwas gegen den hohen Ölpreis, weitet die Ölfördermenge aus! So erzählt es jemand, der bei dem Treffen dabei war. Der Kronprinz soll genickt haben. Er fände auch, dass der Ölpreis zu hoch sei. Ob die Geste ernst gemeint ist, bleibt ein paar Tage lang offen.

Der deutsche Kanzler hofft, mit einer Zusage nach Deutschland zurückfliegen zu können. Er ist selbst nicht mit leeren Händen nach Dschidda gereist. Die Bundesregierung hat deutschen Rüstungsunternehmen genehmigt, Saudi-Arabien Ausrüstung und Munition für die Kampfflugzeuge Eurofighter und Tornado im Wert von 36 Millionen Euro zu verkaufen.

Zuhause in Deutschland ist die Lieferung höchst umstritten. Die Parteiführung der Grünen bemüht sich, das Thema gar nicht erst groß werden zu lassen, wie sich ein Mitglied des Inner Circle ausdrückt. Aber das funktioniert nicht. Annalena Baerbock muss sich drei Wochen später auf dem Parteitag rechtfertigen. Das Rüstungsgeschäft erfolge im Rahmen eines gemeinschaftlichen Programms mit Italien,

Spanien und Großbritannien, erklärt sie. Im Übrigen sei die Lieferung noch von der Regierung Merkel vereinbart worden.

Was hat die Rüstungslieferung an Saudi-Arabien noch mit der «wertebasierten Außenpolitik» zu tun, die sich die neue Regierung vorgenommen hatte?

Den Widerspruch spürt auch die Außenministerin. Sie versucht, den Kritikern auf dem Parteitag mit einer gewagten Logik den Wind aus den Segeln zu nehmen: «Das war unglaublich schwer für Robert und mich. Aber wir können da nicht sitzen und sagen: Schwupps, dieser Altvertrag ist weggezaubert, den gibt's jetzt einfach nicht mehr. Sondern er ist da.»

Dann spricht sie davon, «in dieser schwierigen Abwägung» mehr europäische Rüstungskooperationen anzustreben, weil das Sondervermögen von 100 Milliarden Euro zur Aufrüstung der Bundeswehr sonst nicht reiche.

«Ich will nicht, dass wir noch mehr im sozialen Bereich sparen. Und Lisa keine Mittel mehr hat für die Kinder, die sie dringend brauchen …», Baerbock zeigt auf Lisa Paus, die neue grüne Familienministerin, «… und deswegen stellen wir uns auch diesen Dilemmata der schwierigen europäischen Rüstungsexporte.»

Die Außenministerin verknüpft in ihrer Begründung für Rüstungslieferungen an Saudi-Arabien ernsthaft Rüstungsgeschäfte mit Finanzhilfen für schwache Familien. So kann man Waffenlieferungen auch Grünen schmackhaft machen.

Dass die neue Bundesregierung versucht hat, aus dem alten Geschäft auszusteigen, ist nicht bekannt. Es geht um mehr als die Erfüllung von geerbten Verpflichtungen. Annalena Baerbock klingt jetzt wie Christine Lambrecht, die einen neuen deutschen Führungsanspruch auch bei Waffenexporten will.

Der Bundeskanzler ist also mit der Zusage für das Rüstungsgeschäft zum Kronprinzen nach Dschidda gereist. Letztlich geht es ihm weniger um Rüstung, sondern um Öl. Deutschland braucht Saudi-Arabien. Aber braucht Saudi-Arabien auch Deutschland?

Mohammed bin Salman wirkt auf die Gäste aus Deutschland ausgesprochen selbstbewusst. Ein 37-jähriger Mann, der weiß, dass ihm nicht nur die Macht gehört, sondern auch die Zukunft. In einem langen Vortrag erläutert er seine «Vision 2030». Er hat sich fest vorgenommen, dass sein Land bis dahin nicht nur 30 Prozent des weltweiten Ölbedarfs deckt, sondern auch 30 Prozent des weltweiten Energiebedarfs, erneuerbare Energien inklusive. Wir haben nicht nur Öl, sondern auch jede Menge Sonne, erklärt er seinem Gast.

Die Saudis wissen, dass die Deutschen, wie viele andere Industrienationen, langfristig aus den fossilen Energieträgern aussteigen wollen. Die Herrscher am Golf wollen aber ihre kostbaren Bodenschätze möglichst lange verkaufen. Wie passen die kurzfristigen Interessen der Deutschen und die langfristigen Interessen der Saudis zusammen? Das Wort Wasserstoff ist der Schlüssel, mit dem sich in der arabischen Welt gerade allerhand Türen öffnen lassen. Scholz will den arabischen Handelspartnern langlaufende Kooperationen zur Herstellung von Wasserstoff schmackhaft machen. Er schwärmt von der deutschen Ingenieurskunst und vom großen Energiehunger seines Landes.

Aber da ist noch das lästige Thema Menschenrechte und der Mord an Jamal Khashoggi. Im Oktober 2018 hatte Scholz selber auf Twitter geschrieben: «Die Erklärungsversuche zum grausamen Tod von #Khashoggi sind bisher absolut unbefriedigend. Umstände müssen restlos aufgeklärt, die Verantwortlichen zur Rechenschaft gezogen werden. #Bundesregierung ist sich einig: Vorerst keine #Waffenexporte nach Saudi-Arabien.»

In der großen Gesprächsrunde ist der Mord kein Thema. Der Kronprinz und der Kanzler ziehen sich anschließend zum Vieraugengespräch zurück. Spricht Scholz dabei Klartext?

Nach gut vier Stunden kommt der Kanzler aus dem Palast zu den wartenden Journalisten zurück. Alle wollen wissen, wie das Gespräch gelaufen ist, und überhaupt, wie spricht man mit einem Mann, der im Verdacht steht, unliebsame Kritiker zersägen zu lassen? Scholz weiß, was alle von ihm erfahren wollen. Er weiß, dass er einen diplomatischen Skandal ungeahnter Größenordnung auslösen würde, wenn er jetzt seine Gefühle artikulieren würde. Die deutsch-saudischen Beziehungen wären auf Jahre gestört. Andererseits kann er den Journalisten auch keinen Friede-Freude-Eierkuchen servieren.

Also bleibt der Kanzler im Diplomatenmodus und gibt nichtssagend zu Protokoll, man solle davon ausgehen, dass auch das Thema Menschen- und Bürgerrechte angesprochen worden sei.

Auch SPIEGEL-Redakteur Dirk Kurbjuweit hört dem Kanzler zu und ist fassungslos: «Ich musste die ganze Zeit an die letzten Sekunden und Minuten von Khashoggi denken. Und ich kann mir vorstellen, dass es Scholz genauso ergangen ist.» Aber die Not der Bundesregierung wegen des Wirtschaftskrieges mit Putin ist so groß, dass dem Kanzler nur die Wahl zwischen verschiedenen Schurken bliebt, dem russischen und dem saudischen.

An diesem Tag im wüstenheißen Dschidda wird die hässliche Fratze der neuen deutschen Realpolitik sichtbar.

Etwas später geht es im Regierungsflugzeug weiter. Olaf Scholz empfängt mich zum Interview, wir sitzen in dem kleinen Besprechungsraum, drei Sitzbänke, U-förmig um zwei aufklappbare Tische angeordnet. Hier hatte ich schon mit ihm auf seinem Washingtonflug und mit Annalena Baerbock bei ihrer Reise in die Sahelzone gesprochen.

Scholz ist angestrengt vom Reisestress der letzten Tage. Er wird ahnen, dass wir gleich über seinen Besuch beim saudischen Kronprinzen sprechen. Hundertfach eingeübte Sprechblasen stehen zur Auswahl. Mal sehen, welche er wählt, ob er überhaupt eine wählt.

Herr Bundeskanzler, wie war das mit dem Kronprinzen? Scholz erzählt, dass er nicht nur mit seiner gesamten Delegation und den Wirtschaftsvertretern mit dem Kronprinzen gesprochen habe, sondern auch im kleinen Rahmen, zu zweit. «Das war sehr gut, weil das natürlich die Grundlage dafür ist, dass man sehr ernsthaft miteinander reden kann. Was auch geschehen ist. Insofern glaube ich, dass das auch dazu beigetragen hat, dass nichts unausgesprochen bleiben musste. Was jetzt von beiden Seiten zu benennen ist.»

Nichts unausgesprochen – eine scholzeske Formulierung.

«Sie kennen ja die Vorwürfe gegen den Kronprinzen, können Sie die in einem solchen Gespräch einfach ausblenden?» «Die Lage ist ambivalent. Dazu gehört zum Beispiel, dass es in Saudi-Arabien auch einen Aufbruch gibt.»

Olaf Scholz hat sich entschieden, weniger den brutalen Herrscher zu kritisieren, als den Reformer zu loben. Er zählt die breiteren Ausbildungsmöglichkeiten und erste Verbesserungen der Lage von Frauen auf. «Und gleichzeitig wissen wir natürlich, dass wir ein Thema haben, was Bürger und Zivilrechte betrifft. Man kann immer sagen: Die

Habeas Corpus-Akte, die Bill of Rights, das sind Dinge, die auch das Handeln von Staaten heute noch prägen sollten.»

Das nächtliche Gespräch, hoch über der Arabischen Halbinsel, kreist um den Umgang mit autoritären Herrschern. «Können Sie beschreiben, was für Sie Realpolitik bedeutet?»

Scholz hat eine Menge nachgedacht über das Thema. Es ist vielleicht das zentrale Thema seines Politikansatzes als Bundeskanzler in Zeiten des Krieges. Also erklärt er: «Es gibt Länder, die nicht in gleicher Weise Demokratien sind wie wir, aber die trotzdem ordentlich mit ihren Bürgern umgehen und auch ihre Nachbarn nicht überfallen. Es gibt andere, die genau das tun. Deshalb gibt es viele Konflikte. Es gibt Terrorismus. Es gibt viele, viele Herausforderungen, vor denen viele Regionen der Welt stehen. Und damit müssen wir uns auch auseinandersetzen. Und deshalb ist Realpolitik für mich immer etwas, das wertegeleitet ist, aber gleichzeitig sich auf die Ausgangslage bezieht, in der wir Politik machen müssen, zum Wohle unseres Landes. Zum Wohle der Menschheit auch.»

Politik zum Wohle des Landes – sich auf diese Formel zu berufen, ist immer richtig. Schließlich hat sich der Kanzler in seinem Amtseid zu der zentralen Aufgabe bekannt, seine «Kraft dem Wohle des deutschen Volkes» zu widmen.

Doch was, wenn der Einsatz für das eigene Land die Interessen der Bürger anderer Länder verletzt? Im konkreten Fall: Was, wenn der Besuch des Kanzlers in Saudi-Arabien den Despoten stärkt – und damit die saudische Opposition schwächt?

Olaf Scholz weiß um das Problem, deshalb schiebt er in seiner Antwort schnell noch «zum Wohle der Menschheit» hinterher. Doch der deutsche Kanzler war in Dschidda nicht als Menschenrechtsaktivist unterwegs, sondern als Handelsreisender. Er hat sich nicht körperlich verbeugt wie Robert Habeck ein paar Monate zuvor in Katar. Scholz hat seine Gefühle, sein Unbehagen unterdrückt, letztlich für die Energiesicherheit seines Landes.

Tatsächlich hat er etwas mitzubringen von seiner Reise an den Golf. Im mittleren Abschnitt des Regierungsjets, dort wo die Sitze breiter und komfortabler sind als die der Journalisten, sitzt auch der Vorstandsvorsitzende von RWE. Er hat sich am Rande des Scholz-Besuchs in Abu Dhabi mit dem Chef des ortsansässigen Energiekonzerns Abu Dhabi National Oil Company auf die Lieferung von 150 000 Kubikmetern Gas verständigt. Das mag nicht viel sein angesichts des enormen deutschen Gasbedarfs.

Das Geschäft ist dennoch bedeutend. Das Emirat will die Lieferung noch Ende des Jahres per Schiff nach Norddeutschland schicken, wo das Gas dann in Brunsbüttel an einem schwimmenden LNG-Terminal angelandet werden soll. Olaf Scholz kann darauf verweisen: Seht her, unsere brandneue Logistikkette funktioniert. Und das ist erst der Anfang.

Scholz wirft im Flugzeug einen Blick weit in die Zukunft: «Zunächst ist es sehr wichtig, dass wir unsere Beziehung zur Welt neu ordnen. Die Welt wird sich sehr ändern. Es wird viele einflussreiche Staaten geben, die in 20, 30 Jahren eine große Rolle spielen. Ob das nun Asien ist, auf der Arabischen Halbinsel, in Afrika, im Süden Amerikas. Und jetzt? Konkrete Kooperation zu vereinbaren, ist auch die Grundlage dafür, dass wir dann in zehn, 20, 30 Jahren mit all diesen Ländern gut zurechtkommen.»

Während der Scholz-Reise durch die Golfregion schafft Wladimir Putin in den von seinen Truppen besetzten Gebieten der Ukraine Fakten. Wie angekündigt, werden in den vier Regionen Volksabstimmungen durchgeführt, um diese Gebiete anschließend formell zu annektieren. Niemand in der Umgebung des Kanzlers zweifelt daran, dass es sich um miserabel gefälschte Referenden handelt.

Allen sitzt die Sorge im Nacken, dass Wladimir Putin die Annexion zum Anlass nehmen wird, jegliche feindliche Kampfhandlung in den Regionen als Angriff auf russisches Staatsgebiet zu deuten. Putin hat eben erst mit dem Einsatz von Atomwaffen gedroht. Der Satz «Das ist kein Bluff» wird in Berlin rauf und runter diskutiert. Soll man ihn ernst nehmen oder nicht? Bislang hat Olaf Scholz öffentlich dazu geschwiegen. Jetzt, im Flugzeug, gibt es Gelegenheit, mit ihm darüber zu sprechen. Bluff oder nicht Bluff, wie wirkt die Drohung auf Sie?

Scholz ist bewusst, dass der in die Defensive gedrängte Kriegsherr in Moskau immer unberechenbarer wird. Also antwortet er: «Der Angriff auf Kiew hat nicht funktioniert. Putin hat seine Truppen umgruppiert und muss jetzt im Osten trotz eines brutalen Angriffs und unglaublicher Zerstörungen und unglaublich vieler Toter vergegenwärtigen, dass er nicht durchkommt mit seinen Plänen. Das ist wichtig zu wissen. Weil das auch die Grundlage dafür ist, dass er jetzt Entscheidungen trifft, die er vor einiger Zeit definitiv nicht treffen wollte, zum Beispiel im eigenen Land zu mobilisieren. Insofern ist das eine kritische Phase.»

Joe Biden wählt einige Tage später drastischere Worte. Putin würde keineswegs scherzen. Sollte der russische Präsident den Einsatz taktischer Atomwaffen befehlen, würde das zu einem «Armageddon» führen. Sind die Weltuntergangsszenarien aus dem Mund von Joe Biden ernst gemeint? Oder soll sich sein Widersacher in Moskau dieselbe Frage stellen: Blufft er? Ein hochriskanter verbaler Schlagabtausch.

Während das Kanzlerflugzeug wieder über Europa Richtung Norden düst, ereignen sich in einem Kernland der Europäischen Union folgenschwere Dinge. Am späten Abend wird mit den ersten Zahlen der Parlamentswahl in Italien gerechnet. Das Umfeld von Olaf Scholz befürchtet einen Sieg der Rechtsaußen-Koalition um die Postfaschistin Giorgia Meloni. «Cool bleiben!», heißt es demonstrativ aus dem vorderen Teil des Flugzeuges, dort wo der Kanzler und seine Berater zusammensitzen. Aber dieses «Cool bleiben!» übertüncht nur die eigene Nervosität.

Nach dem Brexit, den Reibereien mit Ungarn und Polen, dem Rechtsschwenk in Schweden könnte das Wegdriften einer sehr weit nach rechts gerichteten Regierung in Rom die Europäische Union einem zu großen, kaum noch beherrschbaren Stress aussetzen. Wenn eine Konstruktion, obwohl gut konzipiert, allzu großen Spannungen ausgesetzt ist, kann sie zerfallen. Eine Existenzkrise der Europäischen Union in der augenblicklichen Konfrontation mit Russland würde der Anti-Russland-Allianz des Westens einen Schlag versetzen. Es fällt schwer, cool zu bleiben.

Sobald der Flugkapitän nach der Landung in Berlin die Triebwerke herunterfährt, schalten alle im Regierungsflieger ihre Smartphones ein und reichen die ersten Zahlen aus Italien herum. Sie sind für die Reisegesellschaft schockierend: Die Wahlallianz der Fratelli d'Italia von Giorgia Meloni, der Lega Nord Matteo Salvinis und von Silvio Berlusconis Forza Italia kommt auf rund 44 Prozent der Stimmen. Eine absolute Mehrheit sowohl in der Abgeordnetenkammer als auch im Senat ist möglich. Willkommen zurück in Europa. Cool bleiben!

Isolation und Blockade

Am nächsten Vormittag der nächste Schock. Journalisten, die mit dem Kanzler zwei Tage lang unterwegs waren, rufen sich gegenseitig an: «Hast Du schon gehört? Scholz hat Corona!» Der Kanzler wurde wie alle anderen Reiseteilnehmer engmaschig vor und während der Reise getestet. Vielleicht hat er sich kurz vor dem Abflug infiziert, vielleicht während der Reise. Sobald er das Ergebnis seines Tests erfährt, fährt er ins oberste Stockwerk des Kanzleramts in seine kleine Dienstwohnung.

Eigentlich meidet er dieses Apartment, üblicherweise lässt er sich abends in seine Privatwohnung nach Potsdam fahren. Aber die 30 Quadratmeter kleinen Räume bieten einige Vorteile. Er kann von den Ärzten des Kanzleramts betreut werden, auch der Küchenservice umsorgt ihn. Sogar ein Arbeitszimmer mit Blick auf den Reichstag gibt es hier oben. Wer hat so etwas schon?

Es passt dem Kanzler nicht, an wichtigen Besprechungen nur virtuell teilnehmen zu können. Schon auf der Reise durch die Golfstaaten wurde Scholz von Journalisten gelöchert, wie er denn zu der umstrittenen Gasumlage steht. Während er weit weg war, meldeten sich in Berlin mehrere Politiker der drei Ampelparteien zu Wort und distanzierten sich von der verabredeten Umlage.

Sogar Christian Lindner, der die Gasumlage noch vor wenigen Tagen gegen Robert Habeck verteidigt hatte, sagt jetzt, die Gasumlage mache die Gaspreise noch teurer und sei deshalb nicht sinnvoll. Das wusste er zwar schon vorher. Aber vielleicht hat die Tatsache, dass in zwei Wochen die Landtagswahl in Niedersachsen stattfinden wird, den FDP-Chef dazu veranlasst, seine Position zu räumen.

Jetzt fordert er eine Gaspreisbremse. Das klingt in den Ohren von Verbrauchern viel freundlicher. Wie eine solche Deckelung des Gaspreises bei gleichzeitig explodierenden Einkaufspreisen der Gasunternehmen finanziert werden soll, behält Lindner noch für sich. Aber er ist Finanzminister und wird die Frage bald beantworten müssen.

Sein Parteifreund Christian Dürr meldet sich zu Wort. Die Gaspreisbremse könne eine gute Idee sein, sagt er dem DEUTSCHLANDFUNK, «aber sie muss verbunden werden mit einer Ausweitung der Kapazitäten am Markt [...] und das heißt Laufzeitverlängerung der Kernkraftwerke.» Daher weht der Wind.

Der Vorschlag erinnert mehr an einen Teppichhandel als an verantwortliches Regierungshandeln. Robert Habeck weist ihn empört von sich, er will sich nicht auf ein Koppelgeschäft einlassen. Mal wieder streiten sich die Regierungspartner auf offener Bühne. Auch dem Bundeskanzler fällt auf die Schnelle nicht ein, wie der regierungsinterne Streit gelöst werden kann.

Es bleiben nur noch fünf Tage, dann soll die Umlage erhoben werden. Fünf Tage Zeit, um eine Umlage, die niemand in der Regierung mehr will, wieder zu streichen. Eine absurd vertrackte Situation. Fünf Tage für Olaf Scholz, sich öffentlich zu positionieren. Vor allem: Fünf Tage, um eine Lösung zu finden.

Das alles ist verwirrend, viele Bürger verstehen ihre Regierung nicht mehr.

An dem Morgen, als sich Olaf Scholz notgedrungen in häusliche Isolation begibt und ein wichtiges Treffen mit der Ministerpräsidentenrunde absagt, steigen von einem Militärflughafen an der Ostseeküste dänische F-16-Kampfjets auf. Sie sollen die Wirtschaftsgewässer Dänemarks überfliegen, wo auf dem Meeresboden Nord Stream 2 verläuft. Zwar ist die Pipeline nicht in Betrieb, aber in weiten Teilen bereits mit Gas gefüllt.

Zuvor hatte es Meldungen über Lecks in den Rohren von Nord Stream 1 und 2 gegeben. Tatsächlich entdecken die Piloten südöstlich der Insel Bornholm aufsteigende Blasen, die auf eine größere Leckage schließen lassen. Es sind keine Bläschen, sondern etwa ein Kilometer breite Aufwallungen, die sofort ins Auge fallen. Das Meer brodelt und spritzt, als spuke tief unten ein böser Geist. Die Piloten sehen Bilder wie aus einem Science-Fiction-Film.

Dass nahezu zeitgleich Leckagen in beiden Ostsee-Pipelines entdeckt werden, bringt die Bundesregierung sofort dazu, Sabotageaktionen gegen die europäische Gasinfrastruktur zu vermuten.

In den folgenden Monaten schießen Spekulationen ins Kraut. Der amerikanische Investigativjournalist Seymour Hersh behauptet, die amerikanische Regierung stecke hinter den Explosionen. Er verweist unter anderem auf Joe Biden, als der im Februar in der Pressekonferenz mit Olaf Scholz sagte, im Falle einer russischen Invasion werde es kein Nord Stream 2 mehr geben: «Wir werden dem ein Ende setzen.» Die amerikanische Regierung habe verhindern wollen, so Hersh, dass Russland weiter Gas nach Deutschland liefert und so seine Kriegskasse füllt. Eine kühne Behauptung. Schließlich hatten Scholz und Habeck eine Inbetriebnahme von Nord Stream 2 wenige Tage nach der Pressekonferenz selbst ausgeschlossen, eine Zerstörung der Pipeline wäre somit gar nicht mehr nötig gewesen.

Zwar waren amerikanische Geheimdienste in der Vergangenheit für viele schmutzige Aktionen verantwortlich, aber auch Russland ist eine solche Sabotageaktion zuzutrauen. Bereits im Vorjahr war eine Ölpipeline in den USA Ziel russischer Hacker gewesen. Den Kriminellen gelang es, die Ölversorgung weiter Teile des amerikanischen Südostens vorübergehend lahmzulegen und Bitcoins im Wert von vier Millionen Dollar zu erpressen. Ob die russische Regierung von dem Angriff wusste und die Bande gewähren ließ, blieb unklar. Die Sabotageaktion zeigte, wie leicht Pipelines beschädigt und die Energiezufuhr ganzer Landesteile außer Kraft gesetzt werden können. Sie zeigte außerdem, dass in Russland das Knowhow und der Wille für solche Aktionen vorhanden sind.

Viele Monate später deuten Spuren in eine andere Richtung. Rechercheure der ZEIT, des RBB-Magazins «Kontraste» und des SWR berichten, sechs Personen seien Anfang September von Rostock aus in See gestochen und hätten in 70 bis 80 Metern Tiefe Sprengladungen an den Rohren angebracht. Die Gruppe habe gefälschte Pässe gehabt. Die NEW YORK TIMES schreibt von «proukrainischen Kräften». Auch ukrainische Geheimdienste und Militärs verfügen über die Fähigkeiten für eine solche Sabotageaktion. Zwar beteuert Selenskyjs Regierung spontan, mit der Aktion nichts zu tun zu haben. Aber an dieser Darstellung gibt es starke Zweifel. Im Sommer 2023 werden mehrere Medien melden, der niederländische Geheimdienst habe viele Wochen vor dem Anschlag Hinweise auf den Plan erhalten und diese an die Geheimdienste der USA und Deutschlands weitergeleitet. Die CIA habe den ukrainischen Geheimdienst sogar eindringlich vor der Sabotageaktion gewarnt.

Wer auch immer hinter den Vorfällen vor Bornholm steckt, weitere Gaslieferungen über die Ostsee nach Deutschland sind seit der Sabotageaktion ausgeschlossen.

Am 27. September, dem Tag nach den geheimnisvollen Explosionen in der Ostsee, tritt Robert Habeck im holzgetäfelten Konferenzraum seines Ministeriums vor die Presse. Mal wieder ein kurzfristig angesetzter Termin, die Einladung ging eine Stunde vorher an die Redaktionen. Viel knapper geht es nicht. Es geht ebenfalls um Energie, aber um Atomenergie.

Habeck kommt sofort zum Punkt: Wegen des unerwartet langanhaltenden Ausfalls vieler Kraftwerke in Frankreich werden die beiden süddeutschen Atommeiler wohl bis ins nächste Frühjahr weiterlaufen. Geht er jetzt auf Christian Lindner zu, wenigstens ein paar Zentimeter?

Noch hat Habeck den Mittelweg nicht ganz verlassen, er hält sich eine Hintertür offen: «Das ist der Stand heute.» Das Thema AKW-Verlängerung ist eine politische Bombe, und der grüne Minister weiß, dass er sie bald zünden muss. Um den Schaden für sich selbst gering zu halten, bemüht er sich um eine kontrollierte Sprengung.

Am letzten Donnerstag, zwei Tage vor Ablauf der Frist zur Einführung der Gasumlage, einigen sich Robert Habeck, Christian Lindner und Olaf Scholz auf eine umfassende Regelung, um die galoppierenden Gaspreise irgendwie in den Griff zu bekommen. Mehr als zwei Monate Zeit haben sie damit verloren, ein untaugliches Konzept auszuarbeiten. Jetzt gestehen sie ihren Fehler ein und streichen die Gasumlage, im letzten Augenblick.

Sie wissen, dass sie mit den handwerklichen Fehlern und Streitereien der letzten Wochen die Unsicherheit in der Bevölkerung zusätzlich angeheizt haben. Und ihnen ist klar, dass wegen der Explosionen an den Nord-Stream-Pipelines mit keinerlei Gas aus Russland mehr zu rechnen ist. Damit ist auch die seit Monaten im Raum stehende Frage nach einem kompletten Energieembargo beantwortet – allerdings nicht durch eine Entscheidung der Bundesregierung, sondern durch eine rätselhafte Sabotageaktion. Dieser Umstand trägt allerdings nicht zur Beruhigung der allgemeinen Aufregung bei. Die Angst vor unbezahlbaren Energiepreisen steigt weiter.

Umso kräftiger soll das Zeichen sein, das Scholz, Habeck und Lindner jetzt senden: Der Staat wird weitere 200 Milliarden Euro in die Hand nehmen, um den Gaspreis zu bremsen und die Folgen des Energiekrieges für die heimische Wirtschaft und Bevölkerung halbwegs erträglich zu machen. Um Details soll sich eine Kommission kümmern. Wissenschaftler, der Präsident des Industrieverbands, Energieversorger, Gewerkschafter, Vertreter des Mieterbunds und der Caritas sollen einen Plan ausarbeiten, wie das viele Geld sinnvoll eingesetzt werden kann. Die Kommission hat Zeit bis Ende Oktober, dann soll sie ihre Ergebnisse präsentieren.

Doch der Regierung läuft die Zeit davon. Zu groß ist die Unruhe in der Bevölkerung. Das «You'll never walk alone» von Olaf Scholz aus dem Juli ist verhallt und vergessen. Jetzt werden konkrete Maßnahmen erwartet. Und zwar in wenigen Tagen.

Lion Hirth, ein Energieexperte der Hertie School und Mitglied der Kommission, erzählt später, er habe innerhalb von 48 Stunden nur vier Stunden geschlafen, in dieser Zeit aber Lösungen für ein 200-Milliarden-Paket entwickeln müssen. Irre.

Finanzminister Lindner hat ebenfalls ein Problem, für das er innerhalb kurzer Zeit eine Lösung finden muss: Wie vertragen sich die astronomisch hohen Ausgaben mit der in der Verfassung verankerten Schuldenbremse? Lindner denkt darüber nach, für das viele Geld den Wirtschaftsstabilisierungsfonds zu nutzen, der wegen der Pandemie eingerichtet wurde, und die neuen Schulden noch im laufenden Etatjahr zu verbuchen. Wird die Opposition das nicht als Haushaltstrick durchschauen, ist der Plan juristisch wasserdicht? Lindner ist zuversichtlich, und so signalisiert er das dem Kanzler.

Dann kommt der entscheidende Moment, das Rettungspaket der Öffentlichkeit vorzustellen, ein Bazooka-Moment. Mario Draghi hatte während der Finanzkrise vor zehn Jahren durch den unbegrenzten Ankauf von Staatsanleihen versucht, die Finanzmärkte zu beruhigen. Jetzt, während der Energiekrise, soll ein ganzes Land beruhigt werden.

Olaf Scholz lässt sich aus seiner Corona-Isolations-Wohnung schalten. Ein ungewöhnliches Bild: Der Wirtschaftsminister sitzt links, der Finanzminister rechts neben einem großen Bildschirm, auf dem der Kanzler erscheint. Es ist an Scholz, das Wort auszusprechen, das in der politischen Kommunikation der nächsten Tage ein Eigenleben entfalten soll. Er spricht nicht von Bazooka, das wäre in Kriegszeiten zu martialisch. Er nennt das 200-Milliarden-Paket einen «Doppel-Wumms». Das sitzt.

Die Koalition hat sich Luft verschafft.

Nachdem der Kanzler genesen ist, fliegt er mit den wichtigsten Mitgliedern seines Kabinetts nach La Coruña zu Regierungskonsultationen mit dem spanischen Kabinett von Pedro Sánchez. Eigentlich ein angenehmer Termin, mit schönen Bildern und leckerem Essen.

Dort in Spanien ereilt Scholz eine schlechte Nachricht. Sie kommt ausgerechnet aus Saudi-Arabien. Gerade erst hatte der Kanzler den Kronprinzen in Dschidda umschmeichelt. Und jetzt?

Die Organisation erdölexportierender Länder Opec plus hat bei ihrem Treffen beschlossen, die Förderung von Erdöl um zwei Millionen Barrel am Tag zu drosseln. Nach den Gesetzen des Marktes wird der weltweite Ölpreis unweigerlich steigen. Und das vor dem beginnenden Winter im Norden. Die kletternden Energiepreise werden zudem die Inflation weiter anheizen.

Für Olaf Scholz ist die Nachricht noch aus einem anderen Grund deprimierend. Die Regierung von Saudi-Arabien hat sich bei der Entscheidung zur Erdöldrosselung ausgerechnet mit Russland abgestimmt. Dem Machthaber im Kreml, der gerade wegen militärischer Rückschläge und der unpopulären Teilmobilmachung unter massivem Druck steht, kommt der Anstieg des Ölpreises gerade recht. Seine Kriegskasse lässt sich so leichter auffüllen.

Olaf Scholz hatte versucht, den saudischen Kronprinzen zu einer Steigerung der Ölförderung und zu einem klaren Bekenntnis gegen den russischen Angriffskrieg zu bewegen. Jetzt muss er erkennen, dass seine Reise zu Mohammed bin Salman ein Schlag ins Wasser war. Die realpolitische Initiative in Dschidda ist verpufft, Scholz hat sich verhoben. Ein hoher Regierungsbeamter lästert mir gegenüber, den Saudis ginge es ausschließlich ums Geld. In ihren Augen ist Deutschland nur ein Leichtgewicht.

Freidemokraten

Angesichts eines Krieges und dramatischer geopolitischer Verschiebungen ist eine deutsche Landtagswahl kein erdrückend wichtiger Termin im politischen Kalender. Doch diese Landtagswahl im Oktober ragt heraus, in Niedersachsen erlebt die FDP ein Desaster. Die Partei kommt gerade mal auf 4,7 Prozent der Wählerstimmen und fliegt aus dem Landesparlament. Es ist die vierte Wahlpleite für die Freidemokraten in diesem Jahr. Schon im Saarland scheiterte sie an der Fünf-Prozent-Hürde, in Schleswig-Holstein und in Nordrhein-Westfalen musste sie ihren Platz auf der Regierungsbank räumen.

Die miesen Ergebnisse der FDP wirken sich auf die Politik der Ampelkoalition im Bund aus. Die Geschlossenheit, mit der sich Olaf Scholz gegen Wladimir Putin zur Wehr setzen will, ist in den eigenen Regierungsreihen immer mühsamer herzustellen.

Erste Anzeichen gibt es bereits am Wahlabend. Als Parteichef Christian Lindner nach 19 Uhr Interviews gibt, liegt seine Partei in Hochrechnungen bei 5 Prozent, noch hat er Resthoffnung auf einen Verbleib seiner Parteifreunde im Parlament. Aber Lindner ist lange genug im Geschäft, um zu wissen, dass ein Absturz unter die Fünf-Prozent-Marke gut möglich ist. Genervt spricht er davon, die FDP habe aus der Ampelkoalition in Berlin «keinen Rückenwind» organisieren können, die Wähler würden mit der FDP in der Ampelregierung «fremdeln», die Partei würde als Mitglied einer linken Regierung «missverstanden». Er will jetzt über die Rolle der FDP neu nachdenken.

Das heißt für die Stabilität der Bundesregierung nichts Gutes. Schon einmal, im Jahr 2013, war die FDP für ihre Beteiligung an einer Bundesregierung hart bestraft und aus dem Bundestag gewählt worden. Nach der Wahl damals bildeten Christian Lindner und seine Getreuen vier Jahre lange eine außerparlamentarische Opposition. Für Berufspolitiker eine entsetzlich lange Zeit.

Auch der SPD ist ihre Rolle als Juniorpartner der Union oft nicht gut bekommen. Lindners FDP sorgt sich, dass sie auch bei der nächsten Bundestagswahl für ihre Beteiligung an der Ampel büßen muss – möglich, dass sie dann nicht nur aus der Regierung fliegt, sondern erneut aus dem Bundestag.

Dabei können sich kleine Koalitionspartner sehr wohl gegenüber größeren Regierungspartnern behaupten. Die Grünen gewinnen bei der Landtagswahl in Niedersachsen kräftig hinzu. Das Problem der FDP ist hausgemacht.

Sollte die Partei eine schonungslose Analyse ihrer Lage betreiben, müsste sie sich fragen, ob sie noch die richtigen Antworten auf die Fragen der Zeit bietet. Sie müsste sich fragen, ob der Freiheitsbegriff, den sie so sehr ins Zentrum ihres politischen Handelns stellt, nicht längst anders gefüllt werden muss.

Im August 2021, mitten in der heißen Phase des Bundestagswahlkampfes, traf ich Christian Lindner einmal zum Interview. Wir sprachen über die Pläne seiner Partei und auch über seine persönlichen Absichten, sollte die FDP Teil der nächsten Bundesregierung werden. Natürlich muss ein Wahlkämpfer einen möglichst großen Abstand zu Politikern anderer Parteien herstellen. Dennoch offenbarte Lindner bei diesem Gespräch sehr tief wurzelnde weltanschauliche Unterschiede zwischen den Grünen und der FDP. Kurz zusammengefasst: staatlich verordneter Klimaschutz versus Klimaschutz als technologische Chance.

Lindner sprach von der Hoffnung auf Innovationen und von marktwirtschaftlichen Anreizen. Dann wurde er bissig: «Ich gehe noch weiter, ich glaube, dass die Vertreterinnen und Vertreter der ersteren Position möglicherweise gar nicht so den Klimaschutz im Blick haben, sondern mit dem Klimaschutz ganz andere Ziele einer vielleicht Gleichheitsgesellschaft, einer staatszentrierten Gesellschaft anstreben.»

Etwas ungläubig fragte ich zurück, ob er seinen politischen Gegnern ernsthaft unterstelle, eine Gleichheitsgesellschaft anzustreben. Lindner war sich sicher und fuhr fort: «… um nicht zu sagen, die Egalisierung unserer Lebensverhältnisse. Viele, die in Deutschland von links für Klimaschutz sind, sind gegen das Auto eingestellt, gegen Kurzstreckenflüge. Die sehen das Einfamilienhaus kritisch und einen bestimmten Lebensstil: ein Diesel-Pkw, Arbeit am Band und Grillen im Garten auch mit Würstchen. Da haben die so ein gewisses Überlegenheitsgefühl.»

Verstand ich ihn richtig? Sollten wir uns vor einer Sowjetrepublik

Deutschland sorgen, wenn die Grünen in die Regierung gewählt werden?

Lindner: «Solches Vokabular ist mir fremd.»

«Aber Sie sprechen von Egalisierung. Das klingt sehr danach, als ob die Sowjetrussen vor den Toren Berlins stünden.»

Lindner nahm den Ball auf und antwortete, er sehe die Gefahr, dass das Individuum und seine Freiheit unter die Räder kämen.

Nur wenige Wochen nach diesem Interview führte Lindner seine FDP trotz der erheblichen weltanschaulichen Differenzen in eine Dreierkoalition mit den Grünen. Entweder hat er seine Vorbehalte aus staatspolitischer Verantwortung und machtpolitischem Interesse unterdrückt. Oder er war gar nicht von seiner eigenen Aussage überzeugt, die Grünen würden eine Egalisierung unserer Lebensverhältnisse anstreben.

Dass bei Christian Lindner stets die Unsicherheit mitschwingt, ob er eine politische Position aus Überzeugung oder aus taktischem Kalkül vorträgt, ist vielleicht sein größtes Problem. Während das Land in einer schweren Krise steckt und vor schweren Zukunftsaufgaben steht, wirkt sein Manövrieren oft unzeitgemäß.

Es lohnt in diesem Zusammenhang auch, den Text zu lesen, den Carolin Emcke Ende Juli 2022 in der Süddeutschen Zeitung schrieb: «Eigentlich könnten die Zeiten nicht günstiger sein für eine Partei, die im Begriff der Freiheit ihr normatives Zentrum verortet.» Es seien gleich zwei Krisen, die Klimakatastrophe und Wladimir Putins autoritäre und imperiale Ambitionen, die zur Reflexion über die Freiheit drängten. «Beide historische Erschütterungen enthalten gute Gründe, die sich Liberale zu eigen machen könnten, wenn sie es denn ernst meinten.»

Im letzten Nebensatz ist ein harter Vorwurf versteckt. Mangelnde Ernsthaftigkeit unterstellt man in Deutschland allenfalls populistischen Oppositionsparteien, nicht aber Regierungsparteien. Insbesondere nicht in Zeiten schwerer Krisen.

Carolin Emcke vermisst bei der FDP einen vorausschauenden, generationsübergreifenden Politikentwurf. Stattdessen sieht sie nur einen «entpolitisierten Liberalismus», der sich allein auf die Verteidigung individueller Rechte und Privilegien eines als Mitte verklärten Milieus beschränke.

So setzt sich ein Image fest: Die Partei wirkt nicht wie ein Antreiber. Wer braucht Bremser?

Im niedersächsischen Landtagswahlkampf hat die FDP sehr auf das Thema Laufzeitverlängerung der letzten drei deutschen Atommeiler gesetzt. Sie stützte sich auf Meinungsumfragen, nach denen die Deutschen mehrheitlich für eine weitere zivile Nutzung der Kernenergie sind. «Atomkraft: Wer FDP wählt, wählt sichere Stromversorgung», stand auf ihren Plakaten. Christian Lindner ließ keine Gelegenheit aus, bei dem Thema auf große Distanz zum grünen Koalitionspartner in Berlin zu gehen und einen Weiterbetrieb der drei Kraftwerke mindestens bis 2024 zu fordern. Ihm schwebt nicht ein Streckbetrieb vor, sondern eine reguläre Fortführung mit neuen Brennstäben.

Natürlich spürt Lindner, dass er Robert Habeck, Steffi Lemke, Annalena Baerbock und die anderen bis zur Weißglut reizt. Auch wird er wissen, dass er seine Maximalforderung in dieser Koalition nicht umsetzen kann. Ihm geht es vor allem darum, ein Signal an die eigene, im Mittelstand verortete Wählerschaft zu senden: Wir Liberalen schützen Euch vor den Grünen.

Aber die FDP hat selbst Schutz nötig. Vier Monate später wird sie auch bei der Wahl zum Berliner Abgeordnetenhaus aus dem Parlament gewählt werden. Die organisatorische Basis und auch die finanzielle Ausstattung der Partei werden schmaler. Wenn es ihr nicht gelingt, das Ruder herumzureißen, droht ihr wieder eine Zukunft als außerparlamentarische Opposition – oder das komplette Verschwinden. Auch für den Bundeskanzler ist das politisch existenzbedrohend, ohne die FDP hat seine Ampelkoalition keine Zukunft.

Christian Lindner wirkt zunehmend ratlos, vergeblich sucht er nach den Ursachen des Absturzes. Was er nicht merkt oder nicht merken will, ist, dass ihm und seiner Partei immer stärker der Ruf der wahltaktisch ausgerichteten Klientelpolitik anhaftet. Das ist in ruhigen Zeiten gefährlich, in Kriegszeiten ist es fatal. Deshalb wenden sich viele Wähler von den Freidemokraten ab.

Macht und Wort

Die Grünen geben ein ganz anders Bild ab: In den Zeitenwende-Monaten dehnen sie sich bis an den Rand der Unkenntlichkeit. Nur bei der Atomkraft, die ihre Identität berührt wie kein anderes Thema, wollen sie über die von Robert Habeck vorgegebene Grenze hinaus keinen Millimeter weichen: eine Notreserve der beiden süddeutschen Meiler bis Mitte April 2023. Kein Tag länger, keine neuen Brennstäbe, kein weiteres Kraftwerk.

Das ist die Position, die die Grünen auf ihrem Parteitag in Bonn eine Woche nach der Niedersachsenwahl in Beton gießen werden. Die Partei stellt sich erstaunlich geschlossen hinter ihren Wirtschaftsminister. Mit dem Beschluss ist auch klar, dass ihr wichtigstes Kabinettsmitglied keinerlei Beinfreiheit in den koalitionsinternen Verhandlungen mit der FDP haben wird.

Lindner und Habeck streiten in diesen Herbstwochen immer heftiger miteinander. Mal hinter verschlossenen Türen, mal über Bande in aller Öffentlichkeit. Wenn der Wirtschaftsminister in Interviews abfällig vom «Koalitionspartner» oder von «manchen Akteuren» spricht, weiß ohnehin jeder, dass er den Finanzminister meint. Alle Versuche von Olaf Scholz, zwischen den Kampfhähnen zu vermitteln, scheitern.

Längst wird der Streit mit einer Heftigkeit ausgetragen, dass in einigen Medien schon über ein vorzeitiges Ende der Koalition spekuliert wird. Ein Bruch der Regierung wäre in der augenblicklichen Großkrise jedoch unverantwortlich und würde der angeschlagenen FDP vermutlich auf lange Sicht jegliche Machtperspektive rauben. Das ist das stärkste Argument für eine Fortführung der Ampelkoalition.

Es ist andererseits ein schwaches Argument. Es offenbart, dass die Regierung in ihrem ersten Herbst nicht durch innere Überzeugungen, sondern durch machtstrategische Überlegungen zusammengehalten wird. Und der Streit schwelt weiter.

Schon am Mittwoch vor der Niedersachsenwahl hatte sich Robert Habeck eine blutige Nase geholt. Er strebte einen formellen Kabinettsbeschluss an, um die Gesetzgebung für die Einsatzreserve der beiden süddeutschen Kernkraftwerke einleiten zu können. Die FDP verhinderte den Beschluss. Dann machen wir das am nächsten Montag eben per Umlaufverfahren, dachte sich Habeck. Aber auch die Idee scheitert an der FDP.

Schließlich verhindert das Niedersachsen-Debakel der Freidemokraten eine Lösung. Nach der Wahlniederlage kann Lindner seine vor der Wahl aufgestellte Maximalforderung nach einem Weiterbetrieb der drei Atomkraftwerke unmöglich fallen lassen. Im Gegenteil: Er hat seinen eigenen Leuten und seiner schmaler gewordenen Wählerbasis versprochen, den harten Hund zu geben. An ein Einlenken im Atomstreit ist nicht zu denken.

Als ein paar Tage lang sowohl die Restlaufzeit der drei Kraftwerke wie die Restlaufzeit der Dreierregierung offen sind, bricht Christian Lindner zum Jahrestreffen des Internationalen Währungsfonds nach Washington auf. Bei der Rückreise gibt es andere Probleme. Wegen eines technischen Defekts kann sein Regierungsflieger nicht starten. Bis der Schaden behoben wird oder eine Ersatzmaschine eintrifft, will Lindner nicht warten. Er muss nach Berlin zurück, zum vielleicht letzten Versuch, den Atomstreit in kleiner Runde mit Robert Habeck und Olaf Scholz zu lösen. Der Finanzminister lässt seine Delegation in Washington zurück und bucht einen Platz in einem Linienflugzeug.

Auch die nächste Krisensitzung endet wie die vorherigen. Habeck und Lindner tauschen ihre bekannten Positionen aus, auf einen wie auch immer gearteten Kompromiss zur Atomkraft will sich niemand einlassen. Habeck nicht, wegen des Parteitagsbeschlusses. Und Lindner nicht, wegen der jüngsten Wahlniederlage.

Alle schauen nun auf Olaf Scholz. Er hat sich in der Auseinandersetzung auffällig zurückgehalten. Von Beginn der Koalition an hat er darauf geachtet, der FDP als kleinstem Partner genügend Raum zu geben. Auf keinen Fall will er den Fehler von Angela Merkel wiederholen, die zwischen 2009 und 2013 die Freidemokraten in ihrer schwarzgelben Koalition als «Leichtmatrosen» hatte aussehen lassen. Scholz ist der Weg versperrt, sich in dem Streit auf die Seite des grünen Wirtschaftsministers zu schlagen.

Für den Kanzler gibt es in dieser verfahrenen Situation nur eine Lösung: Er muss beiden Seiten Schmerzen zufügen und von seiner Richtlinienkompetenz Gebrauch machen. Ein scharfes Schwert. Eigentlich hatte er sich vorgenommen, auf Machtworte zu verzichten, anders als Gerhard Schröder will Olaf Scholz nicht als Basta-Kanzler wahrgenommen werden. Ein solcher Richterspruch hätte jedoch den Vorteil, dass es anschließend keine triumphierenden Gewinner im regierungsinternen Konflikt gibt.

Olaf Scholz verfasst einen Brief an Robert Habeck, Christian Lindner und an die für nukleare Sicherheit zuständige Ministerin Steffi Lemke. Er habe entsprechend der Geschäftsordnung der Bundesregierung die Entscheidung getroffen, per Gesetz den Leistungsbetrieb der Kernkraftwerke Isar 2, Neckarwestheim 2 sowie Emsland bis längstens zum 15. April 2023 zu ermöglichen. Es ist die äußerlich zurückhaltende Form eines Machtwortes, kein polternder O-Ton, kein zitierfähiges Anraunzen, sondern ein knappes Schriftstück. Es bleibt ein Schlag in die Magengegend der Partner. Zumindest der Mitglieder der Koalitionsparteien, die aus inhaltlicher Überzeugung für ihre Position gekämpft haben. Haben wirklich alle aus inhaltlicher Überzeugung gekämpft?

Nebenbei watscht Olaf Scholz auch seinen Parteifreund Stephan Weil in Niedersachsen ab. Der hatte noch vor wenigen Wochen erklärt, dass ein Weiterbetrieb des Atomkraftwerks Emsland aus technischen Gründen nicht möglich sei. Die Verfügung des Kanzlers, der sich vorher bei den Kraftwerksbetreibern erkundigt hatte, stellt den niedersächsischen Ministerpräsidenten jetzt als jemanden dar, der den Wählern im Landtagswahlkampf Sand in die Augen gestreut hat. Weil, der seine Wahl gerade gewonnen hat, nimmt das klaglos hin.

Anders verhalten sich mehrere Grüne. Sie fühlen sich vom Bundeskanzler überfahren. Auch ein böser Verdacht gegen Robert Habeck ist in der Welt: Hat sich der Wirtschaftsminister mit dem Finanzminister nur einen Schaukampf geliefert? Haben er und Lindner insgeheim darauf gehofft, dass Olaf Scholz die verfahrene Situation für sie löst? Einer aus der Umgebung des Kanzlers bestätigt den Eindruck, dass sich die beiden Minister heimlich ein Machtwort des Regierungschefs herbeigewünscht haben. Ahnte Habeck also schon vor dem grünen Parteitag, dass der Kanzler am Montag danach von seiner Richtlinienkompetenz Gebrauch machen würde? Wenn das so war, hätte der grüne Minister seine eigenen Leute ausgetrickst, weil er davon ausgehen musste, dass ihr Parteitagsbeschluss nur zwei Tage lang Bestand haben würde. Aus Habecks Umfeld wird das bestritten.

Was später auf das Machtwort des Kanzlers folgt, ist ein besonderes Kunststück politischer PR. Die unterlegenen Koalitionsparteien deuten ihre Niederlagen in kleine Siege um. Am Montagnachmittag informiert Olaf Scholz Robert Habeck und Christian Lindner vorab darüber, dass er ihnen per Brief seine Anweisung zustellen wird. Um 18:15 Uhr verschickt das Bundespresseamt das Kanzlerschreiben an die Hauptstadtjournalisten. Nur vier Minuten später veröffentlicht Lindner seine Stellungnahme und singt darin das Hohelied auf die Entscheidung des Kanzlers. Dass das Atomkraftwerk Emsland in Niedersachsen weiter genutzt werden könne, sei «ein wichtiger Beitrag für Netzstabilität, Stromkosten und Klimaschutz. Der Vorschlag findet daher die volle Unterstützung der Freien Demokraten.» Auch Robert Habeck erklärt, das Machtwort des Kanzlers sei zwar eine «unübliche Lösung einer verfahrenen Situation». Er könne aber mit der Entscheidung «gut arbeiten und leben». Einige Grüne wie Steffi Lemke feiern den Richterspruch von Scholz sogar dafür, dass «jetzt Klarheit» herrsche, dass Deutschland Mitte April endgültig aus der Atomkraft aussteige. Dabei herrscht vor allem Klarheit, dass die Regierung ihren eigenen Koalitionsvertrag in einem weiteren wichtigen Punkt verletzt. Dort heißt es: «Am deutschen Atomausstieg halten wir fest.» Gemeint ist der 31. Dezember 2022. Steffi Lemke freut sich dennoch. Wenn alle Ampelpartner mit dem Machtwort des Kanzlers zufrieden sind, dieses gar loben, fragt man sich, warum dieses Machtwort überhaupt nötig war.

Die Erfahrung der geopolitischen und wirtschaftlichen Großkrise hat die wichtigsten Akteure der Koalition nicht zusammengeschweißt, sondern vor aller Augen auseinandergetrieben. Wie sollen die Appelle des Kanzlers an den gesellschaftlichen Zusammenhalt überzeugen, wenn die eigene Regierung nur durch Zwang zusammengehalten wird?

Wochen später spreche ich mit Robert Habeck auf einem langen Flug über diese Wochen. Habeck seufzt: «Das war kein schönes Spiel, das muss man ehrlich sagen. Die Debatte hätten wir uns schenken können. Manchmal ist Politik eben kompliziert, und alle müssen erst ihre Wahlkämpfe führen und alle müssen sich erst ihre Wunden zufügen, bevor man sagt: Jetzt hören wir mal wieder auf. Das ist ein bisschen blöde. Und hat auch nicht geholfen. Niemandem hat es geholfen.»

Welche Wunde hat er davongetragen?

«Also, keine blutende. Aber dass die Regierung als geschlossen, entschieden und mit einer Stimme kommunizierend wahrgenommen werde, das kann man sicherlich nicht sagen. Und da ich Teil dieser Regierung bin und auch Teil dieser Auseinandersetzung war, hat das weder Christian Lindner noch mir geholfen. Und allen anderen, die da mit rumgerührt haben, auch nicht.»

Verbotene Stadt

Monatelang wird die Angelegenheit diskret behandelt und nur von Insidern wahrgenommen: Die chinesische Firma Cosco Shipping Ports Limited, ein Tochterunternehmen eines staatseigenen Reedereikonzerns, will von der Hamburger Hafen und Logistik AG eine Beteiligung erwerben. Es geht um 35 Prozent am Terminal Tollerort. Vor dem Ukrainekrieg und der Debatte über wirtschaftliche Abhängigkeiten wäre der Flirt mit den Chinesen außerhalb Hamburgs niemandem besonders aufgefallen. Jetzt aber, nach einem Sommer voller Sorgen über die Stellung Deutschlands in der Welt, finden die Verhandlungen ihren Weg an die Öffentlichkeit. Während die überregionale Presse das Geschäft überwiegend kritisch beurteilt, äußert das HAMBURGER ABENDBLATT Verständnis für die Standortpolitik des Senats: «Bei den europäischen Nachbarn sind Minderheitsbeteiligungen der Chinesen gang und gäbe. Diese haben die Häfen auch in Krisenzeiten regelmäßig mit Ladung versorgt.» Das Argument, Geschäfte mit China liefen stets zuverlässig, erinnert fatal an die Diskussion über Nord Stream 2 und die Zuverlässigkeit Russlands in Krisenzeiten. Wenige Tage zuvor hatten BND-Chef Bruno Kahl und Verfassungsschutzpräsident Thomas Haldenwang in einer Anhörung des Bundestags vor China gewarnt. Das Land könne über Beteiligungen an der deutschen Infrastruktur auch «Einfluss auf das politische Geschehen in Deutschland nehmen». Haldenwang sagte einprägsam: «Russland ist der Sturm, China ist der Klimawandel.»

Zwei Ängste stehen plötzlich gegeneinander: die Angst, den Russland-Fehler zu wiederholen, und die Angst, vom Weltmarkt abgekoppelt zu werden. Die Gefahr, dass die chinesische Reederei den Ham-

burger Hafen künftig nicht mehr ansteuert und europäische Konkur-
renzhäfen bevorzugt, ist real. Es ist die Angst vor der Dominanz
Chinas gegen die Angst vor dem Verlust von Wohlstand. Der Hamburger Olaf Scholz hat sich früh positioniert: Er will den Deal. Genau wie
Peter Tschentscher, sein Nachfolger als Bürgermeister.

Allerdings positionieren sich auch sechs gewichtige Mitglieder des
Berliner Regierungsbündnisses. Die Chefs und Chefinnen des Wirt-
schafts-, Finanz-, Innen-, Verteidigungs- und Verkehrsministeriums
sowie des Auswärtigen Amtes lehnen den Einstieg der Chinesen beim
Hafenterminal ab, unabhängig von ihrer Parteizugehörigkeit. Alle haben die Worte der Geheimdienstchefs im Ohr.

Hinter den Kulissen lassen Scholz und Tschentscher ausloten, ob
die Chinesen sich mit einer geringeren Beteiligung zufriedengeben
würden, 24,9 Prozent seien ja auch eine Menge. Weil die neuen Teil-
haber dann kein Mitspracherecht auf die Entscheidungen des Managements hätten, ließe sich der Einstieg vor der deutschen Öffentlichkeit
leichter darstellen. Olaf Scholz will in Erfahrung bringen, ob auch
seine widerborstige Regierungsmannschaft mit einer verringerten Beteiligung leben könnte. Aber die lässt sich nicht abspeisen, zu sehr ist
das Geschäft Medienthema geworden. Befreundete Regierungen in
Europa und den USA mischen sich in die Debatte ein: Haben die Deutschen denn gar nichts gelernt? Das bringt Scholz und Tschentscher
auf die Palme. Sie wollen sich nicht von Ländern belehren lassen,
deren Häfen von einer Verhinderung des chinesischen Investments in
Hamburg profitieren würden. Hinter der europaweit geführten Debatte stecken auch harte Standortinteressen.

Doch von den versteckten Fouls im Hafenstreit wollen sich die
sechs Regierungsmitglieder in Berlin nicht von ihrer Haltung abbringen lassen. Sie wollen partout keine Beteiligung Chinas am Hamburger Hafenterminal. Da greift Olaf Scholz zu einem Trick: Wenn die
oppositionellen Ministerien nicht dem 24,9-Prozent-Vorschlag zustimmen, kommt der Deal bei der letzten Oktobersitzung im Kabinett
gar nicht zur Abstimmung. Wegen der auslaufenden Frist, innerhalb
der die Regierung das Geschäft untersagen kann, bliebe es automatisch bei der ursprünglich geplanten 35-Prozent-Beteiligung. Olaf
Scholz spielt das Schwarzer-Peter-Spiel. So unter Druck gesetzt, ziehen
die sechs Ministerien ihren Widerspruch zurück.

In der entscheidenden Kabinettssitzung kommt es dann doch zu einer Überraschung. Annalena Baerbock hat sich abgemeldet, sie sei im Urlaub. Aber wie immer sitzt auch heute Anna Lührmann am Kabinettstisch, schräg gegenüber von Olaf Scholz. Baerbocks Staatsministerin erklärt zwar die Zustimmung ihres Hauses. Aber im Auftrag ihrer Ministerin habe sie noch etwas zu sagen, sie möchte eine Protokollnotiz vortragen. «Der Erwerb von Anteilen am Containerterminal Tollerort durch die chinesische Staatsreederei Cosco», liest sie vor, «erweitert den strategischen Einfluss Chinas auf die deutsche und europäische Transportinfrastruktur sowie die deutsche Abhängigkeit von China unverhältnismäßig.» Eine ungewöhnliche, ja unangenehme Situation. Jemand aus dem Scholz-Lager empfindet die Einlassung von Lührmann als peinliche Symbolpolitik. Aber Robert Habeck, dessen Haus die Federführung bei dem Vorgang hat, meldet sich zu Wort und teilt die vorgetragenen Bedenken. Auch Christian Lindner stimmt den Protest zu.

Nach außen zeigt sich Olaf Scholz unbeeindruckt und boxt die 24,9-Prozent-Beteiligung der Chinesen durch. Es ist das zweite Machtwort des Kanzlers innerhalb weniger Tage. Weil er diesmal keinen Brief schreibt, wird es in der Öffentlichkeit eher als Machtwörtchen wahrgenommen. Die Minister und Ministerinnen, deren Widerstand Scholz gebrochen hat, sind konsterniert: War Olaf Scholz nicht angetreten, einer Koalition des Vertrauens vorzustehen und mit Partnern auf Augenhöhe zu regieren? Jetzt erinnert er doch an den Koch-und-Kellner-Kanzler Schröder.

Noch folgenschwerer ist, dass die Bundesregierung keine einheitliche China-Politik verfolgt. Wieder liegen Annalena Baerbock und Olaf Scholz über Kreuz. Während die grüne Außenministerin noch den Schein einer wertebasierten Außenpolitik aufrechterhalten will, setzt Olaf Scholz ganz offen auf klassische Realpolitik. Annalena Baerbock hatte als junge Abgeordnete vor Jahren vor Nord Stream 2 gewarnt, Olaf Scholz hatte die Pipeline viel zu lange als «privatwirtschaftliches Projekt» verteidigt. Jetzt warnt Baerbock mit ähnlichen Argumenten vor dem Cosco-Einstieg beim Hamburger Terminal, Scholz hält unbeirrt an ihm fest. Die Bundesregierung wirkt uneins, unsicher.

Kurz darauf bricht Olaf Scholz nach Peking auf. Es ist die erste Reise eines ausländischen Regierungschefs, nachdem Staats- und Parteichef

Xi Jinping auf dem Kongress der Kommunistischen Partei seine Stellung als Partei- und Staatschef praktisch auf Lebenszeit zementieren ließ. Xi ist der mächtigste Mensch weltweit. Er ist der einzige Mensch, der in der Lage wäre, Wladimir Putin zu einem Ende des Ukrainekrieges zu drängen. Wenn er denn wollte. An Xi Jinping wird auf sehr lange Sicht kein Weg vorbeiführen, weder für seine Landsleute noch für ausländische Regierungen.

Auf dem Parteitag wurde nicht nur Xis Macht gefestigt, sondern auch der wirtschaftspolitische Kurs. Während sich die deutschen Regierungsparteien unter Mühen von ideologischem Ballast befreien und immer pragmatischer agieren, wählen Chinas Kommunisten den umgekehrten Weg. Auf ihrem Parteitag grenzten sie sich vom Pragmatismus früherer Jahre ab. Sie wollen die Gesellschaft und Wirtschaft noch stärker an den Prinzipien ihrer Partei ausrichten. Es geht ihnen weniger um die Glaubensgrundsätze von Karl Marx und Friedrich Engels als um die Sicherung ihrer Herrschaft. Die Partei zählt 95 Millionen Mitglieder, in den Führungen der 500 größten Unternehmen reden inzwischen Abgesandte der Partei mit. Sie achten auf die Einhaltung der Richtlinien aus Peking. Der Apparat erhebt einen absolutistischen Anspruch und mischt sich in nahezu alle Lebensbereiche ein.

Die Partei will ihr Land vom Westen unabhängiger machen und mindestens kulturell abschotten. Demokratie gilt in den Augen der chinesischen Staatsführer als eine morbide, ineffektive Regierungs- und Gesellschaftsform. Unabhängige Informationen und Meinungsäußerungen werden als Bedrohung wahrgenommen. Die meisten sozialen Medien made in USA sind verboten, eine freie, kritische Presse ist unerwünscht. Die Systemkonkurrenz mit dem Westen regelt die Machtzentrale auf eigene Art, sie verheimlicht sie ihren Bürgern.

Dass Olaf Scholz so schnell nach dem Parteitag der Kommunisten nach Peking reist, erzeugt im In- und Ausland Argwohn. Seine Vertrauten im Kanzleramt, die man nur als «Regierungskreise» zitieren darf, lassen durchblicken, dass hohe Regierungsmitarbeiter in Washington und Paris den Zeitpunkt der Reise für unpassend halten. Zwar habe niemand gesagt: Olaf, Du darfst nicht fahren. Dennoch gibt es Ärger, die Biden-Administration ist wegen des Hamburger Cosco-Deals erzürnt. Die Deutschen fielen dem Bemühen der USA, die erdrückende Dominanz Chinas zu reduzieren, in den Rücken, der Kanzler

werfe sich den Kommunisten nach ihrem Parteitag viel zu schnell an
den Hals. Es sind aber nicht nur die Amerikaner, die gegen Scholz' Chi-
napolitik wettern. Auch Annalena Baerbock lässt bei einer Usbekistan-
reise durchblicken, dass sie über die Reise ihres Kanzlers unglücklich
ist. Aus der Ferne ermahnt sie ihn, «die Botschaften, die wir gemeinsam festgelegt haben im Koalitionsvertrag, die Botschaften, die ich
auch hier mit nach Zentralasien gebracht habe, auch in China deutlich
zu machen.» Das kommt im Umfeld des Kanzlers nicht gut an.

Die Scholz-Mitarbeiter werben unbeirrt für den Trip. Der Kanzler
wolle im direkten Gespräch ausloten, wie denn die künftige geopolitische Strategie Chinas aussehe. Und die Vorbehalte wegen der wachsenden Abhängigkeit von China wollen sie nicht gelten lassen. Scholz
glaube weiterhin an die Globalisierung, ohne China sei Globalisierung
kaum vorstellbar. Dann verweisen sie auf das wichtigste und aktuelle
Motiv der Reise. In der Ukraine tobe der Krieg, und um Taiwan herrsche immerhin eine Kriegsgefahr. Putins Atomwaffen-Rhetorik berge
eine erhebliche Eskalationsgefahr. Da China ein ständiges Mitglied
des UN-Sicherheitsrates ist, wäre es doch sinnvoll, wenn Olaf Scholz
bei Fragen zu Krieg und Frieden persönlich mit dem Global Player in
Peking rede.

Die Reise zu Chinas mächtigstem Herrscher seit Mao Zedong gleicht
einem extremen Hindernislauf. Wegen der strikten Null-Covid-Poli-
tik, an der die chinesische Regierung zu dem Zeitpunkt noch festhält,
müssen alle, die den Bundeskanzler begleiten, zwei negative PCR-
Tests innerhalb von 48 Stunden durchführen lassen, mit einem Abstand von 24 Stunden zueinander. Sämtliche chinesischen Betreuer,
die mit uns in Kontakt kommen, müssen anschließend zehn Tage lang
in staatliche Quarantäne.

Das Regierungsflugzeug darf nur kurz auf dem Flughafen verweilen und wird gleich nach Seoul in Südkorea weiterfliegen. Dort wartet
eine zweite Crew auf ein Zeichen, um wieder nach Peking zu fliegen,
Olaf Scholz und seine Delegation an Bord zu nehmen und nach Berlin
zurückzubringen. Eine Übernachtung in Peking ist nicht vorgesehen.
Nach dem elfstündigen Hinflug ist ein dicht gedrängtes Programm
geplant, danach geht es zwölf Stunden zurück. Wer kann, schläft im
Flieger.

Noch beängstigender sind die Sicherheitsvorkehrungen, die die Reisegruppe wegen anzunehmender Spionageaktivitäten erwartet. Alle werden von deutschen Regierungsbeamten eindringlich aufgefordert, elektronische Geräte wie Laptops und Handys ausgeschaltet zu lassen oder einen persönlichen VPN-Server einzurichten. Sobald man seine Geräte aus der Hand gibt, etwa bei Security-Checks, könne eine chinesische Spionagesoftware aufgespielt werden. Wem das zu riskant ist, dem bieten die Flugbegleiter einen besonderen Service an: Handys können in speziellen Plastiktüten eingeschweißt und für die Dauer des Aufenthaltes in Peking in die Obhut einer deutschen Offiziellen genommen werden. Ich entscheide mich, meinen Laptop und mein Smartphone im Flieger zu lassen. Während ich den Tag in Peking verbringe, wird mein Arbeitsgerät also nach Seoul und zurück geflogen.

Besorgte Mitarbeiter weisen darauf hin, dass man in China umfänglichen digitalen Überwachungsmaßnahmen ausgesetzt sei. Dazu gehörten Videoüberwachung samt Gesichtserkennung auf allen öffentlichen Flächen. Auch auf das Mitschneiden jeglicher Kommunikation, mündlich oder digital, und auf den Zugriff auf Daten in privaten Geräten möge man sich gefasst machen. Persönliche Unterlagen in Hotelzimmern seien vor den Augen der chinesischen Staatssicherheit nicht sicher. Dank neuer Technologien hat Xi Jinping einen Überwachungsstaat perfektioniert, um den ihn Stasi-Chef Erich Mielke beneidet hätte.

Wie früher Angela Merkel hat auch Olaf Scholz eine Auswahl mächtiger Wirtschaftsbosse aus Deutschland mitgebracht. Trotz der Warnungen vor Spionage-Aktionen. Und trotz aller Warnungen vor einer gefährlichen wirtschaftlichen Abhängigkeit. Die Vorstandsvorsitzenden der Deutschen Bank, von Volkswagen, BMW, Siemens, BASF und Bayer sitzen im Flieger, ebenso Uğur Şahin, der Chef des Impfstoffherstellers BioNTech.

Olaf Scholz kann in Peking keine chinesischen Menschenrechtsaktivisten treffen, die Pandemie verhindert jeden persönlichen Kontakt. Um dennoch mit ihnen zu sprechen, ließ er wenige Tage zuvor eine Videoschalte mit Menschenrechtlern organisieren. Die Verbindung musste aufwendig verschlüsselt werden.

Die bedrückenden Begleitumstände machen die Reise sehr beschwerlich. Hinzu kommt der Krieg in der Ukraine. Die Regierungsmaschine des Kanzlers kann unmöglich den kürzesten Weg über die

Ukraine und Russland fliegen. Also wählt der Kapitän eine Zickzack-Route über Rumänien, das Schwarze Meer, Georgien und Kasachstan, um dann von Südwesten her in den chinesischen Luftraum zu fliegen.

Der Krieg ist auch das beherrschende Thema im Regierungsflieger. Noch nie in den zurückliegenden acht Monaten war die Angst vor einer Eskalation, vor einem Einsatz von Atomwaffen, so groß wie in diesen Tagen. Wladimir Putin hat die Ukraine beschuldigt, eine schmutzige Bombe, bestehend aus konventionellem Sprengstoff mit Beimischung von nuklearem Material, einsetzen zu wollen. Die Anschuldigung ist ohne erkennbare Grundlage und wird von Sicherheitsexperten im Westen als Versuch Russlands gewertet, den eigenen Einsatz einer schmutzigen Bombe zu rechtfertigen.

Roderich Kiesewetter, der Sicherheitsexperte der CDU, erklärt sich Putins Kalkül so: «Vorstellbar ist, dass er den Einsatz einer taktischen Nuklearwaffe androht und mit der Forderung eines Waffenstillstands verknüpft. Wenn die ukrainischen Soldaten in eine Erpressungslage kommen, kann das natürlich zu einer Kapitulation führen. Und das könnte er verstärken, indem er eine taktische Nuklearwaffe in der Fläche einsetzt, irgendwo in der Steppe zwischen Winnyzja und Odessa.» Ein solcher Einsatz einer taktischen Atombombe wäre militärisch wenig sinnvoll, könnte aber eine Massenpanik auslösen. Sollte Putin anschließend mit einer Bombe über Odessa drohen, «dann werden Hunderttausende das Land verlassen wollen und fliehen», sagt Kiesewetter voraus.

Der Kanzler ist noch besorgter als Anfang Februar, als ich mit ihm auf dem Rückflug von Washington über die Absichten des russischen Präsidenten sprach. Scholz will Xi Jinping dazu bringen, mäßigend auf Wladimir Putin einzuwirken. Den russischen Einsatz von atomaren Waffen in der Ukraine würden die westlichen Alliierten mit harten Gegenschlägen beantworten – ein dritter Weltkrieg könnte folgen.

Olaf Scholz hat also eine Menge Probleme dabei: den Cosco-Streit, die Abhängigkeit von China, das Genörgel der Amerikaner, nicht zuletzt die Angst vor einem Atomkrieg. Viele Gründe für eine Reise nach Peking.

Der Regierungsflieger setzt um 9:40 Uhr morgens auf dem Hauptstadtflughafen auf, die Gangway wird herangeschoben und sofort von mehreren in weiße Schutzkleidung gehüllten Menschen umringt: Ihre Gesichter sind zugeklebt, die Augen von großen Plastikbrillen verdeckt. China fürchtet sich vor den Besuchern wie vor feindlichen Eindringlingen.

Alle müssen sich in großen Bussen einem weiteren PCR-Test unterziehen, die Chinesen misstrauen den deutschen Tests. Nur beim Kanzler machen sie eine Ausnahme. Unter ihrer Aufsicht führt der deutsche Bordarzt den Test durch. Auf keinen Fall soll die DNA des Kanzlers in die Hände der Chinesen gelangen.

Der wenig freundliche Empfang liegt nur an der panischen Angst vor Corona. Sonst gibt sich die Regierung viel Mühe für ihre Gäste. Die Stadtautobahn ins Zentrum ist mit deutschen Flaggen geschmückt. Xi Jinping lässt das ganz große Programm auffahren. Er weiß den propagandistischen Wert des Scholz-Besuchs zu nutzen. Seine Regierung versucht, einen Keil zwischen Deutschland und den großen Rivalen USA zu treiben.

Der Kanzler ist sich bewusst, welches Spiel mit ihm gespielt werden soll. Er will sich nicht vereinnahmen lassen, aber er wollte auch nicht zuhause bleiben. Also lässt er sich auf die Inszenierungsstrategie von Xi Jinping ein.

Je mehr sich die Kolonne der Innenstadt nähert und der Verkehr zunimmt, desto deutlicher ist zu sehen, wie eng die wirtschaftlichen Beziehungen zwischen Deutschland und China inzwischen sind. Überall sind Autos von Mercedes, BMW, Audi und Volkswagen zu sehen, vielfach Luxusautos. China ist für deutsche Konzerne längst ein unverzichtbarer Absatzmarkt. Nach Schätzungen von Volkswirtschaftlern hängen vom Exportgeschäft mit China etwa eine Million deutsche Arbeitsplätze ab. Umgekehrt sind viele deutsche Branchen längst abhängig von Rohstoffen und Digitaltechnik aus China. Der Bau von Windrädern wäre ohne die Zulieferung von dort kaum möglich, die Energiewende kommt nicht ohne China aus.

Die Sonne scheint an diesem Tag aus einem makellos blauen Himmel, bei angenehmen 15 Grad. Was für ein Empfang! Nach der kurzen Nacht mit nur wenig Schlaf wird der Kanzler zunächst in ein Gästehaus gefahren, dort kann er sich frisch machen.

Während des gesamten Aufenthalts wird die Reisegruppe streng abgeschirmt. So wird jegliche Ansteckungsgefahr vermieden. Darü-

ber hinaus erfahren die Gäste auch nichts von der wachsenden Unzufriedenheit der Bevölkerung mit der rigiden Corona-Politik ihrer
Regierung – seit einigen Tagen gibt es an mehreren Orten Ausschreitungen.

Das Gästehaus war schon früher ein goldener Käfig. In dem prachtvollen Gebäude im Diaouyutai-Park ließ Mao Zedong seine ausrangierte Ehefrau, die mächtige Jiang Qing, wegschließen. Hier stieg
Richard Nixon auf seiner historischen Chinareise ab. Und auch Wladimir Putin hielt hier, umgeben von einem Ententeich und viel Schilf,
Hof, als er Anfang Februar in Peking weilte. Im Staatsgästehaus, das
erzählt uns ein chinesischer Botschaftsmitarbeiter, arbeiten ausschließlich Männer und Frauen, die zwischen 25 und 30 Jahre alt und
ungefähr 1 Meter 83 Zentimeter groß sind, die Frauen ein paar Zentimeter kleiner. Sie alle sind von makelloser Statur und Freundlichkeit.

Ein Spektakel erlebt Olaf Scholz auch, als er später in der Großen
Halle des Volkes neben Ministerpräsident Li Keqiang die Ehrenformation der chinesischen Armee abschreitet. Etwa 100 Männer und
Frauen, ebenfalls alle nahezu identisch alt und groß, marschieren in
Uniform und mit blank polierten Bajonetten in Reih und Glied auf
und warten auf das Kommando eines Zeremonienmeisters. Im Bruchteil einer Sekunde richten sie ihre Köpfe in exakt gleicher Bewegung
zur Seite aus. In dieser Stellung verharren sie minutenlang, bis Scholz
und Li sie passieren. Kein Zucken, kein Zwinkern. Solche gedrillten
Ehrenformationen gibt es in vielen Ländern, das Abschreiten gehört
zum protokollarischen Standard bei Staatsbesuchen. Aber nirgendwo
in der Welt, vielleicht mit Ausnahme Nordkoreas, treibt das Regime
die Inszenierung zu solcher Perfektion wie in China.

Der Zugriff, den Peking auf seine Menschen hat, die Nutzbarmachung des Individuums für die Dienste des Staates, kennzeichnet das
Land seit Ewigkeiten. Dass diese strenge Disziplinierung auch im
21. Jahrhundert noch von der chinesischen Gesellschaft getragen
wird, ist gleichermaßen beeindruckend wie beängstigend. Die Debatten um die politische Systemrivalität, die gerade im Westen geführt
werden, können nicht ohne das Wissen um die tief wurzelnden kulturellen Eigenheiten Chinas geführt werden.

Das Treffen von Olaf Scholz mit Staatspräsident Xi ist eines dieser
Treffen, die weniger erfahrenen Politikreisenden Ehrfurcht einflößen.

Der Tisch, an dem sie Platz nehmen, ist so groß, dass in der Mitte wohl der Regierungshubschrauber landen könnte. Diktatoren lieben offenbar sehr große Tische, Xi Jinping ist diese Dimensionen gewohnt, aber Olaf Scholz – körperlich nicht gerade ein Riese – verschwindet beinahe angesichts der erdrückenden Ausmaße. An den Wänden des Palastes sind gemalte Schwäne zu sehen, die über dem Jangtse schweben. Wie friedlich alles wirkt, so viel heile Welt. Irgendwo vor diesem Panorama versucht Olaf Scholz, in das Mikrofon vor ihm ein paar freundliche Sätze zu sagen. Xi sitzt mehrere Meter von ihm entfernt an der gegenüberliegenden Seite des Tisches. Alle übrigen Mitglieder der Delegationen sitzen noch viel weiter entfernt. So kann keine vertrauliche Gesprächsatmosphäre entstehen, die sich der Kanzler erhofft hat.

Doch Teilnehmer der Runde berichten später, Xi Jinping sei erstaunlich offen und direkt. Während sich andere Staats- und Regierungschefs häufig an ihre Sprechzettel klammern, sei Xi ein Führer, der jenseits der Beobachtung von Kameras von vorbereiteten Statements abweiche und nicht um den heißen Brei herumrede.

Wenn man Olaf Scholz bei dieser Reise genau zuhört, wie er über Xi Jinping spricht, dann fällt auf, wie respektvoll er sich über ihn äußert. Während Scholz Wladimir Putin längst verabscheut, nicht nur wegen des Angriffs auf die Ukraine, auch wegen dessen ungehobelter Rohheit, scheint ihn Xi zu faszinieren. Der chinesische Präsident tritt öffentlich stets dezent und diszipliniert auf. Er spricht leise, sein Gesichtsausdruck wirkt maskenhaft. Ob Xi die Kasernierung von Uiguren anordnet, seinen Vorgänger Hu Jintao aus dem Saal führen lässt oder einen Teller gebratene Nudeln bestellt – Außenstehende können seine Gedanken und Gefühle kaum entschlüsseln. Vielleicht erkennt der kühle Olaf Scholz in dem kühlen Xi Jinping sein chinesisches Alter Ego, der Scholzomat schaut zum Xiomaten empor.

Weil der Deutsche und der Chinese ähnlich kontrolliert auftreten, schaffen sie es, nüchtern über ihre Meinungsunterschiede zu sprechen. Die sind enorm. Aber keiner will den anderen verprellen. So sprechen Scholz und Xi auch ausführlich über den immer unverhohlener erhobenen Anspruch Chinas auf Taiwan. Der Präsident beteuert, dass er keine militärische Auseinandersetzung wolle, aber völlig überzeugt sind die Besucher nicht. Was bleibt, ist die Sorge vor einem weiteren Krieg.

Immerhin gelingt es Scholz, Xi davon zu überzeugen, den deutschamerikanischen Coronaimpfstoff von BioNTech für Deutsche, die in China leben, zuzulassen. Aus diesem Grund ist auch Uğur Şahin mitgereist.

Die höfliche, diplomatische Kommunikation hat eine Kehrseite. Und die ist am Nachmittag zu sehen, als Olaf Scholz und Li Keqiang vor die Presse treten. Der chinesische Ministerpräsident erzählt, er wünsche sich Handelsbeziehungen mit Deutschland «auf Augenhöhe». Die Manager aus Deutschland werden ungläubig lächeln, als ihnen dieses Zitat zu Ohren kommt.

Als Olaf Scholz anfängt, über die schwierige Menschenrechtslage in China zu sprechen, setzt Li sein schönstes Pokerface auf und blickt ins Leere. Scholz dreht sich kurz zu Li um, so wie er das Mitte Februar auch bei Wladimir Putin im Kreml tat, so dass sich der Ministerpräsident persönlich angesprochen fühlen muss. Aber der Chinese wendet seinen Blick ab, weg von dem in diesem Augenblick etwas lästigen Deutschen. Vielleicht hat Li auch zu häufig gehört, wie Angela Merkel «die Menschenrechte ansprach», ein Ritual, das zu Staatsbesuchen aus Berlin gehört wie das Abspielen der Nationalhymnen. Jaja, diese Deutschen mit ihren Menschenrechten, mag sich Li denken.

Welche Gedanken sich wirklich hinter Lis Fassade verbergen, erfahren wir nicht. Anders als bei solchen Anlässen üblich, lässt das chinesische Protokoll keine Journalistenfragen zu. Im Raum herrscht eine Atmosphäre des Misstrauens.

Die beiden Welten, die an diesem Tag in dem weitläufigen Palast aufeinandertreffen, bleiben sich fremd. Zu groß ist der Unterschied der politischen Kulturen. Während der Kanzler vom Modell Freiheit und Demokratie unter Führung der USA überzeugt ist, herrscht in China eine überaus autoritäre Partei, die ihre Wurzeln in den Lehren kommunistischer Vordenker hat. Eine Konkurrenz der Systeme könnte das politische Leben in der Welt vielleicht sogar bereichern: Wer hat die besten, die passenden Antworten auf die globalen Probleme? Eine kreative Rivalität setzt ein Mindestmaß an Respekt für andere Sichtweisen und Politikentwürfe voraus. Doch Toleranz zwischen Staatenlenkern wirkt augenblicklich wie ein Luxus, eine Schwäche, die sich niemand erlauben will.

Die Supermächte USA, China und Russland versuchen seit Jahrzehnten, ihre Machtansprüche anderen Weltregionen aufzudrücken.

Die Spuren dieser globalen Ausdehnung kann man selbst in den ärmsten Gegenden wie der Sahelzone in Afrika finden.

Olaf Scholz hat sich vorgenommen, auf seiner kurzen Pekingreise ein Gefühl dafür zu entwickeln, welche Überzeugungen das Weltbild der chinesischen Führung prägen, welche langfristige Strategie sie verfolgt. Beeinflussen kann er diese Strategie nicht. Der Einstieg von Cosco in einem Hamburger Hafenterminal, der die Gemüter zuhause gerade so erregt, kommt gar nicht zur Sprache. Das Thema, heißt es später, wäre einfach zu konkret gewesen, zu klein. Es geht um die langen Linien. Ein großer Erfolg wäre es daher, wenn Olaf Scholz Xi und Li dazu bewegen könnte, mäßigend auf den anderen mächtigen Führer der östlichen Welt, Wladimir Putin, einzuwirken. Immerhin spürt Scholz in seinen Gesprächen, dass seine beiden Gegenüber die aktuelle Eskalation des Ukrainekrieges ähnlich angstvoll beobachten wie er. Sind das mehr als Lippenbekenntnisse? Dass die Staatsführer in Peking in den Frieden verliebt sind, gehört zur chinesischen Politfolklore. Von ihr lassen sich die Besucher aus Deutschland nicht täuschen. Was die Worte von Xi und Li wirklich wert sind, wird die Weltgemeinschaft in etwa zwei Wochen erfahren können. Dann wird auf Bali der G20-Gipfel stattfinden, auch Xi wird dort erwartet.

Olaf Scholz weiß natürlich, dass er als Bundeskanzler eines 80-Millionen-Einwohner-Landes nicht das Gewicht auf der Weltbühne hat, um Xi dazu zu bringen, Wladimir Putin die so oft beschworene «ewige Freundschaft» aufzukündigen. Xi folgt dem Muster «der Feind meines Feindes ist mein Freund». Deshalb lässt er Putin gewähren, dessen Aggression sich ja nur vordergründig gegen die Ukraine richtet, in Wirklichkeit aber gegen die USA und die Nato. Xi ist zu mächtig, seine Interessen sind zu weitreichend, als dass er sich vom deutschen Bundeskanzler zu einer Korrektur seiner Außenpolitik bewegen ließe. Der Elf-Stunden-Besuch von Olaf Scholz verläuft in einer Wolke aus Ängsten, Hoffnungen und blumigen Andeutungen.

Und doch gibt es eine Überraschung, eine Nachricht, die den Scholz-Besuch in einem anderen Licht erscheinen lässt, sogar als glänzenden Erfolg. Eine Stunde nachdem das Kanzlerflugzeug vom Pekinger Flughafen abgehoben hat und in die Nacht Richtung Westen fliegt, steht der Kanzler mit den mitreisenden Journalistinnen und Journalisten zusammen. Da reicht ihm Jens Plötner, sein außenpolitischer Berater, unerwartet sein Smartphone. Darauf ist eine Pressemitteilung des chinesischen Außenministeriums zu lesen. Präsident Xi Jinping bekräftige wie Olaf Scholz, erfahren wir später, dass die internationale Gemeinschaft «gemeinsam den Einsatz und die Drohung mit Atomwaffen ablehnen» müsse.

So deutlich hat sich der chinesische Präsident noch nicht zur Gefahr einer nuklearen Eskalation geäußert. Eine klare Spitze gegen Wladimir Putin. Und ein überaus wichtiger Punktgewinn für Olaf Scholz.

Das Statement von Xi hilft dem Kanzler auch in Europa und in der innerdeutschen Debatte. Er habe gegen den drohenden Nuklearkrieg «einen Pflock eingeschlagen», wird er später sagen. Olaf Scholz ist auf dem langen Rückflug von Peking nach Berlin erschöpft, aber mit sich zufrieden.

Swinging Singapur

Als der neue Regierungsflieger A350-900 eine Woche später über Polen fliegt und seinen zwölfstündigen Flug beginnt, knistert es plötzlich in den Lautsprechern: «Hallo, hier ist Robert Habeck, ich möchte Ihnen eine gute Reise wünschen.» Der Vizekanzler meldet sich übers Bordmikrofon.

Er ist auf dem Weg nach Singapur, zu einer Konferenz deutscher und asiatischer Unternehmen. Solche Treffen finden seit über drei Jahrzehnten statt, sie sind eine große Kontaktbörse. Jetzt aber, während des Ukrainekriegs und der Debatte über die richtige Chinastrategie, gewinnt die Zusammenkunft eine neue Bedeutung.

Die Reise hat einen weiteren Reiz. Habeck war wegen der missglückten Gasumlage, wegen des Atom-Streits und seines Absturzes in den Beliebtheitswerten schwer angeschlagen. Wochenlang lief er griesgrämig und verschlossen durchs Regierungsviertel. Wenn er sich jetzt mehrere Tage lang von Journalisten begleiten lässt, sendet er ein Zeichen: Ich bin zurück.

Auch eine Gruppe von Abgeordneten und Managern ist an Bord. Das Wirtschaftsministerium hat die Losung an deutsche Konzerne ausgegeben, sich aus den Abhängigkeiten einzelner Märkte zu befreien und breiter aufzustellen. Das muss man den Unternehmensführern vielleicht nicht sagen, sie denken selbst strategisch genug, um zu wissen, dass wegen der politischen Unsicherheiten riesige Absatzmärkte innerhalb kurzer Zeit wegbrechen können.

In den Gesprächen im Flugzeug wird es jedoch handfester: Wo und wie können neue Märkte als Ersatz erschlossen werden? Mit welchen Szenarien ist zu rechnen, sollte China Taiwan militärisch angreifen? Welche Sanktionen würde der Westen verhängen, was würde das für die globalen Handelsketten, für Import und Export der deutschen Firmen bedeuten? Das sind die Fragen, die Robert Habeck auf seiner Reise begleiten. Natürlich hat er keine zufriedenstellenden Antworten. Was würde bei einem Überfall auf Taiwan passieren? Habeck weiß es nicht. Nur so viel: Es wäre eine Katastrophe für die Weltwirtschaft.

Viele Stunden später läuft der Wirtschaftsminister durch eine fremde Welt. In Singapur wird es jetzt, Mitte November, 30 Grad warm, die Luftfeuchtigkeit ist erdrückend. Als wir den Flughafen verlassen, empfängt uns ein warmer Regen.

Die Stadt ist ein eigentümliches Gemisch aus Megacity, kolonialer Vergangenheit und Tropen. Und eine der wichtigsten Drehscheiben des globalen Finanzkapitalismus. Die Löhne sind hoch, die Lebenshaltungskosten ebenfalls. Die Einwohner, die nicht für eine internationale Großbank oder einen anderen Konzern arbeiten, können sich die üppigen Mieten kaum leisten. Sogar Erwachsene leben, solange sie können, bei ihren Eltern.

In einem Hotelkomplex der Innenstadt hat die Asien-Pazifik-Konferenz ihr Hauptquartier eingerichtet. Auch Habeck ist hier untergebracht. Die Hotelanlage ist so verwirrend weitläufig, dass man sich beim Versuch, einen Konferenzraum zu finden, schon mal in einem Einkaufszentrum wiederfindet.

Habeck beginnt seinen Tag, indem er ein paar Kilometer am Ufer des Singapore River joggt. Anschließend wird er durch unzählige Einzelmeetings, Fototermine und Konferenzen geschleust. Die Anstrengungen und die üble Laune der letzten Wochen sind wie weggeblasen. Er redet schwungvoll über China, Freihandelsabkommen, Putin, die Koalition in Berlin und überhaupt über die wirtschaftspolitische Großwetterlage. Wie selbstverständlich wechselt er vom Deut-

schen ins Englische und zurück, baut zwischendurch ein paar Brocken norddeutsches Platt ein und verknüpft geostrategische Analysen
mit Anekdoten aus seiner Schulzeit in Schleswig-Holstein. Habeck
strahlt, lächelt, improvisiert, monologisiert. Er ist im Flow.

Joschka Fischer hat einmal in einem TAZ-Interview im Herbst 2005
zu seinem Abschied als Außenminister gesagt: «Ich war einer der letzten Live-Rock'n'Roller der deutschen Politik. Jetzt kommt in allen
Parteien die Playback-Generation.» 17 Jahre später hat Deutschland
mit Olaf Scholz einen Politiker, der fast ausschließlich auf Playback-
Kommunikation vertraut. Und mit Robert Habeck wieder einen echten Live-Rock'n'Roller. Allerdings erinnerte er vor wenigen Tagen
noch an einen Bluesmusiker, der am Weltschmerz leidet.

Vielleicht dreht er jetzt so auf, um die üble Laune der letzten Zeit
mit ein paar entschlossenen Auftritten wegzurocken. Irgendwann gegen Mitternacht überfällt auch den Live-Performer Habeck die große
Müdigkeit des Jetlags, und er kann sein andauerndes Gähnen nicht
mehr unterdrücken. Er wünscht «gute Nacht» und geht schlafen.

An den nächsten beiden Tagen dreht er wieder auf. Er tauscht
sich mit Politikern und Managern aus Deutschland, Vietnam, Indien,
Malaysia, China, Australien und Singapur aus. Ein Crashkurs in Weltpolitik.

Die Treffen bieten ihm auch die Möglichkeit, zu erfahren, wie die
globale Managerelite gerade denkt und fühlt. Die ersten Vorstände
deutscher Konzerne spielen bereits in Gedanken durch, was ein Angriff
Chinas gegen Taiwan für ihr Unternehmen bedeuten würde. Sie rechnen mit scharfen Sanktionen des Westens, vergleichbar wohl mit den
aktuellen Strafmaßnahmen gegen Russland. Ein Konflikt mit China
würde die Weltwirtschaft allerdings weitaus empfindlicher treffen.

Auf ein anderes Problem können sich die Konzerne bereits jetzt
vorbereiten. Sie wissen aus der Erfahrung der Corona-Pandemie, wie
schnell Lieferketten reißen, wenn sich ein wichtiges Land wie China
abschottet. Habeck und sein Ministerium wollen den Unternehmen
helfen, indem sie Investitionsgarantien für asiatische Regionen jenseits von China anbieten. Es ist der Versuch, die Aktivitäten deutscher
Unternehmen in andere Länder zu lenken.

Die Geschäfte mit China florieren unverändert. Aber die Geschäfts-
zahlen treiben Wirtschaftsexperten auch jede Menge Angstschweiß

auf die Stirn. Neben der deutschen Automobilindustrie hängen viele Maschinen- und Anlagenbauer sowie Pharma- und Medizinkonzerne am Tropf Chinas. Nach dem jähen Einbruch der Geschäftsbeziehungen mit Russland werden Klumpenrisiken offensichtlich. Bei einem Krieg um Taiwan stünde das exportorientierte Geschäftsmodell Deutschlands vor dem Aus. Habeck bemüht sich, gegenzusteuern. Daher unternimmt er die weite Reise, daher nimmt er eine Delegation von deutschen Managern mit und macht ihnen Investitionen jenseits von China schmackhaft.

Die Asienreisen von Olaf Scholz und Robert Habeck wirken jedoch nicht wie aus einem Guss. Der Kanzler hatte bei seinem Flug nach Peking ebenfalls eine große Wirtschaftsdelegation an Bord. Die Manager waren so sehr an der Fortführung und dem Ausbau ihrer Geschäftsbeziehungen mit China interessiert, als gäbe es keine Klumpenrisiken. Der Vorstandsvorsitzende eines Chemiekonzerns war bei beiden Reisen dabei. Aus seiner Sicht ist das clever.

China ist als Handelspartner unverzichtbar. Nach dem Ende der Russland-Geschäfte können die China-Geschäfte unmöglich ganz heruntergefahren werden, erst recht nicht schnell. Aber China ist ein gefährlicher Partner. Viele deutsche Unternehmen sind angesichts der neuen Weltordnung verunsichert. Auch wegen der Probleme im eigenen Land.

Der Vorstandsvorsitzende des deutschen Chemiekonzerns sagt mir in Singapur, er sorge sich um die Abwanderung von energieintensiven Unternehmen, Deutschland drohe eine Deindustrialisierung. «Wohin wollen die Konzerne denn abwandern?», frage ich ihn. Ich hätte ihn wohl falsch verstanden, entgegnet er. Es ginge nicht um die Demontage von bestehenden Fabriken, sondern um den Neubau von Industrieanlagen. Die müsse man künftig dort ansiedeln, wo Energie verlässlich und günstig zur Verfügung stehe, da sei Deutschland einfach nicht mehr wettbewerbsfähig.

Dann betritt Christian Sewing die Bühne. Er begann seine Ausbildung zum Bankkaufmann bei der Deutschen Bank im Jahr 1989, arbeitete sich hoch und ist seit vier Jahren Vorstandsvorsitzender. Vor wenigen Tagen saß er mit Olaf Scholz im Regierungsflieger auf der kurzen Reise nach Peking. Jetzt ist auch er von Frankfurt aus schon wieder nach Asien gejettet. Am Eröffnungsabend der Konferenz gibt

seine Bank eine Party in der Roof-Top-Bar des Marina Bay Sands, dem
aus drei Türmen und einem gemeinsamen Dach bestehenden Wahr-
zeichen von Singapur. Sewing begrüßt seine Gäste mit einer düsteren
Feststellung. Er sei jetzt seit 33 Jahren bei der Bank, aber eine solch
gefährliche Phase «mit so vielen Risiken und Unsicherheiten» wie
jetzt habe er noch nie erlebt.

Dass Sewing so viel Übellaunigkeit in seine Worte legt, ist bemerkenswert. Die Deutsche Bank hat in den letzten Jahrzehnten äußerst
turbulente Zeiten erlebt. Das Attentat der Rote Armee Fraktion auf
den damaligen Chef Alfred Herrhausen fand statt, als Sewing gerade
anfing. Die Weltfinanzkrise zwischen 2007 und 2009, die vielen Skan-
dale um kriminelle Machenschaften in der Bank selbst – all das hat
das Geldhaus in seinen Grundfesten erschüttert. Aber die früheren
Vorgänge sind gering im Verhältnis zu den Gefahren, die Christian
Sewing aktuell Angst einjagen. Am Ende seiner Rede gibt es Applaus,
aber wer genau hingehört hat, wird mit einem sehr unguten Gefühl
nach Hause gehen.

Am Nachmittag des nächsten Tages gibt es ein hartes Kontrastpro-
gramm. Robert Habeck hat zwei freie Stunden in seinem Zeitplan, er
will etwas von der Stadt sehen. Da es wieder anfängt zu regnen, ist ein
Aufenthalt im Freien unpassend. Jemand kommt auf die Idee, zum
Cloud Forest, einem Erlebnispark, zu fahren, der von riesigen Glaskuppeln überdeckt ist. Hier wachsen exotische Pflanzen, zwischen denen
haushohe Figuren von Drachen stehen. Durch den künstlichen Dschungel wird man wie auf einer Geisterbahn geführt. Der Minister lässt sich
auf den Ausflug ein. Und bereut es schon bald. Es ist Sonntag, der Park
wird von unzähligen Familien mit lauten Kindern bevölkert. Wegen
der Glaskuppeln und der tropischen Pflanzen ist die Luft noch heißer
und schwüler als draußen. Der Gast aus Deutschland, der eben noch
über die richtige China-Strategie philosophierte, steht jetzt unter
Dinosauriern. Er ist unentschlossen, ob er bleiben oder gehen soll.

Den Ausflug jetzt abzubrechen, wäre das Eingeständnis einer Fehl-
planung, die Blöße will er sich nicht geben. Es wirkt, als ob der Politiker in dem Erlebnispark die Vergangenheit des Planeten begutach-
ten würde – oder dessen Zukunft, so genau weiß man das nicht. Das
Gekreische und die Hitze vertreiben jeden Gedanken an eine tiefere
Symbolik.

Irgendwann entgleitet den Betreuern die Situation. Ihr Chef ist umgeben von lärmenden Kindern, knipsenden Fotografen, monströsen Echsen und nervösen Personenwächtern. Alles geht durcheinander, niemand versteht ein Wort, niemand versteht, warum wir überhaupt hier sind. Eigentlich sollte die Tour viel länger dauern, aber nach einer halben Stunde reicht es Habeck, er lässt sich zum Konferenzhotel zurückfahren. Zurück in die Gegenwart, die sich wirklich und hart anfühlt, aber sehr viel mehr Angst einflößt als die Urviecher im künstlichen Dschungel.

Am nächsten Tag gibt es hohen Besuch. Olaf Scholz macht kurz Halt in Singapur. Er ist eigentlich auf dem Weg zum G20-Gipfel in Bali, am Tag zuvor war er in Vietnam. Wenn ich schon mal in der Gegend bin, wird er sich denken, kann ich auch bei der Asien-Pazifik-Konferenz eine Rede halten. Also lässt er sich mit seiner Entourage in den Stadtstaat fliegen und zum Kongress fahren. Robert Habeck erwartet ihn vor dem Gewirr von Konferenzräumen, Einkaufszentrum und Rolltreppen zur Begrüßung. Er wirkt jetzt nicht wie ein Wirtschaftsminister, sondern wie ein Außenminister. Wie denkt Annalena Baerbock eigentlich über die Fernreise ihres Kabinettskollegen?

Als der Kanzler auf die riesige Bühne der mit Geschäftsleuten vollbesetzten Halle tritt, wiederholt er lange all die Parolen der letzten Tage: Wir wollen uns nicht von China abkoppeln, wir müssen uns breiter aufstellen. Wladimir Putin darf keine Atomwaffen einsetzen. Wir müssen das Klima retten.

Noch in den Schlussapplaus nach der Kanzler-Rede erhebt sich Habeck von seinem Platz in der ersten Reihe und drängt Richtung Ausgang. Er will jetzt nach Berlin zurück und hat einen 13-stündigen Flug vor sich.

Im Flieger kann er entspannen, endlich. Er zieht sich Freizeitkleidung an, auch bequeme Sportschuhe, und greift fröhlich nach einer Flasche alkoholfreiem Bier.

Als das Flugzeug nach zwei Stunden Kurs auf Indien nimmt, treffen wir uns in dem geräumigen Konferenzbereich zu einem Interview. Wenn Habeck gestresst ist, können seine Antworten schon mal eisig knapp ausfallen. Ist er gut aufgelegt, kann er lange Gedankengänge bauen, um sie dann griffig in einem einzigen Merksatz auf den Punkt zu bringen. Diese Gabe, Politik in Form von Geschichten zu erzählen, unterscheidet ihn von den meisten anderen Politikerinnen und Politikern. Heute ist so ein Tag, an dem er von seinem Talent reichlich Gebrauch macht und am liebsten stundenlang reden würde.

Er spricht über den Streit in der Koalition, den Wirtschaftskrieg mit Russland, über seine Sorge vor Sabotageaktionen gegen die Energieinfrastruktur. Viele schwere Themen. Am meisten bedrücken Habeck zwei Gefahren: Dass Wladimir Putin im Ukrainekrieg aus Verzweiflung Nuklearwaffen einsetzt. Und dass China Taiwan überfällt. «Es sind beides reale Gefahren. Wie wahrscheinlich sie sind, ist reine Spekulation. Es würde natürlich die globale Friedensordnung, wenn wir so was überhaupt noch haben, final zerstören.»

Zunächst nimmt er die Gefahr eines Atomkriegs in der Ukraine in den Blick: «Auch unterhalb dieser Linie sind alle möglichen Katastrophenszenarien denkbar: dreckige Bomben, chemische oder biologische Einsätze, die als Unfälle getarnt werden.»

Dann kommt er auf die Drohungen Chinas gegen Taiwan zu sprechen: «Wir spielen verschiedene Szenarien durch, aber welche eintreten, ist völlig unkalkulierbar. Man muss sich auf alles vorbereiten. Aber vor allem muss man sehen, dass das, was alles auslöst, verhindert wird. Deswegen ist es gut, wenn der Kanzler hinreist. Und es ist gut, wenn China sieht, dass Deutschland und Europa sich schon jetzt anders aufstellen und wir nicht naiv sind.»

Bald nach unserem Interview wird es dunkel, wir fliegen in die Nacht über Asien. Die Stewardessen schalten die Bordbeleuchtung aus, die ersten Mitreisenden machen es sich gemütlich. Da meldet sich Habeck erneut über Bordlautsprecher. Er habe Verständnis dafür, wenn einige schlafen, Musik hören oder einen Film sehen wollten. Wer aber an einem weiteren Hintergrundgespräch interessiert sei, könne ja noch mal zu ihm in den Konferenzraum kommen. Habeck ist immer noch aufgedreht.

Er eröffnet das Gespräch mit Breaking News, diesen Teil darf man wiedergeben. In Berlin gebe sein Ministerium gerade, während wir im Flugzeug sitzen, bekannt, dass es Gazprom Germania verstaatliche. Dem für die Energieversorgung Deutschlands systemrelevanten Unternehmen, das jetzt unter dem Namen SEFE firmiert, drohe die Insolvenz. Um den Geschäftsbetrieb aufrechtzuerhalten, stelle der Bund weiter Geld zur Verfügung, insgesamt belaufen sich die Darlehen jetzt auf 13,8 Milliarden Euro. Worüber Habeck da im Flugzeug spricht, ist eine minutiös vorbereitete Überraschungsaktion.

Die mitreisenden Journalisten sind irritiert, sie würden diese Nachricht gerne verbreiten, aber im Flugzeug steht ihnen kein Internetzugang zur Verfügung. Ist es für die Nachrichtenkollegen ein Nachteil, wenn sie mit dem Wirtschaftsminister auf Reisen sind und doch nicht aktuell aus erster Hand informieren können? Aber es gibt einen guten Grund für Habecks Info-Taktik, er wollte zunächst eine gesetzlich vorgeschriebene Frist abwarten. Wäre die Nachricht vorher durchgesickert, hätte Moskau Gelegenheit gehabt, Gegenmaßnahmen zu ergreifen. Das wollte man unbedingt vermeiden. Beim Wirtschaftskrieg, der zwischen Moskau und Berlin tobt und in den letzten Tagen auch in Singapur und jetzt hoch über den Wolken über Indien ausgefochten wird, geht es auch um das richtige Timing, manchmal um Minuten.

Damit man Habeck bei dem Flugzeuglärm gut verstehen kann, hat ihm jemand ein Mikrofon gereicht. Er spricht eine Weile gegen das Brummen der Düsen an, springt dann von seinem Platz auf und reicht das Mikro ein paar Meter weiter zu den Journalisten, die ihre Fragen ebenfalls gegen den Lärm stellen wollen. Dann holt er sich das Mikro zurück, greift es mit der rechten Hand, während er mit der linken seine Bierflasche umklammert. Bei diesem Hin und Her schwankt er in dem unruhigen Flugzeug ein wenig und fängt sich dann wieder. Mit Mikro und Bierflasche wirkt der tänzelnde Robert Habeck tatsächlich kurz wie ein Rock'n'Roller.

Der Einschlag

Am Tag nach Habecks Landung in Berlin feuert Russland etwa 100 Raketen auf die Ukraine ab, von Ost bis West, kaum eine Region bleibt verschont. Der Zeitpunkt des massiven Beschusses hängt wohl mit dem zeitgleich stattfindenden G20-Gipfel in Bali zusammen. Putin kneift und lässt sich dort von seinem Außenminister vertreten.

Sergej Lawrow gibt sich cool. Nachdem Gerüchte die Runde machen, er läge krank in einem Spital, lässt er ein Video von sich verbreiten. Es zeigt ihn in Vorbereitung auf den Gipfel, putzmunter in kurzen

Hosen und T-Shirt; am Handgelenk eine Apple-Watch, auf dem Tisch ein iPhone, beide werden in den verhassten USA gefertigt. Während der Konferenz kann er nicht verhindern, dass die meisten Gipfelteilnehmer den Krieg in der Ukraine verurteilen und Putin vor einem Atomkrieg warnen. Olaf Scholz hatte die Initiative bei seiner Reise nach Peking vorbereitet.

Russland ist diplomatisch zunehmend isoliert. Lawrow und seine Unterhändler schaffen es nur noch, einige blasse Formulierungen in die Abschlusserklärung hineinverhandeln, die es ihm erlauben, in der Heimat halbwegs sein Gesicht zu wahren. Dann reist er vorzeitig ab. Die deutschen Unterhändler freuen sich, dass sie die Arbeit am Kommuniqué rechtzeitig abschließen können, und legen sich schlafen. Auch der Bundeskanzler legt sich schlafen, der Tag ist für ihn gut gelaufen.

Um 15:40 Uhr MEZ ereignet sich in dem ostpolnischen Ort Przewodow nahe der ukrainischen Grenze eine Explosion. Ein paar Stunden später löst die Regierung in Warschau Alarm aus, eine Rakete sei auf ihrem Territorium eingeschlagen.

Die Nachricht erreicht auch Jens Plötner, den außenpolitischen Berater von Olaf Scholz. Er begleitet den Kanzler auf den wichtigsten Auslandsreisen und ist auch in Bali dabei. Um drei Uhr morgens Ortszeit entscheidet er sich, den Kanzler auf dessen Mobiltelefon anzurufen, um ihn zu wecken.

Noch weiß man nicht viel, zwei Menschen sollen gestorben sein. Sofort schießen die Spekulationen ins Kraut. Sollte Russland tatsächlich das Nato-Mitglied Polen attackiert haben, würde sich die gesamte Allianz angegriffen fühlen und zurückschlagen. Ein neuer Weltkrieg könnte folgen.

Zunächst springt jedoch nicht die militärische, sondern die mediale Reiz-Reaktions-Maschine an. Auf Twitter schreibt der FDP-Abgeordnete Alexander Graf Lambsdorff spontan: «Wohl jetzt schon Klarheit: Polen bestätigt Einschlag russischer Rakete.» Seine Parteifreundin Strack-Zimmermann gibt dem Ganzen einen innenpolitischen Spin: «Das ist das Russland mit dem hier einige offenkundig und absurderweise immer noch ‹verhandeln› wollen.» Beide werden ihre Tweets später löschen.

Ein deutscher Privatsender ändert sein Programm und lässt seine

Korrespondenten feststellen: Die Russen waren es. Der Chefredakteur der BILD-Zeitung schreibt: «Ob ein Versehen oder nicht – dies ist ein bewaffneter Angriff auf Nato-Territorium!» In sozialen Medien steigen viele User darauf ein und fordern eine entschlossene und harte Antwort der Nato.

Auch Wolodymyr Selenskyj hat keinen Zweifel. Um 21:11 Uhr MEZ, auf Bali ist es jetzt kurz nach vier Uhr, veröffentlicht er auf Twitter eine Videoansprache: «Das ist ein russischer Raketenangriff auf die gemeinsame Sicherheit! Das ist eine sehr bedeutende Eskalation. Wir müssen handeln.»

Zeitgleich meldet das Außenministerium in Moskau, polnische Angaben über einen Einschlag russischer Raketen seien eine bewusste Provokation. Dem widerspricht der ukrainische Außenminister Kuleba: «Russland verbreitet nun eine Verschwörungstheorie, dass es angeblich eine Rakete der ukrainischen Luftabwehr war, die auf Polen fiel. Das ist nicht wahr.»

Die Regierung in Warschau will nicht warten, bis es Klarheit gibt, und versetzt mehrere Kampfeinheiten in erhöhte Bereitschaft. In Bali eilen Joe Biden, Emmanuel Macron, Olaf Scholz und andere Staats- und Regierungschefs von Nato-Staaten zusammen. Eine hektische, angsterfüllte Situation. Geheimdienstinformationen werden ausgetauscht. Meldungen machen die Runde, dass ein Nato-Flugzeug zum Zeitpunkt des Vorfalls über dem polnischen Luftraum flog und die Flugbahn der Rakete verfolgen konnte.

Um 10:11 Uhr Ortszeit gibt Joe Biden in Bali endlich Entwarnung. Es sei «sehr unwahrscheinlich, dass die Rakete von Russland aus abgefeuert worden sei». Offenbar stürzte doch eine ukrainische Luftabwehrrakete auf polnisches Territorium.

Die Aufklärung wirkt nur kurz beruhigend. Der Vorfall zeigt, wie dicht der Krieg an die Nato-Außengrenze herangerückt ist. Und wie angespannt die Nerven der wichtigsten Akteure sind. Eine Eskalation des Krieges kann auch durch Fehlinformationen und Missverständnisse ausgelöst werden.

Rückschläge und Hoffnung

Im ägyptischen Sharm El-Sheik tut sich Mitte November ein anderer Abgrund auf. Zwei Wochen lang verhandeln die Vertreter von 200 Nationen über Maßnahmen, wie der weltweite Temperaturanstieg auf 1,5 Grad begrenzt werden kann. Olaf Scholz kommt kurz und hält eine Rede. Annalena Baerbock bleibt länger. Am Ende ist sie frustriert, die Nationen können sich nicht auf wirksame Schritte verständigen. Zwar soll die Verbrennung klimaschädlicher Kohle irgendwie reduziert werden. Aber zum verbindlichen Ausstieg aus Öl und Gas als Energieträgern findet sich nichts in der Abschlusserklärung.

Die Klagen der deutschen Delegation wirken nicht sonderlich überzeugend. Die Bundesregierung verpasst in diesem Jahr ihre eigenen Klimaziele. Ob sie sie, wie vereinbart, bis 2030 erreichen wird, ist sehr fraglich. Vor allem das Verkehrsministerium hinkt bei der Reduzierung der Treibhausgase weit hinterher. Auch der Weiterbetrieb von Kohlekraftwerken infolge des Wirtschaftskrieges mit Russland drückt auf die Klimabilanz.

Und dann sind da noch die Gasfelder vor Senegal. Olaf Scholz hatte der Regierung in Dakar zugesagt, sie bei der Förderung des Gases zu unterstützen. Nein, Deutschland taugt in der Klimapolitik nicht als Vorbild.

Auch bei einem anderen Thema muss die Bundesregierung eine herbe Niederlage einstecken. Die Sicherheitslage in Mali und die Arbeitsbedingungen der Bundeswehr in dem westafrikanischen Land haben sich weiter verschlechtert. Wochenlang stritten Verteidigungsministerin Lambrecht und Außenministerin Baerbock über den Verbleib der deutschen Soldatinnen und Soldaten. Lambrecht will abziehen, Baerbock das deutsche Engagement bei der bewaffneten Stabilisierungsmission verlängern. Jetzt muss eine Entscheidung her. Der Streit landet im Kanzleramt. Ein Déjà-vu.

Olaf Scholz hat sich lange den Verlauf der regierungsinternen Diskussion angeschaut und über die Lage in der Sahelzone informieren lassen. Ein Rückzug der Bundeswehr wäre ein fatales Signal, die verbleibenden Partner der Mission würden allein gelassen, ein kompletter

Rückzug der UN-Truppen könnte die Folge sein. Mali würde dem Einfluss Chinas und vor allem Russlands überlassen bleiben, das geostrategische Gleichgewicht in dieser Region Afrikas wäre erheblich gestört.

Andererseits ist da das wachsende Sicherheitsrisiko für die deutschen Soldatinnen und Soldaten. Für sie trägt die Bundesregierung auch Verantwortung. Hinzu kommt, dass im Verteidigungsministerium der Sinn des Einsatzes immer mehr hinterfragt wird. Der Aktionsradius der Soldatinnen und Soldaten schrumpfe auf die zu Fuß oder per Fahrrad erreichbare Umgebung, gesteht mir ein Mitglied der Führungsebene. Der Einsatz mache keinen Sinn mehr.

Olaf Scholz ist in diesem Herbst sehr mit dem Krieg in der Ukraine und der Energieversorgung des eigenen Landes beschäftigt. Mali steht auf seiner Prioritätenliste nicht ganz oben. Der Kanzler entscheidet, dass sich die Bundeswehr aus dem Land zurückziehen soll, aber in einem geordneten Verfahren. Die Einheiten sollen das Land schrittweise bis zum Frühjahr 2024 verlassen. Scholz will kein zweites Afghanistan erleben, die Flucht der Bundeswehr vor den Taliban im Vorjahr verlief chaotisch.

Die Entscheidung für einen Rückzug ist eine Entscheidung gegen seine Außenministerin.

Es gibt aber auch gute Nachrichten im Dezember. Die Gasspeicher sind randvoll. Scholz und Habeck sind sich sicher: Deutschland ist winterfest.

Der Preis für Erdgas fällt wieder Richtung Vorkriegsniveau. Ein Terminkontrakt TTF für niederländisches Erdgas kostet am Jahresende nur noch 76,18 Euro je Megawattstunde. Im Sommer war der Preis auf beinahe 340 Euro geklettert. Der Preisrückgang liegt auch an den milden Temperaturen und der Sparsamkeit von Bürgern und Unternehmen. Es wird lange dauern, bis auch die Endverbraucher von dem Preisrückgang profitieren.

Olaf Scholz kann sich noch aus einem anderen Grund freuen: Zwar arbeitet der Hamburger Untersuchungsausschuss zum Cum-Ex-Skandal weiter. Aber der Hamburger Rechtsanwalt Gerhard Strate ist mit seiner Klage gescheitert. Er hatte Scholz und Peter Tschentscher Beihilfe zur Steuerhinterziehung vorgeworfen. Die Staatsanwaltschaft lehnt es ab, ein Ermittlungsverfahren zu eröffnen.

Überhaupt endet das Jahr für Scholz, Habeck und Lindner halbwegs versöhnlich. In Wilhelmshaven macht ein sehnsüchtig erwartetes Schiff fest: Die «Höegh Esperanza» ist mit 165 000 Kubikmetern Flüssiggas beladen und legt am ersten deutschen LNG-Terminal an. Die Anlage wurde innerhalb von nur 194 Tagen errichtet. Von Schweinswalen war hier länger nicht mehr die Rede.

Eigentlich ist die Inbetriebnahme ein Pflichttermin für den Wirtschaftsminister, aber der Kanzler und der Finanzminister wollen sich die Gelegenheit nicht entgehen lassen, ebenfalls etwas vom Glanz der Erfolgsgeschichte abzubekommen. Die Sonne versteckt sich an diesem Tag, eine Wolkendecke liegt tief über dem Land, es herrschen Temperaturen von weit unter dem Gefrierpunkt.

Die drei Politiker haben sich in dicke Öljacken gehüllt und posieren auf einem Anleger für die Fotografen. Dabei überschlagen sie sich mit Lob, das auch stark nach Selbstlob klingt: «Unser Land kann Tempo», «es zeigt, was Deutschland binnen weniger Monate auf die Beine stellen kann», «Deutschland-Geschwindigkeit». Wer will es ihnen verdenken. Viele gute Nachrichten hatten sie in den letzten Monaten nicht mitzuteilen.

Der Start des Terminals ist ein kleiner, aber wichtiger Schritt, die Energieversorgung nach dem Ausbleiben russischer Gaslieferungen sicherzustellen. Dass das Terminal innerhalb kürzester Zeit aus dem Boden gestampft wurde, macht tatsächlich Hoffnung.

Dass Deutschland gerade in Rekordgeschwindigkeit den Import eines fossilen Energieträgers ermöglicht, ist jedoch mehr als ein Schönheitsfehler. Eigentlich will diese Regierung sich von klimaschädlichen Energieformen verabschieden. Wie schön wäre es, wenn Deutschland in ähnlich hoher Geschwindigkeit den Ausbau von erneuerbarer Energieerzeugung schaffen würde.

Zum Jahresende kann die Regierung zudem feststellen, dass die befürchteten Volksaufstände ausgeblieben sind. Die Gesellschaft ist unter dem großen Druck nicht zerbrochen, sie wurde mit hohen Milliardenbeträgen zusammengehalten. Die Deutschen haben mit dieser Regierung das bekommen, was sie gewählt haben: Stabilität und Veränderung. Aber ganz anders, als alle das erwartet haben.

4

DIE SPIRALE

Neujahrsknaller

Über die Weihnachtstage gönnt sich die Bundespolitik ein paar Tage Pause. Annalena Baerbock verabschiedet sich mit einem besinnlichen Instagram-Video aus dem Regierungsflugzeug: «Wenn wir in den nächsten Tagen mit unseren Familien zusammenkommen, Kekse essen, Spiele spielen, vielleicht streiten, Geschenke auspacken, dann schwingt bestimmt bei allen von Euch die Frage mit: Was für ein Jahr war das?»

Robert Habeck führt selbst die Handykamera, als er in seinem Büro zum letzten Mal in diesem Jahr die Lichter ausschaltet: «Tschüss Büro, tschüss Vorzimmer.» Dann wird es dunkel.

Auch Christine Lambrecht juckt es, das Horrorjahr 2022 per Instagram zu verabschieden. In der Silvesternacht stellt sie sich auf eine Berliner Straße und spricht mit windzerzausten Haaren, dass mitten in Europa zwar ein Krieg tobe, sie aber dennoch viele Eindrücke sammeln und tolle Menschen kennenlernen konnte. Das Video ist von miserabler technischer Qualität, man kann Lambrecht kaum verstehen, was auch daran liegt, dass im Hintergrund Feuerwerkskörper explodieren und Neujahrsraketen durch die Berliner Nacht jagen. Man muss sofort an die Bombardierung von Kiew, Charkiw und Mariupol denken.

Die Selbstinszenierung offenbart eine skandalöse Instinktlosigkeit der Verteidigungsministerin. Wie wird das Video wohl in der eigenen Truppe wahrgenommen? Kann der Bundeskanzler dieser Frau weiter die Reform der Bundeswehr und die Waffenhilfe für die Ukraine anvertrauen?

Sofort hagelt es neue Rücktrittsforderungen. Auffällig lange wird Lambrecht weder aus der Bundesregierung noch aus ihrer SPD der Rücken gestärkt. Dann, am vierten Tag des neuen Jahres, lässt der Kanzler ausrichten, er habe «selbstverständlich» weiter Vertrauen in seine Verteidigungsministerin. Eine Pro-Forma-Bekundung, er ist längst über ihre Rücktrittsabsichten im Bilde.

Wladimir Putin meldet sich ebenfalls zu Wort, um das alte Jahr zu verabschieden und das neue zu begrüßen. Anders als üblich hat er vor den Kameras Soldatinnen und Soldaten als Kulisse hinter sich aufgebaut. Er schimpft: «Dieses Jahr wurde uns ein echter Sanktionskrieg erklärt.» Dann erzählt er, dass der Westen die totale Zerstörung der russischen Industrie, des Transportwesens und der Finanzwirtschaft erwartet habe. Dies, so stellt er fest, sei nicht erfolgt. Er gibt sich als Beschützer des russischen Vaterlandes.

Kurz nach seinen Worten schlägt die Kreml-Uhr zwölf Mal, und das neue Jahr beginnt, wie das alte aufgehört hat: mit Bomben und Drohnenangriffen auf die Ukraine.

Fünf Tage später leitet die Bundesregierung eine wichtige Kurskorrektur ihrer bisherigen Ukraine-Politik ein.

Für Olaf Scholz beginnt der Tag mit einer Kurzreise nach Rom zur Trauerfeier für den emeritierten Papst Benedikt XVI. Der Kanzler fliegt mit Frank-Walter Steinmeier, Bärbel Bas und Peter Tschentscher in einem Flugzeug, aber er verlässt die Reisegruppe früher, weil er schnell nach Berlin zurück muss.

Um 15 Uhr steht zunächst der traditionelle Neujahrsempfang der Sternsinger in seinem Kalender, Scholz absolviert den Termin lustlos, wie nebenbei, dann eilt er in sein Büro, um mit Joe Biden zu telefonieren.

Seit Mitte Dezember hatten die beiden gemeinsam mit Emmanuel Macron besprochen, die Ukraine noch stärker aufzurüsten. Ihre Militärexperten hatten ihnen Details zur immer intensiveren Bombardierung der ukrainischen Infrastruktur mitgeteilt. Viele Tage und Nächte lang sind die Menschen ohne Strom und ohne Heizung. Putins Armee will die Zivilbevölkerung zermürben. Olaf Scholz wird auch darüber informiert, dass Putins Armee mehrere hundert Panzer verlegt. Der Schwung der ukrainischen Gegenoffensive vom Herbst ist verpufft, das Momentum auf dem Schlachtfeld wieder auf der Seite Russlands.

Die Militärexperten haben den westlichen Alliierten auch ihre Prognose mitgeteilt, dass sich das Kriegsgeschehen wegen des harten Winters in den nächsten Wochen nicht wesentlich verändern wird. Viele gehen von einer russischen Frühjahrsoffensive aus. Wladimir Putin hatte im Herbst im Rahmen der Teilmobilmachung 300 000 weitere Männer zu den Waffen gerufen, Anfang November erklärte Verteidigungsminister Sergej Schoigu, die Reservisten seien nun eingezogen, 87 000 neue Soldaten bereits an der Front. Eine enorme Truppenaufstockung, um im Frühjahr wieder zuschlagen zu können.

Auch die ukrainische Armee plant neue Angriffe, sobald es die Witterungsbedingungen erlauben. Beide Seiten treffen Vorbereitungen für eine große Schlacht. Biden, Macron und Scholz wollen die ukrainische Armee für die möglicherweise kriegsentscheidende Phase mit mehr Waffen und Munition stärken.

Eigentlich wäre es ein kräftiges Signal, wenn alle drei Regierungen die neuen Waffenlieferungen gemeinsam verkünden. Aber Emmanuel Macron hat nicht nur die Sicherheitsinteressen der Ukraine im Sinn, sondern auch seine eigene Öffentlichkeitsarbeit. Schon am Tag zuvor ließ er mitteilen, dass Frankreich Panzer vom Typ AMX-10 RC an die Ukraine liefern werde.

Das setzt Olaf Scholz unter Zugzwang, denn der hatte ja stets erklärt, bei Waffenlieferungen an die Ukraine keine Alleingänge unternehmen zu wollen. Dieses Argument hat ihm Macron nun aus der Hand geschlagen. Er könnte, er müsste jetzt gleichziehen.

Am Donnerstagnachmittag, nach dem Kurztrip nach Rom und dem Pflichttermin bei den Sternsingern, telefonieren nur Scholz und Biden miteinander, ohne Macron. Anschließend erklären sie, dass Washington der Ukraine Schützenpanzer vom Typ Bradley zur Verfügung stellen werde – und Berlin Schützenpanzer vom Typ Marder. Beide Länder wollen die ukrainischen Streitkräfte an den jeweiligen Systemen ausbilden.

Die Entscheidung ist nicht nur mit der französischen Regierung mangelhaft abgestimmt, sondern auch innerhalb der Bundesregierung. Bei den Gesprächen über die Lieferung von insgesamt 40 Mardern hat Olaf Scholz offenkundig die Ministerin, der er «selbstverständlich» vertraut, nicht umfänglich einbezogen. Während die Planungen zwischen Washington, Paris und Berlin seit Wochen liefen, erklärte Christine Lambrecht noch am 19. Dezember voller Überzeugung: «Aus der Bundeswehr werden wir ganz bestimmt keine Marder abgeben, denn wir brauchen sie.» Zwei Tage später bekräftigte sie das noch einmal.

Auch wenn die Entscheidung innerhalb der Regierung und zwischen den Partnern schlecht koordiniert ist, hat sie doch großes Gewicht. Die westlichen Alliierten schicken ein offensives Waffensystem ins Kriegsgebiet.

Auch die Ausbildung der ukrainischen Einheiten zeigt, dass die Alliierten ihre vorsichtige Zurückhaltung weiter aufgeben. Die Spirale der Aufrüstung dreht sich weiter und schneller. Biden, Macron, Scholz und auch der neue britische Premier Rishi Sunak lassen sich zunehmend von der Logik der Militärs leiten und tasten sich näher an die imaginäre rote Linie heran, vor deren Überschreitung Wladimir Putin seit Monaten warnt.

Der russische Präsident lässt zunächst seine Diplomaten reagieren. Sein Botschafter in den USA bezeichnet die Ausbildung ukrainischer Soldaten in Oklahoma als «De-facto-Beteiligung Washingtons am Ukrainekonflikt». Und der russische Botschafter in Berlin urteilt, die Bundesregierung würde eine «moralische Grenze» überschreiten: «Das gilt mit Blick auf die historische Verantwortung Deutschlands vor unserer Bevölkerung für die Nazi-Verbrechen während des Zweiten Weltkriegs.»

Eine solche Reaktion hatte Wolfgang Schmidt im Oktober vorhergesagt: Die russische Propaganda zieht die Nazi-Karte.

Rasende Krisen-Ministerin

Annalena Baerbock erzählt ihren Töchtern viel von den Ländern, die sie bereist, ein persönlicher Erdkundeunterricht ist das. Üblicherweise versucht sie, ihre Kinder mittwochs nach der Kabinettssitzung von der Schule abzuholen oder dann mit ihnen abends gemeinsam zu essen. Ein wenig Routine. Aber diese Woche verläuft völlig anders. Am Ende wird sie Ungewöhnliches zu berichten haben, sie erlebt einige der anstrengendsten Tage ihrer bisherigen Amtszeit.

Am Montagabend fliegt sie zunächst nach Polen, besteigt in einem Grenzort einen Zug nach Kiew und wechselt dort gleich in den nächsten Zug, den modernen Intercity Express 722, nach Charkiw. Sie fährt dicht an die russische Grenze und dicht ans Kriegsgebiet in der Ostukraine, dorthin, wo noch kein Außenminister oder keine Außenministerin aus dem Westen seit Beginn der russischen Invasion gereist ist.

Aus Sicherheitsgründen wird die Reise geheim gehalten, nur drei Journalisten dürfen sie die gesamte Strecke über begleiten. Auch der ukrainische Außenminister Dmytro Kuleba ist dabei. Während die beiden viele Stunden im Zug zusammen verbringen, hört Baerbock all die verständlichen Klagen des Ukrainers. Natürlich trägt er ihr auch erneut den Wunsch seiner Regierung vor, die Deutschen mögen endlich ihre leistungsstarken Kampfpanzer Leopard liefern.

Eine Reporterin, die Baerbock seit langem beobachtet, gewinnt den Eindruck, dass sie lieber heute als morgen der Ukraine die Kampfpanzer zur Verfügung stellen würde. Die Außenministerin empfinde es als Qual, dass die Leoparden nicht an die Ukraine geliefert werden. Aber Baerbock ist in die Kabinettsdisziplin eingebunden, und der Kanzler hält bislang an seiner Linie fest, keine Leos in die Ukraine zu schicken.

In Charkiw besichtigt Baerbock ein Umspannwerk, das die russische Armee im vergangenen Frühjahr bombardiert hat, ein Kinderkrankenhaus und den Wärmeraum einer Schule. Sie hört die Erzählungen der verängstigten Kinder.

Dass Annalena Baerbock diese Reise überhaupt antritt, ist ein starkes Zeichen. Sie lebt beispielhaft vor, was sie auch von ihren Landsleuten erwartet: sich in der Auseinandersetzung mit Russland nicht einschüchtern zu lassen. Mit dem Besuch in der Ostukraine geht sie nur etwa eine Raketenminute von Russland entfernt ein hohes persönliches Risiko ein. So wie sich die Bundesregierung mit der Lieferung von immer neuen Waffensystemen an Putins imaginäre rote Linie herantastet, tastet sich die Außenministerin an die Front heran.

Man muss davon ausgehen, dass den russischen Militärs Baerbocks Reise trotz der Geheimhaltung nicht gänzlich verborgen bleibt. Während ihres Aufenthaltes gibt es in Charkiw Bombenalarm, kurz nach ihrer Abreise schlagen erneut Raketen ein.

Als Christine Lambrecht im vergangenen Oktober einmal Odessa am Schwarzen Meer besuchte, wollte sie mit dem ukrainischen Verteidigungsminister Olexij Resnikow auch in die unweit gelegene Stadt Mykolajiw reisen. Die beiden hatten sich vorgenommen, in einem Restaurant in der Innenstadt zu essen, doch die Sicherheitsbeamten entschieden, dass der Abstecher zu gefährlich sei. Die beiden blieben in Odessa. Zu der Stunde, zu der sie ursprünglich zum Mittagessen verabredet waren, schlugen Raketen in dem Straßenblock von Mykolajiw ein, in dem sich das Restaurant befindet. Die Angaben zu den Opfern gehen auseinander, einige Quellen sprechen von Verletzten, andere von Toten.

Einige in Lambrechts Umgebung werteten den Anschlag als Zeichen der russischen Militärs: «Wir wissen, wo ihr seid, wir können euch jederzeit töten.» Wegen der akuten Gefahr mussten sich Lambrecht und Resnikow in Odessa in einen Bunker zurückziehen und diskutierten dort aufgebracht über die passende Antwort auf Russlands Terror.

Auch unabhängig von dieser lebensgefährlichen Bedrohung nimmt Baerbock bei ihrer Reise eine große Strapaze auf sich: Zwei Nächte hintereinander muss sie in einem Eisenbahnwaggon übernachten. Als sie am Mittwochvormittag nach Berlin zurückkehrt, ist an eine lange Ruhepause nicht zu denken. Am Abend besteigt sie erneut ein Regierungsflugzeug, das sie über 7000 Kilometer weiter südlich nach Afrika bringt. Auch diese Nacht wird kurz und unbequem. Später frage ich sie, mit wie wenig Schlaf sie auskommt. Sie antwortet: «In manchen Nächten mit gar keinem Schlaf. Aber das ist Teil des Jobprofils.»

Äthiopien liegt abseits der öffentlichen Wahrnehmung Europas, im medialen Windschatten des Krieges in Osteuropa. Doch der Blick dorthin lohnt sehr, vor allem für deutsche Außenpolitiker. Mit fast 120 Millionen Einwohnern ist Äthiopien das zweitbevölkerungsreichste Land Afrikas, ähnlich wie Mali sucht es seinen eigenen Weg durch die geopolitischen Umbrüche. Bislang hat sich die Regierung in Addis Abeba weder auf die Seite Russlands noch auf die Seite des Westens geschlagen. Zu stark sind die jeweiligen Abhängigkeiten.

Weite Teile der öffentlichen Infrastruktur wurden von China finanziert, von ihrem Hotelzimmer aus kann Annalena Baerbock auf eine chinesische Hochbahn schauen. Die Regierung in Peking geht davon aus, dass Äthiopien bald ihr größter Absatzmarkt in der Region sein wird. Russlands Engagement ist anderer Natur, das Land liefert MiG-Kampfflugzeuge sowie Hubschrauber und schickt Militärberater.

Wie wichtig diese Rüstungslieferungen sind, erkennt man daran, dass zwei Jahre lang ein erbitterter Krieg zwischen Regierungstruppen und der Volksbefreiungsfront der nördlichen Region Tigray tobte. Nach Angaben der Vereinten Nationen kamen dabei etwa eine halbe Million Menschen ums Leben. Erst vor zwei Monaten haben die Konfliktparteien ein Friedensabkommen geschlossen. Das könnte auch für den Konflikt in der Ukraine Hoffnung machen.

Der Friedensprozess in Ostafrika ist vordergründig auch der Grund, warum Baerbock gemeinsam mit der französischen Außenministerin nach Addis Abeba reist. Sie treffen dort die Staatspräsidentin und auch Abiy Ahmed. Der Regierungschef erhielt 2019 für seine Versöhnungsbemühungen im Konflikt mit Eritrea den Friedensnobelpreis, im Bürgerkrieg mit den Rebellen von Tigray wurden ihm jedoch schwere Menschenrechtsverletzungen vorgeworfen.

Das Land ist noch lange nicht befriedet. Die Besatzung von Baerbocks Regierungsflugzeug erhält die Anweisung, ihr Hotel nicht zu verlassen. Ihre Vorgesetzten haben weniger Angst vor einschlagenden russischen Raketen als vor Straßenkriminalität. Zu viel Gewalt hat das Land in der jüngeren Vergangenheit erschüttert.

Baerbock und Catherine Colonna nutzen die Übergangsphase, um sich den Machthabern Äthiopiens als politische Partner zu empfehlen. Doch die beiden erkennen, dass die Konkurrenz schneller war. Im vergangenen Juli reiste Sergej Lawrow nach Addis Abeba, am Tag vor Baerbocks Reise war der chinesische Außenminister in der Stadt. Die beiden Europäerinnen ernten freundliche Danksagungen und höfliche Ehrbekundungen. Beim Versuch, die äthiopische Regierung zu einer klaren Haltung gegen den russischen Angriffskrieg zu bewegen, lassen die Gastgeber ihre weitgereisten Gäste allerdings auflaufen. Sie wollen sich nicht vereinnahmen lassen.

Annalena Baerbock muss erneut feststellen, dass in vielen Regionen der Erde ganz anders auf den Krieg in der Ukraine geblickt wird. Im Fall von Äthiopien mag das auch damit zu tun haben, dass das Land zu sehr mit eigenen Problemen beschäftigt ist. Hinter der Zurückhaltung verbirgt sich zudem der Stolz, sich von ausländischen Mächten nicht in die eigenen Entscheidungen hineinreden zu lassen. Baerbock und Colonna bleibt das Rahmenprogramm. Neben den Gesprächen in den Palästen und Ministerien besuchen sie eine große Halle, in der insgesamt 218 000 Tonnen Getreide lagern, die neulich aus der umkämpften Ukraine hierhin geschafft wurden, und eine Kaffeerösterei.

Die Kurzreise soll der politischen Führung dieses riesigen Landes das Interesse der Europäischen Union signalisieren. Wenn die Karten auf der geopolitischen Weltkarte neu gemischt werden, wollen die Europäer im Spiel bleiben.

Am Ende dieser anstrengenden Woche steigt Annalena Baerbock wieder in ihr Flugzeug, um sieben Stunden lang nach Hause zu fliegen. Zu den Problemen, die sich in Europa auftürmen.

Im Jahr der Bundestagswahl habe ich sie monatelang begleitet, auch während ihrer Zeit als Außenministerin. Aber erst jetzt im Flugzeug fällt mir etwas Ungewöhnliches an ihr auf: Sie trägt nur ab und zu am Ringfinger ihrer rechten Hand einen Ring, oft, so wie heute, verzichtet sie ganz auf Ringe. Nur ein schmales Stoffband, wie Kinder es lieben, ist um ihr Handgelenk gewickelt, dazu eine alte Uhr mit digitalem Zifferblatt, Marke Casio, wie es sie in Kaufhäusern für etwa 50 Euro zu kaufen gibt. Die Beobachtung wäre eher unwichtig, würde sie nicht auch etwas über Baerbocks Stil, ihren politischen Stil, erzählen. Vielleicht auch darüber, wie sie wahrgenommen werden will.

Das trifft zwar auch auf Olaf Scholz zu, mit seiner abgewetzten Aktentasche und Vorliebe für Jeans und Pullover, die an alte Juso-Zeiten erinnern. Na klar, Annalena Baerbock ist zwei Jahrzehnte jünger. Aber anders als Scholz hat sich die Politikerin Baerbock die Natürlichkeit ihrer politischen Anfangsjahre bewahrt. Sie wirkt nahbar. Das schätzen viele Bürgerinnen und Bürger an ihr, das verbindet sie auch mit ihrer grünen Parteibasis.

Ausgerechnet diese Verbindung wird gerade aus politischen Gründen arg strapaziert. Ist Annalena Baerbock noch eine von uns? An Robert Habeck richtet sich eine ähnliche Frage. Sie zielt auf Waffenexporte, auf längere Laufzeiten für Kohle- und Atomkraftwerke. Und seit wenigen Tagen auch auf die Räumung des von Aktivisten besetzten Ortes Lützerath im rheinischen Braunkohlerevier.

Die Räumung ist ein für die grüne Partei überaus heikler Vorgang. Die Entscheidung zur Kohleförderung unter Lützerath fiel unter zwei Regierungen mit grüner Beteiligung, im Bund und in Nordrhein-Westfalen, und wurde gerichtlich bestätigt. Robert Habeck und Mona Neubaur, die grüne Wirtschaftsministerin in Düsseldorf, haben oft darauf verwiesen, dass die Räumung Teil eines umfassenden Kompromisses mit dem Energiekonzern RWE sei, der Ausstieg aus der Braunkohleförderung im Westen Deutschlands würde um acht Jahre auf das Jahr 2030 vorgezogen, andere Ortschaften blieben erhalten.

Doch Lützerath hat sich zum Symbol des Widerstands entwickelt, so wie einst Gorleben oder die Frankfurter Startbahn West. Der entscheidende Unterschied besteht darin, dass die Grünen heute auf beiden Seiten stehen, auf der Seite der Demonstranten und auf der Seite der Regierungen. Wie lange kann das gut gehen? Wie viele Kompromisse kann die Parteiführung ihrer Basis noch zumuten? Es ist möglich, dass sich weite Teile der Klima- und Umweltbewegung von der Partei abwenden.

Annalena Baerbock verfolgt auf ihrer Reise zwischen der Ostukraine und Ostafrika natürlich, was sich in der Nähe von Köln ereignet. Sie sieht die Bilder von Rangeleien zwischen Polizisten und Aktivisten und liest, dass sich einige Besetzer bis zum Schluss erbittert gegen eine Räumung wehren.

Eigentlich müsste das Herz von Baerbock, die als Mädchen einst von ihren Eltern auf Anti-AKW-Demonstrationen mitgenommen und so politisiert wurde, für die protestierenden Klimaschützer in Lützerath schlagen. Doch als ich im Flugzeug mit ihr zusammensitze, kommentiert sie nur trocken, in Lützerath sei nun einmal politisch und gerichtlich für die Kohleförderung entschieden worden, dem müssten sich auch die Demonstranten beugen.

Die Bilder von Steine werfenden Aktivisten und prügelnden Polizisten kann man jedoch nicht so leicht abtun, das weiß sie auch. Zu sehr brennen sich die Szenen im kollektiven Gedächtnis ein, als Protest gegen eine regierende Obrigkeit, die sich von der ums Klima besorgten Jugend entfernt.

Während des Interviews kommen wir auf die Ballung aktueller Krisen zu sprechen. «Was mir Sorgen macht», bekennt Baerbock, «ist, dass sich die Krisen überlappen – die Klimakrise, der russische Krieg und auch der Hunger in der Welt –, so dass manche Länder sie trotz internationaler Unterstützung kaum noch stemmen können.»

Neben den multiplen Großkrisen gibt es noch ein Problem, und das treibt Baerbock auf ganz andere Art um. Sie muss erleben, wie Gewaltdrohungen gegen sie persönlich zunehmen. Ihre Leute informieren sie eigentlich nur dann, wenn sie eine Drohung ernst nehmen. Aber einige schlimme Mails und Videos erreichen sie dennoch. Neben Morddrohungen gibt es jede Menge Obszönes bis hin zu Vergewaltigungsaufforderungen. Ähnliches lesen wohl auch andere Spitzenpolitikerinnen wie Ursula von der Leyen und die Finnin Sanna Marin über sich.

Während wir durch Äthiopien reisten, sorgte ein Vorgang für Aufsehen, der eine völlig neue Qualität hat. Kurz nachdem ihre Reise nach Charkiw öffentlich wurde, ereiferte sich in einer Talkshow des russischen Fernsehens der Duma-Abgeordnete Aleksey Schurawlow über die deutsche Außenministerin. Im Hintergrund wurden ihr Gesicht und Raketenwerfer eingeblendet, was auf einen vorbereiteten Beitrag schließen lässt. Und Schurawlow forderte die Militärführung seines Landes auf, die Deutsche zu liquidieren: «Baerbock läuft durch Charkiw. Was, wissen wir nicht, wo sie ist? Was, haben wir keine Hochpräzisionswaffen?»

Zunächst bin ich unsicher, ob ich sie auf den Mordaufruf ansprechen soll. Eigentlich ist das ein höchst unangenehmes, sehr persönliches Thema. Aber da der Aufruf im russischen Fernsehen ausgestrahlt wurde, ist er weltweit öffentlich und hochpolitisch. Sollten russische Militärs tatsächlich die deutsche Außenministerin angreifen, würde das wohl als Angriff auf Deutschland gewertet werden. Eine solche Äußerung kann man unmöglich ignorieren.

Baerbock hat auch von der Sendung erfahren und tut jetzt nicht so, als würde sie das alles als Teil ihres Berufsrisikos ausblenden. Sie wird im vergangenen Jahr auch von den Plänen gehört haben, Karl Lauterbach und Robert Habeck zu entführen. Die Bedrohung ihrer eigenen Sicherheit geht ihr nahe: «Manches bekommt man natürlich selber nicht mit, zum Glück nicht», fängt sie an. Dann erzählt sie, dass

sie zwar ständig von BKA-Beamten beschützt werde. Dennoch hinter-
ließen die Mordaufrufe Spuren. Für die russische Führung würde das,
was den meisten Menschen wichtig sei – Frieden, Freiheit, Sicherheit,
Respekt –, nicht mehr gelten. «Und ja, das macht etwas mit einem, auch
selber.» Sie stockt kurz, sucht nach Worten. Dann: «Das schmerzt.»

Viele Monate später spreche ich noch einmal mit ihr darüber, welche Spuren die andauernde Bedrohung und die wüsten Beschimpfun-
gen bei ihr hinterlassen. Sie erzählt: «Wenn man kalt für Kritik wird,
sollte man sein Amt niederlegen. Deswegen ist es mir wichtig, offen
zu bleiben. Zugleich muss man sich selber schützen, dass man daran
nicht zugrunde geht.»

Um kurz vor 22 Uhr am Freitagabend, als wir in Berlin landen, schalten die ersten Journalisten ihre Smartphones an und rufen durch den
hinteren Teil des Flugzeugs die neuesten Nachrichten: Christine Lambrecht kündigt an, als Verteidigungsministerin zurückzutreten.

Die Chefstewardess meldet sich: «Sehr geehrte Frau Ministerin,
sehr geehrte Mitreisende, wir hoffen, dass Sie ein erholsames Wochenende haben werden.»

Rücktritt und Antritt

Man kann sich die Situation gut vorstellen. Vor ein paar Tagen begeg-
nete Olaf Scholz beim Joggen einem anderen Läufer. Der hielt den
Kanzler an, stellte sich als polnischer Mitbürger vor und dankte ihm,
dass er sich von der Regierung in Warschau nicht verrückt machen
lasse. Die polnischen Politiker verlangen immer lauter die Lieferung
von deutschen Leopard-Panzern an die Ukraine. «Sich nicht verrückt
machen lassen», so sieht Olaf Scholz seinen vorsichtigen Regierungs-
stil am liebsten. Und deshalb hat er die Anekdote auch gerne in seiner
Fraktion erzählt.

Aber es sind nicht nur Politiker in Warschau, die dem Kanzler in
der Panzerfrage zusetzen, sondern auch amerikanische und britische,
ukrainische sowieso. Auch Robert Habeck und Annalena Baerbock be-
drängen ihren Regierungschef seit Monaten. Und weite Teile der Presse
drängeln.

Nicht nur die offene Frage nach weiteren Panzerlieferungen lastet in den ersten Januarwochen auf seinen Schultern, sondern auch die Frage, wie er die Spitze des Verteidigungsministeriums neu besetzen soll.

Seit am Freitag, den 13., spätabends durchsickerte, dass Christine Lambrecht aufgibt, wird sie tagelang nicht mehr im Ministerium gesichtet. Am Montag lässt sie der Öffentlichkeit schmollend ein paar Sätze zukommen und bestätigt ihren Rücktritt – dann taucht sie wieder ab. Die Hauptstadtpresse überschlägt sich mit Spekulationen über Lambrechts Nachfolge: Klingbeil, Heil, Högl, Schmidt, Möller oder doch ein General? Aber halt, eine Frau muss es sein, Olaf Scholz hatte im Wahlkampf damit geworben, sein Kabinett mit mindestens so vielen Frauen wie Männern zu besetzen.

Während sich in der Fantasie der Kommentatoren das Personalkarussell immer wilder dreht, fragt man sich, wer eigentlich gerade die Befehls- und Kommandogewalt über die Streitkräfte hat. Lambrecht ist zwar noch pro forma im Amt, erfüllt aber tatsächlich ihre Aufgaben nicht mehr. Und das, obwohl rüstungspolitische Entscheidungen anstehen und erhöhte Gefahr für die Sicherheit des Landes besteht. Es gibt keinen koordinierten Übergang, keine professionelle Kommunikation. Lambrechts Ausstieg, obwohl er sich intern seit vielen Monaten abzeichnet, ist überhastet, Scholz' Krisenmanagement schlingernd.

Der Rücktritt der Ministerin nach nur 13 Monaten Amtszeit kommt einerseits ungewöhnlich früh, andererseits viel zu spät. Seit Beginn des Krieges war sie mit ihren Aufgaben überfordert. Scholz beließ sie dennoch im Amt, auch weil er ihre Loyalität erwidern wollte. In der Folge war die Bundeswehr zwar nicht fuhrungs-, aber orientierungslos. Seit Wochen denkt Scholz nun darüber nach, wem er die Führung des Verteidigungsministeriums anvertrauen kann. Er spricht mit Vertrauten, klopft Ideen ab, dann erst, als die Unruhe in der Bundeswehr und den Medien immer größer wird, entscheidet er sich für einen Außenseiter.

Boris Pistorius hat in den letzten Tagen mit seiner neuen Lebensgefährtin und Freunden einen Wanderurlaub auf Madeira verbracht. Am Samstag, den 14. Januar, landet er zurück in Deutschland. Auf dem Weg vom Flughafen nach Hause wird er von einem SPIEGEL-Redakteur angerufen. Er will vom niedersächsischen Innenminister erfahren, wer Nachfolger von Christine Lambrecht werde. Pistorius antwortet wahrheitsgemäß, dass er das nicht wisse.

Zwei Tage später fährt er zur Amtseinführung der neuen Leiterin der Hubschrauberstaffel der niedersächsischen Polizei in Langenhagen. Pistorius hält eine kurze Ansprache. Daher hat er sein Handy auf lautlos gestellt und es auf das Stehpult vor ihm gelegt. Während er spricht, bemerkt er, dass sein Handy vibriert. Erst nach der Veranstaltung schaut er auf das Display und sieht, dass Olaf Scholz ihn sprechen will. Als er den Kanzler zurückruft, entwickelt sich ein äußerst wortkarger Dialog. Ohne lange Vorrede («wie das so seine Art ist», kommentiert Pistorius mir gegenüber) fragt der Kanzler nach nur zwei Sätzen, ob Pistorius bereit sei, das Amt des Verteidigungsministers zu übernehmen. Pistorius fragt nicht nach und erbittet keine Bedenkzeit. Er antwortet knapp: «Ja.»

Die Entscheidung wird von vielen in der Truppe begrüßt. Auch weil Pistorius einst selber Soldat war. Dazu kommt, dass er – anders als Olaf Scholz – Anfang der 80er Jahre nicht gegen die Nato und den US-Imperialismus demonstriert hat. Die damalige Aufrüstung mit Mittelstreckenraketen und Atomsprengköpfen verteidigt er noch heute: «Ich war da sehr klar auf der Seite von Helmut Schmidt. Für mich war das notwendig und richtig, auch wenn es schmerzlich war.»

Der Kanzler wirkt in diesen Tagen nur oberflächlich souverän. Die Suche nach der Nachfolge für Christine Lambrecht hat zu lange gedauert. Zudem gibt er ein politisches Prinzip auf, mit dem er im Wahlkampf geworben hatte, die Geschlechterparität.

Künftig sind vier Personen im Bundeskabinett, die kein unkompliziertes Verhältnis zu ihrer Partei, der SPD, haben. Olaf Scholz, Klara Geywitz, Karl Lauterbach und eben auch Boris Pistorius kandidierten im Jahr 2019 für den Parteivorsitz. Sie scheiterten unter anderem an dem Juso-Vorsitzenden Kevin Kühnert, der zum Entsetzen der anderen seine jungen Parteifreunde gegen das Partei-Establishment Stimmung machen ließ, um seine Kandidaten Norbert Walter-Borjans und Saskia Esken durchzuboxen. Wie es mit Kühnert und Esken in der Partei weiterging, ist bekannt.

Auf andere Art unsouverän und höchst anrüchig wirkt das Krisenmanagement des BASF-Tochterunternehmens Wintershall Dea. Im Jahr 2015, nach der russischen Annexion der Krim, hatte der deutsche Konzern seine Gasspeicher an Gazprom verkauft und im Gegenzug Anteile an sibirischen Erdgasfeldern erhalten. Auch nach Beginn der Invasion im Februar 2022 hielt Wintershall an seinem Engagement in Russland fest. Sogar nachdem der SPIEGEL und das ZDF im November einen schwerwiegenden Vorwurf erhoben, blieb das Unternehmen in Russland noch aktiv. Ein Joint Venture von Wintershall Dea habe, so der Bericht, sogenanntes Gaskondensat an Gazprom geliefert, den wichtigsten Hersteller von Flugbenzin für die russische Luftwaffe. «Wird dieses Gaskondensat auch für die Herstellung von Flugbenzin verwendet, das in russischen Jagdbombern zum Einsatz kommt, die ukrainische Städte bombardieren und Zivilisten töten?», fragten die ZDF-Kollegen. Wintershall bezeichnete den Zusammenhang als konstruiert und unzutreffend, im Übrigen verurteile man den russischen Angriffskrieg.

Den Verdacht, vom Krieg zu profitieren, konnte das deutsche Management dennoch nicht ausräumen. Die stellvertretende Justizministerin der Ukraine wurde zornig: «Wenn sich aus der Aktivität von Wintershall Dea ein Kriegsverbrechen ergibt, dann sollte der Fall dem Internationalen Strafgerichtshof übergeben werden.»

Erst jetzt, Mitte Januar 2023, zieht Wintershall die Reißleine und gibt bekannt, sich vollständig aus Russland zurückzuziehen. Konzernchef Mario Mehren sagt zur Begründung: «Russlands Angriffskrieg ist nicht vereinbar mit unseren Werten.» Eine erschreckend späte Erkenntnis. Dann schiebt er ein weiteres Motiv hinterher und signalisiert das auch dem Wirtschaftsministerium in Berlin. In den vergangenen Monaten habe die russische Regierung die Tätigkeit westlicher Unternehmen im Land eingeschränkt: «Die Joint Ventures wurden de facto wirtschaftlich enteignet.» Aha, daher weht der Wind. Der Schaden für die BASF-Tochter wird auf über zwei Milliarden Euro geschätzt. Vermutlich werden die deutschen Steuerzahler einen Teil davon übernehmen müssen, einige der Unternehmungen waren über Investitionsschutzgarantien des Bundes abgesichert. Habecks Leute haben die Erstattungsansprüche bereits auf dem Tisch.

Strategiewechsel

An seinem zweiten Arbeitstag als Verteidigungsminister steht Boris Pistorius etwas verloren auf einem Parkplatz des Hauptquartiers der US Air Force in Ramstein. Es ist bitterkalt, und Pistorius vermisst seinen Wintermantel. Irgendwo hat er ihn vergessen, vielleicht in seinem Dienstwagen. Für die Suche hat er jetzt keine Zeit, er muss noch schnell telefonieren. Hinter ihm eilen Minister und hochrangige Militärs aus rund 50 Ländern in den Officers' Club. Sie wollen neue Waffenlieferungen an die Ukraine beschließen.

Die meiste Aufmerksamkeit richtet sich auf den Neuen aus Berlin. Die ukrainischen Truppen sind in den letzten Wochen wieder in arge Bedrängnis geraten, die militärische Lage wird immer bedrohlicher. Die Ukrainer müssen sich auf die große Schlacht im Frühjahr vorbereiten. Vor allem die Deutschen können da helfen, seit den 1970er Jahren bauen sie den leistungsstärksten Kampfpanzer Leopard 2. Der Rüstungskonzern Krauss-Maffei Wegmann hat inzwischen über 3500 Exemplare hergestellt und an viele Länder verkauft, die Ukraine wünscht sich einige hundert von ihnen. Das sollte kein Problem sein, eigentlich.

Aber für die Weitergabe müssen die Länder eine Exportgenehmigung in Berlin einholen. Bislang hat sich das Kanzleramt gegen eigene Lieferungen und gegen die Genehmigung von Lieferungen durch Drittstaaten an die Ukraine gesperrt. Wolfgang Schmidt hatte im Oktober ausführlich begründet, warum der Leopard keine «Wunderwaffe» sei und dass er sich wegen der russischen Propaganda sorge, sollten deutsche Panzer wie im Zweiten Weltkrieg auf Russen schießen.

Olaf Scholz hat noch andere Bedenken. Seit Kriegsbeginn hat er immer wieder darauf hingewiesen, dass die Bundesregierung nur im Verbund mit anderen Partnerländern Waffen an die Ukraine liefere. Der Kanzler hat es öffentlich nie ausgesprochen, aber man kann den Eindruck gewinnen, dass er der ukrainischen Regierung nicht völlig vertraut. Er sieht sehr wohl ihre Nöte und weiß, wie wichtig die Leopard-Panzer für sie wären. Aber offenbar befürchtet er, dass Deutschland von der Regierung in Kiew absichtsvoll immer tiefer in den Krieg gezogen wird. Eine Ausweitung des Kriegsgeschehens auf Deutschland und somit auf die Nato könnte zwar der Ukraine militärisch nut-

zen, aber einen solchen direkten Konflikt will Scholz unbedingt vermeiden.

Wochenlang sprechen Regierungsbeamte in Berlin und Washington über den Wunsch der Bundesregierung, dass auch die Amerikaner ihre Kampfpanzer Abrams an Kiew liefern. Dann wäre Deutschland bei einer Weitergabe von Leoparden nicht exponiert.

Der Abrams mache für die Ukraine keinen Sinn, reden die Militärexperten im Pentagon auf ihre deutschen Gegenüber ein, das An-
triebssystem ihrer Panzer sei mit den europäischen Panzern nicht
kompatibel, das Gewicht, die Lieferung, die Wartung, die Ausbildung – all das sei zu kompliziert, die Einsatzbereitschaft käme zu spät.
Vielleicht haben die technischen Argumente den Bundeskanzler beeindruckt, überzeugt haben sie ihn nicht. Ihm geht es um etwas anderes. Scholz will ein klares Zeichen, dass Deutschland nicht allein vor-
prescht.

Da sich Joe Biden trotz aller Gespräche mit seinem Freund Olaf
weigert, ihm dieses Zeichen zu gewähren, steht der neue Verteidigungsminister Boris Pistorius an diesem kalten Januartag nicht nur
ohne Mantel, sondern auch politisch ziemlich nackt auf dem Parkplatz von Ramstein. Das Kanzleramt habe bislang keine Freigabe für
den Leopard-Panzer gegeben, teilt er den ebenfalls frierenden Journalisten mit, die Bundeswehr würde sich auf den Fall einer Freigabe vorbereiten. Mehr gäbe es nicht zu sagen.

In den nächsten Stunden und Tagen entlädt sich ein Wort-Gewit-
ter über Berlin. Marie-Agnes Strack-Zimmermann von der FDP tobt:
«Die Geschichte schaut auf uns und Deutschland hat gerade leider
versagt.» Darauf SPD-Fraktionschef Rolf Mützenich: «Dieselben, die
heute Alleingänge mit schweren Kampfpanzern fordern, werden morgen nach Flugzeugen oder Truppen schreien.» Strack-Zimmermann
legt nach, Mützenichs «Ansichten von gestern» führten zu den Problemen von morgen. Der SPD-Mann hält der FDP-Frau «Empörungs-
rituale» vor. Man könnte glatt übersehen, dass beide Mitglieder der
Koalitionsparteien sind.

Von Olaf Scholz gibt es zu dem Streit kein öffentliches Wort. Wie
kurz vor Kriegsausbruch werden in der internationalen Presse wieder
Stimmen laut, die die Bündnistreue und Zuverlässigkeit der deutschen Regierung in Zweifel ziehen. Scholz lässt es geschehen.

Am darauffolgenden Sonntag bietet sich dem Kanzler ein ungewöhnlich prominenter Rahmen, reinen Tisch zu machen und der Welt die Richtlinien deutscher Ukraine-Politik mitzuteilen, auch eine Grundsatzentscheidung zu Leopard-Lieferungen. Olaf Scholz reist mit seinem Kabinett und Dutzenden Bundestagsabgeordneten nach Paris, um mit Emmanuel Macron und ebenfalls zahlreichen Kabinettsmitgliedern und Abgeordneten den 60. Jahrestag des deutsch-französischen Élysée-Vertrags zu feiern.

Die Veranstaltung im großen Saal der Sorbonne-Universität ist für viele Teilnehmer bewegend, auch für mich. Beide Länder waren einst erbitterte Feinde. Mein Großvater kämpfte im Ersten Weltkrieg bei Verdun gegen die Franzosen. Und ein enger Mitarbeiter von Emmanuel Macron erzählt mir, dass sein Vater im Zweiten Weltkrieg gegen die Deutschen im Einsatz war.

Als ein Soldatenchor erst die deutsche, dann die französische Nationalhymne und schließlich Ludwig van Beethovens «Ode an die Freude» singt, erlebt die politische Klasse beider Länder einen seltenen Moment der Erhabenheit. Viele haben in diesem Augenblick glasige Augen. Es fällt schwer, sich vorzustellen, dass auch deutsche und russische Parlamentarier eines Tages wieder gemeinsam Lieder singen werden. Aber in diesem Vormittag steckt dennoch eine wichtige, tröstende Erkenntnis: dass die Geschichte nicht nur eine zerstörerische, sondern auch eine heilende Kraft entfalten kann.

Olaf Scholz hat viele freundliche Worte nach Paris mitgebracht, aber über Leopard-Panzer will er hier und heute nicht sprechen. Man kann den Eindruck gewinnen, dass nicht die Presse den Kanzler vor sich hertreibt, sondern dass es genau umgekehrt ist. Er scheint die Spannung jedenfalls besser auszuhalten als viele Journalisten. Mehrere Ohrenzeugen berichten zwar, wie heftig sich der Kanzler im kleinen Kreis über diejenigen in der Presse und auch in den Koalitionsparteien beschwert, die immer laut und leichtfertig schwere Waffen fordern. Er soll dann sehr wütend werden. Aber er bleibt pauschal, nennt keinen Namen. Und in der Öffentlichkeit hält er sich ohnehin zurück.

Dafür spricht Annalena Baerbock umso freimütiger. Als sich Emmanuel Macron und Olaf Scholz zum Abendessen in die feine Brasserie La Rotonde zurückziehen, gibt sie dem französischen Fernsehsender LCI ein Interview. Auf die Frage, wie die Bundesregierung reagieren würde, wenn Polen um eine Exportfreigabe für Leopard-Panzer bitten würde, antwortet sie: «Wenn wir gefragt würden, würden wir nicht im Weg stehen.»

Das kann dem Kanzler nicht schmecken. Er hat sich eine andere Dramaturgie überlegt. Außerdem versucht er noch, die Amerikaner dazu zu bewegen, ihre Abrams zu entsenden. Dann könnten die Ukrainer auch mit Leopard-Panzern rechnen. Baerbocks Satz, die Bundesregierung sei bereit, Exportgenehmigungen für die Leoparden zu erteilen, nimmt ihm ein wichtiges Druckmittel in den Verhandlungen mit Joe Biden. Die Außenministerin ist in die Gesprächsstrategie des Bundeskanzlers offensichtlich nicht eingeweiht.

Erst zwei Tage später löst sich die Situation auf. Die Amerikaner signalisieren, dass sie 31 Abrams schicken wollen.

Einiges spricht dafür, dass Chris Coons hinter den Kulissen einen großen Anteil an der Kurskorrektur seines Freundes Joe hat. Scholz traf den demokratischen Senator, der seit dem vorletzten Herbst eine Art Bindeglied zwischen ihm und dem amerikanischen Präsidenten ist, wenige Tage zuvor beim Weltwirtschaftsforum in Davos. Coons befürwortete eine Entsendung von amerikanischen Abrams, um die sture Blockadehaltung des Kanzlers aufzuweichen. Eine gewichtige Stimme.

Bidens Entscheidung wirkt wie ein großes Entgegenkommen an den deutschen Kanzler. Die technischen Probleme sind ja nicht über Nacht gelöst worden. Aber der Schritt des Weißen Hauses verändert die Position von Olaf Scholz. Folglich gestattet er die Lieferung von vielen Leopard-Panzern durch Drittstaaten und lässt auch die Bundeswehr zunächst eine Kompanie mit 14 Leopard 2 A6 zur Verfügung stellen. Gegen die Lieferung von Kampfpanzern hatte er sich monatelang gesperrt. Die komplizierten, zeitraubenden Verhandlungen kann Olaf Scholz in einen diplomatischen Erfolg umdeuten. Er hat im Einklang mit seinem wichtigsten Verbündeten auf der anderen Seite des Atlantiks agiert. Und er kann sich sogar damit brüsten, der Ukraine wegen seiner sturen Verhandlungstaktik noch viel mehr schwere Waffen besorgt zu haben.

Was Scholz nicht erklärt, ist, warum er seine Meinung geändert hat. Warum er sich so lange Zeit ließ. Er begründet auch nicht, warum die westliche Allianz einen Strategiewechsel vornimmt. Haben Deutschland und seine Verbündeten im ersten Kriegsjahr überwiegend Defensivwaffen ins Kriegsgebiet geschickt, ermächtigen sie die Ukrainer künftig, in den Offensivmodus umzuschalten. Mit den Mardern und Leoparden können sie besetzte Gebiete zurückerobern. Es ist eine historische Kehrtwende. Scholz schlägt alle Warnungen in den Wind, die ihm im vergangenen Jahr von Jürgen Habermas und den Unterzeichnern des offenen EMMA-Briefes flehentlich zugerufen wurden: Bleiben Sie besonnen, keine schweren Waffen, keine Eskalation!

Zwar hat der Kanzler in den zurückliegenden Monaten die Lieferung schwerer Kampfpanzer nie explizit ausgeschlossen. Aber er hat sich stets vehement gegen entsprechende Forderungen der Opposition und aus der eigenen Regierung gewehrt. Robert Habeck etwa ging das alles viel zu langsam. Die transatlantische Entscheidung ist auch eine erneute Abkehr von seiner bisherigen Politik, ein Schritt über eine weitere rote Linie. Olaf Scholz liefert Leopard-Panzer gegen seine ursprüngliche Überzeugung, Joe Biden wird Abrams-Panzer ebenfalls gegen seine ursprüngliche Überzeugung liefern. Beide Länder, und mit ihnen das gesamte westliche Bündnis, schlittern noch tiefer in diesen Krieg.

Das Drängen von Olaf Scholz auf die Entsendung von Abrams-Panzern ist auch ein Eingeständnis, dass sich der Kanzler die von seiner eigenen Partei proklamierte Führungsrolle Deutschlands doch nicht zutraut. Scholz trifft keine große Entscheidung ohne Abstimmung mit Joe Biden. Er braucht die Rückendeckung der Atommacht USA, falls Deutschland doch von Russland angegriffen werden sollte.

Nebenbei wird auch deutlich, wie weit sich Olaf Scholz von seinen früheren Standpunkten als Jungsozialist entfernt hat. In den 1980er Jahren wetterte er auf Friedensdemonstrationen in Bonn gegen die Stationierung amerikanischer Raketen in Europa. Als Kanzler verlangt er nun die Lieferung amerikanischer Panzer. Stark verkürzt kann man sagen: aus «Amis go home» wurde «Amis please come». Der Sozialdemokrat Scholz hat einen weiten Weg zurückgelegt.

Heute erhält er aus den eigenen Reihen und auch von weiten Teilen der Presse viel Applaus für seine Panzer-Politik. Sein zögerliches Verhalten in den vergangenen Wochen wird von Wohlmeinenden als geschicktes Taktieren ausgelegt.

Aber auch die kritischen Stimmen verstummen nicht. Olaf Scholz habe Joe Biden unbotmäßig unter Druck gesetzt und das Verhältnis zur amerikanischen Regierung beschädigt. Gerne wäre man auch dabei, sollte Olaf Scholz in der Umgebung von Potsdam wieder dem polnischen Jogger begegnen, der ihn noch vor kurzem wegen seiner ablehnenden Haltung in der Leopard-Frage gelobt hatte.

Das Verhältnis zu Russland ist ohnehin auf einem Tiefpunkt. Der russische Botschafter in Berlin sagt, die «äußerst gefährliche Entscheidung» würde den Konflikt auf eine neue Konfrontationsstufe heben. Sie widerspräche den Behauptungen deutscher Politiker, Deutschland wolle sich nicht in den Konflikt verwickeln lassen. «Rote Linien gehören somit der Vergangenheit an.»

In einem Punkt hat der Botschafter recht: Die Konfrontation wird schärfer. Der militärische und politische Einsatz in diesem Krieg wird höher. Auch die Bundesregierung erhöht ihren Einsatz.

Im Kanzleramt macht sich trotz der Leopard-Entscheidung keinerlei Zuversicht breit. Dass die amerikanischen und die deutschen Panzer die Wende im Krieg erzwingen, hält man für wenig wahrscheinlich. Eher hofft die Mannschaft um Olaf Scholz darauf, dass die Wirtschaftssanktionen Russland entscheidend schwächen werden. Aufmunternd werden BLOOMBERG-Berichte herumgereicht, nach denen Russland die wichtigen Halbleiter ausgehen und Mechaniker Chips aus Kühlschränken kratzen, um sie in Militärgerät zu montieren.

Im Kanzleramt verweist man darauf, dass zu Beginn des Krieges die russischen Zentralbankreserven in Höhe von 300 Milliarden Dollar eingefroren wurden. Zwar habe der russische Staat damals noch über weitere Reserven in gleicher Höhe verfügt. Damit könne Putin seine gewaltige Militärmaschine ein, zwei Jahre lang finanzieren. Doch das Exportgeschäft breche massiv ein, in den Westen würde kaum noch Gas verkauft, und nach einem Anstieg der Energiepreise im vergangenen Jahr seien sie seit einigen Wochen stark zurückgegangen. Irgendwann würde Russland schlicht die Luft ausgehen.

Berichte über die prekäre wirtschaftliche Lage müssten eigentlich auch Putin erreichen, hoffen sie im Kanzleramt. Dann müsste ihm dämmern, dass er sein Land gegen die Wand fährt. Aber diesen Gedanken verwerfen meine Gesprächspartner schnell wieder. Denn wer im Kreml habe den Mumm, dem Herrscher die Wahrheit zu sagen und ihn zur Vernunft zu bringen? In letzter Zeit würde man häufiger von Menschen lesen, die in Moskau aus Fenstern stürzen.

Das Team von Olaf Scholz glaubt nicht an ein schnelles Ende des Krieges, eher an einen militärischen und wirtschaftlichen Abnutzungskampf, der sich noch lange hinziehen wird.

Baerbock vs. Scholz

Am Tag, an dem erste Gerüchte über die Entsendung deutscher und amerikanischer Kampfpanzer die Runde machen, hält Annalena Baerbock beim Europarat in Straßburg eine Rede. Sie spricht von ihrer Reise nach Charkiw, von der Notwendigkeit, Menschenrechtsverletzungen juristisch zu ahnden, und stimmt alle Hörer darauf ein, Wladimir Putin weiter die Stirn zu bieten. Sie liebt solche Auftritte.

Anschließend stellt sie sich der Diskussion. Eigentlich ist das hier ein politisches Heimspiel, mehrere Ratsmitglieder bedanken sich für ihren Einsatz.

Dann meldet sich Christopher Chope zu Wort, ein englischer Tory-Politiker. Er sagt, aus Baerbocks Worten würde der starke Wunsch nach Kampfpanzern für die Ukraine sprechen. Das Parlament im Vereinigten Königreich sei in dieser Frage einig, jetzt will er wissen, warum nicht auch der Deutsche Bundestag in der Panzer-Frage geschlossen sei.

Baerbock dreht sich zu ihm um und antwortet auf Englisch, es mache doch keinen Sinn, in dieser Situation mit dem Finger aufeinander zu zeigen, das Blame Game, die gegenseitigen Schuldzuweisungen, würde nur Putin in die Karten spielen. Als sie zum Schluss kommt, übersetzt der Synchrondolmetscher: «... weil wir einen Krieg gegen Russland führen und nicht gegeneinander.»

Der Satzteil aus Baerbocks langer Antwort «... we are fighting a war against Russia» sorgt innerhalb kürzester Zeit weltweit für Aufsehen. Russische Propagandisten schäumen, auch die Opposition in Deutschland wettert. Hat die deutsche Außenministerin Russland soeben den Krieg erklärt? Das hat sie natürlich nicht, der Zusammenhang ist ein anderer, es ging um Solidarität. Aber natürlich muss eine

Chefdiplomatin auf ihre Worte achten, Sprache ist in ihrem Gewerbe das wichtigste Handwerkszeug.

Wer Annalena Baerbock über einen langen Zeitraum aus der Nähe beobachtet, weiß, dass sie eine Schnellsprecherin ist, die ihr Herz auch schon mal auf der Zunge trägt. Das bringt ihr viele Sympathien ein, weil sie lebendiger und unverstellter, also weniger scholzomatisch klingt als andere in der Politik. Aber das bringt ihr auch Ärger ein.

Man kann Baerbock nicht unterstellen, dass sie Deutschland im völkerrechtlichen Sinne als Kriegspartei sieht. Aber man kann sie nach ihren drei bewegenden Reisen in die Ukraine und den Mordaufrufen gegen sie so verstehen, dass sie sich selbst in einer Art Kampf mit Russland sieht. Der Versprecher hat etwas zutage gefördert, was seit Monaten in ihr arbeitet.

Im Kanzleramt lösen Baerbocks Ausrutscher auf dem diplomatischen Parkett allerdings Alarm aus. Hier werden ihre heiklen Äußerungen aufmerksam registriert, das Gerede von «Volksaufständen», die Ermahnung aus Usbekistan vor der China-Reise des Kanzlers, das TV-Interview in Paris, jetzt der verunglückte Satz in Straßburg. Olaf Scholz quittiert die aktuelle Aufregung nur mit Stirnrunzeln und der trockenen Feststellung: «Das ist ein Krieg zwischen Russland und der Ukraine.»

Auch bei ihm stimmt längst nicht jeder Satz, gelegentliche Arroganz-Anfälle verstören seine Zuhörer. Aber insgesamt hat der Kanzler seine öffentlichen Äußerungen deutlich mehr unter Kontrolle als seine Außenministerin.

Dass es zwischen der Nummer eins im Kanzleramt und der Nummer eins im Auswärtigen Amt Revierstreitigkeiten und Eifersüchteleien gibt, ist in der deutschen Regierungspolitik nicht die Ausnahme, sondern die Regel. Aber bei Scholz und Baerbock haben diese Spannungen eine spezielle Färbung. Sie gehen zurück bis in die Zeit des Bundestagswahlkampfs. Beide wollten den Wahlkreis 61 in Potsdam gewinnen, er setzte sich durch. Beide wollten Kanzlerin beziehungsweise Kanzler werden, er wurde es.

Auch die politischen Temperamente von Scholz und Baerbock könnten nicht unterschiedlicher sein. Jürgen Habermas hatte in seinem Essay zudem auf den Generationenunterschied aufmerksam gemacht, auf die Prägung durch den Kalten Krieg bei Olaf Scholz und die Abwesenheit dieser Erfahrung bei Annalena Baerbock. Im Umfeld des Kanzlers bedauern sie, dass Baerbocks frische, emphatische Art in der Bevölkerung häufig besser ankommt als die abwägende, schulmeisternde Art des Kanzlers.

Zunehmend werden auch die politischen Unterschiede zwischen den beiden deutlich. Der Streit wegen der Cosco-Beteiligung an dem Hamburger Hafenterminal hat Wunden gerissen. Und während er viele Wochen lang das Für und Wider von Leopard-Lieferungen abwog und hinter den Kulissen verhandelte, setzte sie ihn in Reden und Interviews unter Druck. Sie hielt das lange Nachdenken für schädlich, der Ukraine lief in diesen Wochen die Zeit davon.

Umgekehrt werfen ihr wichtige Personen aus dem Umfeld des Kanzlers vor, sich nicht genügend um diplomatische Initiativen zur Beendigung des Krieges zu kümmern. Bei den Gesprächen zu Leopard-Lieferungen ließ Scholz seine Chefdiplomatin außen vor.

Auch bei der Ausarbeitung der nationalen Sicherheitsstrategie treten schwerwiegende Meinungsunterschiede zwischen Auswärtigem Amt und Kanzleramt zutage. Zwar wird die Strategie unter Federführung von Baerbocks Ministerium erarbeitet. Doch schon die Vorgespräche mit den Scholz-Leuten gestalten sich so schwierig, dass die förmliche Ressortabstimmung mit den anderen Ministerien immer wieder verschoben werden muss. Baerbock und Scholz können sich monatelang nicht einigen. Als Christiane Hoffmann, der stellvertretenden Regierungssprecherin, wenige Tage nach Baerbocks Straßburg-Satz die alte Koch-und-Kellner-Frage gestellt wird («Wer bestimmt die Außenpolitik der Bundesregierung, das Kanzleramt oder das Auswärtige Amt?») antwortet sie: «Wir arbeiten in der Bundesregierung eng und vertrauensvoll zusammen.»

Wie hat Steffen Hebestreit, der Chef des Bundespresseamtes, solche Antworten genannt? «BPA-Bullshit-Bingo».

Habeck vs. Lindner

Am Dienstag, den 14. Februar, verfasst Robert Habeck einen Brief, der in Berlin hohe Wellen schlagen wird. Der Wirtschaftsminister schreibt sich den Frust von der Seele, darüber, wie und vor allem wofür in der Regierung Geld ausgegeben wird. Seit Wochen schwelt ein Streit zwischen den Staatssekretären seines Hauses mit ihren Kollegen des Finanzministeriums über den Haushalt für das Jahr 2024. Es geht ums große Geld.

Habeck ärgert sich darüber, dass Christian Lindner zwar öffentlich für eigene Herzensanliegen wie die staatlich unterstützte Aktienrente wirbt, aber für Projekte, die den Grünen wichtig sind, nicht genügend Mittel zur Verfügung stellen will. Daher schreibt er «stellvertretend für die von den Grünen geführten Ministerien», Lindner möge «keine weiteren öffentlichen oder internen Vorfestlegungen» treffen.

Habeck schreibt, dass er selbstverständlich die Regeln zur Einhaltung der Schuldenbremse respektiere, aber es seien ja auch andere politische Projekte vereinbart worden, die «keinesfalls nachrangig zur Einhaltung der Schuldenbremse» stehen würden. Er wolle daher darüber beraten, wie die staatlichen Einnahmen verbessert und umweltschädliche Subventionen abgebaut werden könnten.

Den Hinweis auf eine Verbesserung der Einnahmen muss Lindner als Angriff empfinden, er setzt sich ja nicht nur als Verteidiger der Schuldenbremse in Szene, sondern auch als Kreuzritter gegen Steuererhöhungen.

Eigentlich duzen sich Habeck und Lindner, doch der Wirtschaftsminister überschreibt seinen säuerlichen Brief nicht mit «Lieber Christian», sondern mit «Sehr geehrter Herr Kollege». Sein Brief zielt offensichtlich weniger darauf ab, mit Lindner eine Einigung zu erzielen. Das hätte er in einem persönlichen Gespräch auf Ministerebene, bei der anstehenden Regierungsklausur in Meseberg oder notfalls im Koalitionsausschuss versuchen können. Der Brief ist so abgefasst, dass er seinen Weg in die Öffentlichkeit findet, irgendwann, irgendwie. Da Habeck im Namen auch der anderen grünen Ministerinnen und Minister schreibt, ist das Schreiben auch ein Signal an die eigene Basis, dass er sich für ihre Kernanliegen einsetzt.

Die Parteibasis muss Habeck unbedingt für sich einnehmen, nur

dann hat er vor der nächsten Bundestagswahl Chancen, als Kanzlerkandidat ins Rennen geschickt zu werden.

Da er sich im zurückliegenden Jahr unter dem Druck der Ereignisse weit von der klassischen grünen Parteilinie entfernte – Kohle,
Atomkraft, LNG, Waffenexporte –, mag er mit dem Brief auch weiteren Enttäuschungen vorbeugen, sollten die Grünen bei den Etatver-
handlungen als Verlierer dastehen. Dann kann Habeck wenigstens auf
sein Schreiben verweisen: Seht her, so habe ich gekämpft.

Natürlich weiß er, was er mit dem Brief beim Empfänger anrichtet.
Die Laune von Christian Lindner ist an diesem Tag ohnehin im Keller,
zwei Tage zuvor ist seine FDP bei der Berliner Wiederholungswahl mit
nur 4,6 Prozent der Stimmen aus dem Abgeordnetenhaus gejagt worden.

Als ihn das Schreiben aus dem Wirtschaftsministerium erreicht,
zögert Lindner nicht lange, setzt sofort eine Antwort auf und zahlt es
Habeck mit gleicher Münze zurück («Sehr geehrter Herr Kollege»). Mit
Erleichterung habe er aufgenommen, schreibt er mit gespielter Heiterkeit, «dass die von den Grünen geführten Ministerien das Grundgesetz
für die Bundesrepublik Deutschland nicht in Frage stellen». Die politischen Vorhaben des Koalitionsvertrages seien aber verfassungsrechtlich nachrangig gegenüber der Einhaltung des Grundgesetzes. Mit anderen Worten: Im Zweifel entscheide ich als Finanzminister, welches
Vorhaben aus dem Koalitionsvertrag umgesetzt wird oder nicht.

Dann wird Lindner noch giftiger: «Die Nachricht, dass die grünen
Ministerien die Eckwerte für den Bundeshaushalt 2024 nicht mehr akzeptieren, hat mich überrascht.» Tatsächlich habe doch das Bundeskabinett am 16. März 2022 die gültigen Eckwerte und den Finanzplan
bis 2026 beschlossen. Habecks Anregung zu «Einnahmeverbesserun-
gen» wolle er außerdem nicht aufgreifen. «Stellvertretend für die von
der FDP geführten Ministerien» stelle er fest, dass Steuererhöhungen
vom Koalitionsvertrag ausgeschlossen seien. Im Übrigen seien sie auch
ökonomisch falsch.

Ans Ende seines Antwortschreibens setzt Lindner noch eine kleine
Gemeinheit, er kündigt an, zu petzen: «Ich erlaube mir, auch den
Bundeskanzler und die Kolleginnen und Kollegen über unseren Austausch zu informieren.» Strenggenommen ist das nicht nötig, auch
sein Schreiben findet den Weg in die Öffentlichkeit. Robert Habeck

beteuert, sein Ministerium habe den Briefwechsel nicht an die Presse lanciert, und Christian Lindner behauptet: «Wie diese Dinge öffentlich werden, weiß ich nicht. Ich bedauere das im Übrigen.» Die Vorgänge in der Hauptstadt versteht nur, wer über ausreichend Humor verfügt.

Der Briefwechsel gibt auch einen Vorgeschmack auf künftige Verteilungskämpfe. Die erforderlichen Investitionen in Rüstung, Klimaneutralität und Infrastruktur sind so gewaltig, dass sie immer mehr gegen ebenso notwendige Ausgaben im Sozialbereich und für Bildung ausgespielt werden können. Das aber würde die Gesellschaft unter höhere Spannung setzen.

Habeck und Linder tragen diesen Konflikt gerade stellvertretend aus. Dabei wirken sie nicht wie zwei Regierungsmitglieder, die von einer gemeinsamen Vision getragen werden, sondern wie Geschäftspartner kurz vor der Trennung. Ein klärendes persönliches Gespräch scheint nicht mehr möglich zu sein. Stattdessen hauen sie sich den Koalitionsvertrag und das Grundgesetz um die Ohren.

Allerdings sind auch die Ausgangslagen dieser beiden Rivalen denkbar unterschiedlich: Christian Lindner kämpft ums politische Überleben, Robert Habeck kämpft um die nächste Kanzlerschaft.

Tauziehen bei den Vereinten Nationen

Für diese UN-Abstimmung setzt sich Annalena Baerbock besonders ein. Immerhin soll am 23. Februar, kurz vor dem Jahrestag, der russische Angriffskrieg erneut verurteilt werden. Diplomatie ist ihre Kampfzone.

Zwei Tage vorher rast sie zunächst mit Nancy Faeser für ein paar Stunden in die Türkei, um das Erdbebengebiet zu besuchen. Dann bricht sie gleich wieder auf, diesmal nach New York. Ihre Begleiter meckern, dass Christian Lindner und Olaf Scholz in den beiden großen Flugzeugen der Flugbereitschaft nach Indien unterwegs seien, für die Außenministerin bleibe nur ein kleinerer Flieger mit geringerer Reichweite. Auf Island muss sie zwischenlanden, weil ihr Flugzeug neu betankt werden muss. Auch das kostet Zeit.

Schließlich steckt sie im New Yorker Stau fest und kommt gerade noch rechtzeitig im UN-Hochhaus an, um ihre Rede zu halten und für die Annahme der Resolution gegen Russland zu werben. Putin soll von möglichst vielen Staaten aufgefordert werden, seine Truppen aus der Ukraine abzuziehen.

Kurz nach Beginn der Invasion, Anfang März 2022, hatten 141 Staaten für eine ähnliche Resolution gestimmt, fünf dagegen, 35 Staaten enthielten sich. Seitdem hat Sergej Lawrow allerhand unternommen, um mehr Staaten in sein Lager zu locken. Und Annalena Baerbock und einige Verbündete haben durch zahlreiche Reisen und Gespräche versucht, genau das zu verhindern und ihr Lager zu vergrößern. Jetzt zeigt sich, wer beim diplomatischen Tauziehen erfolgreicher war. Die Abstimmung, die die deutsche Chefdiplomatin mitinitiiert hat, ist ein Stimmungstest, welche Erzählung des Krieges sich weltweit durchsetzt.

Als das Ergebnis bekannt wird, ist Baerbock zunächst erleichtert. Erneut haben sich 141 Staaten gegen Moskau gestellt. Die Abstimmung zeige, sagt sie, dass Russland genauso isoliert sei wie vor einem Jahr. Andererseits sind unter den 32 Ländern, die sich enthalten haben, weiterhin schwergewichtige Länder wie China, Indien und Südafrika. Trotz des seit einem Jahr andauernden Krieges und der zahlreichen Gräueltaten bleiben sie bei ihrem schonenden Umgang mit Russland. Und auch Länder wie Usbekistan und Äthiopien haben sich enthalten, um sie hatte sich Baerbock ja intensiv bemüht.

Die Außenministerin wird es auch schmerzen, dass es den russischen Diplomaten gelungen ist, Nicaragua und Mali auf ihre Seite zu ziehen. Die beiden Länder stimmen gegen die Resolution. Noch wenige Tage vor der Abstimmung war Sergej Lawrow nach Bamako geflogen. Dort besuchte er Abdoulaye Diop, den malischen Außenminister, der Baerbock im vergangenen April höflich die kalte Schulter gezeigt hatte. Die Gruppe der Moskau-treuen Staaten wächst also leicht.

Die Nachricht vom Nein der malischen Delegation verärgert alle, die in der Bundesregierung mit der Bundeswehr-Mission in dem westafrikanischen Land zu tun haben. Sofort stellen sich die Leute um Boris Pistorius die Frage, ob der Abzug der über tausend Soldatinnen und Soldaten früher als beschlossen abgewickelt werden kann. Üblicherweise rechnen die Planer mit einem Zeitraum von zwölf Monaten, bis Personal und Material zurück in Deutschland sind.

Die Sicherheitslage rund um das Lager Gao ist prekär, ein paar Tage nach der UN-Abstimmung gerät eine Bundeswehrpatrouille unter Beschuss. Jetzt kommt alles noch einmal auf den Prüfstand. Ein Bundeswehroffizier erklärt mir, dass man bei einem stark beschleunigten Abzug entscheiden müsse, welche Ausrüstung in der Wüste zurückgelassen werden soll. «Aggressive housekeeping» nennt er das. Aber klar, die Flucht aus Afghanistan würde allen in seinem Haus noch in den Knochen stecken. Diesmal soll der Abzug geordneter erfolgen, auch deshalb will man sich mehr Zeit lassen.

Boris Pistorius ist zwar für den Rückzug, und dennoch ärgert auch er sich: «Wir sollten es uns nicht erlauben, diese gesamte Zone, die Sahelzone, dem Einflussbereich der Russen und/oder der Chinesen zu überlassen».

Die Vollversammlung der Vereinten Nationen sind auch Tage der verpassten Chancen. Eigentlich hätte sich Annalena Baerbock in New York leicht mit der russischen Delegation treffen können. Ein Gespräch hätte beiläufig eingefädelt und diskret, ohne Presse, stattfinden können. Man hätte sich vermutlich in gepflegter Diplomatensprache altbekannte Standpunkte vorgehalten, aber möglicherweise wäre – neben den Telefonaten von Scholz mit Putin – ein weiterer Gesprächskanal entstanden.

Im vergangenen Juli waren sich Annalena Baerbock und Sergej Lawrow beim G20-Treffen in Bali genauso aus dem Weg gegangen wie zwei Monate später bei der UNO in New York. Jetzt bei der erneuten Vollversammlung schaffen es die beiden Delegationen nicht einmal, sich bei der Wahl des Ortes zu einigen. Die Russen erklären den Deutschen, in dem Gebäude sei kein geeigneter Raum frei, daher müsse man sich in den Räumlichkeiten ihrer Delegation treffen. Das will Annalena Baerbock nicht, das Spiel der Russen ist zu durchschaubar. Aber die deutsche Außenministerin ist auch nicht bereit, über ihren Schatten zu springen. Vom Auswärtigen Amt geht in dieser Phase des Krieges keine überraschende Idee, keine Initiative in Richtung Moskau aus.

Die überlassen die deutschen Diplomaten Ländern wie Brasilien, Südafrika oder China und beklagen mangelnde Ernsthaftigkeit und geringe Erfolgsaussichten. Nach einem Jahr Krieg sind die militärischen Fronten genauso festgefahren wie die Gedanken der Bundesregierung, wie dieser Konflikt gelöst werden kann.

Auch Boris Pistorius sieht keine Veranlassung, einen Kontakt zu seinem russischen Amtskollegen Sergej Schoigu aufzubauen: «Ich selber habe überhaupt keinen Kontakt, gar keinen.»

Wenige Tage später würde sich für Annalena Baerbock eine weitere Gelegenheit ergeben, mit Sergej Lawrow zu sprechen. Beide reisen zur Konferenz der G20-Außenminister in Neu-Delhi. Diesmal bleibt der Russe sitzen, als ihm Baerbock entgegenschleudert: «Es ist gut, dass Sie hier im Saal sind, um zuzuhören. Stoppen Sie den Krieg. Nicht in einem Monat oder einem Jahr, sondern heute.»

Baerbock hat sich, wie im vergangenen Sommer, fest vorgenommen, Lawrow keine gemeinsamen Fototermine zu ermöglichen. Sie will ihm nicht die Hand reichen, auch ein «Familienfoto» soll es nicht geben. Beide gehen sich aus dem Weg.

Antony Blinken, der amerikanische Außenminister, entscheidet sich anders. Er und Lawrow ziehen sich zu einem Gespräch zurück, zehn Minuten lang. Was kann man in so kurzer Zeit besprechen, wenn man eine Weltkrise lösen will? Es ist ein erster persönlicher Austausch seit Beginn der Invasion. Immerhin.

Baerbock trifft sich hingegen mit dem neuen chinesischen Außenminister Qin Gang. Anders als Olaf Scholz war sie in der chinesischen Regierung bislang nicht sonderlich gern gesehen. Jetzt allerdings steht ein Besuch von ihr in Peking im Raum – nach über 14 Monaten im Amt wäre das höchste Zeit. Auch weil die Spannungen zwischen China und dem Westen immer bedrohlicher werden. Da ist die politische Unterstützung für Russland. Da sind Spionageaktivitäten und Gerüchte um Waffenlieferungen an Moskau. Ein paar Tage nach dem Gespräch mit Baerbock warnt Qin Gang die USA zudem vor einer Konfrontation. Auch vor einer militärischen Eskalation wegen Taiwan würde man nicht zurückschrecken.

Der Bundeskanzler rast in die umgekehrte Himmelsrichtung, zu seinem Freund Joe Biden. Das Weiße Haus hatte einen Termin im April vorgeschlagen, mit dem üblichen zeremoniellen Beiprogramm. Aber so lange will Scholz nicht warten. Er will mit Biden möglichst sofort sprechen, allein, unter vier Augen. Scholz braucht die Sicherheit, nicht nur die militärische, des großen Nato-Bruders. Er braucht die Gespräche mit Biden, um sich selbst zu vergewissern, dass er auf der richtigen Spur ist.

Also fliegt er neun Stunden über den Atlantik, um 80 Minuten lang mit dem Präsidenten zu sprechen. Keine Presse darf ihn begleiten. Die beiden Männer vereinbaren strengstes Stillschweigen. So kann man nur aus den Äußerungen im Umfeld der Reise schlussfolgern, dass Scholz die Verstimmung in der amerikanischen Regierung wegen der Leopard-Abrams-Verhandlungen ausräumen will.

Für diese Vermutung spricht, dass Olaf Scholz im Anschluss ein einziges Interview gibt, und zwar CNN. Dazu hatte er sich auch vor einem Jahr, kurz vor Kriegsausbruch, entschlossen, als die Zweifel, die in Washington an der neuen deutschen Regierung geäußert wurden, ausräumen wollte. Bei dem abermaligen CNN-Interview lobt Scholz Biden dann auch als «einen der fähigsten Präsidenten» und als «wirklich guten Mann». Er beschwichtigt wieder.

Viel wichtiger und drängender ist aber wohl ein anderes Thema. Seit dem vergangenen Sommer schon liefern sich russische und ukrainische Soldaten in der Stadt Bachmut im Oblast Donezk einen mörderischen Stellungskrieg, der Augenzeugen an die Gemetzel bei Verdun im Ersten Weltkrieg denken lässt. Die Auseinandersetzung steckt fest. Aber das wird sich bald ändern, Russland hat eine neue Offensive gestartet, die Ukraine bereitet ebenfalls eine Offensive vor. Militärbeobachter rechnen damit, dass es in wenigen Wochen zu einer großen Schlacht kommen wird, möglicherweise einer Entscheidungsschlacht. Was passiert, wenn die ukrainische Armee diese Schlacht verliert? Was, wenn die Nato wählen muss zwischen Aufgabe der Ukraine oder einem Eintritt als Kriegspartei? Aber auch: Wie kann der Westen Wladimir Putin an den Verhandlungstisch zwingen? Wie kann der Westen Selenskyj dazu bewegen, sich mit Russland zu einigen?

Biden, Macron, Sunak und Scholz verkünden zwar laufend, die Ukraine so lange wie nötig zu unterstützen und dass es Sache der Ukraine sei, zu entscheiden, wann sie wieder Verhandlungen mit Moskau zur Beendigung des Krieges beginnen werde. Da die wichtigsten Nato-Staaten wegen ihrer massiven Aufrüstung der Ukraine aber immer stärker am Krieg beteiligt sind, tragen auch sie eine Verantwortung für den Verlauf des Konflikts.

Viel spricht dafür, dass Scholz und Biden über eine Exit-Strategie sprechen. Auch wenn die Aussichten auf ein baldiges Kriegsende gerade gering sind. Die Zeit läuft außerdem gegen das westliche Bündnis. Die USA stehen vor einem neuen Präsidentschaftswahlkampf, die Ausrichtung ihrer künftigen Außen- und Sicherheitspolitik ist unsicher.

Kein substantielles Wort darf deshalb aus dem Gespräch zwischen Scholz und Biden nach außen dringen. Nur ein Bild geht durch die Nachrichten: Der deutsche Kanzler und der amerikanische Präsident sitzen in den gepolsterten Sesseln des Oval Office, an der Wand Gemälde von George Washington und Abraham Lincoln. Im Kamin hinter ihnen ist Holz gestapelt. Aber anders als vor einem Jahr wird das Holz nicht zu einem prächtigen Feuer entzündet. Der Kamin bleibt kalt, die Themen des Gespräches lassen wohl keine behagliche Atmosphäre zu. Die Lage ist zu ernst.

Kettenreaktionen

Am 20. März 2023 beginnt wieder eine Woche, in der sich die Ereignisse überschlagen und unheilvolle Entwicklungen ihren Lauf nehmen. Die Schauplätze sind weit voneinander entfernt: Moskau, Riad, London, Den Haag und Interlaken.

Zunächst blickt die Welt auf die Ankunft von Xi Jinping auf dem russischen Regierungsflughafen Wnukowo. Wladimir Putin braucht dringend den Beistand des mächtigen Nachbarn. Entsprechend pompös empfängt er ihn. In dicke Wintermäntel gehüllte Soldaten marschieren im Stechschritt an dem Staatsgast vorbei, feierlich tragen sie große russische und chinesische Fahnen vor sich her. Dann wird Xi in den Kreml gefahren, wo er und Putin sich sogleich mit freundlichen Worten überhäufen. Sie loben einander als «zuverlässig» und als «besten und engsten Freund». Von einem solchen Gast ist keine Fundamentalkritik zu erwarten.

Mit seiner geschwollenen Demonstration der Zuneigung raubt Xi allen, die auf ihn als ernsthaften Vermittler zwischen den Kriegsgegnern setzen, jegliche Hoffnung. Er ist nicht gekommen, um mit Putin einen Friedensplan auszuhandeln. Er ist gekommen, um vor aller Augen die Achse Moskau-Peking zu stärken. Die beiden Staatschefs vereinbaren den Ausbau ihrer wirtschaftlichen Beziehungen – Russland wird mehr Gas liefern und China mehr Hochtechnologieprodukte. Das schwächt die Sanktionen der Europäer und Amerikaner. Und genau dieses Signal wollen sie von Moskau aus senden: Russland und China stehen geschlossen gegen den von den USA angeführten Westen.

So verfestigt sich in diesen Märztagen, was sich bereits seit mehreren Monaten andeutet: Die Großmächte verbünden sich zu gegnerischen Blöcken. Auch wenn Olaf Scholz von einer multipolaren Zukunft träumt – der Druck auf die Staaten des globalen Südens nimmt zu, sich zwischen dem östlichen und dem westlichen Machtzentrum zu entscheiden.

Das für die Weltwirtschaft so bedeutsame Saudi-Arabien wendet sich immer deutlicher von den USA ab und Russland und China zu. Zum zweiten Mal innerhalb weniger Monate kündigt das Königreich gemeinsam mit Moskau an, die Ölförderung zu drosseln. Zum Ärger der USA und der Europäer verhindert das einen stärkeren Rückgang des Ölpreises und der Inflation in ihren Ländern. Der Markteingriff spült viel Geld in die Kassen der Saudis und auch Russlands. Der Beschluss der Opec-plus-Staaten ist ein Affront gegen die Regierungen in Washington, Paris und Berlin, die sich lange um ein stärkeres Absenken des Ölpreises bemüht hatten.

Hinzu kommt, dass Riad in diesen Tagen der Shanghai Cooperation Organisation als Dialogpartner beitritt. Die SCO versteht sich als politisches und militärisches Gegengewicht zur Nato. Neben Russland und China gehören auch Indien, Iran, Kasachstan, Kirgisistan, Tadschikistan, Usbekistan und Pakistan der Gruppe an.

Die Annäherung der Saudis folgt vor allem wirtschaftlichen Motiven. Die Herrscher in Riad sind besorgt, dass die westlichen Nationen aus dem Geschäft mit fossilen Brennstoffen aussteigen. Also bauen sie ihre Kontakte in die östliche Hemisphäre als Absatzmarkt für Öl und Gas aus. Die Sorgen vor einer Beeinträchtigung ihrer enormen Gewinne sind weit größer als die Sorge vor der Klimakatastrophe.

China ist die dominierende Nation im Shanghai-Zusammenschluss und nutzt diese Stellung, um seinen weltweiten Einfluss zu erweitern. Gerade war die chinesische Regierung dabei erfolgreich, den seit langem lodernden Streit zwischen Saudi-Arabien und Iran zu schlichten. Andererseits nutzt Xi Jinping seine Macht bislang nicht, um die Regierungen Russlands und der Ukraine an einen Tisch zu zwingen. Er lässt den Krieg weiterlaufen.

An dem Tag, an dem sich Putin und Xi ihrer Freundschaft vergewissern, entscheidet die britische Regierung von Rishi Sunak, der ukrainischen Armee eine allseits gefürchtete Munition zu liefern: Granaten, die abgereichertes Uran enthalten. Ihre Durchschlagskraft reicht aus, um die Insassen feindlicher Panzer zu töten. Militärexperten beklagen, dass beim Aufprall geringe Mengen Radioaktivität in die Umwelt entweichen. Wladimir Putin greift die Nachricht aus London sofort auf. Er spricht von «Waffen mit einer nuklearen Komponente» und kündigt eine entsprechende Antwort an.

Eine weitere Kettenreaktion von Nachrichten nimmt ihren Anfang in Den Haag. Wegen des Vorwurfs, die Entführung ukrainischer Kinder zu verantworten, erlässt der internationale Strafgerichtshof einen Haftbefehl gegen Wladimir Putin. Die Ankläger fällen ihren Beschluss kurz vor dem zwanzigsten Jahrestag des Beginns des Irakkriegs. Das ist schlechtes Timing. Putin-Sympathisanten verweisen darauf, dass der amerikanische Kriegsherr George W. Bush nie wegen seiner Verantwortung für Kriegsverbrechen angeklagt worden sei.

Justizminister Marco Buschmann erklärt, der russische Präsident würde umgehend verhaftet werden, sollte er deutschen Boden betreten. Das wiederum provoziert Dmitri Medwedew, Putins Gefolgsmann und stellvertretenden Leiter des russischen Sicherheitsrates. Er droht, die Festnahme seines Präsidenten käme einem Casus Belli gleich, Russland würde mit dem Abschuss von Raketen auf das Kanzleramt und den Bundestag reagieren.

Boris Pistorius bleibt cool, zumindest will er diesen Eindruck vermitteln. Als ich ihn frage, ob das Kanzleramt ausreichend vor Angriffen geschützt sei, antwortet er gelassen: «Ich würde mir darüber keine Gedanken machen. Die Frage, ob das Kanzleramt sicher ist oder nicht, ist ja keine, die sich aktuell anders stellt als vor einem halben Jahr vor den Drohungen.» Die Erklärung beruhigt nur wenig.

Schließlich gibt Wladimir Putin dem russischen Staatsfernsehen ein Interview. Nichts in seinen Worten deutet auf Entspannung hin. Im Gegenteil. Er sieht sich durch den Besuch von Xi Jinping gestärkt und kündigt an, in Belarus Militärbasen für taktische Atomwaffen bauen zu lassen. Die Ausbildung der Bomberpiloten würde schon in wenigen Tagen beginnen, die Atomraketen seien ab dem 1. Juli gefechtsbereit.

Pistorius sieht das so: «Jeder, der mit Nuklearschlägen droht, muss wissen, was er damit anrichtet. Und das wissen auch alle Beteiligten auf russischer Seite. Deswegen nehme ich das als eine Drohung an, die vor allen Dingen Propagandazwecken dient.» Dann wird er trotzig: «Wir dürfen uns davon in unserem Handeln nicht leiten lassen. Wenn schon die Drohung mit einem Nuklearschlag gegen wen auch immer dazu führt, dass wir die Unterstützung für die Ukraine einstellen würden, dann hätte Putin gewonnen.»

Dennoch ist nicht zu übersehen: Während sich die Nato nach Finnland im Nordosten ausdehnt, rückt Putin mit seinen Atomwaffen weiter nach Westen. Die Bedrohungsarsenale kommen sich näher.

Eine weitere alarmierende Nachricht kommt aus dem Berner Oberland. Es ist bestürzend, dass sie wegen des Krieges kaum durch den Wahrnehmungsfilter der Öffentlichkeit dringt.

Der Weltklimarat IPCC sagt in seinem Jahresbericht voraus, dass der Anstieg der Erderwärmung schon Anfang des kommenden Jahrzehnts die 1,5-Grad-Grenze überschreiten wird. Die Wissenschaftler fordern ein entschlosseneres Handeln der Regierungen, um das Tempo der Klimaveränderung zu verlangsamen.

Das Leck

In der Politik sollte man mit Vorhersagen vorsichtig sein – wer hätte im Januar 2021 schon gedacht, dass Olaf Scholz elf Monate später Bundeskanzler werden würde. Aber in den letzten Märztagen des Jahres 2023 fügen sich die Regierungspartner so große Verletzungen zu, dass sie möglicherweise nie wieder heilen werden. Es wird erkennbar, dass die Koalition kaum noch durch ein inhaltliches Konzept zusammengehalten wird, sondern vor allem durch machtstrategische Überlegungen. Das Grundvertrauen des Anfangs weicht einem Misstrauen, das jedes Gemeinschaftsgefühl zersetzen kann.

Der IPCC-Bericht erreicht die Bundestagsfraktion der Grünen bei einer Strategieberatung in Weimar. Dort ist die Stimmung im Keller. Noch immer streiten sich Grüne mit FDP und SPD um den Ausbau von Autobahnen, um einen früheren Ausstieg aus der Kohleindustrie in Ostdeutschland, auch um die Eckpunkte der Haushaltsplanung. Eine Person, die bei den koalitionsinternen Auseinandersetzungen dabei ist, berichtet, dass um jeden Millimeter gekämpft wird. Dabei, so erzählt sie, würden die Grünen ihre Partner gelegentlich vor den Kopf stoßen. Sie träten mit dem missionarischen Eifer derjenigen auf, die die Erde retten, während alle anderen ahnungslose Deppen seien. Im Klartext: Die Mannschaft um Habeck und Baerbock geht den anderen mächtig auf die Nerven.

Zum Übel der Grünen kommt hinzu, dass sie in aktuellen Sonntagsumfragen auf 15 Prozent abrutschen, der Traum von einer grünen Kanzlerschaft rückt in weite Ferne. Die Lage der FDP ist noch mieser und die Machtperspektive der Kanzlerpartei SPD mit der Akzeptanz ihrer Koalitionäre verknüpft. Würde die Bundestagswahl auf das Frühjahr 2023 vorgezogen, hätte die Ampel keine eigene Mehrheit. Die andauernde Anspannung wegen des Krieges zehrt an den Kräften. Ein Koalitionsmitglied beschreibt das Regieren als «Hardcore», alle würden «am Limit» arbeiten. Das Bemühen, das eigene parteipolitische Profil zu schärfen, erfolgt zunehmend auf Kosten der Koalitionspartner. An Reibungsfläche ist kein Mangel. Die Grünen sind wütend, weil Verkehrsminister Wissing das verabredete Aus von Verbrennungsmotoren in neuen PKW ab 2035 wieder in Frage stellt. Er dringt darauf, den Betrieb mit synthetischen Kraftstoffen zu erlauben. Ricarda Lang markiert die Gegenposition, die Herstellung von E-Fuels sei unverhältnismäßig teuer und energieintensiv. Einige Grüne fürchten eine Hinterlist der FDP. Wissing und Lindner würden E-Fuels dazu nutzen, den Benzinantrieb von Luxusmarken wie Porsche weiter zu ermöglichen.

Die Spannungen innerhalb der deutschen Regierung wirken sich auf ganz Europa aus. Eigentlich war zwischen der Europäischen Kommission, dem Europäischen Parlament und dem Rat der Mitgliedstaaten schon vor Monaten ein komplettes Verbot von Verbrennungsmotoren vereinbart worden – mit Zustimmung Deutschlands. Dass Verkehrsminister Wissing die finale Abstimmung dennoch verhindert, sorgt für heftigen Streit. Hinter den Kulissen überziehen sich Mitglieder der Bundesregierung und der EU-Kommission mit bitteren Vorwürfen. Deutschland, das mächtigste Land der EU, steht plötzlich als unzuverlässig da. Als sich die Regierungen von Italien und Österreich der deutschen Blockadehaltung anschließen, wackelt es bedenklich in dem fein austarierten Gebilde der Europäischen Union.

Die Präsidentin des EU-Parlaments spricht von «großer Sorge», der lettische Ministerpräsident wird noch deutlicher: «Die gesamte Architektur der Entscheidungsfindung würde auseinanderfallen, wenn wir das alle tun würden.» Nicht Wladimir Putin bedroht gerade den Zusammenhalt der Europäer, sondern Volker Wissing und seine FDP.

Als Robert Habeck, Annalena Baerbock und die beiden Fraktionsvorsitzenden der Grünen sich am 21. März in Weimar den wartenden Journalisten stellen, platzt dem Wirtschaftsminister der Kragen. Es könne nicht sein, schimpft Habeck, dass in einer Regierung, die sich selbst Fortschrittsregierung nenne, nur eine Partei für Fortschritt verantwortlich sei und die anderen für dessen Verhinderung. Was Habecks Zuhörer aufhorchen lässt, ist die Wahl des Plurals («die anderen»). Dass er wegen des Streits mit Lindner und Wissing einen dicken Hals haben würde, war zu erwarten. Aber Habeck ist auch von Olaf Scholz und der SPD enttäuscht. Sein Groll hat eine hässliche Vorgeschichte.

Am 28. Februar macht die BILD mit der Schlagzeile auf: «SCHON AB 2024! Habeck will Öl- und Gasheizungen verbieten.» Der Artikel basiert auf einer gezielten Indiskretion, der Zeitung ist ein noch nicht abgestimmter Referentenentwurf eines Gesetzes zugespielt worden. Es sieht im Kern vor, ab dem kommenden Jahr den Einbau neuer Öl- und Gasheizungen zu untersagen. Neu ist der Plan nicht, schon vor einem Jahr hatte Habeck davon gesprochen. Aber jetzt wird er konkret. Die BILD-Redaktion entdeckt in dem Entwurf großes Empörungspotential. Tagelang wettert die Zeitung über den «Sanierungs-Wahnsinn» und die «Habeck-Panne». Vor allem FDP-Politiker steigen darauf ein, sprechen von «Unsinn» und warnen vor einer «Verschrottungsorgie». Das alles zielt gegen den Vizekanzler. Wer immer den Gesetzentwurf geleakt hat, löst absichtlich oder unabsichtlich die bislang größte Krise der Regierung aus.

Olaf Scholz lässt die Kampagne gegen seinen Vize ungebremst laufen. Wie ein Monarch, der den Machtkampf an seinem Hofe beobachtet, um herauszufinden, welcher Prinz sich durchsetzt. Natürlich ist Scholz kein Monarch, und höfisches Gehabe ist ihm fremd. Anders als Angela Merkel ist er mit den meisten engen Mitarbeitern per Du, in wichtigen Büros des Kanzleramts spricht man meist nicht vom Kanzler, sondern von Olaf. Aber er versteht es sehr genau, eisige Distanz aufzubauen, wenn er es für nötig hält.

Scholz' Passivität treibt das Team Habeck auf die Palme. Sein beharrliches Schweigen wirkt sich immer mehr zu Lasten des Wirtschaftsministers aus. Zu sehr ist der Regierungschef auf die Freidemokraten angewiesen, wenn er über die nächste Bundestagswahl hinaus im Amt bleiben will. Eine taumelnde FDP gefährdet seine Macht mehr als ein frustrierter Vizekanzler.

So wird Habeck tagelang als derjenige durch die Arena der Massenmedien gezerrt, der den Deutschen die gewohnten Heizungen verbieten will, ohne sich ausreichend um naheliegende Fragen wie soziale Absicherung und Verfügbarkeit von Material und Monteuren Gedanken gemacht zu haben. Gänzlich aus der Luft gegriffen sind die Vorwürfe nicht. Der Plan ist nicht durchdacht. Aber er ist eben auch noch nicht für die Öffentlichkeit bestimmt. Seit Beginn der Berichterstattung über den unreifen Gesetzentwurf klebt den Grünen wieder das unschöne Label «Verbots-Partei», das sie in den letzten Jahren so mühsam abkratzen wollten, fest auf der Stirn.

Habeck und seine Leute fühlen sich äußerst ungerecht behandelt. Wie die Gasumlage war auch das Aus für alte Öl- und Gasheizungen im Prinzip längst von allen Koalitionspartnern abgesegnet worden. Schon ein Jahr zuvor hieß es nach einem Koalitionsausschuss: «Wir werden jetzt gesetzlich festschreiben, dass ab dem 1. Januar 2024 möglichst jede neu eingebaute Heizung zu 65 Prozent mit Erneuerbaren Energien betrieben werden soll.» Warum, denken sich die Grünen nun, werden nur wir geprügelt? Ihr Unmut wächst gewaltig an.

Anders als beim Fiasko wegen der falsch aufgesetzten Gasumlage ist Robert Habeck diesmal entschlossen, nicht wochenlang den Kopf einzuziehen. Als ihn Caren Miosga am ersten Abend der Grünen-Klausur in den Tagesthemen fragt, ob er gar keine Selbstkritik wegen der schlechten Vermittlung seines Plans übe, bricht es zum zweiten

Mal an diesem Tag aus ihm heraus. Sein Gesetzentwurf zum Heizungs-
austausch sei an die BILD-Zeitung geleakt worden, «um dem Vertrauen
in der Regierung zu schaden». Der Minister vermutet einen «billigen
taktischen Vorteil» als Motiv und sei daher «alarmiert, ob überhaupt
Einigungswille da ist». Sein wütendes Fazit lautet: «Eine Regierung,
die das Vertrauen verspielt, hat natürlich ihr größtes Pfund verloren.»
Habeck will sich Luft verschaffen und die aufkommende Wut der
Bevölkerung von sich weg in Richtung «der anderen» lenken. Aber er
raunt nur und schwärzt niemanden persönlich an. Folglich fühlen
sich nicht nur die Freidemokraten angesprochen, sondern auch die
Sozialdemokraten. Die aber wehren sich gegen den Verdacht. Ein Spit-
zengenosse verweist mir gegenüber auf die Leute von der FDP, nur die
hätten ein Interesse daran, Habecks Heizungspläne von der Presse
schlachten zu lassen.

Als ich Gelegenheit habe, Christian Lindner auf den Vorwurf anzu-
sprechen, reagiert er empört: «Dass ein solches Vorhaben in die Öffentlichkeit gelangt und dass es offensichtlich ein Leck innerhalb der Bundesregierung gibt, hat mir gezeigt, dass es hier doch um sehr harte
Auseinandersetzungen gehen würde.»

Ob er eine Erklärung für das Leck hat?

«Nein. Aber ich kann ausschließen, dass es von der FDP kommt.»

Eine seltsame Antwort. Woher nimmt er die Gewissheit? Entweder
er sagt die Unwahrheit – oder er kennt die Quelle für die Indiskretion.

«Wie können Sie so etwas ausschließen?»

Lindner wird jetzt schmallippig: «Fragen Sie mal die BILD-Zeitung.»

Anruf bei BILD-Politik-Chef Jan Schäfer, er hat den Referentenentwurf veröffentlicht. Schäfer bestätigt Lindners Darstellung: «Der Entwurf kam nicht von der FDP, auch nicht von einem Mittelsmann.»
Konstantin Kuhle von der FDP äußert gar die Vermutung, Habecks Ministerium habe den Referentenentwurf selbst der BILD-Zeitung durchgestochen. In der Hauptstadt kommen zwei abenteuerliche Versionen
in Umlauf: Entweder haben konservative Beamte aus den GroKo-Jah-
ren den Entwurf weitergegeben, um das Vorhaben ihres grünen Chefs
zu durchkreuzen. Oder Habecks Leute haben den Vertrauensbruch gezielt der FDP anhängen wollen. Das wäre eine False-Flag-Operation,
wie sie auch nach der Explosion der Ostsee-Pipelines im Gespräch
war. In der Koalition traut man sich offenbar viele Gemeinheiten zu.

Als ich Robert Habeck frage, wer den Referentenentwurf der BILD-Zeitung durchgestochen hat, schüttelt er den Kopf: «Irgendwoher muss er gekommen sein. Ich weiß nicht, woher er gekommen ist.»

Dann erzählt Jan Schäfer noch etwas: Seine Redaktion habe Robert Habeck mehrfach für ein Interview angefragt. Seit seinem Amtsantritt als Bundeswirtschaftsminister habe er der BILD bislang jedoch stets Interviews verweigert. Darauf angesprochen, wird Habeck trotzig: «Es gibt ja keine Pflicht, Interviews geben zu müssen.»

Am Tag nach dem Wutausbruch in den TAGESTHEMEN schwappt eine Welle der Empörung durchs Regierungsviertel. Der Wirtschaftsminister sei dem Druck nicht gewachsen, heißt es aus der SPD. Auffällig ist, dass nicht nur Olaf Scholz Habeck im Regen stehen lässt. Auch Annalena Baerbock, die ebenfalls in Weimar ist, verfolgt den Streit kommentarlos von der Seitenlinie. Womöglich denkt sie an die schwerste Zeit ihrer bisherigen Laufbahn zurück. Als sie sich mitten im Wahlkampf gegen Plagiatsvorwürfe wehren musste, schwieg Robert Habeck tagelang. «Ich war im Urlaub, und zwar richtig. Also mit dem Zelt wild unterwegs», rechtfertigte er sich mir gegenüber damals.

Angesichts der durchchoreografierten Bilder mit Xi in Moskau, des Taktierens in Riad und der erschreckenden Prognose aus Interlaken wirken die offenen und die heimlichen Fouls in der Berliner Regierung unangemessen kleinlich. In dieser Phase erscheint die Dreier-Koalition als windschiefe Fehlkonstruktion. Die Reibung, die zwischen drei sehr unterschiedlichen Parteien und den ebenso unterschiedlichen Persönlichkeiten entsteht, erzeugt keine schöpferische Kraft, sondern eine selbstzerstörerische Energie.

Schlaflos im Kanzleramt

Habecks Rundumschlag in Weimar ist nur die Ouvertüre, das Vorspiel vor dem Koalitionsausschuss ab dem letzten Märzsonntag. Die Koalitionspartner stehen so sehr unter Einigungsdruck, dass schwache Kompromisse oder eine Vertagung von der Öffentlichkeit als Scheitern wahrgenommen werden würden. Seit mehreren Tagen versucht Olaf Scholz, mit seinen wichtigsten Ministern Habeck und Lindner eine

gemeinsame Linie für das Treffen vorzubereiten: beim Gebäudeenergiegesetz, beim Ausbau von Autobahnen und des Schienennetzes, bei
der Neuordnung des Naturschutzrechts, bei der Planungsbeschleunigung. Auch die Kindergrundsicherung und die vertrackte Haushaltsplanung stehen eigentlich noch zur Diskussion. Am Wochenende zuvor saßen die drei Männer viele Stunden zusammen im Flugzeug. Auf
dem weiten Weg zu Regierungskonsultationen in Tokio hatten sie
ausreichend Gelegenheit, sich zu besprechen. Doch auch nach zwei
Langstreckenflügen waren die meisten Streitpunkte weiter offen.
Bald darauf brach Olaf Scholz wieder auf, diesmal zu einem anstrengenden EU-Gipfel nach Brüssel. Dort musste er sich böse Vorwürfe
wegen der deutschen Blockadehaltung gegen das verabredete Ver-
brenner-Aus für PKW anhören. Erst spät zeichnete sich ein Kompromiss ab.

Als der Kanzler am nächsten Freitagnachmittag wieder in Berlin
landet, lässt er sich nicht nach Hause fahren, sondern eilt noch einmal
ins Kanzleramt. Dort will er mit Wolfgang Schmidt die Strategie für
die anstehenden Verhandlungen abstimmen. Da er sich mit Habeck
und Lindner nicht auf ein gemeinsames Positionspapier einigen
konnte, will Scholz eine eigene Tischvorlage formulieren. In der Nacht
brennt im siebten Stock des Kanzleramts wieder sehr lange Licht.
Schließlich ist Wolfgang Schmidt neben den Wachleuten der Letzte in
dem riesigen Gebäude.

Den Beginn des Koalitionsausschusses haben die drei Regierungsparteien mit Absicht auf Sonntagabend 18:30 Uhr gelegt. Das haben
sich Scholz und Schmidt bei Angela Merkel abgeschaut. Oft begann
sie ihre Verhandlungen in Brüssel oder Berlin erst am Abend. Sie
konnte sich darauf verlassen, dass sie länger durchhielt als die meisten
Männer am Tisch. Irgendwann um vier oder fünf Uhr morgens gaben
ihre Gegenüber ermattet auf und willigten in die Kompromisse ein, die
Merkel angesteuert hatte.

Diesmal kommt es anders. Und das liegt nur zum Teil an der Kom-
plexität der Themen. Die schlechte Gruppendynamik verhindert eine
schnelle Einigung. Es stellt sich heraus, dass sich die SPD-Leute und
die FDP-Leute näherstehen als dem grünen Koalitionspartner. Gleich
am Anfang der Sitzung erklärt Lindner, er sei mit Scholz' Tischvorlage
einverstanden. Alle Blicke sind jetzt auf die Grünen gerichtet: Stim-

men sie dem Positionspapier ebenfalls zu? «Dann wäre der Koalitionsausschuss um 19:30 Uhr beendet gewesen», erzählt mir Lindner später. Aber die Grünen wollen nicht mitspielen. Sie sind misstrauisch
geworden: Geht es Scholz nur darum, die strauchelnde FDP mit Zuge-
ständnissen zu stützen? Oder tun sich auch zwischen SPD und Grünen weltanschauliche Gräben auf?

Der Bankettsaal des Kanzleramts ist ein mittelgroßer, schmuckloser
Raum. Etwa 20 Personen haben an dem Konferenztisch auf bequem gepolsterten Stühlen Platz. Von hier oben im 5. Stock haben die Verhandler einen wunderbaren Blick auf das nächtliche Berlin. Wer will, kann
für eine Zigarettenpause durch eine kleine Tür hinaus auf den Balkon
treten.

Die Besprechung zieht sich in die Länge. Die Gruppen weichen
auch auf andere Räume aus, sogar in den Kabinettsaal ein Stockwerk
höher verziehen sich einige, um ihre Strategie abzustimmen. Nach
vielen aufreibenden Stunden wird am Himmel die Morgenröte erkennbar. Eigentlich geht es um eine gemeinsame Aufgabe, die sich der
klassischen Parteienausrichtung entziehen sollte: Was kann die Regierung tun, um die Klimaschutzziele zu erreichen? Das Thema ist von
lagerübergreifender Bedeutung. Doch die drei Partner, die sich im
vorletzten Herbst überraschend unkompliziert auf eine neuartige
Regierung verständigt haben, stehen sich selbst im Weg. Uralte Vorurteile brechen auf: Die Grünen halten der FDP vor, sich zu stark auf
das freie Spiel der Marktwirtschaft zu verlassen. Lindner wirft den
Grünen planwirtschaftliche Gängelungsgelüste vor. Da ist wieder die
ideologische Kluft, von der der FDP-Chef im Sommer 2021 sprach.
Sein Vorwurf lautete, die Grünen strebten eine «staatzentrierte Gleichheitsgesellschaft» an.

In dem Streit zwischen den Juniorpartnern positioniert sich die
SPD als Sowohl-als-auch-Partei, die nicht nur das Klima, sondern auch
die Autofahrer schützen will. Mit Schrecken hat Scholz die Gelbwes-
ten-Proteste in Frankreich verfolgt. Im Koalitionsausschuss, so schil-
dern es Teilnehmer, verweist er darauf, was einer Regierung blühe,
wenn Autofahrer auf die Barrikaden gehen. Kurz nach Sitzungsbeginn
war auf den Smartphones der Verhandler eine dazu passende Meldung
erschienen. Die Volksabstimmung zum Vorhaben, Berlin schon bis zum

Jahr 2030 zu einer klimaneutralen Stadt zu machen, ist gescheitert.
Zwar haben die Bewohner der Innenstadt mehrheitlich für die Initiative gestimmt. Doch die Bewohner in den Außenbezirken, von denen
viele auf ihre Autos angewiesen sind, haben sie überwiegend abgelehnt. Das Signal des Kanzlers lautet: Wir dürfen die Menschen nicht
gegen uns aufbringen. Dass Scholz in den Verhandlungen aber auch
auf den aktuellen und äußerst beunruhigenden Bericht des Weltklima-
rats IPCC verwiesen hätte, ist hingegen nicht bekannt.

Die Koalition trägt in dieser Nacht und am folgenden Morgen einen
Konflikt aus, der quer durch die Bevölkerung verläuft. Ein Konflikt zwischen denen, die auf einen schnelleren, entschlosseneren Umbau der
Industriegesellschaft drängen, und denen, die sich bei der Transformation überfordert fühlen. Die Grünen haben noch ein weiteres Problem.
Sollten sich Scholz und Lindner durchsetzen, würde das ihren Markenkern beschädigen. Mit einem abgeschwächten Kurs beim Klimaschutz
können sich Habeck und sein Team vor ihrer Basis nicht blicken lassen.
In diesen langen Stunden überlagern finstere Gedanken die Gespräche
im Kanzleramt. Verrät der Kanzler die Grünen? Opfern er und sein
Finanzminister den Klimaschutz aus Machtkalkül?

Am Vormittag ist eine Einigung immer noch nicht in Sicht. Fest verabredete Beratungen in den Parteigremien müssen gestrichen werden,
Christian Lindner verschiebt eine Zahnarztbehandlung. Saskia Esken
trifft es am wenigsten, sie muss wegen einer Coronainfektion ohnehin
zuhause bleiben und schaltet sich per Video zu den Beratungen. Nur
zwei internationale Termine lassen sich unmöglich absagen. Völlig übermüdet reist der Kanzler am Montagnachmittag mit mehreren Kabinettsmitgliedern zu einem deutsch-niederländischen Regierungstreffen
nach Rotterdam.

Wochen später sagt mir Olaf Scholz: «Irgendwie kann man sich an
viel gewöhnen.» Auch an die Schlaflosigkeit? «Ja, das wird manchmal
erforderlich, dass man lange verhandelt. Und deshalb hat mich das
auch bisher noch nie davon abgebracht, so lange zu arbeiten, wie es
notwendig ist. Es ist mir noch nie schwergefallen. Auch als Anwalt
habe ich schon viel verhandelt und oft auch sehr lange. Es ist manchmal wichtig, nicht aufzustehen, damit Dinge überhaupt entschieden
werden. Wenn man zu viele Unterbrechungen hat, geht alles oft wieder von vorne los.» Bei dem Marathon-Koalitionsausschuss gibt es

eine weitere Unterbrechung. Am Tag nach dem Abstecher nach Rotterdam kommt der Staatspräsident von Kenia zu Besuch.

Endlich, nach über 30 Stunden, treten die drei Parteivorsitzenden Klingbeil, Lang und Lindner vor die Presse und geben sich viel Mühe, das Ergebnis schönzureden. Sie verweisen auf Planungsbeschleunigung beim Bau von Straßen und Schienen, auf Flächenausweitung für Windkraft, auf eine Reform des Naturschutzrechts und auf eine pragmatische Ausgestaltung des Gebäudeenergiegesetzes. Das Mienenspiel der beiden Männer und der Frau verrät einiges über ihren Gemütszustand und auch über das Verhandlungsergebnis. Während es Christian Lindner nur halb gelingt, allzu triumphal zu wirken, und sich Lars Klingbeil anstrengt, so ausdruckslos wie Olaf Scholz nach einem Pokerabend auszusehen, changieren die Gesichtszüge von Ricarda Lang zwischen Erleichterung, Enttäuschung und Vorahnung.

In dem Ergebnispapier gibt es viel Interpretationsspielraum, auch viele Finanzierungsfragen bleiben offen. Aber das ist es nicht, was in Teilen der Öffentlichkeit große Entrüstung auslöst. Vor allem um die Grünen gibt es Aufregung. Ricarda Lang, Omid Nouripour, Robert Habeck, Annalena Baerbock und die beiden Fraktionsvorsitzenden haben einer Novelle des Klimaschutzgesetzes zugestimmt, die einer Schwächung des Klimaschutzes gleichkommt. Das Thema war im Vorfeld öffentlich kaum beachtet worden. Jetzt aber schimpfen Klimaschützer genauso erbost wie Unionspolitiker und Mitglieder der Grünen Jugend. Die Koalitionspartner haben sich darauf verständigt, das Erreichen der Klimaschutzziele künftig «anhand einer sektorübergreifenden und mehrjährigen Gesamtrechnung» aller Ministerien zu überprüfen. Das steht zwar schon so ähnlich im Koalitionsvertrag. Aber seit Monaten ist klar, dass die bisherigen Klimaschutzmaßnahmen nicht ausreichen. Das Verkehrsministerium und das Bauministerium verfehlten im Jahr 2022 die Klimaziele deutlich, sie werden die Vorgaben wohl auch im laufenden Jahr nicht erreichen; im Verkehrsbereich nahmen die CO_2-Emissionen sogar zu. Auf Betreiben der FDP beschlossen die Koalitionspartner jetzt dennoch: «Künftig werden alle Sektoren aggregiert betrachtet.» Dieser Satz nimmt Handlungsdruck von Verkehrsminister Wissing. Und er steigert den Druck auf die Grünen. Statt das Tempo beim Umbau zur Klimaneutralität zu erhöhen, wie das die Wissenschaftler des IPCC fordern, drosselt die Bundesregierung ihren Ehrgeiz.

Lea Bonasera von der «Letzten Generation» ist vor allem von den Grünen enttäuscht. Sie erkennt zwar an, dass sich die Partei mehr für den Schutz des Klimas einsetzt als ihre Koalitionspartner. Aber sie schränkt ein: «Auch die Grünen orientieren sich daran, was machbar ist, und nicht daran, was notwendig ist. Auch wenn einzelne Maßnahmen gut sind – sie reichen insgesamt nicht aus.» Etwas später blockieren Aktivisten erneut den Straßenverkehr in der Hauptstadt. Ein Demonstrant klettert auf einen Einsatzwagen der Polizei und brüllt seine Forderungen medienwirksam vom Dach des Fahrzeugs. Ein anderer Aktivist tobt, diejenigen in der Regierung, die die notwendigen Klimaschutzmaßnahmen verschleppen, seien «kriminell» und müssten sich eines Tages für ihr Regierungshandeln verantworten.

Am Morgen nach dem langen und kräftezehrenden Koalitionsausschuss tritt Robert Habeck auf die Bühne des vollbesetzten Weltsaals des Auswärtigen Amtes, er will vor einer internationalen Konferenz zu Energie- und Transformationsfragen eine Begrüßungsrede halten. In den letzten Monaten hat er routiniert viele solcher Ansprachen gehalten. Jetzt, nach dem einschneidenden Erlebnis der letzten Tage und Nächte, erhalten seine Worte eine neue Bedeutung. Er hat sich nur ein paar Gedanken auf einen Zettel notiert und improvisiert: «Wir dürfen uns nicht darüber hinwegtäuschen, dass Veränderung in der Regel Zumutung bedeutet. Dass Gewohnheiten hinterfragt werden, dass sich Interessen und Machtverhältnisse neu justieren.» Spielt Habeck auf eine neue Machtverteilung in der Regierung an, der er als Vizekanzler angehört? Eigentlich will er seinem Publikum Mut zusprechen, aber heute Morgen fehlt ihm die Überzeugungskraft. Die Weltgemeinschaft, auch Deutschland, sei nicht auf dem Weg, die vereinbarten Klimaziele zu erreichen. Zwar würde man sich für allgemeine Klimaprogramme rühmen, aber in Wirklichkeit nicht entschieden genug handeln. Konkreter wird er nicht. Wäre Robert Habeck nicht Vizekanzler, sondern Oppositionspolitiker, würde er vermutlich über einen Beschluss des Koalitionsausschusses besonders schimpfen: Der neuen Vereinbarung zum Klimaschutz fehlt die scharfe Verbindlichkeit, ein Automatismus, der jedes einzelne Ressort in der Regierung zur Einhaltung der Ziele zwingt.

Verkehrsminister Wissing kann hingegen ebenso aufatmen wie sein Parteichef Christian Lindner. In den letzten Wochen und vor allem in der 30-stündigen Verhandlung ist ihnen eine neue Erzählung der Dreierkoalition gelungen. Sie feiern sich als Bollwerk gegen die grünen Planwirtschaftler. Sie setzen sich als diejenigen in Szene, die die Interessen der Autofahrer gegen den Verbotswahn der Autohasser wahren. Das Wort Tempolimit taucht gar nicht im Ergebnispapier des Koalitionsausschusses auf, niemand in der Regierung will Lindners heilige Kuh antasten. Die FDP legt in den Meinungsumfragen leicht zu. Während die Freidemokraten einen wichtigen Punktsieg im Ringen um die öffentliche Meinung landen, muss Ricarda Lang zähneknirschend zugeben: «Das, was wir beschlossen haben, das reicht noch nicht.»

Als Robert Habeck von seiner Rede vor dem Energiekongress in sein Büro zurückkommt, zieht er sein Sakko aus, hängt es lässig um die Lehne seines Stuhls und nimmt ein Instagram-Video auf. Zunächst lobt auch er einzelne Beschlüsse. Doch dann kommt er auf die Klimaschutzmaßnahmen im wichtigen Verkehrsbereich zu sprechen. Sie seien unzureichend, klagt er: «Das ist für mich das, was am unbefriedigendsten ist. Aber das muss man klar sagen: mehr ist in dieser Koalition nicht möglich.» Den Gedanken schließt er mit dem Satz ab: «Wir müssen am Ende ja in dieser Koalition arbeiten.» Die Spitzengrünen sehen plötzlich wie Politiker alter Schule aus. Wie Politiker, die an der Macht kleben. Wie Politiker, die ihre wichtigsten Überzeugungen und Ziele opfern. Diesmal nicht wegen Wladimir Putin, sondern wegen Christian Lindner und Olaf Scholz.

«Mehr als schockierend»

Es hat lange gedauert, bis Annalena Baerbock nach China reisen kann. Zu lange. Olaf Scholz war schon fünf Monate vor ihr dort. Mit einer Einladung für die deutsche Außenministerin ließen sich die Chinesen Zeit, sie gilt bei ihnen als schwieriger Gast. Ihr Satz vom vergangenen August, ein Überfall auf Taiwan wäre ebenso völkerrechtswidrig wie ein Überfall auf die Ukraine, stieß bei der Regierung übel auf. Auch ihre Mahnung an Olaf Scholz vor seiner Peking-Reise und der Streit wegen der Cosco-Beteiligung an einem Hamburger Hafenterminal kamen nicht gut an.

Umso wichtiger ist, dass die deutsche Chefdiplomatin gleich zwei Tage für ihre Reise einplant und von Qin Gang, ihrem neuen Amtskollegen, freundlich empfangen wird. Baerbock denkt viel darüber nach, welchen Ton sie bei ihrem Besuch anschlagen soll. Den nüchtern-distanzierten Scholz-Ton oder den schmeichelnd-streberhaften Macron-Ton? Zum Entsetzen seiner europäischen und amerikanischen Partner hat der französische Präsident eine Woche zuvor Xi Jinping signalisiert, beim Konflikt um Taiwan nicht «Mitläufer der USA» zu sein, sich also herauszuhalten.

Oder wird Baerbock den besorgt-warnenden Von-der-Leyen-Ton anschlagen? Die Kommissionspräsidentin hat in einer Grundsatzrede vor ihrem China-Besuch gesagt: «So wie China militärisch aufgerüstet hat, hat es auch seine Politik der Desinformation und des wirtschaftlichen und handelspolitischen Drucks forciert.»

Baerbock entscheidet sich für eine ähnlich raue Verbalstrategie. Als sie nach ihrem politischen Sightseeing-Programm mit Qin Gang vor die Presse tritt, schont sie den chinesischen Außenminister nicht. Sie fordert faire Bedingungen für deutsche Unternehmen und nennt eine militärische Eskalation gegen Taiwan ein nicht akzeptables «Horrorszenario». Dann spricht sie, wie Olaf Scholz und frühere deutsche Regierungsmitglieder vor ihr, über das Reizthema Nummer eins. Die Menschenrechte würden in China beschnitten. Außerdem solle China seinen Einfluss auf Russland zur Beendigung des Ukrainekriegs stärker ausüben. Baerbock gelingt zwar die Balance zwischen klarer Botschaft und respektvoller Wortwahl. Auch sie weiß, wie wichtig China als Handelspartner ist und wie wichtig, vielleicht unverzichtbar, Xi Jinping bei möglichen Friedensverhandlungen zwischen Russland und der Ukraine einmal sein kann. Dennoch fällt die Reaktion auf ihre Sätze gereizt aus, geradezu unfreundlich. Hatte Ministerpräsident Li Keqiang die Menschenrechts-Ausführungen von Olaf Scholz stillschweigend ertragen und ins Leere gestarrt, geht Qin Gang bei Baerbocks Ermahnung sofort zum Gegenangriff über. Er belehrt die «Frau Außenministerin» schroff, China habe keine «Lehrmeister aus dem Westen» nötig. Erzielte Olaf Scholz in China ein greifbares Ergebnis – eine gemeinsame Warnung an Putin vor dem Einsatz von Atomwaffen –, verlässt Annalena Baerbock Peking mit leeren Händen.

Noch enttäuschender ist eine Nachricht, die sie zwei Tage nach ihrer Abreise erfährt: Der chinesische Verteidigungsminister Li Shangfu reist nach Moskau und wird dort von Wladimir Putin und dem russischen Verteidigungsminister Sergej Shoigu empfangen. Die drei wollen ihre militärische Zusammenarbeit ausbauen. Weder Olaf Scholz noch Emmanuel Macron noch Ursula von der Leyen haben es bislang vermocht, die chinesische Regierung dazu zu bewegen, von Russland eine Beendigung des Ukraine-Krieges zu fordern. Auch Annalena Baerbock ist mit viel Anlauf gegen eine harte chinesische Wand gelaufen. Die Machthaber in Peking hören sich die Nöte der Europäer an – und ignorieren sie. Die Kräfteverhältnisse haben sich spürbar zu Gunsten Chinas verschoben.

Am Ende ihrer Asienreise fliegt Baerbock zu einem G7-Treffen nach Japan. Die Außenminister und Außenministerinnen sind in Alarmstimmung und drücken das in einer markigen Erklärung aus. Sie sorgen sich wegen der «beschleunigten atomaren Aufrüstung» Chinas und verurteilen die «Militarisierungsaktivitäten» im Südchinesischen Meer. Die Chefdiplomaten prangern auch Menschenrechtsverletzungen in Tibet und der Provinz Xinjiang an. Pekings Reaktion kommt prompt und noch harscher als kurz zuvor die Replik auf Annalena Baerbock. Die G7-Erklärungen, so erklärt Qin Gangs Sprecher, seien eine «böswillige Verleumdung», «herablassend» und entsprächen dem «Denken des Kalten Krieges», sie seien «voller Arroganz, Vorurteilen und böser Absichten, China zu unterdrücken».

Als Annalena Baerbock nach einer turbulenten Reise nach Berlin zurückkommt, fasst sie vor dem Bundestag ihre Eindrücke so zusammen: «Es war zum Teil mehr als schockierend.»

Der Heizungsstreit

Auf andere Art schockierend ist, was sich kurz darauf in der Bundesregierung zuträgt. Nach wochenlangem Gerangel und großer Verunsicherung der Bevölkerung bringen Bauministerin Klara Geywitz und Robert Habeck am 19. April ihr überarbeitetes Gesetz zum Heizungstausch durchs Kabinett. Auch Christian Lindner stimmt für die Novelle. Er nutzt jedoch einen politischen Trick und trägt eine paar kritische Anmerkungen als Protokollnotiz vor. Anschließend verlässt Habeck das Kanzleramt. Es ist ein sonniger Frühlingstag, daher geht er die 500 Meter zu Fuß zum Gebäude der Bundespressekonferenz. Gemeinsam mit Klara Geywitz will er dort Einzelheiten des Gesetzes vorstellen.

Auch Christian Lindner verlässt das Kanzleramt, doch er nutzt die Zeit nicht für einen Spaziergang, sondern um einen Tweet zu schreiben. Der Finanzminister, der der Gesetzesnovelle eben noch zugestimmt hat, tippt in sein Smartphone: «Ich erwarte, dass nun im parlamentarischen Verfahren notwendige Änderungen vorgenommen werden, um Bedenken im Hinblick auf Finanzierbarkeit und Umsetzbarkeit auszuräumen.» Um 12:01 Uhr drückt er auf Senden.

Als Habeck kurz darauf die Bundespressekonferenz erreicht, muss er schon bald Fragen zu Lindners Tweet beantworten. Er reagiert ein wenig maulig und tut so, als würde ihn der Protest des Kollegen nicht sonderlich kümmern. Aber die Berichterstattung über seine Gesetzesnovelle wird sofort von der koalitionsinternen Kritik bestimmt.

Christian Lindner war Habeck schon einmal ähnlich in die Parade gefahren. Im vergangenen September durchkreuzte er dessen Kommunikationsstrategie vor der Vorstellung des AKW-Stresstestergebnisses mit vorab veröffentlichten Interviewpassagen. Heute beschädigt Lindner Habecks Auftritt mit ein paar Worten auf Twitter. Das ist auch das Halali für den zwei Tage später beginnenden Parteitag der FDP. Zunächst spricht der Abgeordnete Frank Schäffler in seiner Fraktion von einer «Atombombe für unser Land». Auf dem Parteitag selbst findet sein Antrag große Unterstützung, in dem er mit der Klima- und Energiepolitik der Grünen abrechnet: Habeck und seiner Partei ginge es um «dogmatische Vorfestlegungen auf einzelne Technologien, planwirtschaftliche Regelungswut». Ältere Beobachter fühlen sich an rhetorische Scharmützel im geteilten Deutschland erinnert. Viele in der FDP toben förmlich gegen Habeck. Sie nennen sein Gebäudeenergiegesetz absichtsvoll falsch «Heizungsverbotsgesetz». Das Wort hat das Zeug, den Deutschen Angst einzujagen.

Christian Lindner verweist mit Recht darauf, dass das Verlesen einer Protokollnotiz bei gleichzeitiger Zustimmung im Kabinett kein einzigartiger Vorgang ist. Aber eine derartige Mobilisierung von Partei und Öffentlichkeit gegen die Entscheidung der eigenen Regierung ist höchst ungewöhnlich. Lindners Aktion zahlt sich kurzfristig für ihn aus, die Umfragewerte der FDP klettern weiter. Aber die Aktion zerstört Vertrauen – in der Bevölkerung und innerhalb der Regierung. Das Manöver des FDP-Chefs wird auch als Zeichen an Opposition und Medien verstanden: Die Regierung ist uneins, Angriffe auf den Koalitionspartner sind erwünscht.

Nach dem Streit um die Laufzeitverlängerung der Atomkraftwerke hatte Robert Habeck davon gesprochen, er und Lindner hätten sich gegenseitig Wunden zugefügt. Seine eigene Wunde würde jedoch nicht bluten. Jetzt ist es anders, die neuen Verletzungen gehen tiefer. Blut tropft ins Wasser, Habecks Blut. Christian Lindner kann darauf vertrauen, dass es Haie anlockt.

Die Evakuierung

Währenddessen versuchen Annalena Baerbock und Boris Pistorius eine ungleich gefährlichere Krise zu managen. Im Sudan ist ein Bürgerkrieg zwischen rivalisierenden Generälen und ihren Anhängern entbrannt. Auch die Wagner-Gruppe des russischen Söldner-Unternehmers Prigoschin mischt mit und versorgt offenbar eine der Kriegsparteien mit Waffen. Hunderte Menschen sterben, viele Ausländer harren in Todesangst in ihren Häusern und Wohnungen aus. Die Bundeswehr startet eine Rettungsmission, um etwa 150 Deutsche aus dem Land zu holen. Drei A400M-Transportflugzeuge heben ab, doch sie müssen ihren Flug abbrechen und umkehren, weil der Flughafen in Khartum umkämpft wird.

Am Freitag, den 21. April, ist Boris Pistorius bei einem Treffen der Ukraine-Kontaktgruppe auf dem US-Luftwaffenstützpunkt in Ramstein. Er lässt sich pausenlos über die Lage im Sudan unterrichten. Eigentlich will er zwei Tage später in die USA fliegen, um den amerikanischen Verteidigungsminister Lloyd Austin zu besuchen. Doch als sich am Mittag immer noch nicht abzeichnet, ob die Bundeswehr eine Landeerlaubnis für eine zweite Mission im Sudan erhält, bläst Pistorius seinen Trip ab. Die Evakuierungsoperation ist zu gefährlich, er will sie nicht von den USA aus beobachten, sondern im Berliner Krisenstab Entscheidungen treffen können. Er ruft Lloyd Austin an. Der Amerikaner reagiert verständnisvoll, klar, sagt er, er würde genauso entscheiden.

Am darauffolgenden Tag startet die Bundeswehr einen zweiten Rettungsversuch. Ein auf der jordanischen Muwaffaq Salti Airbase stationierter Verband kommt zum Einsatz, Fallschirmspringer, auch Leichtpanzer vom Typ «Wiesel» stehen zur Verfügung. Einige Soldatinnen und Soldaten bereiten sich auf Kampfhandlungen vor. Baerbock und Pistorius verfolgen die verschiedenen Phasen der Operation zunächst im «Keller», dem Krisenreaktionszentrum im Untergeschoss des Auswärtigen Amtes. Später treffen sie sich unter Leitung von Olaf Scholz im abhörsicheren Lagezentrum des Kanzleramts. Eine größere Runde sitzt zusammen, auch Wolfgang Schmidt und Generalinspekteur Carsten Breuer sind dabei. Bei diesem zweiten Anlauf geht alles glatt. Die Truppentransporter können auf einem Flughafen in der Nähe der sudanesischen Hauptstadt landen und viele Deutsche sowie andere Ausländer in Sicherheit bringen, insgesamt etwa 700 Menschen.

Am Montag danach trifft sich Olaf Scholz mit anderen europäischen Staats- und Regierungschefs im belgischen Ostende, 7000 Kilometer nordwestlich von Khartum. Es geht um den Bau von riesigen Offshore-Windkraftanlagen in der Nordsee. Als er auf dem Rückflug nach Berlin erfährt, dass gerade viele Sudan-Rückkehrer im militärischen Teil des Willy-Brandt-Flughafens ankommen, will er nach seiner Landung die Geretteten begrüßen. Mitreisende Reporter berichten, dass sie ferngehalten werden, der Kanzler will auf jegliche Pressebegleitung verzichten. Dann erfährt Scholz, dass die Menschen, die enorme Strapazen hinter sich haben, ungerne auf ihn warten und stattdessen lieber nach Hause oder in Hotels gebracht werden wollen. Also respektiert der Kanzler den Wunsch und überlässt die positive Berichterstattung seinen beiden Kabinettsmitgliedern und ihren Teams. Baerbock und Pistorius können sich für den Erfolg der militärisch und politisch hochriskanten Rettungsmission feiern lassen.

Kipppunkte eines Ministers

Bald darauf verdüstert sich die Lage von Robert Habeck noch mehr. Das hat er Patrick Graichen zu verdanken, seinem wichtigsten Staatssekretär. Graichen ist in der Szene der Öko- und Energie-Initiativen bestens vernetzt. Als sein Förderer galt einst Rainer Baake, der die Denkfabrik Agora Energiewende gründete und als Staatssekretär ins Wirtschaftsministerium von Sigmar Gabriel wechselte. Baake war derjenige, der im Jahr 2015 die Bedenken von Annalena Baerbock und anderen grünen Bundestagsabgeordneten wegen des Verkaufs deutscher Gasspeicher an Gazprom zerstreuen sollte.

Graichen war gleich doppelt Baakes Nachfolger: zunächst als Geschäftsführer der Agora, später dann als Staatssekretär im Wirtschaftsministerium. In dieser Funktion steuert Patrick Graichen nun die wichtigsten energiepolitischen Entscheidungen der Bundesregierung. Er kann auch über die Besetzung wichtiger Positionen im Einflussbereich des Ministeriums mitentscheiden. Dabei machte er Anfang März einen folgenschweren Fehler. Er half, seinen eigenen Trauzeugen in ein wichtiges Amt zu hieven. Der Freund sollte Chef der bundeseigenen Deutschen Energie-Agentur werden. Ohne seine persönliche Verbindung offenzulegen oder seinen Minister darüber in Kenntnis zu setzen, entschied Graichen als Mitglied des Auswahlgremiums über die Personalie.

Wieder steht Habeck vor der Frage, welchen Weg er in Gefahr und höchster Not beschreiten soll. Erneut entscheidet er sich für den Mittelweg. Als die Angelegenheit öffentlich wird, bezeichnet er Graichens Verhalten offen als «Fehler», aber lobt seinen Staatssekretär als Mann, dem Deutschland eine Menge zu verdanken habe: Gasspeicher, LNG-Terminals, Uniper – ohne Graichen wäre das Land nicht so schadlos durch die Energiekrise des vergangenen Winters gekommen. Er kritisiert ihn und hält zugleich an ihm fest. Habeck hält den Mittelweg für einen Ausweg. Doch jetzt werden weitere Verwandtschafts- und Freundschaftsverhältnisse in der Spitze des Wirtschaftsministeriums ein großes Medienthema. Der Chef muss sich Bezeichnungen gefallen lassen, die jeden Politiker und jede Politikerin schmerzen, ja sogar das Amt kosten können: «Vetternwirtschaft», «grüner Filz», «Familien-

clan». Diesmal kann Robert Habeck die miese Presse nicht auf regierungsinterne Konkurrenten schieben: Er trägt die politische Verantwortung für die missratene Personalpolitik in seinem Haus.

Ein paar Tage lang sind Habeck und andere Spitzengrüne unsicher,
wie sie sich in der immer bedrohlicher werdenden Krise verhalten sollen. Der im politischen Nahkampf erfahrene Jürgen Trittin springt
dem Wirtschaftsminister zur Seite und beklagt eine «gezielte Kampagne aus der rechten Ecke». Dieser Lesart schließen sich die anderen
Grünen zunächst nicht an. Im letzten Bundestagswahlkampf haben sie
schon einmal schlechte Erfahrungen damit gemacht, sich bei berech-
tigter Kritik als Kampagnenopfer darzustellen. Die Plagiatsvorwürfe
gegen Annalena Baerbock versuchte Michael Kellner, damals Politischer Geschäftsführer der Grünen und inzwischen ebenfalls Staatssekretär im Wirtschaftsministerium, in einer Rundmail abzubügeln:
«Das ist der Versuch von Rufmord und Teil einer Kampagne.» Der
Versuch ging schrecklich nach hinten los. Ein paar Wochen später erklärte mir der Wahlkämpfer Habeck kleinlaut: «Es gab einen Fehler,
der wurde gemacht: Das als ‹Rufmord› abzutun und quasi so eine Art
Kampagne zu unterstellen.»

Wenn der Wirtschaftsminister Habeck diesen Fehler nicht wiederholen will, bleibt ihm jetzt nicht viel mehr übrig, als kleinlaut zu hoffen, dass die schlechte Berichterstattung bald von anderen Themen
verdrängt werden wird. Also verkündet er, dass das Auswahlverfahren
für den Spitzenjob bei der Energieagentur neu aufgesetzt werde. Graichen wackelt, aber Habeck lässt ihn nicht fallen. Doch es gelingt ihm
nicht, die Spannung zu halten. Bei einem TAGESTHEMEN-Interview mit
Ingo Zamperoni kann er sich das Wort «Kampagne» selbst nicht verkneifen: «Ich erlebe jetzt seit mehreren Wochen, dass mit einer Härte
und fast Böswilligkeit Unterstellungen, Beleidigungen, teilweise Lügen
verbreitet werden, um ein Ziel durchzusetzen: die Verhinderung der
Dekarbonisierung des Klimaschutzes im Wärmebereich.» Seine Schlussfolgerung: «Da bin ich nicht bereit, Menschen zu opfern, um dieser
Kampagne nachzugeben.»

Völlig deplatziert ist sein Vorwurf nicht. Am Tag nach der Anhörung von Habeck und Graichen vor zwei Bundestagsausschüssen
stellt die CDU ihre Kampagne «Fair heizen statt verheizen» vor. Auf
einer Internetseite sammeln Friedrich Merz und sein Generalsekretär

Mario Czaja Unterschriften gegen das Heizungsgesetz. Einige Wochen später werden der bayerische CSU-Ministerpräsident Markus Söder und sein Stellvertreter Hubert Aiwanger von den Freien Wählern auf einer Veranstaltung in Erding vor 13 000 Menschen gegen das Heizungsgesetz und die Bundesregierung mobil machen. Aiwanger wird die Menge mit der bayerisch-deftigen Version von AfD-Slogans aufwiegeln: «Jetzt ist der Punkt erreicht, wo endlich die schweigende Mehrheit dieses Landes sich die Demokratie zurückholen muss und denen in Berlin sagen muss: Ihr habt's wohl den Arsch offen da oben.» Die Fahrt des Kampagnenzugs wird immer wilder.

Doch Habecks Versuch, sich als Kampagnenopfer darzustellen, kommt allzu erkennbar aus der Schmollecke. Hätte sich Patrick Graichen korrekt verhalten, hätten er und sein Chef ihren Gegnern weniger Angriffsfläche geboten. Ganz so einfach ist es mit dem Kampagnenvorwurf noch aus einem anderen Grund nicht. Neben der FDP und der CDU regt sich auch in der SPD immer mehr Widerstand gegen das Heizungsgesetz. Letzteres ist bemerkenswert, weil der Entwurf auch aus dem Bauministerium der SPD-Politikerin Klara Geywitz stammt.

Aber in der öffentlichen Diskussion steht nur Robert Habeck im Feuer. Er braucht seine Kraft kaum noch für den Klimaschutz, sondern vor allem für den Selbstschutz. Bei der Bürgerschaftswahl in Bremen erleidet seine Partei herbe Verluste. Und Habecks Ausbruch in den TAGESTHEMEN verhindert nicht, dass die Trauzeugen-Affäre im Streit um das Heizungsgesetz weiter instrumentalisiert wird.

Der Schaden geht über die Grünen hinaus. Nachdem sich die öffentliche Debatte im Frühjahr 2022 wegen des Krieges auf die Verteidigung von Demokratie, Freiheit und Energieversorgung konzentrierte, verengt sie sich jetzt auf die inkorrekte Postenvergabe eines hohen Beamten.

Eigentlich hatte sich Robert Habeck vorgenommen, einen ganz anderen Politikstil zu pflegen: weniger Konfrontation, mehr Überzeugung, Offenheit für Allianzen über Parteigrenzen hinweg. Ihm ist klar, dass der Umbau des Landes zur Klimaneutralität nur gelingen kann, wenn er von möglichst vielen gesellschaftlichen Kräften getragen wird. Bislang hat er sich bemüht, Schärfen in der Debatte zu vermeiden.

Da der grüne Wirtschaftsminister im vergangenen Jahr zuließ, dass

die bei seiner Parteibasis verhassten Kohle- und Atomkraftwerke länger laufen, hat er viele Bürger jenseits seiner Partei mit seinem mitrei-
ßenden Pragmatismus überrascht – und begeistert. Von der allgemeinen Zuneigung geblendet, gab er sich möglicherweise einer Illusion
hin. Vermutlich ging er davon aus, dass sich die meisten Bürger bei der
Wärmewende jetzt ihrerseits pragmatisch verhalten. Aber es kommt
ganz anders. Die Stimmung schlägt um, gegen ihn. Beim Heizungsgesetz, das der Bevölkerung in der Klimapolitik erstmals nennenswerte
Veränderungen abverlangt, kämpft Robert Habeck einen ziemlich ein-
samen Kampf. Er hat die Beharrungskräfte der Bevölkerung, den Pro-
filierungsdruck der FDP und die Macht der BILD-Zeitung unterschätzt.

Zum für ihn ungünstigsten Augenblick entwickelt sich die politisch nebensächliche «Trauzeugenaffäre» zur Hauptsache. Interne
Aufklärer finden im Ministerium einen zweiten Vorgang um Patrick
Graichen, der mit den Compliance-Regeln des Hauses nicht vereinbar
ist: Der Staatssekretär hatte im November des vergangenen Jahres
seine Unterschrift unter einen Vermerk für einen Projektantrag des
Berliner Landesverbandes des BUND gesetzt. Graichens Schwester ist
dort Vorstandsmitglied.

Als Habeck am Abend des 9. Mai von dem weiteren Fehlverhalten
erfährt, ist er entsetzt. Sein Staatssekretär hat ihm die BUND-Ge-
schichte auch dann noch verschwiegen, als er wegen der Trauzeugen-
Geschichte unter Druck geraten war. Mit dreiwöchiger Verspätung
trennt er sich von seinem wichtigsten Mitarbeiter. Es ist keine Befreiung, die Angelegenheit wird ihn weiter quälen: Das Gebäudeenergiegesetz, das Patrick Graichen maßgeblich entworfen hat, ist noch immer nicht vom Bundestag verabschiedet worden.

Robert Habeck, der Star der Grünen, verliert seinen Glanz. Er
wirkt zerknirscht, seine Stimme vibriert nervös. Reporter berichten,
wie der sonst so auskunftsfreudige Minister bei Ortsterminen Fragen
ignoriert und miesepetrig an ihnen vorbeiläuft. Der Rock'n'Roller hat
wieder den Blues. Offen wird darüber spekuliert, ob er noch genügend Energie für die Energiewende hat. Die FDP-Führung lässt sich
die Gelegenheit nicht entgehen und holt zum entscheidenden Schlag
aus – gegen das Heizungsgesetz.

Gegenbesuche

Annalena Baerbock muss den Deutschen keine Debatte um Wärmepumpen zumuten, und sie muss sich nicht täglich mit Christian Lindner herumplagen. Ihre wichtigsten Gegenspieler leben in Moskau und Peking. Dass sie ihnen sehr selbstbewusst die Stirn bietet, gefällt vielen Deutschen. Eine Gelegenheit zur Profilierung auf der diplomatischen Bühne bietet sich ihr ausgerechnet an dem Tag, an dem ihr Parteifreund Habeck durch seinen Staatssekretär eine herbe Enttäuschung erleidet.

Der 9. Mai ist für die Außenministerin ungewöhnlich dicht getaktet. Er beginnt mit einem Arbeitsfrühstück mit ihren Amtskollegen aus Dänemark und Finnland und wird spät mit einem Abendessen in Paris enden. Dazwischen hält sie noch eine Rede zu Offshore-Windkraft in der Ostsee. Der mit Abstand heikelste und medial interessanteste Termin ist aber für den Mittag geplant, der chinesische Außenminister Qin Gang kommt zu Besuch. Vor drei Wochen endete ihre Begegnung in Peking mit einem lauten Missklang. Heute haben sie weniger als drei Stunden für ihr Treffen vorgesehen. Wieder zeigt sich dabei, wie unterschiedlich die Sicht der deutschen und der chinesischen Regierung auf die Welt ist. Es wird auch erkennbar, wie wenig gerade vom Zusammenspiel dieser beiden Akteure bei der Beendigung des Ukrainekrieges zu erwarten ist.

Die Liste der strittigen Themen, die Baerbock bei der Pressekonferenz vorträgt, ist lang. Erneut ermahnt sie China, sich stärker für die Beendigung des Krieges in der Ukraine einzusetzen. Dann kritisiert sie, dass während ihres Aufenthalts in Peking der Träger des deutschfranzösischen Menschrechtspreises auf dem Weg zur EU-Botschaft verhaftet wurde, und fordert dessen Freilassung.

Qin Gang ist ein smarter, weltgewandter Politiker. Bis vor kurzem war er Botschafter in Washington und spricht sehr gut Englisch. In seinen jungen Jahren soll er zeitweise sogar als Tennis-Schiedsrichter in Wimbledon gearbeitet haben. Von seinem dezenten Auftreten sollte man sich nicht täuschen lassen. Qin Gang hat sich mit feurigen Reden und einer harten Haltung gegenüber dem Westen in der Heimat den Ruf eines «Wolfskriegers» erworben. Der Name entstammt einem chinesischen Actionfilm, in dem eine Art Rambo sein Land gegen fremde Mächte verteidigt.

Beinahe regungslos hört sich der «Wolfskrieger» jetzt Baerbocks Beschwerden an. Zwischendurch macht er ein paar Notizen. Als ihm das Wort erteilt wird, trägt er zunächst politische Plattitüden vor, China sei an Zusammenarbeit und Stabilität interessiert, und überhaupt, Frieden sei wichtig. Die Floskeln liest er von einem Zettel ab. Dann richtet er unvermittelt seinen Kopf auf und den Blick in Richtung der Journalisten vor ihm. Für einen kurzen Moment ist ein Temperatursturz im Presseraum zu spüren. Als Zuhörer ahnt man, dass Qin Gang gleich wieder eine Spitze gegen die deutsche Außenministerin setzen wird. Heute genügen ihm dafür wenige Worte. Da Frau Baerbock gerade den «Menschenrechtsbereich» angesprochen habe, wolle er ihr sagen, dass China ein souveräner Staat sei und nach eigenem Recht und Gesetz agiere. Er verwehre sich dagegen, «dass die ausländische Seite sich in unsere internen Angelegenheiten einmischt». Es ist ein politisches Ping Pong, das Annalena Baerbock und Qin Gang jetzt schon zum zweiten Mal aufführen. Mit Punktgewinnen auf beiden Seiten. Dann kommt Pekings Chefdiplomat auf Taiwan zu sprechen. Dort könne es nur Frieden geben, wenn die «Separatisten» nicht dabei unterstützt würden, die internationale Ordnung zu verändern. Ein Fingerzeig in Richtung der deutschen Regierung; Bildungsministerin Stark-Watzinger hatte im März Taiwan besucht.

Am Ende stellt eine chinesische Journalistin eine Frage, die Qin Gang wohl am meisten umtreibt: die Frage nach der deutschen Chinastrategie. Geht es Berlin darum, wirtschaftliche Risiken zu minimieren, oder will Berlin die deutsche Wirtschaft von China entkoppeln? In den USA wird dieses Thema vehementer diskutiert als in Europa, weil die politische Klasse dort China noch viel stärker als wirtschaftlichen und militärischen Rivalen empfindet. Qin Gang wirkt erleichtert, als er von Baerbock hört, der Bundesregierung ginge es nur darum, Risiken zu reduzieren. Als Beispiel erwähnt sie Deutschlands Abhängigkeit von Medikamentenlieferungen aus China. Das klingt nachvollziehbar besorgt. Aber Qin Gang versteckt in seinen Ausführungen eine Drohung. Sollte sich Deutschland doch für eine Entkopplungspolitik entscheiden, stelle das die Zusammenarbeit und Stabilität in Frage. Das ist auch ein Versuch, einen Keil zwischen Europa und die USA zu treiben. Bei der deutschen Außenministerin hat Qin Gang damit keinen Erfolg, sie will ihm nicht auf den Leim gehen.

Anschließend eilt Annalena Barbock zu ihrem Flieger. In Paris ist sie mit Emmanuel Macron zum Dinner verabredet. Mit ihm kann sie über Nähe und Distanz zu China diskutieren – und über Nähe und Distanz zu den USA.

Fünf Tage später sorgt ein anderer Gegenbesuch für noch größere Aufmerksamkeit. Ein knappes Jahr, nachdem Olaf Scholz mit Emmanuel Macron und Mario Draghi nach Kiew reiste, kommt Wolodymyr Selenskyj nach Berlin. Endlich, sagen manche im Kanzleramt, und sie zählen auf: Nach Kriegsbeginn war er schon in Washington, Brüssel, London, Paris und Helsinki. Der ukrainische Präsident hat um Deutschland, das sein Land längst so massiv mit Waffen und Geld unterstützt, bislang einen Bogen gemacht. Zu disharmonisch war das Verhältnis vorübergehend zwischen Selenskyj und Scholz, auch zwischen Selenskyj und Frank-Walter Steinmeier.

Heute soll alles versöhnlich zugehen. Der Kanzler übergibt den Ukrainern ein Geschenk, das sie dringend benötigen: Panzer, Luftabwehrsysteme, Drohnen und Munition im Wert von 2,7 Milliarden Euro. «Vom Umfang her», lobt er sich selber, «ist die deutsche Hilfe die zweitgrößte nach den USA. Das ist sehr, sehr viel.» Selenskyj bedankt sich artig. Sein Dank, überhaupt sein ganzer Auftritt, ist für Scholz von großer Bedeutung. Selenskyj klingt ganz anders als bei der missglückten Bundestagssitzung im Vorjahr, als er Deutschland vorwarf, nur ans Geldverdienen zu denken. Vieles hat sich seitdem verändert; vor allem der Umfang der deutschen Waffenlieferungen.

Seit Monaten bereitet die ukrainische Armee auch mit den schweren Waffen aus Deutschland ihre Gegenoffensive vor. Der Beginn der Operation steht kurz bevor, der militärische und politische Druck ist immens. Im Gespräch mit Scholz will Selenskyj keinen Starttermin nennen, aber er verweist auf das Risiko, dass einige Länder ihre Hilfe in Frage stellen könnten, «wenn der Gegenangriff nicht ausreichend erfolgreich ist». Vor der Presse macht er eine Nebenbemerkung, die in der Berichterstattung etwas untergeht: «Ich kann bestätigen, dass Deutschland in der Unterstützung heute an zweiter Stelle steht. Ich

denke, dass wir daran arbeiten werden, Deutschland auf den ersten
Platz in der Unterstützung zu bringen.»

Diesen Gedanken kann man in zwei Richtungen verstehen. Entweder will Selenskyj Scholz auffordern, noch mehr Waffen und Geld als die USA zur Verfügung zu stellen. Oder er spielt darauf an, dass die Unterstützung aus den USA nach der nächsten Präsidentschaftswahl reduziert oder gar ganz eingestellt werden kann. Viele Republikaner fordern laut, weniger Geld für die Ukrainer auszugeben und die Mittel stattdessen in die heimische Wirtschaft zu investieren. Dann müsste Deutschland, so ist vermutlich Selenskyjs Erwartung, an die Stelle der USA als wichtigster Sponsor der Ukraine treten. Eine höchst unbequeme Perspektive für Olaf Scholz.

In der Küche

Eigentlich hatten sich die Koalitionspartner bei ihrem 30-stündigen Koalitionsausschuss Ende März darauf verständigt, das Heizungsgesetz rechtzeitig in den parlamentarischen Prozess einzuspeisen, um es vor der Sommerpause im Bundestag beschließen zu können. Aber die FDP-Führung nutzt den erzwungenen Rückzug von Patrick Graichen, um auf eine Verschiebung des Gesetzes zu pochen. Ohne den Staatssekretär habe sie keinen kompetenten Ansprechpartner für ihre Fragen. Sie kündigt an, 101 offene Punkte aufzulisten. Die BILD freut sich über die FDP-Drohung des «Total-Boykotts» und das «Knallhart-Ultimatum». Doch statt 101 Fragen tröpfeln mit Verspätung nur 77 Fragen beim Wirtschaftsministerium ein. Hatte Christian Lindner in seiner Protokollnotiz noch davon gesprochen, dass «nun im parlamentarischen Verfahren notwendige Änderungen» am Entwurf vorgenommen werden sollen, sperren sich seine Parteifreunde jetzt gegen eine baldige Beratung im Parlament. So verfestigt sich der Eindruck, dass es dem kleinsten Koalitionspartner nicht um die Klärung der unzähligen Details geht, sondern darum, die Verabschiedung des Heizungsgesetzes möglichst öffentlichkeitswirksam zu verzögern oder gar zu verhindern und den Koalitionspartner vorzuführen.

Die Grünen schäumen vor Wut. Co-Fraktionsvorsitzende Britta Haßelmann gibt den Ton vor. Die FDP sei in der Vergangenheit als «ehrlicher Kaufmann» bekannt gewesen, aber das gelte für Christian Lindner nun offenbar nicht mehr. Robert Habeck wirft dem Regierungspartner sogar «Wortbruch» vor. FDP-Generalsekretär Bijan Djir-Sarai gibt den harten Hund. Der Entwurf habe «enorme Defizite», kosmetische Änderungen reichten nicht aus: «Dieses Gesetz in der Form wird nicht funktionieren und wird es auch mit der FDP nicht geben.» Sollte sich die FDP durchsetzen, würde das wichtigste klimapolitische Projekt der Regierung vorerst scheitern – und das, nachdem die Koalition erst vor wenigen Wochen das Klimaschutzgesetz aufgeweicht und den Reformdruck vom Verkehrsministerium genommen hat. Die selbsternannte Fortschrittskoalition würde zur Stagnationskoalition schrumpfen.

Nachdem Robert Habeck im ersten Kriegsjahr viele Maßnahmen gegen seine Überzeugung und gegen die Seele seiner Partei durchzog, um die Energiesicherheit des Landes sicherzustellen, braucht er dringend einen vorzeigbaren Erfolg. Aber dieses Erfolgserlebnis durchkreuzt Lindners FDP und stellt dies ihrerseits als Erfolg dar. In der Hauptstadt machen schwere Worte die Runde: «Regierungskrise», «Hinterlist», «Koalitionsbruch». Die Regierungsmitglieder, die zu Beginn ihrer Zusammenarbeit so viel von Respekt sprachen, gehen zunehmend respektlos miteinander um.

Es geht dabei um mehr als um machtpolitische Grausamkeiten zweier Minister und ihrer Parteien. Die Regierung steht an einer Weggabelung. Der eine Weg führt zu einer konsequenten, wenn auch schmerzhaften Umgestaltung des Landes zu einer klimaneutralen Industriegesellschaft. Der andere Weg ist bequemer, führt aber mit hoher Wahrscheinlichkeit weit am 1,5-Grad-Klimaziel vorbei.

Beide Koalitionsrivalen tragen Verantwortung für die verfahrene Situation: Robert Habeck und seine Leute müssen sich vorhalten lassen, dass sie bei ihrem Gesetzentwurf die Ängste der Bevölkerung nicht ausreichend berücksichtigt und eine geräuschlose Abstimmung mit der FDP versäumt haben. Christian Lindner und seine Leute müssen sich den Vorwurf der Illusionszauberei gefallen lassen: Sie täuschten der Bevölkerung vor, die Klimaneutralität des Landes sei ohne Zumutungen erreichbar. Auch der Kanzler gibt in diesen Tagen nicht das Bild eines reformeifrigen Regierungschefs ab, der den anderen den Weg weist. Er hat den Disput zu lange eskalieren lassen. Wie vor dem Kriegsausbruch fragen Journalisten jetzt wieder: Wo ist eigentlich Scholz?

Alle drei Koalitionspartner gehen aus dieser Situation beschädigt hervor. Die Quittung erhalten sie in Form von Meinungsumfragen. Laut ZDF-Politbarometer bewerten 51 Prozent der Befragten die Regierungsarbeit als schlecht. Robert Habeck fällt in der Bewertungsrangliste weit auf den neunten Platz zurück. Einige in der SPD und noch mehr in der FDP werden sich wegen des Absturzes des einst so beliebten Vizekanzlers die Hände reiben.

Die Regierungspartner waren sich von Beginn an der Schwere ihrer Aufgabe bewusst. In ihrem Koalitionsvertrag schrieben sie, es gelte «gesellschaftliche Spannungen in Zeiten des schnellen Wandels zu reduzieren und das Vertrauen in unsere Demokratie zu stärken». Doch wenn der Regierung kein geschlossener und überzeugender Auftritt gelingt, wächst ihr das Misstrauen weiter Teile der Bevölkerung über den Kopf.

Sehr spät überwindet der Kanzler seine anfängliche Zurückhaltung und wirbt dafür, das Heizungsgesetz noch vor der Sommerpause im Bundestag zu verabschieden. Und erst jetzt, Anfang Juni, stärkt auch Annalena Baerbock ihrem Parteifreund deutlich den Rücken. Gegenüber der Funke-Mediengruppe sagt sie: «Ich weiß mehr als genau: Bei Gegenwind, erst recht bei fiesem, ist es wichtig, dass man zusammensteht. Und das tun Robert und ich.» Als sie sich zu diesen Worten durchringt, ist es zu spät. Der Ansehensverlust für Habeck, die Grünen und die Regierung insgesamt ist zu groß geworden.

In dieser verfahrenen Situation bin ich wieder mit Olaf Scholz zum Interview verabredet. Während ich vor seinem Büro warte, führt Wolfgang Schmidt Google-Chef Sundar Pichai über den siebten Stock des Kanzleramts und zeigt ihm die prächtige Aussicht. Später wird auch Scholz den Gast aus dem Silicon Valley treffen. Unten im Ehrenhof nimmt ein Wachbataillon der Bundeswehr Stellung, Kommandorufe sind zu hören, am Nachmittag wird der Staatspräsident Zyperns zu Besuch erwartet. Es sind nicht die anstrengendsten Termine im Kalender des Kanzlers.

Dann öffnet sich die schwere Bürotür, und Olaf Scholz bittet hinein. Das warme, frühlingshafte Wetter lädt dazu ein, den Raum gleich wieder zu verlassen. Also wechseln wir eine Etage höher, gehen durch die Dienstwohnung des Kanzlers, vorbei am langen Esstisch, vorbei auch an dem Trockenrudergerät im Nebenzimmer. Dann stehen wir auf der breiten Terrasse, dort, wo Scholz vor wenigen Tagen Wolodymyr Selenskyj den Blick über Berlin zeigte. Der Kanzler erzählt von dem Besuch mit einem Schmunzeln. Als er mit dem ukrainischen Präsidenten hier oben stand, hätten sie nicht nur auf den Reichstag und den Fernsehturm geblickt, sondern auch auf die vielen Scharfschützen, die auf den Dächern des Kanzleramts in Position gegangen waren. Während ich an die wüsten Drohungen aus Moskau denken muss, wirkt Olaf Scholz nicht verängstigt, eher amüsiert.

Dann wird es ernster, und wir sprechen über den heftigen Streit in der Regierung. Zunächst versucht der Kanzler noch, zu beschwichtigen. Schließlich gibt er zu: «In der Küche ist es heiß.» Schon wird er vorsichtiger: «Wenn man was tut, dann ist es immer so, dass man auch merkt, dass etwas getan wird.»

Woran merkt er, dass etwas getan werde? «An vielen spannenden Diskussionen. Zum Beispiel über ganz konkrete Gesetze, wie wir das schaffen, dass wir klimaneutral sind, auch im Gebäudebereich.»

Kurz vor unserem Interview hat die Generalstaatsanwaltschaft in München eine bundesweite Razzia gegen sieben Mitglieder der «Letzten Generation» veranlasst, sie geht dem Vorwurf nach, die Klimaaktivisten würden eine kriminelle Vereinigung bilden. Auch Olaf Scholz hat sich vor Schülern schroff über die Klimaaktivisten geäußert. Daher meine Nachfrage: «Sie haben die letzte Generation ‹bekloppt› genannt. Was stört Sie an ihnen?» «Ich habe gesagt, die Aktionen sind bekloppt – ein feiner Unterschied. Ich kenne ja die einzelnen nicht. Wie kann ich mein Urteil über einzelne Menschen treffen, denen ich nur bei Gelegenheit bisher begegnet bin?» Er fasst seine Kritik so zusammen: «Man sieht, dass all diese Protestaktionen nirgendwo auf Zustimmung stoßen. Dass es Unverständnis gibt, dass viele sehr sauer sind. Es wirbt für die Sache, die die Aktivisten für sich in Anspruch nehmen, gar nicht.»

Am Ende kommen wir wieder auf den Krieg zu sprechen. Der Beginn der ukrainischen Gegenoffensive steht unmittelbar bevor. Olaf Scholz rechnet nicht mit einem schnellen Ende des Krieges. Im Gegenteil: «Für mich ist wichtig, dass wir uns darauf einstellen, dass es,

wenn es schlecht läuft, noch lange dauert, und der Krieg, den Russ-
land begonnen hat, von Russland noch lange fortgeführt wird.»
Pflichtschuldig ergänzt er, man solle die Hoffnung auf ein schnelles
Ende nicht aufgeben. Aber seine Hoffnung klingt schwach.

An der Grenze

Moldau ist ein zerrissenes Land, und seit dem Angriff auf die Ukraine
wird noch mehr an dem Land gezerrt. Ein halbes Jahrhundert lang
war Moldau eine sowjetische Republik, seit der Unabhängigkeit 1991
ist das Land ein souveräner Staat, der inzwischen gerne in die Europäische Union aufgenommen werden würde. Die östlich des Flusses
Dnister gelegene Region Transnistrien ist längst wieder unter Kontrolle Moskaus. Über 1000 russische Soldaten sind hier stationiert,
auch russische Panzer, Transnistrien hat eine eigene Verwaltung und
sogar eine eigene Währung. Vieles deutet daraufhin, dass Wladimir
Putin es nicht nur auf den östlichen Teil von Moldau abgesehen hat,
sondern auch auf den westlichen Teil. Maia Sandu, die Präsidentin
der Republik, beklagt Cyberattacken und das Aufhetzen der Bevölkerung gegen ihre Regierung. Sollte Putins Feldzug gegen die Ukraine
Erfolg haben, so sorgt sich die Regierung in Chișinău, könnte Moldau
sein nächstes Opfer sein.

   Deshalb reisen heute, Anfang Juni, über 40 Staats- und Regierungschefs aus Europa und angrenzenden Staaten in die Nähe der moldaui-
schen Hauptstadt, nur etwa 20 Kilometer von der ukrainischen Grenze
entfernt. Neben Olaf Scholz, Emmanuel Macron und vielen anderen
kommt auch Wolodymyr Selenskyj, im Moment treffen sie sich beinahe
im Wochentakt. Die Sicherheitsvorkehrungen sind beeindruckend.
Für die Gäste wurde der Luftraum über Moldau gesperrt, Awacs-Auf-
klärungsflugzeuge der Nato überwachen den Himmel. Auf der Landstraße, die 30 Kilometer lang über hübsche Hügel und Täler eines
Weinanbaugebiets zum Tagungsort Schloss Mimi führt, sind weder
Menschen noch Fahrzeuge zu sehen. Nur alle hundert Meter stehen
zivile Sicherheitskräfte am Wegesrand und blicken stur auf die umlie-
genden Felder. Es ist seltsam, durch ein Land zu fahren, dessen Einwohner man nur von hinten zu sehen bekommt.

Die Zusammenkunft in direkter Nachbarschaft zur Ukraine ist ein kräftiges Zeichen nach außen und innen. Das Signal an Putin lautet: Hände weg von Moldau! Das Zeichen nach innen: Europa hält zusammen.

Olaf Scholz verbringt den Tag mit politischem Speeddating. Gemeinsam mit Emmanuel Macron versucht er, im Streit zwischen den Präsidenten Armeniens und Aserbaidschans zu vermitteln. Anschließend bringen sie die verfeindeten Staatsoberhäupter Serbiens und des Kosovo an einen Tisch. Ein weiterer Krieg in Europa muss unbedingt verhindert werden. Serbien ist traditionell eng mit Russland verbunden. Daher haben es Scholz und Macron auch mit zwei Männern zu tun, die gar nicht am Tisch sitzen: Wladimir Putin und Sergej Lawrow. Sie sind das gegnerische Kraftfeld, das alle Gespräche an diesem heißen Tag bestimmt.

Um Moskau geht es natürlich auch beim letzten Termin von Olaf Scholz, einem Vier-Augen-Gespräch mit Wolodymyr Selenskyj. Im Anschluss daran wirkt der ukrainische Präsident so gelöst und gut gelaunt, wie man ihn lange nicht gesehen hat. Einige Journalistinnen äußern sich entzückt über seinen Charme.

Er freue sich, begrüßt Selenskyj sein Publikum im vollbesetzten und stickigen Presseraum, dass er mal ein paar Stunden lang keinen Bombenalarm hören müsse. Transnistrien sei übrigens eine wunderschöne Gegend, vor langer Zeit sei er in den Ferien einmal durchgereist. Aber er will mehr loswerden als Urlaubsanekdoten. Er nutzt das Gipfeltreffen, um erneut Sicherheitsgarantien von Europa zu fordern. Am liebsten sei ihm, wenn die Ukraine möglichst bald in die Nato aufgenommen werden würde: «Die Zeit dafür ist gekommen.» Da beißt er beim Kanzler auf Granit. Eine Mitgliedschaft des Landes in der Nato sieht Scholz auf absehbare Zeit nicht und verweist auf das Nato-Vertragswerk: «Da steht zum Beispiel drin, dass man keine Grenzkonflikte hat.» Mit nur einem dürren Satz räumt er die Nato-Mitgliedschaft der Ukraine ab, vorerst.

Bald darauf rasen Scholz und seine Delegation über die abgesperrte Landstraße zum Flughafen zurück. Als alle im Kanzlerflieger ihre Plätze einnehmen, machen beängstigende Zahlen die Runde: Der ARD-Deutschlandtrend hat ermittelt, dass die AfD bei der Sonntagsfrage auf 18 Prozent geklettert ist, sie ist jetzt auf Augenhöhe mit der

SPD. Olaf Scholz fliegt zu seinem heimischen Krisenherd zurück, zum Heizungsdisput und zu den streitenden Ministern. Und schon beginnt die Diskussion, wie alles miteinander zusammenhängt: die Heizungen, die Kampfhähne im Kabinett und der Höhenflug der Rechtsaußen-Partei.

Wolodymyr Selenskyj hingegen fährt zurück in die Ukraine. Auch seine gute Laune wird bald verfliegen. Wenige Tage später starten ukrainische Truppen ihre Gegenoffensive. Ihr Vormarsch wird schon bald behindert, der Damm des Kachowka-Stausees bricht. Ob die Katastrophe von russischen oder ukrainischen Einheiten absichtlich herbeigeführt wurde oder das Ergebnis von mangelnder Wartung infolge des Krieges ist, bleibt zunächst unklar. Mehrere Milliarden Kubikmeter Wasser des angestauten Flusses Dnjepr ergießen sich in die Umgebung, viele Minen, die russische Einheiten in den vergangenen Monaten verlegt haben, werden in die Region geschwemmt.

Hammer und Hämmerchen

Dienstag, der 13. Juni 2023, ist einer dieser Tage, an denen der politische Betrieb der Hauptstadt heiß läuft. Der Tag beginnt früh morgens, als drei Vizefraktionsvorsitzende der Ampelpartner frustriert auseinander gehen. Sie haben die ganze Nacht über versucht, endlich eine Lösung im Heizungsstreit zu finden. Eigentlich müssen in wenigen Stunden die Themen für die Bundestagsitzungen dieser Woche feststehen, die letzte Gelegenheit für die notwendige erste Lesung im Parlament. Doch um 9 Uhr fehlt ein entsprechender Eintrag in der Tagesordnung. Prompt melden die Nachrichtenredaktionen: «Das Gebäudeenergiegesetz wird voraussichtlich scheitern.»

Olaf Scholz begibt sich an diesem Morgen in seine Nachbarschaft. Schon vor langer Zeit hat er dem Potsdamer Kindergarten «Springfrosch» einen Besuch versprochen. Er liebt solche Termine, niemand fragt ihn hier, ob seine Regierung bis zur nächsten regulären Bundestagswahl durchhalten wird.

Währenddessen überschlagen sich in den sozialen Medien die Spekulationen. Sie werden zusätzlich befeuert, als FDP-Fraktionschef Christian Dürr erklärt, das Heizungsgesetz müsse «fundamental» ge-

ändert werden. Etwa zeitgleich erklärt Robert Habeck, die Regierungsfähigkeit der Koalition wäre in Frage gestellt, sollte es nicht doch noch
eine Einigung geben.

An diesem angespannten Vormittag bin ich mit Christian Lindner
im Finanzministerium zum Interview verabredet. Er wirkt überraschend ruhig, beinahe siegesgewiss. Aber was wäre ein Sieg in dieser
Situation? Wird das Heizungsgesetz weiter blockiert oder doch noch
vor der Sommerpause verabschiedet? Lindner antwortet knapp: «Das
liegt bei den Fraktionen. Den aktuellen Stand vom heutigen Morgen
habe ich nicht.»

«Sie sind ja Mitglied der Fraktion.»

«Ja, aber die Fraktionsführungen verhandeln.»

«Aber Sie kennen da jemanden.»

«Aber trotzdem kenne ich keinen aktuellen Stand.»

«Nach meiner Kenntnis gibt es noch keine Einigung. Ist das so?»

«Stand jetzt, 11:35 Uhr, kenne ich auch keinen anderen Stand.
Aber ich habe jetzt auch schon 20 Minuten den Flugmodus auf dem
Telefon an.»

Dann kommen Standardsätze, die man von FDP-Politikern in den
letzten Tagen so häufig gehört hat: «Die Qualität des Gesetzes ist wichtiger als die Geschwindigkeit.» Koalitionspoker.

Wir sprechen abschließend eine Weile über seine Erfahrungen als
Regierungsmitglied, auch darüber, wie er sich verändert hat, seit er
im Dezember 2021 Finanzminister wurde. «Ich habe gewiss Respekt
oder Demut gewonnen, was diese Aufgaben angeht. Ich glaube, ich
könnte nicht mehr so Opposition machen, wie es jetzt unsere Opposition im Bundestag macht oder wie ich das früher gemacht habe. Das
geht nicht mehr.»

Obwohl dieser Tag in der Hauptstadt enorm hektisch verläuft und
von den Akteuren volle Konzentration erfordert, blickt Christian
Lindner ungewohnt distanziert auf seine eigene Rolle in der Regierung. Bereut er etwas? «Wir haben viele Fehler gemacht. Aus guten
Motiven trifft man Entscheidungen, die sich dann im weiteren Verlauf
der Dinge als falsch herausstellen.»

Zum Beispiel?

«Wir hatten eine Energiepreispauschale, die sehr kompliziert bei
der Auszahlung an die Menschen war – eine Vielzahl von Einzelmaß-

nahmen, die damals sinnvoll erschienen. Aber dann ändert sich der
Lauf der Dinge, man stellt fest: Das hätte man so nicht gebraucht, man
hätte es anders machen müssen. Das ist so eine politisch zugespitzte
Krisensituation, die dann auch zu einer Atemlosigkeit führt, weil man
nicht wissen kann, wie sich zum Beispiel der Kriegsverlauf mit seinen
Auswirkungen in zwei Wochen darstellt.»

Schließlich reden wir noch über die Lage der Regierung. Und
Lindner sagt den erstaunlichen Satz: «Wenn diese Regierung es nicht
schafft, die wirtschaftliche Stärke dieses Landes zu entwickeln und
das Land wieder auf den wirtschaftlichen Erfolgspfad zu führen, dann
wird es sehr schwer mit der Wiederwahl.» Er listet auf, was ihn alles
bedrückt, die hohe Inflation, das ausbleibende Wachstum. «Wir sind
gegenwärtig in keiner guten wirtschaftlichen Verfassung. Es ist sehr
schwer, mit dem Geld auszukommen im Haushalt, weil es so viele Anforderungen gibt, was alles bezahlt werden soll.»

Die Wahlaussichten der drei Ampelparteien sind auch deshalb gerade so mager, weil der Ansehensverlust der Regierung in diesen Wochen dramatisch ist. Daher ist der Druck, sich im Heizungsstreit nicht
erst irgendwann nach der parlamentarischen Sommerpause zu einigen,
sondern heute, an diesem 13. Juni, enorm groß. Wieder steckt die Regierung in einer zugespitzten Krisensituation, die Lindner eben noch
beklagte. Wieder ist dieser Tag atemlos. Begeht die Regierung erneut
folgenschwere Fehler, die er später bereuen wird?

Kurz nach unserem Interview eilt Lindner in den Reichstag, dort
tagen die Fraktionen. Die Grünen streiten gerade über die Zustimmung der Bundesregierung zur EU-Asylreform. Das Thema entzweit
die Abgeordneten der Partei. Aber das kümmert den Finanzminister
heute nicht. Die Fraktionsspitzen der Ampelpartner stecken wegen
des Heizungsgesetzes in einer Verhandlungssackgasse und rufen die
Spitzen der Regierung zu Hilfe. Scholz, Habeck, Lindner und Wolfgang Schmidt schaffen schließlich, was die Unterhändler wochenlang
und bis in die letzte Nacht hinein nicht geschafft haben. Sie einigen
sich auf die Grundzüge eines Gesetzes, das noch in letzter Minute in
den Bundestag eingebracht werden soll.

Wolfgang Schmidt zitiert mir gegenüber später zwar ein Bonmot
von Otto von Bismarck, wonach man bei der Herstellung von Gesetzen
und Würsten nicht so genau hinschauen soll. Schmidt: «Ich rate des-

wegen immer sehr dazu, dass wir diesen Prozess des Gesetze-Würste-Machens auch tatsächlich unter uns ausmachen.» Dann ergänzt er: «Es gehört zu einer demokratischen Öffentlichkeit dazu, dass man hinterher sehr intensiv über das Ergebnis, also quasi die Wurst redet.» Viele Abgeordnete der Opposition wollen genau hinschauen und ausführlich über das Gesetz sprechen. Aber dazu fehlt ihnen die Zeit.

Die Geschwindigkeit bei der Endfertigung des Heizungsgesetzes ist offenbar doch wichtiger, als Lindner das mir gegenüber darstellte. Noch wenige Stunden zuvor hatte sein Fraktionschef Christian Dürr fundamentale Änderungen angemahnt. Was als Leitplankenpapier an die Presse verschickt wird, wirkt hastig zusammengezimmert – und das nach wochenlangen Diskussionen. Der neue Entwurf weist zwar in die richtige Reformrichtung, nimmt aber das Tempo aus der Wärmewende. Ursprünglich sah das Gebäudeenergiegesetz vor, dass ab Januar 2024 möglichst jede neu eingebaute Heizung zu mindestens 65 Prozent mit erneuerbarer Energie betrieben werden muss. Die neue Vereinbarung schwächt dieses Ziel deutlich ab. Die Verpflichtung soll zunächst nur für Neubauten gelten. Stattdessen werden die Kommunen in die Pflicht genommen, sie sollen bis 2028 Wärmeplanungen vorlegen. Solange es diese nicht gibt, können Hausbesitzer die Vorgaben aus dem Heizungsgesetz ignorieren. Robert Habeck erklärt zwar, die Verzahnung der kommunalen Wärmeplanung mit dem Gebäudeenergiegesetz sei richtig und in seinem Sinne, das Ganze sei ein Meilenstein. Doch wie der echte Meilenstein in Merseburg, der nach deuropäischen Krieg Anfang des 19. Jahrhunderts neue Wege wies, wirkt Habecks Wärmewende überhaupt nicht.

Viele Bürger werden verständlicherweise aufatmen, dass der Koalitionskompromiss ihnen die Last nimmt, schon in wenigen Monaten ihre alte Heizung gegen eine neue klimaschonendere Heizung auszutauschen. Aber genau das war ja der Sinn des ursprünglichen Plans: die CO_2-Emissionen im Gebäudesektor schneller zu senken, um die Klimaschutzziele zu erreichen.

Robert Habeck hat es sich selbst zuzuschreiben, dass er mit seinem schlecht vorbereiteten Gesetzentwurf unter die Räder des Politikbetriebs geraten ist. Er hat der Opposition innerhalb und außerhalb der Regierung Gelegenheit für einen Machtkampf gegeben. In allerhöchster Not stellt das Verhandlungsergebnis dieses Tages zwar wieder die

Regierungsfähigkeit des Ampelbündnisses her. Aber fortschrittlich erscheint sie dabei überhaupt nicht, sondern tief verunsichert. Die BILD-Zeitung titelt triumphierend: «Der Heiz-Hammer wird vielleicht doch noch zum Heiz-Hämmerchen und hat wohl den allergrößten Schrecken verloren!»

Am nächsten Nachmittag hat Christian Lindner einen für ihn sehr angenehmen Termin. Neben dem Kanzleramt feiert der Tag der Bauindustrie sein 75-jähriges Bestehen. Der FDP-Chef hält eine Rede und ist mit sich und der Regierung zufrieden: «Wir nehmen ein Stück Druck – so hoffe ich – auch von den Bereichen Mobilität und Gebäude.»

Ernüchterung

In diesem zweiten Kriegssommer habe ich Gelegenheit, mit nahezu allen maßgeblichen Mitgliedern der Bundesregierung lange Interviews zu führen. Niemand von ihnen glaubt an ein schnelles Ende des Krieges. Allenfalls hoffen sie darauf, dass die ukrainische Offensive eine Wende einleitet. In den Gesprächen ist große Skepsis zu spüren.

In den ersten Wochen verläuft der Gegenschlag der Ukrainer enttäuschend. Die russische Armee hat sich gut vorbereitet, kann zurückschlagen und brennende Leopard- und Bradley-Panzer, die die Deutschen und Amerikaner geliefert haben, als Trophäen vorzeigen. Die Bilder sind verstörend und geben Hinweise darauf, wie unsicher der Erfolg der ukrainischen Offensive ist. Die westlichen Regierungen müssen sich mit einem Szenario vertraut machen, das in der öffentlichen Diskussion bislang verdrängt wurde: Was, wenn die Ukraine den Krieg verliert?

Seit vielen Monaten beraten Olaf Scholz, Joe Biden, Emmanuel Macron und Rishi Sunak über Sicherheitsgarantien für die Ukraine nach dem Krieg. Dabei gehen sie von der Annahme aus, dass sich die Ukraine gegen Russland durchsetzen wird. Sicherheitsgarantien verlieren jedoch ihren Sinn, wenn Russland als Sieger aus dem Krieg hervorgeht. Einen Plan B wollen die Verbündeten öffentlich nicht diskutieren. Sie setzen ganz auf einen Sieg der Ukraine, wie auch immer er von Wolodymyr Selenskyj formuliert werden würde.

Am 23. Juni bin ich mit Robert Habeck verabredet. Auch er will sich eine Niederlage der Ukraine nicht vorstellen: «Das ist noch keine Option, über die ernsthaft geredet wird oder die ich bedenke.» Wir haben uns in einem Konferenzraum des Bundestages verabredet. Vorher fand hier ein Seminar für autogenes Training statt. Auf einem Flipchart in der Ecke steht mit rotem Filzstift gekritzelt: «Körper: ganz schwer, ganz warm. Herz: gleichmäßig. Atmung: ruhig.» Habeck kommt aus dem Plenarsaal und macht einen ungewöhnlich kraftlosen, fast niedergeschlagenen Eindruck, er spricht beinahe so leise wie Olaf Scholz. Es ist 12 Uhr mittags, er trinkt einen Schluck Wasser und sagt, dies sei sein Frühstück. Auf dem Bürostuhl, auf dem er unsicher kauert, wirkt er, als erschiene er zum Verhör. Dabei will ich nur über die vergangenen Monate mit ihm sprechen und auch erfahren, wie er sich in dieser Zeit verändert hat. Aber diese Frage beantwortet er bereits mit seiner Körperhaltung und Stimme.

Er spricht von Fehlern, die er in letzter Zeit gemacht habe: «Vor dem Heizungsgesetz fehlte ein Moment des Innehaltens, um zu erspüren, wie sich die Erwartungshaltung mir oder der Politik gegenüber verändert hat.» Zu seiner Entschuldigung bringt er vor, permanent unter hohem Druck gearbeitet zu haben. Zwischendurch zeigt er kurz sein Habeck-Lächeln, dann knipst er es schnell wieder aus, als wäre es so unangemessen wie Laschets Lachen während der Flutkatastrophe. Aber vielleicht liegt es auch nur daran, dass er noch nicht gefrühstückt hat.

Sprachen er und andere Mitglieder der Bundesregierung vor zwei Jahren noch viel von der «Jahrhundertaufgabe Klimaschutz», verändert sich ihre Wortwahl allmählich. Die koalitionsinternen Machtkämpfe haben so viel Kraft gekostet, dass die Vorstellung schwer fällt, wie sich die Regierung in naher Zukunft wieder zu ehrgeizigen Gesetzesinitiativen aufrafft. Robert Habeck glaubt, der Bevölkerung sei nicht mehr zumutbar, die verunsicherte Republik benötige jetzt vor allem eins: Sicherheit. Das klingt nüchterner.

Zur selben Zeit, während ich in Berlin mit Robert Habeck spreche, veröffentlicht Jewgeni Prigoschin, der Chef der Wagner-Söldner, gut 2000 Kilometer weiter östlich ein Video, in dem er gegen die russische Militärführung tobt. Sie hätte einen Luftangriff gegen seine Leute befohlen. Man kann das als Ankündigung eines Aufstands verstehen. Tatsächlich wird sich die militärische und politische Lage von Wladimir Putin kurz darauf dramatisch verändern. Prigoschin holt mit seinen Truppen zum Sturm auf die südrussische Stadt Rostow am Don aus. Der Bundesnachrichtendienst erfährt davon lange nichts und kann die Regierung nicht frühzeitig in Kenntnis setzen. Erst am nächsten Morgen, als die Medien über die Rebellion berichten, wird der Puls von Robert Habeck und den anderen Akteuren der Bundesregierung in die Höhe schnellen. Die Wagner-Truppe hat Rostow eingenommen und zieht nordwärts Richtung Moskau. Prigoschin fordert den Sturz von Moskaus Militärführung. Olaf Scholz, Boris Pistorius und die anderen sind unsicher, wie sie reagieren sollen. Ein brutaler Warlord wie Prigoschin im Besitz der Kommandogewalt über die russische Armee samt Nuklearwaffen – das ist eine furchteinflößende Aussicht. Erst am Abend gibt Prigoschin auf und zieht nach Belarus ab.

Putin ist schwer angeschlagen, das ist die gute Nachricht dieses Tages. Bald darauf vermeldet Kiew, dass einige Einheiten die Front im Osten des Landes durchbrechen und die Russen weit zurückdrängen. Aber in die aufkeimende Hoffnung mischen sich Sorgen: Zu welchen Verzweiflungstaten ist ein in die Enge getriebener Kriegsherr wie Wladimir Putin in der Lage? Was plant Prigoschin in Belarus?

Eine heftige Niederlage erleidet die Bundesregierung in diesen Tagen an der diplomatischen Front. Vor dem UN-Sicherheitsrat in New York verlangt der malische Außenminister Abdoulaye Diop den sofortigen Abzug der Stabilisierungsmission der Vereinten Nationen aus seinem Land. Schließlich setzt er eine letzte Frist: Abzug bis Ende des Jahres. Die Putschisten-Regierung in Mali vertraut die Sicherheit ihrer Bevölkerung lieber den Putschisten-Söldnern aus Russland an. Die Soldatinnen und Soldaten der Bundeswehr müssen das Land deutlich früher als geplant verlassen, und sie müssen 1500 Container verladen und in die Heimat verfrachten. Das ist nicht ohne Verluste zu schaffen. Einen Teil der Ausrüstung wird die Bundeswehr zurücklassen, einen anderen Teil mit geheimer IT-Technik voraussichtlich zerstören.

Wie desillusionierend die weltpolitische Entwicklung aus Sicht von Annalena Baerbock verläuft, lässt sich auch der Nationalen Sicherheitsstrategie entnehmen, die unter ihrer Federführung erarbeitet wurde. Sprach sie zu Beginn ihrer Amtszeit noch viel von «wertebasierter» Außenpolitik, taucht das Wort in dem 74-seitigen Papier nur noch ein einziges Mal auf. Acht Mal ist hingegen von einer «regel-basierten» Ordnung zu lesen, die Deutschland weltweit verteidigen und durchsetzen wolle. Auch das klingt nüchterner.

Es gibt einen weiteren Grund, warum Annalena Baerbock in diesen Wochen nicht gerade hoffnungsfroh in die Zukunft schaut. Die Wirtschaftssanktionen des Westens gegen Russland greifen nicht so, wie sie sich das erhofft hat: «Wir haben erlebt, dass mit rationalen Entscheidungen, rationalen Maßnahmen, die man zwischen zivilisierten Regierungen trifft, dieser Krieg nicht zu beenden ist. Eigentlich hätten wirtschaftliche Sanktionen wirtschaftliche Auswirkungen. Das ist aber nicht so. Weil eben die Logiken von Demokratien nicht in Autokratien greifen.»

Anfang Juli freuen sich die Kabinettsmitglieder zumindest auf die nahen Ferien; noch wenige Sitzungstage im Bundestag, bald danach können alle ein wenig durchschnaufen. Am Freitag, den 7. Juli, dem letztmöglichen Tag, soll das Gebäudeenergiegesetz endlich verabschiedet werden. Olaf Scholz, Wolfgang Schmidt und andere genießen in dieser Woche die zahlreichen Sommerfeste. Am Mittwochabend stehen sie mit der SPD-Fraktion am Tipi gleich neben dem Kanzleramt zusammen. Um kurz vor 22 Uhr nippt der Kanzler an einem Glas Weißwein und lässt Selfies mit sich machen, als sich seine Laune schlagartig verdunkelt. Das Bundesverfassungsgericht hat soeben mitgeteilt, dass es dem Eilantrag eines CDU-Abgeordneten recht gibt und die Verabschiedung des Heizungsgesetzes noch vor der Sommerpause untersagt; den Bundestagsabgeordneten fehle die notwendige Zeit zur Beratung.

Nach monatelangem Streit, vielen Nachbesserungen und deutlich vernehmbarem Stöhnen in der Bevölkerung ist diese Entscheidung eine Klatsche für die Koalition.

Noch auf dem Fest ziehen sich der Kanzler und seine Leute zur Beratung zurück. Auf die Schnelle gelingt es den Regierungspartnern nicht, eine gemeinsame Sprachregelung zu vereinbaren. Schon am nächsten Morgen fallen einzelne FDP-Abgeordnete mit Schuldzuweisungen über Robert Habeck und die Grünen her, das Gezerre um das Heizungsgesetz wird noch viele Wochen weitergehen.

Am nächsten Nachmittag treffe ich Olaf Scholz zum Interview im

Kanzleramt. Der Termin ist seit vielen Wochen vereinbart. Scholz spielt die größte innenpolitische Krise seiner Regierung herunter. Er gibt zwar zu: «Aus meiner Sicht hätte die Diskussion über das konkrete Gesetz, was die Gebäudeenergie betrifft, nicht so laut stattfinden müssen.» Aber die Wärmewende würde halt tief in die Lebenswirklichkeit der Menschen eingreifen. Die Entscheidung des Bundesverfassungsgerichts? «Wir werden sie beachten. Das ist doch völlig in Ordnung.» Im Übrigen habe das Land die besten Zukunftsaussichten. Scholz gibt wieder den nervenstarken Dauer-Optimisten, den nichts aus der Ruhe bringt. Ist seine Alles-kein-Grund-zur-Aufregung-Pose glaubhaft? Zwischen der Selbstwahrnehmung des Kanzlers und der Wahrnehmung der Öffentlichkeit klafft eine große Lücke.

Der Gipfel

Die Nato rückt zwei Tage lang ganz nah an Wladimir Putin und seine Einflusszone heran. Für ihr diesjähriges Treffen hat sie sich die litauische Hauptstadt Vilnius ausgesucht, nur 40 Kilometer von Belarus entfernt. Die Sicherheitsvorkehrungen sind enorm. Olaf Scholz und Boris Pistorius nutzen für ihren Flug nach Litauen eine A340 der Flugbereitschaft der Bundeswehr, sie verfügt über ein Raketenabwehrsystem. Neben der Landebahn in Vilnius sind Patriot-Systeme in Stellung gebracht, über der Konferenz kreisen Militärhubschrauber.

Die eigentliche Spannung des Gipfels liegt in der Frage, wann die Ukraine in die Nato aufgenommen werden wird. Anders als vor dem Krieg steht sie jetzt doch unübersehbar auf der Tagesordnung. Im Stadtzentrum sind riesige Werbetafeln aufgestellt: «Ukraine deserves Nato membership now» heißt es da fordernd. Kiew hat sich die Kampagne einiges kosten lassen. Etwas kleiner leuchtet ein Logo: «#UkraineNato-33rd», eine Anspielung darauf, dass die Ukraine nach dem erwarteten Beitritt Schwedens dem Club als 33. Mitglied angehören soll. Dass die Ukraine eine Mitgliedschaft verdient, daran lassen Olaf Scholz, Boris Pistorius und die schon am Vorabend angereiste Annalena Baerbock keinen Zweifel. Aber eine sofortige Aufnahme des Landes kommt für sie nicht in Frage, auch keine formelle Einladung. Sie fürchten eine Ausweitung des Krieges zu einem Weltkrieg.

Am Mittag des 11. Juli, dem ersten Gipfeltag, gibt es große Aufregung. Wolodymyr Selenskyj ist auf dem Weg nach Vilnius und schickt via Twitter eine gallige Nachricht. Bei dem Treffen würden wohl keine konkreten Schritte zu einer Nato-Mitgliedschaft seines Landes angestrebt, empört er sich. Das sei «absurd», schreibt er, «es geht um Respekt».

Als er seine Botschaft in die Welt posaunt, sitzen Olaf Scholz und Boris Pistorius mit anderen Nato-Politikern von der Außenwelt abgeschirmt in einem Konferenzraum. Alle mussten ihre Smartphones abgeben, um nicht von gegnerischer Spionage abgehört zu werden. So verpassen sie, welche Wellen der Tweet außerhalb des Raumes schlägt. Als sie später davon erfahren, haben sie alle Hände voll zu tun, die allgemeine Erregung zu dämpfen. Man müsse für den Präsidenten des von Russland überfallenen Landes Verständnis haben, sicherlich wird es eine für alle annehmbare Lösung geben, und so weiter.

Aber es wird dauern, bis sie den aufgebrachten Ukrainer persönlich beruhigen können. Nach seiner Ankunft in Vilnius begibt sich Wolodymyr Selenskyj zunächst zu einem Park in der Innenstadt, um vor vielen tausend Litauern eine flammende Rede zu halten und für eine Nato-Aufnahme zu werben. Sein ganzes Land warte auf eine Zusage. Hinter ihm erscheint wieder das Logo «#UkraineNato33». Dann lässt er eine Flagge, die er aus dem umkämpften Bachmut mitgebracht hat, an einem Mast aufziehen, ein Sänger singt die ukrainische Nationalhymne. Geht es deutlicher?

Selenskyj setzt die Gipfelteilnehmer unter Druck. Einige osteuropäische Nato-Mitglieder teilen seinen Wunsch, sie wollen ihm zumindest eine feste Zusage für einen Beitritt nach dem Krieg geben. Aber Biden, Scholz, Macron und Sunak geben nicht nach. Mit vielen kunstvoll gedrechselten Worten wiederholen sie im Kern, was ihre Vorgänger einst auf dem Bukarester Gipfel 2008 bereits beschlossen: Die Ukraine soll Mitglied der Nato werden – aber nicht jetzt. Eine Einschränkung ist jedoch brennend aktuell: Keine Mitgliedschaft, solange der Krieg tobt. Es gibt zu diesem Grundsatz ein gewichtiges Gegenargument, das hier allen bekannt ist. Um die Aufnahme der Ukraine in die Nato zu verhindern, kann Wladimir Putin den Krieg in die Länge ziehen.

In dieser schwierigen Gemengelage machen sich die deutschen Regierungsmitglieder Mut. Bislang sei die Kalkulation des russischen

Präsidenten nicht aufgegangen. Er habe sogar das Gegenteil dessen erreicht, was er ursprünglich wollte. Die Ukraine habe sich von Russland entfernt und ihr Schicksal in die Hände des Westens gelegt, mit Finnland und Schweden wachse die Nato in Nordeuropa, die Allianz sei unter dem Druck eng zusammengewachsen.

Aber daraus lässt sich keine Perspektive ableiten. Vor ihrem Flug nach Litauen hat Annalena Baerbock davon gesprochen, dass «die Logiken von Demokratien nicht in Autokratien greifen». Putins Krieg dauert an. Bei zahlreichen Begegnungen in Vilnius, auch mit hochrangigen Militärs, habe ich niemanden gesprochen, der von einem baldigen Ende ausgeht. Über eine mögliche Niederlage der Ukraine redet niemand. Man kann, oder besser: man will sich das nicht vorstellen. Im Krieg können Zweifel fatal sein.

Wladimir Putin hat die Kriegswirtschaft seines Landes inzwischen auf einen langen Kampf ausgerichtet, ungerührt nimmt er einen hohen Verschleiß von Material und den Tod zahlloser Menschen in Kauf. Die mächtigsten Industriestaaten des Westens, die in der G7 zusammengeschlossen sind, gehen genauso von einem langen Kriegsverlauf aus und sichern der Ukraine langfristige Militärhilfen zu. Putin lässt seinen Sprecher ausrichten: «Wir halten das für einen extremen Fehler und potenziell für sehr gefährlich.»

Nach zwei bewegenden Tagen in Vilnius sitzen Olaf Scholz, Annalena Baerbock und Boris Pistorius wieder im Regierungsflieger und sprechen über ihre Gipfel-Eindrücke. Der Flugkapitän fliegt nicht den direkten Weg nach Berlin, der würde eng an der russischen Exklave Kaliningrad vorbeiführen, sondern nimmt Kurs über die Ostsee. Auf dem glattpolierten Tisch des Besprechungsraums liegt eine dünne Aktenmappe, Scholz und Pistorius haben ihre Krawatten abgelegt und die obersten Hemdknöpfe geöffnet. Allmählich entweicht die Anspannung. Der Kanzler erzählt, wie wichtig es ihm sei, dass die Nato-Partner in Vilnius geschlossen aufgetreten seien. Das war nicht selbstverständlich, auch Viktor Orbán und Recep Tayyip Erdoğan waren dabei. Sogar Wolodymyr Selenskyj, der wichtige Gast, ist am Ende halbwegs zufrieden abgereist.

Scholz, Pistorius und Baerbock schätzen die Lage im Ukraine-Krieg ähnlich ein. Pistorius sagt: «Wir müssen auf eine längere Zeit vorbereitet sein.» Aber klar, er und Scholz wollen sich ihre Resthoffnung nicht nehmen lassen. Annalena Baerbock sieht die Ukraine künftig in der Nato, selbstverständlich. Aber sie pocht darauf, dass das Land erst die notwendigen Voraussetzungen erfüllt. Scholz beteuert sein Ziel, Wladimir Putin zur Einsicht zu bringen, damit er seine Soldaten aus der Ukraine zurückzieht. Dafür bräuchten die Nato-Länder wohl einen langen Atem: «Es geht unbedingt darum, dass sich die Staaten, die da versammelt waren, auch wir aus Deutschland, darauf vorbereiten, dass wir die Ukraine lange unterstützen können.»

Noch in Vilnius ließ Olaf Scholz eine neue große Waffenlieferung bekanntgeben: 40 Marder, 25 Leopard-Panzer, Drohnen, 20 000 Geschosse Artilleriemunition und vieles mehr. Er denkt bereits weiter, an Hilfen bis zum Jahr 2027. Die anderen wichtigen Nato-Partner liefern Waffensysteme, die noch vor einigen Wochen als ausgeschlossen galten. Die USA stellen der Ukraine die in vielen Ländern geächtete Streumunition zur Verfügung, die Briten liefern Marschflugkörper mit großer Reichweite, auch Frankreich wird der Ukraine Raketen übergeben, die 250 Kilometer weit fliegen können, also hinter die Front auf russisches Staatsgebiet.

Die massive Ausweitung des militärischen Engagements auf beiden Seiten des Krieges birgt enorme Risiken. Ein paar Tage vor dem Gipfeltreffen in Vilnius hatte mir Wolfgang Schmidt seine größte Angst anvertraut: «Die Gefahr bei einer solchen kriegerischen Auseinandersetzung mitten in Europa, mit einer Atommacht auf der einen und Atommächten auf der anderen Seite, ist, dass durch unbedachte Handlungen, weil irgendein Flugzeugführer einen Fehler macht oder eine Rakete fehlgeleitet ist, es auf einmal zu einer direkten Konfrontation zwischen der Nato und Russland kommt.» Dann fügt er noch hinzu: «Das ist eine ganz schön dünne Schicht, die uns von einer Eskalation und einer Katastrophe trennt.»

EPILOG

Wie wird man wohl in 30 oder 40 Jahren auf unsere Zwanzigerjahre zurückblicken? Keinesfalls wird man sie die Goldenen Zwanziger nennen, eher die verlorenen Jahre. Es gibt dieses deprimierende Zitat von Georg Wilhelm Friedrich Hegel: «Was die Erfahrung und die Geschichte lehren, ist, dass Völker und Regierungen niemals etwas aus der Geschichte gelernt und nach Lehren, die aus derselben zu ziehen gewesen wären, gehandelt haben.» Hegel hat den Satz Anfang des 19. Jahrhunderts geschrieben, etwa in der Zeit der Völkerschlacht bei Leipzig. Aber stimmt er noch? Ohne Zweifel ist der Satz verführerisch. Wieder wurde ein verheerender Krieg in Europa angefangen. Wieder lassen es die Großmächte zu – und betreiben es ja auch –, dass sich die Welt in zwei große Blöcke teilt. Zwei Blöcke, die sich feindlich gegenüberstehen. Die weltweiten Rüstungsausgaben sind im Jahr 2022 auf den Rekordwert von über 2,2 Billionen Dollar gestiegen. Es wird immer mehr. Nach einem Jahrhundert mit zwei Weltkriegen vermögen es die Völker und ihre Regierungen nicht, Frieden dauerhaft zu schließen.

Betrachtet man den kaum gebremsten Klimawandel, kann man das Hegel-Zitat auch anders lesen. Als Kritik an unserem Unvermögen, die richtigen Lehren aus den Vorhersagen der Wissenschaft zu ziehen. Den allermeisten Politikerinnen und Politikern ist die Gefahr bewusst, die der Menschheit aus dem enormen Ausstoß von Kohlendioxid erwächst. Und doch lassen sie – lassen wir – zu, dass unsere Lebensweise die Lebensweise anderer Menschen massiv beeinträchtigt, insbesondere der nach uns Geborenen. Die Großmächte stecken so tief im Kampf mit ihren Rivalen fest, dass sie den gemeinsamen Planeten aus dem Blick verlieren.

Wir werden nicht die letzte Generation auf der Erde sein, aber wir werden als die zynischste Generation in die Geschichte eingehen. Nie war mehr Wissen über unser selbstzerstörerisches Potential verfügbar. Man muss dazu nicht in Bibliotheken und Laboren studieren, es reicht, ein paar Minuten an seinem Laptop zu verbringen. Dennoch ziehen Regierungen – ziehen wir – die falschen Schlüsse. Wider besseres Wissen.

Der Satz von Hegel ist also verlockend, um aktuelles Handeln beziehungsweise Nichthandeln zu beschreiben. Dennoch greift er zu kurz.

Blicken wir zunächst auf unsere Regierung. Als die drei Parteien im Dezember 2021 ihre «Fortschrittskoalition» bildeten, hatten sie eine große Chance. Der Umbau des Landes zu einer klimaneutralen und wohlhabenden Nation ist eine so gewaltige Aufgabe, dass eine Regierung erfolgreich sein kann, wenn sie die erforderlichen Maßnahmen überzeugend vermittelt und gesellschaftlich breit verankert. Soweit die Ausgangslage.

Dass der neuen Regierung der Krieg gegen die Ukraine einen riesigen Strich durch die Rechnung gemacht hat, ist ihr nicht anzulasten. Hat sie in dieser außergewöhnlichen Krise richtig gehandelt? Man muss der Mannschaft von Olaf Scholz zugutehalten, dass sie in der größten internationalen Krise seit dem Zweiten Weltkrieg Schlimmeres verhindert hat. Das klingt klein, ist es aber nicht. Nach erheblichen Anfangsschwierigkeiten hat die Regierung die Ukraine unterstützt, ohne dass Deutschland mit der Bundeswehr selbst zur Kriegspartei wurde. Sie wurde zwar immer tiefer in diesen Konflikt gezogen, hat das Kriegsgeschehen aber ferngehalten. Sie hat verhindert, dass weite Teile der deutschen Bevölkerung in Arbeitslosigkeit und Armut abrutschen. Sie hat die deutsche Wirtschaft vor dem Kollaps bewahrt und die Europäische Union vor dem Auseinanderbrechen. All das ist nicht trivial, es hat viel Kraft und Geld gekostet. Ein Aufatmen wäre indes zu früh.

Hat die deutsche Regierung genug getan, um den Krieg in der Ukraine zu beenden – militärisch, wirtschaftlich, diplomatisch? Nein, das hat sie nicht. Hätte sie wesentlich mehr getan, würde das Zwischenfazit anders ausfallen. Deutsche Soldatinnen und Soldaten wären womöglich auf das Schlachtfeld geschickt worden, ein härter ausgetragener Wirtschaftskrieg hätte die Durchhaltefähigkeit der deutschen Gesellschaft und Wirtschaft überdehnen können. Aber man muss auch feststellen: Große diplomatische Initiativen zur Beendigung des Krieges gingen von der deutschen Regierung bis zum Druck dieses Buches nicht aus.

Ob die Grundsatzentscheidung der Regierung, viel, aber nicht alles zur Unterstützung der Ukraine zu tun, richtig oder falsch war, lässt sich noch nicht abschließend beurteilen. Die Geschichte wird meistens von Siegern geschrieben. Ob Deutschland in diesem Konflikt auf der Seite der Sieger oder der Verlierer stehen wird, ist noch nicht ausgemacht.

Deutlicher fällt das Urteil über die klimapolitischen Entscheidungen der Regierung aus. Man muss kein radikaler Aktivist sein, um zu erkennen, dass das viel gerühmte Deutschland-Tempo beim Umbau des Landes nicht ausreicht. Zu sehr reibt sich die Regierung in internen Machtkämpfen auf und verliert die Kraft für notwendige Maßnahmen und eine klare, geschlossene Kommunikation. Klimaschutzminister Robert Habeck beklagt selbst, dass Deutschland trotz aller Bemühungen und Fortschritte nicht auf dem richtigen Weg ist, die vereinbarten Klimaziele zu erreichen. Das ist ein niederschmetterndes Eingeständnis und auf Dauer nicht entschuldbar.

Bislang hat die Regierung nicht verstanden, die Chancen, die aus der Koalition von drei sehr unterschiedlichen Parteien entstehen, zu nutzen. Sie ist in herkömmlichen machtstrategischen Verhaltensmustern gefangen, die sie eigentlich überwinden wollte, und schwächt ihre Breitenwirkung. Zu handwerklichen Fehlern kommen gezielte Indiskretionen, öffentliches Herabwürdigen und gegenseitige Blockaden. Eine Koalition, die mit gewaltigen Herausforderungen konfrontiert ist, muss zu einem anderen Politikstil, zu einem weitsichtigen Miteinander finden. Nur dann kann sie der Bevölkerung notwendige Veränderungen zumuten. Eine Regierung im Dauerstreit verspielt das Vertrauen der Bevölkerung, auch in die Demokratie. Der Zuspruch, den rechtsextreme Populisten aktuell erfahren, ist beängstigend.

Dabei kann die Erfahrung aus dem bisherigen Kräftemessen mit Putins Russland der Regierung durchaus Selbstbewusstsein und Zuversicht für eine ehrgeizigere Klimapolitik geben. Deutschland verfügt über ausreichend wirtschaftliche und gesellschaftliche Kraft, sogar Innovationskraft und Flexibilität, um große Aufgaben zu meistern. Der Bau von LNG-Terminals in Rekordgeschwindigkeit und die zügige Loslösung aus der energiepolitischen Abhängigkeit von Russland zeigen, wozu das Land im Ernstfall in der Lage ist.

Aber der Ernstfall, den wir gerade erleben, ist keine Angelegenheit von ein paar Monaten, er wird uns noch lange beschäftigen. Wenn unsere Sicherheit nicht mit, sondern vor Russland organisiert werden muss, wenn China künftig mehr Rivale als Partner sein wird, wenn Donald Trump wieder ins Weiße Haus einziehen sollte, dann stellen sich viele unangenehme Fragen. Wenn der Umbau Deutschlands zu einer klimaneutralen Nation schneller und effektiver als bislang gestaltet erfolgen soll, stellen sich ebenfalls unangenehme Fragen. Die Investitionen in unsere Verteidigungsfähigkeit werden Unsummen verschlingen, die Umstellung von fossilen auf erneuerbare Energieträger genauso. Das Geld wird an anderen Stellen fehlen.

Die Koalitionspartner werden zu schmerzhaften Entscheidungen gezwungen sein. Das wird den Druck innerhalb der Regierung genauso erhöhen wie in der Gesellschaft. Und das in einer Phase, in der sich die Parteien auf die nächste Bundestagswahl vorbereiten. In dieser Phase geht es nicht nur um richtige Entscheidungen, sondern auch um die Macht im Land und um persönliche Karrieren.

Die Herausforderungen gehen aber weit über Wahlkämpfe hinaus und werden nicht allein mit Geld und Waffen bewältigt werden. Der Konflikt zwischen autoritären und demokratischen Staaten wird nicht nur auf dem Schlachtfeld, sondern vor allem in den Köpfen entschieden. Die Regierung muss eine Idee vermitteln, wohin sich das Land bewegen soll. Eine Idee des demokratischen Gemeinwohls, eine Idee, die stärker ist als der Politikentwurf aus Moskau oder Peking.

Die Politikerinnen und Politiker Europas können, um auf Hegel zurückzukommen, durchaus die Lehren aus unserer eigenen Geschichte ziehen. Unsere Länder, allen voran Deutschland, haben ja nicht nur fürchterliche Kriege geführt. Sie haben sich auch wieder versöhnt. Sie haben den Hass aufeinander überwunden. Nur so war es möglich, eine Union europäischer Staaten zu schaffen, sogar Grenzanlagen abzubauen und in vielen Ländern eine gemeinsame Währung einzuführen. Trotz vieler Spannungen ist diese Gemeinschaft ein erfolgreiches Friedensprojekt. Sogar in den dunkelsten Augenblicken eines neuen europäischen Krieges kann man sich an diesem Gedanken aufrichten.

Während ich an diesem Buch gearbeitet habe, habe ich viele schreckliche, beängstigende Momente erlebt. Aber es gab auch diesen einen bewegenden und hoffnungsvollen Januarsonntag in Paris. In einem Festsaal der Universität Sorbonne kamen Regierungsmitglieder und Parlamentarier aus Deutschland und Frankreich zusammen. Einige reichten sich die Hand, andere umarmten sich. Sie vertraten zwei Völker, die immer wieder erbittert Krieg gegeneinander geführt haben. Jetzt feierten sie ihre Freundschaft. Sie haben aus der Geschichte gelernt.

DANK

Ich möchte auf einige Personen aufmerksam machen, die mich bei der Arbeit an diesem Buch unterstützt haben und denen ich viel zu verdanken habe. Sie haben mich inspiriert, mich vor Fehlern bewahrt oder Türen geöffnet. Zunächst ist da Matthias Hansl, der Lektor, auf dessen Sachkenntnis und Sprachgefühl ich mich stets verlassen kann. Seine Hinweise sind ebenso behutsam wie genau. Stellvertretend für das gesamte Team des Verlags C.H.Beck möchte ich Verleger Jonathan Beck nennen sowie Ulrike Wegner, Konstanze Lueg und Claire Zander. Ich danke für ihren großen Einsatz und ihre gelassene Professionalität. Das gilt auch für Franziska Günther. Sie ist weit mehr als eine Literaturagentin, sie ist eine kluge Ratgeberin, auf die auch in Stürmen Verlass ist. Christoph Roolf und Daniel Bussenius haben das Buch auf Fehler gewissenhaft durchforstet. Ich danke ihnen für ihren scharfen Blick. Mein Freund Werner Knobbe hat mich auch bei diesem Buch mit seiner Sachkenntnis unterstützt.

Ich danke den zahlreichen Personen, die mir für Interviews und Hintergrundgespräche zur Verfügung standen. Ihnen habe ich Informationen und Inspirationen zu verdanken. Ebenso danke ich den Sprecherinnen und Sprechern der Bundesregierung. Sogar in Zeiten größter Anspannung hatten sie Verständnis für meine Fragen und Wünsche.

Vor der Arbeit an diesem Buch stand die Idee für eine ARD-Dokumentation. Daher möchte ich mich ebenfalls bei Personen bedanken, mit denen ich zum Teil seit vielen Jahren eng zusammenarbeite und zu denen großes Vertrauen gewachsen ist. Gemeinsam mit ihnen ist der Film «Ernstfall – Regieren am Limit» entstanden. Da sind vor allem Thomas Michel, Fritz Frey und Eric Friedler vom SWR, Ute Beutler vom RBB und Silke Heinz und Klaus Brinkbäumer vom MDR. Da sind genauso Kameramann Knut Muhsik, die Editorin Silke Olthoff sowie das Filmproduktionsteam von ECO Media um Nele Koch, Sophia Zicari, Eva Hirschmann, Jochen C. Müller, Jan Holtz und Thomas Schuhbauer.

Zuletzt möchte ich mich bei meiner Familie bedanken, bei meiner Frau Maria Laura Aráoz und unseren Söhnen Lucas und Nicolás. Ihr Verständnis und ihr Humor sind meine größte Hilfe.

REGISTER